明《大诰》与明代社会管理

刘涛　著

山东大学出版社

图书在版编目(CIP)数据

明《大诰》与明代社会管理/刘涛著.—济南:山东大学出版社,2016.11
ISBN 978-7-5607-5666-0

Ⅰ.①明… Ⅱ.①刘… Ⅲ.①法制史—研究—中国—明代
Ⅳ.①D929.48

中国版本图书馆 CIP 数据核字(2016)第 296903 号

责任策划:王立强
责任编辑:王立强
封面设计:张 荔

出版发行:山东大学出版社
社 址 山东省济南市山大南路 20 号
邮 编 250100
电 话 市场部(0531)88364466
经 销:山东省新华书店
印 刷:山东省英华印刷厂
规 格:720 毫米×1000 毫米 1/16
20.5 印张 377 千字
版 次:2016 年 11 月第 1 版
印 次:2016 年 11 月第 1 次印刷
定 价:43.00 元

本书受滨州学院学术著作出版基金、滨州学院博士学位人员及有硕士学位的高级职称人员科研启动项目资助

前 言

自古以来，以法律形式来管理和控制社会是历代统治者最有力和最重要的手段。在不同的时期、不同的社会状况下，出于巩固统治和加强社会管理的需要，他们都会因势而为，制定一些有利于自身统治的法律条例。这些法律条例的实行，对加强社会管理、维护社会秩序以及整饬贪赃腐败等发挥了一定作用。

明朝建立以后，朱元璋充分吸取元朝灭亡的历史教训，十分重视法制的建设。他不仅在吴元年(1367 年)十二月制定《大明令》，还多次主持和修订《大明律》。在其颁行的众多法律形式中，洪武十八年底(1385 年)至二十年底(1387 年)连续颁行的《大诰》三编和《大诰武臣》最具特色。这些御制《大诰》文书是由朱元璋亲自编纂、亲自作序，并亲自颁行的。其不仅较为全面地反映了当时社会生活中存在的各种弊端，而且也集中反映了朱元璋借此加强社会管理，强化中央集权统治的强力手段和措施。

通过对《大诰》内容及特点的分析，可见《大诰》三编主要是由案例、峻令和训诫组成，其案例主要是择取洪武年间，特别是洪武十八年至二十年间的“官民过犯”之要编录而成；其内容涉及社会生活的各个阶层和领域，不仅有对官吏的惩治和训诫，亦有对普通民人、富农豪强、乡间耆宿、里甲粮长、逸夫游民以及文人、僧道、商人、工匠的管理和训谕。而《大诰武臣》则主要是针对武官，特别是卫所武官的控制与管理的法律文书，其内容主要由案例和训诫组成。不过，其中很少设置峻令，其所载案例主要择取当时都司卫所中存在的武官犯罪之要组成。

朱元璋之所以颁行《大诰》三编，其主要原因有如下几点：其一，经过 20 余年的努力，他的明纲常、正法度、严吏治、安百姓，“复我中国先王之治”的治国目标并未实现，社会中仍存在各种各样的官民违法不端、不遵礼制的行为。当朱元璋发现用一般的手段难以根治这些问题的时候，制定《大诰》以惩戒和恐吓官民也就成为他不得不采取的措施。其二，洪武十八年发生的“郭桓案”是让朱元璋最终决定颁行《大诰》的重要客观因素和直接原因。这一案件由户部侍郎郭桓而起，其牵连广泛，上至中央六部官员，下至地方有司官吏甚至平民百姓，因罪系狱者数万人。郭桓案的发生极大地震撼了朱元璋的神经，从而使其更加坚定了整饬官员队伍，肃清社会不良现象的决心。其三，《大诰》三编的颁行是朱元璋奉行“治乱世用重典”和“明刑弼教”政策的继续，也是他进一步加强社会管理，强化中央集权统治的重要举措。另外，主观上要求强化专制集权和加强社会控制，则是他颁行《大诰》三编的最终内在因素和根本动机。而朱元璋颁行《大诰武臣》的原因，除了这些与颁行《大诰》三编相同的客观形势和主观动机外，借此惩治武官犯罪、约束武官行为以及强化军备管理、提高军事能力，也是其重要的出发点。

《大诰》三编颁行以后，朱元璋借助于强大的中央威势和君主权力，大力推行诰文的讲读与实施。在洪武、永乐年间，其讲读与实施的力度较大。但是，在此之后，无论是《大诰》的讲读还是实施，其力度已明显减弱。《大诰》逐渐成为人们罕见、民间鲜知的文书。不过，由于《大诰》是由明代开国之君朱元璋所颁布，借助于御制圣书与《皇明祖训》的约束，其影响力仍长期存在。另外，由于它作为科举考试重要命题的功能仍然存在，因此，它在士人子弟等群体中还具有一定的传播和影响。而且，一些正直之官还常常把《大诰》作为圣谕训言，以时时自省。可以说，《大诰》三编从洪武朝的颁行到万历朝的诸生、官员的习读警醒，时间上绵延长达 200 余年，这充分反映了它作为御制之言所潜在的持久影响力。此外，在民间社会中，《大诰》三编虽已日渐为人们所鲜知，但其影响力并未完全消除，在一些地区仍然存在着不时宣讲的现象。总之，《大诰》三编在整个明代社会中，仍在潜移默化地发挥着重要作用。它所具有的独特地位和重要作用不应被低估。除了《大诰》三编外，《大诰武臣》颁行以后，借助朱元璋的强力政策，在当时的武官中得到了较为广泛的传播。不过，自洪武以后，随着战事平息，社会承平日久，武官的管理不像洪武时期那样受到格外关注，其诰文的传播与流行也日渐消亡。另外，由于《大诰武臣》主要以案例的教谕为主，其间几乎没有颁行任何法规条例，所以也没有任何诰文被载入到洪武后期颁行的条例和《大明律诰》之中，其实施的期效自然不如《大诰》三编持久。

朱元璋所推行的以《大诰》为中心的社会管理政策，在一定程度上对澄清吏治、整饬社会秩序以及敦厚民风习俗等方面发挥了重要作用。但是，其不良后果及消极影响亦十分严重和深远。就《大诰》三编来说，在朱元璋的强力政策与社会管理下，元末明初的动荡局面得以有效扭转，社会秩序得以较快恢复，官吏及富豪危害得以有效控制，其在短期内对缓和阶级矛盾，促进生产发展发挥了重要作用。不过，管理手段带有很强的个人专制色彩，随意性太大，且用刑过于严酷等原因，使其带有很大的负面影响，产生了很多问题，并未达到朱元璋所冀望的“复我中国三代之治”的预期。而且，从历史长河来看，朱元璋的专制独裁和法外用刑，都给后世产生了恶劣影响。这种严密的社会控制与管理政策，不仅严重禁锢了人们的思想，而且限制了社会生产力的进步，并最终阻碍了社会的向前发展。其所具有的长期和深层次的危害，可谓十分深远。而《大诰武臣》，无论是其实施期效，还是实施效果，都不如《大诰》三编，其影响主要在洪武和永乐时期。自此以后，除了在教谕武臣子弟方面还发挥着一定作用外，其无论是在流传方面还是在影响方面都日渐式微，并逐渐成为不为人们所知的文书。不过，在颁行之时，《大诰武臣》还是在某种程度上起到了警诫武官的作用。与元朝及洪武以来相比，武官受到了一定约束，军纪也严明多了，而军队也一直保持着较强的战斗力。

综上可见，对《大诰》三编及《大诰武臣》进行分析，不仅有助于我们了解朱元璋的社会管理思想，而且对我们认知明代，特别是明初的社会治理情形，亦有很大的帮助。另外，通过对《大诰》这种特殊的法律与社会管理方式的分析，可以更加深入地认识明代社会的特点。总结其利弊得失，分析其施政效果，亦可为今天惩治贪腐、创新社会管理等提供历史的资鉴。历史的经验告诉人们，要使社会管理达到最佳效果，必须由人治转为真正的法治。

刘 涛

2016 年 8 月 15 日

目　录

第一章　明《大诰》的颁行

明朝建立以后，朱元璋为了加强封建专制统治，实现其明纲常、正法度、严吏治、安百姓，“复我中国先王之治”的治国目标，采取了明礼、修法、抚民、选贤等措施。但是，由于措施推行不力，并未达到其所期望的“不劳而政举”的治世局面。在这种情况下，为了继续推进其政治目标和整饬社会秩序，朱元璋在洪武十八年(1385 年)底至二十年(1387 年)底，又亲自编纂并连续颁行了四编《大诰》，即《御制大诰》(文中称《大诰初编》)、《御制大诰续编》(文中称《大诰续编》)、《御制大诰三编》(文中称《大诰三编》)和《大诰武臣》来加强对社会的管理。①

第一节　明《大诰》颁行的社会背景

朱元璋将颁行《大诰》作为惩创奸顽、整饬社会秩序及规范民人行为的重要举措。明《大诰》的颁行是朱元璋急于求治的产物，是他“治乱世用重典”和“明刑弼教”政策的继续。

一、元末明初的社会状况

元末明初，社会秩序混乱不堪，各种社会矛盾非常突出，加之经过 20 余年农民起义的冲击，社会问题十分严峻。这些问题主要表现在如下几个方面：

---

①　按：根据杨一凡先生的研究和考证，《明太祖实录》及其他明代史籍关于《大诰》颁行时间的记载，除《大诰武臣》外，其他三编《大诰》的并不准确。《明太祖实录》所记载的时间是朱元璋作序的日期，并非颁行时间。杨一凡先生根据三编《大诰》的内容记载，经过仔细考证，最后得出如下结论：《大诰初编》的颁行时间应是洪武十八年十一月；《御制大诰续编》的颁行时间应以洪武丨九年年中为妥；《御制大诰三编》的颁行时间应是洪武二十年二月。(参见杨一凡：《明大诰研究》，江苏人民出版社 1988 年版，第 7－8 页)

(一)政治领域中的贪污腐败、派系斗争十分严重

元朝末年,官吏贪污腐败严重,“其问人讨钱,各有名目,所属始参曰拜见钱,无事白要曰撒花钱,逢节曰追节钱,生辰曰生日钱,管事而索曰常例钱,送迎曰人情钱,句追曰赍发钱,论诉曰公事钱,觅得钱多曰得手,除得州美曰好地方,补得职近曰好巢窟,漫不知忠君爱民之为何事也”[①]。在制度、法令方面,则是“天下所奉以行者,有例可援,无法可守,官吏因得以并缘为欺”。加之“衙门纷杂,事不归一,十羊九牧,莫之适从”。[②] 而承充元代官僚系统之中的汉人官吏,在形格势禁之下,多“充位而具员,彼食焉而怠其事者皆是也”[③]。

在明朝建立之初,这种官吏的腐败、不职之风仍然盛行,所谓“天下有司役民无度,四时不息”[④],做事之时“袖手高坐,谋由吏出”[⑤]。而那些上升为新贵族的功臣宿将,“既享厚禄,犹且贪心不已,往往令子弟、奴仆、家人坐贾行商,侵夺民利,甚至出外中盐,倚恃官威,挟制所司,搀越资欠,坏法多端”[⑥]。

另外,元朝末年的帝位之争、党派之争,则使在政局动荡的形势下本已腐败的王朝统治雪上加霜,加剧了其溃败速度。而明朝初期的文臣武将之争、淮西集团与浙东集团之争,也在一定程度上造成了政权的统治危机。

(二)经济领域中的租佃剥削、苛征压榨非常突出

元朝末年,经济领域中的土地兼并和租佃剥削非常突出。王崇武先生认为:

> 如果我们把元末的社会解剖开,很明显地看出,它充满了残酷的剥削和无情的压迫。因此,地主与佃户,寺观僧道与贫民,蒙古贵族、官僚豪绅与穷无立椎的劳苦大众,总之,一切大量土地的占有者与无田少地的广大人群,到处都尖锐地对立着、斗争着,显示出无法调和的矛盾。[⑦]

如拥有职田的豪宦地主对佃农的剥削,有的每亩竟高达 3 石米[⑧],以至于时人说

---

① (明)叶子奇撰:《草木子》卷四《杂俎篇》,中华书局 1959 年版,第 81—82 页。

② (明)陈邦瞻撰:《元史纪事本末》卷十一《律令之定》,中华书局 1979 年版,第 84、86 页。

③ (元)杨翮:《佩玉斋类藁》卷六,“送袁仲实序”,文渊阁四库全书景印本,第 1220 册,集部别集类,(台北)台湾商务印书馆 1986 年版,第 100 页。

④ (明)陈子龙等选辑:《明经世文编》卷十二《王翰林奏疏》,中华书局 1962 年版,第 89 页。

⑤ 《御制大诰初编》第三《胡元制治》,见杨一凡:《明大诰研究》,第 205 页。

⑥ (明)朱国祯辑:《皇明大训记》卷一《御制稽古定制序》,续修四库全书本,第 429 册,集部杂史类,上海古籍出版社 2002 年版,第 405 页。

⑦ 王崇武:《论元末农民起义的社会背景》,《历史研究》1954 年第 1 期。

⑧ 元苏天爵《滋溪文稿》卷九“元故太史院使赠翰林学士齐文懿公神道碑铭”条载:“闽宪职田,每亩岁输米三石,民率破产偿之。”(文渊阁四库全书景印本,第 1202 册,集部别集类,第 104 页)

他们是“吃人肚皮”[①]。而投靠于元政府，受其庇护的地主阶级，则在不断扩充自己的势力。据《元史》记载：“国家自开创以来，凡纳土及始命之臣，咸令世守，至今将六十年，子孙皆奴视部下，都邑长吏，皆其皂隶僮使，千古所无。”又说，他们可以“生杀任情，孥人妻子，取货财，兼土地”。[②] 另外，元朝对僧道二教的扶持和赏赐，使得南北寺观林立，占有大量土地。据张养浩的《归田类稿》记载：“凡天下人迹所到，精蓝胜观，栋宇相望，使吾民穴居露处，曾不得茎茅撮土，以覆顶托足焉。”另外，又说：“国家经费三分为率，僧居二焉。”[③]此说虽有夸大，但在一定程度上反映了当时僧寺道观数量非常多，其对土地的侵占十分严重。除了蒙古贵族、豪宦地主及僧道、富民对农民的侵占兼并和压榨剥削外，元朝末年畸形发展的商业资本和高利贷资本也是压在农民身上的两重大山。[④] 而且，“元帝国在用兵、赏赐、佛事等方面耗费巨额资财，常常动用侵占白银钞本，自乱钞法。国家财政赤字偏大，不得不多印纸钞和通货膨胀，来‘饮鸩止渴’”。而元代民间印刷技术的进步，使得钞票伪造泛滥成灾，即使朝廷动用严刑峻法来严厉惩禁，也是无法遏止。于是，元代纸钞屡次变更，使得钞法越变越虚，给百姓生活造成很大的祸害和冲击，以致成为引发元末农民起义的一个直接导火索。[⑤] 据朱德润的《存复斋续集》载：“在元代末年，因军旅数起，钞币倍出，物重币轻，而官民困矣。”另外，在征收税粮时，“有额无田，有田无收者，一例闭纳。科征之际，枷系满屋，鞭笞盈道，直致生民困苦，饥寒迫食”；而“酒课、盐课、税课，比之国初，增至十倍。征需之际，民间破家荡产，不安其生”。[⑥] 此外，元代官营手工业的繁荣发展，不仅使大量工匠沦为工奴，而且还妨碍牵制了民间手工业和商品经济的发展。这些事实说明一般的工商业者在元朝的统治下，境遇是非常艰难和不幸的。[⑦] 在历经战乱、灾荒频发的元朝末期，经济领域的这些苛征、剥削、破坏，严重影响了

---

① 元程钜夫《雪楼集》卷十《吏治五事·给江南官吏俸钱》云：“江南州县官吏，自至元十七年以来，并不曾支给俸钱，真是明白放令吃人肚皮，椎剥百姓。”(文渊阁四库全书景印本，第1202册，集部别集类，第117页)

② (明)宋濂等撰：《元史》卷一二六，列传第十三；卷一四六，列传第三十三，中华书局1976年版，第3090、3456页。

③ (元)张养浩：《归田类稿》卷二，“时政疏”，文渊阁四库全书景印本，第1192册，集部别集类，第490—491页。

④ 参见柯建中、郭厚安：《从元末农民起义与明初社会状况谈朱元璋的历史地位——兼评尚钺同志夸大朱元璋个人作用的错误观点》，《四川大学学报》(社会科学版)1958年第2期。

⑤ 参见李治安：《元代及明前期社会变动初探》，《中国史研究》2005年第S1期。

⑥ (元)朱德润：《存复斋续集》，“送张德平序”“平江路弭盗策”，续修四库全书本，第1324册，集部别集类，上海古籍出版社2002年版，第361、366页。

⑦ 参见柯建中、郭厚安：《从元末农民起义与明初社会状况谈朱元璋的历史地位——兼评尚钺同志夸大朱元璋个人作用的错误观点》，《四川大学学报》(社会科学版)1958年第2期。

社会经济的发展，使农业经济更趋凋敝，农民生活困苦不堪。

明初田野荒芜，“版籍多亡”[1]，“连年战争，加以饥馑疾疫，十室九虚”[2]。洪武三年（1370年），郑州知州苏琦在上奏中即指出：“自辛卯河南兵起，天下骚然，兼以元政衰微，将帅凌暴，十年之间，耕桑之地，变为草莽。”[3]不仅是北方的冀鲁豫一带“道路皆榛塞，人烟断绝”，“积骸成丘，居民鲜少”[4]，就是经济较发达的江南地区，许多地方也是“土旷人稀，耕种者少，荒芜者多”[5]。可以说，经济陷于崩溃，人民财竭力尽。加之不时发生的水旱灾害和山贼作乱，造成了“租税无从征收”“积年逋赋”[6]的局面，以至于朱元璋惊呼：“虑恐日久国用虚竭。”[7]另外，官吏在征收赋役时的高下不均、任意科派，使明初的农民深受其累。明人解缙在洪武二十一年（1388年）的奏疏中即指出：“下农贫户，多有死徙，或卖产以供税，产去而税存，或裨补以当役，役重而民困。又里胥度田，高下不均，瘠卤膏腴，起科无别。”[8]而且，地方的豪强地主也肆意压榨百姓，使得“赋敛过重”，贫弱者“无以自立”。以上这些情况，反映了明初社会中仍然潜伏着巨大的社会危机。

（三）社会领域中的越轨不法、起义斗争接连不断

元末政局动荡和社会不稳所引发的历时20余年的农民起义，使明初的社会秩序变得非常脆弱。在明初，由于吏治腐败、地主剥削及赋役不均等原因，刚刚得到缓解的阶级矛盾又日趋激化。在籍民户，大批逃亡，如洪武五年（1372年），太源、河曲等县，“有咸卤之地，居民岁纳益粮米六万五千九百余石。近为胡虏侵掠，加以旱暵相仍，仍民多逃亡，负粮二千五百八十余石”[9]。有的农民则不顾朝廷禁令和围剿，仍屯聚山林，拒不归附。如陕西汉中一带，直到洪武七年（1374年）冬，“民多居深山，少处平地”，他们“诛茅为屋，燔翳下种……迁徙无常。故于赋税，官不能必其尽实，遇有差役，则鼠窜蛇匿”。[10] 他们中的很多人仍继续利用

---

① （清）张廷玉等撰：《明史》卷七七《食货志一》，中华书局1974年版，第1881页。

② 《明太祖实录》卷十四，甲辰春正月庚午条，（台北）“中央”研究院历史语言研究所1962年影印本，第177页。

③ 《明太祖实录》卷五十，洪武三年三月丁酉条，第977页。

④ 《明太祖实录》卷三三，洪武元年润七月庚子条，第579页；卷一七六，洪武十八年十一月乙亥条，第2670页。

⑤ 《明太祖实录》卷二五〇，洪武三十年三月丁酉条，第3619页。

⑥ 《明太祖实录》卷九八，洪武八年三月癸亥条，第1671页；卷一五三，洪武十六年四月己亥条，第2400页。

⑦ 《明太祖实录》卷五十，洪武三年三月丁酉条，第978页。

⑧ （明）谈迁著，张宗祥校点：《国榷》卷九，洪武二十一年四月己巳条，中华书局1958年版，第686页。

⑨ 《明太祖实录》卷七二，洪武五年二月丙戌条，第1327页。

⑩ 《明太祖实录》卷一〇〇，洪武八年五月己巳条，第1694、1695页。

白莲教等民间秘密宗教形式，以“弥勒佛降生”“明王出世”等相号召，起兵反抗朱明王朝。据《明太祖实录》的记载粗略统计，洪武一朝，各族人民的武装起义多达180余次。起义的范围遍及山东、湖北、江西、浙江、福建、广东、广西、云南、贵州、四川、陕西、甘肃等地，规模有的达一二十万，斗争时间有的持续达数十年。[①]面对如此严峻的形势，出身贫苦，经历过元末农民战争的朱元璋惊呼：“所畏者天，所惧者民。苟所为一有不当，上违天意，下失民心，驯致其极而天怒人怨，未有不危亡者矣。”[②]

二、朱元璋的治国目标及治国方略

明朝建立以后，朱元璋采取了“宽”和“猛”两手治国策略。一方面，从农本思想出发，“宽以待民”，与民休息，鼓励垦荒，发展生产；另一方面，又在申明礼制、宣扬教化的同时，重典治国，提出了“吾治乱世，刑不得不重”的治国方针。[③]

（一）安抚百姓，发展生产

出身民间，深知百姓疾苦的朱元璋在立国以后，努力整顿社会秩序，安抚百姓，发展生产，采取休养生息的措施来医治战争创伤，稳定社会统治。

1.鼓励垦荒，实行屯田

经过元末农民战争，大量土地成为无主土地或荒地，所谓“自兵兴以来，民无定居，连年饥馑，田地荒芜”[④]。为了使农民重新归于田亩，安于耕作，朱元璋在洪武元年下诏曰：“州郡人民，因兵乱逃避他方，田产已归于有力之家，且耕垦成熟者，听为已业。若还乡复业者，有司于旁近荒田内如数给与耕种。其余荒田，亦许民垦辟为已业，免徭役三年。”[⑤]洪武三年（1370年）六月，又采纳济南知府陈修及司农官的建议，将北方郡县近城荒芜之地授予乡民无田者耕种，“户率十五亩，又给地二亩，与之种蔬，有余力者不限顷亩，皆免三年租税”。“若王国所在，近城存留五里，以备练兵牧马，余处悉令开耕。”[⑥]洪武四年（1371年）三月，又因“兵革之后，中原民多流亡，临濠地多闲弃，有力者遂得兼并”的现象，诏谕中书省臣曰：“今临濠之田，连疆接壤，耕者亦宜验其丁力，计亩给之，使贫者有所资，富者不得兼并。若兼并之徒多占田以为已业，而转令贫者佃种者，罪之。”[⑦]洪武五

---

① 参见陈梧桐：《论朱元璋强化封建专制中央集权的统治》，《中央民族学院学报》1980年第2期。

② 《明太祖实录》卷三二，洪武元年七月辛巳条，第572页。

③ （清）张廷玉等撰：《明史》卷九三《刑法志一》，第2283页。

④ 《明太祖实录》卷十二，癸卯春二月壬申条，第148页。

⑤ 《明太祖实录》卷三四，洪武元年八月己卯条，第615页。

⑥ 参见《明太祖实录》卷五三，洪武三年六月丁丑条，第1049页。

⑦ 《明太祖实录》卷六二，洪武四年三月壬寅条，第1198页。

年(1372年)五月,又颁下"劝兴礼俗诏"曰:"兵兴以来,所在人民抛弃产业,逃避地方,天下既定,乃归乡里。其间若有丁力少而旧田多,不许依然占护,止许尽力耕种到顷亩,以为己业。若有去时丁少,归则丁多而旧产少者,许令于附近荒田内,官为验其丁力,拨付耕种。敢有以旧业,多余占护者,论罪如律。"①洪武十三年(1380年),又"令各处荒闲田地,许诸人开垦,永为己业,俱免杂泛差徭。三年后,并依民田起科",并"诏陕西、河南、山东、北平等布政司,及凤阳、淮安、扬州、庐州等府,民间田土,许尽力开垦,有司毋得起科"。② 洪武十九年(1386年),谕户部臣曰:"自今河南民户,止令纳原额税粮,其荒闲田地,听其开垦自种,有司不得复加科扰,违命者罢其职。"③可以说,自建国后,朱元璋颁发了一系列垦荒诏令,不仅使大量农民重归田土,而且使大量荒芜之地得以开垦,对恢复生产、稳定统治发挥了不可低估的作用。

另外,为了发展生产,朱元璋又实行屯田政策。在明初,屯田分为民屯、军屯和商屯。民屯,主要是把农民从地狭人稠的地方迁移到地广人稀的地方。对于屯田的移民,官府授给土地,并"给牛、种、车、粮,以资遣之",且"三年不征其税"。④ 不过各地税率不一,有"中分收""什一取税""三十税一"等几种。⑤ 例如,洪武三年(1370年)六月辛巳,朱元璋诏谕中书省臣曰:"苏、松、嘉、湖、杭五郡地狭民众,细民无田以耕,往往逐末利而食不给。临濠,朕故乡也,田多未辟,土有遗利,宜令五郡民无田者往临濠开种,就以所种田为己业,官给牛种,再量以资遣之,仍三年不征其税。"⑥在洪武初,这种移民屯田,主要是徙往中都凤阳。⑦ 另外,民屯还包括罪徙屯田,不过也是主要集中在凤阳一地。⑧ 如洪武五年正月,朱元璋诏令"今后犯罪当谪两广充军者,俱发临濠屯田"。⑨ 而军屯,则是让卫所军队屯耕自给。早在明朝建立前,朱元璋就曾因兵食不足而屯田自给。在明朝建立后,他便仓促地讲求屯政:"令天下卫所督兵屯种,庶几兵农兼务,国用以

① 刘海年、杨一凡主编:《中国珍稀法律典籍集成》乙编《皇明诏令》卷二《太祖高皇帝中》,科学出版社1994年版,第39页。

② (明)申时行等编修:《明会典》卷十七《户部四·田土》,中华书局1989年版,第112页。

③ 《明太祖实录》卷一七八,洪武十九年五月丁未条,第2697页。

④ (清)张廷玉等撰:《明史》卷七七《食货志一》,第1879页。

⑤ 参见《明太祖实录》卷五十,洪武三年三月丁酉条,第978页;《明太祖实录》卷八一,洪武六年四月壬申条,第1457页。

⑥ 《明太祖实录》卷五三,洪武三年六月辛巳条,第1053页。

⑦ 参见陈怀仁:《略论朱元璋的民本思想》,《明史研究》1997年第5辑。

⑧ 参见郭厚安:《略谈明初的屯田》,《历史教学》1958年第4期。

⑨ 《明太祖实录》卷七一,洪武五年正月壬子条,第1314页。

舒。”[①]因此，在洪武十五年(1382 年)时，便出现了“天下卫所皆事垦辟”的热潮。而作为军屯补充的商屯，也即盐屯，是一种诱使商人运粮到边地换取盐引的屯田制度。后来，商人为了减省运费，遂于边境地区募民屯田，就地缴粮，故称“商屯”。商屯主要兴起于北部和西南边陲之地，对边疆的开发与边防粮饷的供应，也都产生了积极的作用。

2. 轻徭薄赋，惜用民力

明初人民财力俱困，“譬犹初飞之鸟，不可拔其羽；新植之木，不可摇其根，要在安养生息之”[②]。有鉴于此，朱元璋认为要治理好国家，就必须“养民”，而“养民在于宽赋”。[③] 正是基于这种认识，朱元璋实行轻徭薄赋的政策，以减轻农民负担。在明初，“凡官田亩税五升三合五勺，民田减二升”[④]。民田按当时亩产一石来看，大致为三十税一；官田因地租与赋税合并征收，所以比民田高。不过，与元末相比，其负担都已大为减轻。另外，朱元璋对农民负担最重的徭役制度进行了较大变革。在洪武初，明代的徭役分为三类。一是“均工夫役”，是中央向应天府等地方派征的徭役，从事“经营兴作”等事。在洪武元年(1368 年)，朱元璋以“验田出夫”为征派标准，实行“均工夫”制度，规定：“田一顷出丁夫一人，不及顷者以他田足之，名曰均工夫。寻编应天十八府州，江西九江、饶州、南康三府均工夫图册。每岁农隙赴京，供役三十日遣归。田多丁少者，以佃人充夫，而田主出米一石资其用。非佃人而计亩出夫者，亩资米二升五合。”[⑤]二是杂役，也叫“杂泛”，名目繁多，在明初以所纳税粮的多少为佥派标准，是一种非经常性质的使役科派，在下文的“衙役的佥派”部分将有详述，在此不赘。三是里甲正役，在洪武初行于江南，十四年制定赋役黄册后，与里甲制度一同推向全国，成为普遍的徭役，其职责是督催税粮、追摄公事以及传达上命、编排差遣等。在洪武十七年(1384 年)，朱元璋诏谕各府州县曰：“凡赋役必验民之丁粮多寡、产业厚薄以均其力。”[⑥]洪武十八年(1385 年)，“命天下府州县官，第其民户上中下三等为赋役册，贮于厅事。凡遇徭役，则发册验其轻重而役之，以革吏弊”[⑦]。

除了变革赋役制度外，朱元璋为了减省农民徭役负担，严格限制经营兴作。如洪武元年(1368 年)，朱元璋诏谕天下曰：“今凡有兴作，不获已者，暂借其力，

---

① 《明太祖实录》卷一九三，洪武二十一年八月丁丑条，第 2902 页。
② 《明太祖实录》卷二九，洪武元年正月辛丑条，第 505 页。
③ 《明太祖实录》卷二九，洪武元年正月甲申条，第 495 页。
④ (清)张廷玉等撰：《明史》卷七八《食货志二》，第 1896 页。
⑤ (清)张廷玉等撰：《明史》卷七八《食货志二》，第 1904 页。
⑥ 《明太祖实录》卷一六三，洪武十七年七月乙卯条，第 2528 页。
⑦ 《明太祖实录》卷一七〇，洪武十八年正月己卯条，第 2585 页。

至于不急之务、浮泛之役,宜罢之。”[①]又如洪武十年(1377年)五月,因登州卫官员奏请充拓新城,朱元璋敕谕工部大臣说:“凡兴作不违农时,则民得尽力于田亩。今耕种甫毕,正当耘耔,遽令操版筑之,役得无妨农乎,且筑城本以卫民,若反以病民,非为政之道也。其令俟农隙为之。”[②]洪武十七年(1384年),又因秦州卫奏请修理城隍,朱元璋对都督府臣说:“修治城隍,借用民力,盖权时宜,役之于旷闲之月耳。今民将治田之时,而欲兼用民力,失权宜之道,止用军士修理,毋得役民。”[③]这些措施在一定程度上减轻了农民负担,使其可以安心耕作。

3.赈济灾民,蠲免赋税

明初自然灾害频发,不仅给农业生产造成了很大破坏,而且也不利于社会的稳定。为此,朱元璋立足现实,采取了多种赈灾、救灾的荒政措施。在灾害发生之时,朱元璋常颁发诏令予以赈济,并蠲免赋税。如洪武元年(1368年)七月,“诏免苏州府吴江州水灾田一千二百三十七顷有奇,粮四万九千五百石;广德、太平、宁国三府,和滁等州旱灾田九千六百余顷,粮七万六千七百三十余石”[④]。是年八月,又因农民受灾,颁“初元大赦天下诏”说:“今岁水旱去处,所在官司,不拘时限,从实踏勘实灾,租税即与蠲免。”[⑤]洪武五年(1372年)六月,因山东登莱二州发生旱灾,遂敕谕山东省臣曰:“勿征今年夏麦。其递年逋租,及一切徭役悉蠲之。”而且“又命以米六万六千余石赈莱州及东昌二府饥民”。[⑥] 洪武十七年十月,朱元璋又因昆山县民八十余户“有田六顷九十余亩为水所没”,遂“诏除其租仍给钞赈之”。[⑦] 除了因灾蠲免赋税外,朱元璋有时也额外“恩蠲”。或是为了恢复生产,鼓励开垦;或是为了优待凤阳故地及战时出力为多的地区;或是为了照顾地瘠民贫、负担过重的地区等,不一而足。[⑧]

除了赈济和蠲免赋税外,朱元璋还严厉整饬吏治以提高其效能,使赈灾工作得以有效开展。如洪武十年五月,朱元璋因户部主事赵乾在赈“荆蕲等处水灾”时,“不念民艰、坐视迁延”,而将其诛杀。[⑨] 洪武十八年(1385年),朱元璋又因“山东、北平雨水愆期,农艰栽植,岁苗有亏”,颁行“免山东北平秋粮诏”说:“今岁

---

① 《明太祖实录》卷三十,洪武元年二月乙丑条,第532页。

② 张德信、毛佩琦主编:《洪武御制全书·明太祖宝训》卷三《勤民》,黄山书社1995年版,第493页。

③ 张德信、毛佩琦主编:《洪武御制全书·明太祖宝训》卷三《勤民》,第495页。

④ 《明太祖实录》卷三三,洪武元年七月癸亥条,第596页。

⑤ 刘海年、杨一凡主编:《中国珍稀法律典籍集成》乙编《皇明诏令》卷一《太祖高皇帝上》,第13页。

⑥ 《明太祖实录》卷七四,洪武五年六月甲申条,第1359页。

⑦ 《明太祖实录》卷一六七,洪武十七年十月壬戌条,第2563页。

⑧ 参见白艳艳:《从免租和赈灾看朱元璋的民本思想》,《徐州师范大学学报》(哲学社会科学版)2002年第2期。

⑨ 《明太祖实录》卷一一二,洪武十年五月丙午条,第1859页。

秋粮尽行蠲免。有司如命,毋扰吾民。”具体内容如下:

一、诏书所出,为水旱伤民,人告所在,以甦民力。有司毋得乘此为由,巧取扰害吾民,后犯不赦。

一、连年以来,所在去处,灾有轻重,伤有多寡。有司奸顽不报,亦不沿坵查踏,以致吾民伤者愈伤,下情不能上达。

一、今后所在去处,凡有水旱灾伤,一切天灾去处,有司若不来闻,本处耆老连名赴京申诉灾由,以凭优恤。则朕置有司于极刑。[①]

此外,朱元璋又在全国各地设立预备仓、养济院、惠民药局等作为经常性救灾存恤的机构,以赈灾扶贫。这些赈灾措施的实施,在一定程度上起到了救荒的作用,以至于明人马文升说:“太祖高皇帝所存者仁民之心,所发者恤民之政。凡遇水旱灾伤,百姓阙食,必蠲免税粮,复加赈济。虽丰收之年犹度仓廪有余,去处量为减免。是以民皆家给人足而无冻馁之忧。”[②]此话虽不免有夸大之词,但也在一定程度上说明了这些措施确实起到了一定成效。

4.兴修水利,劝课农桑

在元末兵乱之后,“堤防颓圮,民废耕耨”,为了振兴农业,朱元璋极力发展水利,于元至正十八年(1358年)命元帅康茂才为营田使专制水利。[③] 并多次下令:“所在有司,民以水利条上者,即陈奏。”以此鼓励地方兴修水利。洪武元年(1368年),修和州铜城堰闸,“周迴二百余里”;四年(1371年),修兴安灵渠,“为陡渠者三十六”;六年(1373年),发松江、嘉兴民夫二万,“开上海胡家港”;八年(1375年),“开登州蓬莱阁河”;九年(1376年),“修彭州都江堰”;十七年(1384年),“筑磁州漳河决堤”……到洪武二十八年(1395年),已开塘堰“四万九百八十七处”,以至于明史撰者称其“恤民者至矣”。[④]

除了十分重视水利的兴修外,朱元璋亦积极提倡种植桑、麻、木棉等经济作物。在立国前的至正二十五年(1365年),朱元璋就曾下令:“凡农民田五亩至十亩者,栽桑、麻、木绵各半亩,十亩以上者倍之。其田多者,率以是为差。有司亲临督劝,惰不如令者,有罚。不种桑,使出绢一匹;不种麻,及木绵,使出麻布、绵布各一匹。”[⑤]是年四月,又准令:“桑、麻科征之额,麻亩科八两,木绵亩四两,栽

---

① 刘海年、杨一凡主编:《中国珍稀法律典籍集成》乙编《皇明诏令》卷一《太祖高皇帝上》,第62页。

② (明)马文升撰:《马端肃奏议》卷十《赈恤饥民以固邦本事》,文渊阁四库全书景印本,第427册,史部诏令奏议类,第797页。

③ 参见《明太祖实录》卷六,戊戌春二月乙亥条,第63页。

④ (清)张廷玉等撰:《明史》卷八八《河渠志六》,第2145、2146页。

⑤ 《明太祖实录》卷十七,乙巳六月乙卯条,第231—232页。

桑者以四年有成乃征其租。"[①]洪武五年(1372年)十二月,又诏令道:"农桑,衣食之本;学校,理道之原。朕尝设置有司颁降条章,敦笃教化,务欲使民丰衣足食,理道畅焉。何有司不遵朕命,秩满赴京者,往往不书农桑之务、学校之教,甚违朕意。特敕中书令有司,今后考课必书农桑、学校之绩,违者降罚,民有不奉天时、负地利,及师不教导生徒、惰学者,皆论如律。"[②]可以说,朱元璋把农桑之务作为考课官吏的重要内容,从而以此来督导农桑的种植。经济作物的大量种植,使荒田细地得以充分利用,不仅利于增加农民的收入,而且也提高了抵御自然灾害的能力,对明初社会经济的恢复起了一定作用。

(二)申明礼制,宣扬教化

朱元璋认为元朝灭亡的原因在于"昧于先王之道,时溺胡虏之俗。制度疏阔,礼乐无闻"[③]。因此,在立国不久,他就迫不及待地"首开设礼、乐二局,广征宿儒,分曹究讨",参照前代的礼乐经典,根据明初的实际情况,制定各种礼乐制度,颁行天下。[④] 在他看来,"礼者,国之防范,人道之纪纲,朝廷所当先务,不可一日无也"[⑤];"有礼则治,无礼则乱。居家有礼则长幼序而宗族和,朝廷有礼则尊卑定而等威辨"[⑥];"礼立而上下之分定,分定而名定,名定而天下治矣"[⑦]。而且,他认为礼制的申明离不开教化的推行,所谓"不明教化则民不知礼义"[⑧],"移风善俗,礼之为本,敷训百姓,教之为先,故礼教明于朝廷,而后风化达于四海"[⑨]。因此,在礼制建设过程中,他把申明礼制与宣扬教化有机结合起来,并以重定礼制为核心,以宣扬教化为手段,采取多种措施来恢复封建礼制秩序。在洪武十八年(1385年)《大诰》颁行前,朱元璋主要从如下几个方面加强了对礼制的建设,其中既有"以礼约民"的制度设置,又有"融礼于俗"的社会教化,亦有"化民成俗"的学校教育等,而这些都是与社会管理紧密相连的。

1.里社祭祀之礼

朱元璋立国后,为了加强对基层社会的控制管理,建立了里甲和里社制度。洪武十四年(1381年),"诏天下编赋役黄册,以一百十户为一里,推丁粮多者十

---

① 《明太祖实录》卷三一,洪武元年四月辛丑条,第541页。

② 《明太祖实录》卷七七,洪武五年十二月甲戌条,第1409页。

③ (明)何孟春:《余冬序录摘钞四》,载沈节甫辑:《纪录汇编》卷一五一,商务印书馆1938年版,第44页。

④ 参见(清)张廷玉等撰:《明史》卷四七《礼志一》,第1223—1224页。

⑤ 《明太祖实录》卷八十,洪武六年三月甲辰条,第1449页。

⑥ 《明太祖实录》卷七三,洪武五年三月辛亥条,第1337页。

⑦ 《明太祖实录》卷十四,甲辰年四月壬戌条,第194页。

⑧ 张德信、毛佩琦主编:《洪武御制全书·明太祖宝训》卷四《仁政》,第528页。

⑨ 张德信、毛佩琦主编:《洪武御制全书·明太祖宝训》卷二《崇教化》,第469页。

户为长，余百户为十甲，甲凡十人。岁役里长一人，甲首一人，董一里一甲之事。先后以丁粮多寡为序，凡十年为一周，曰排年。在城曰坊，近城曰厢，乡都曰里。里编为册，册首总为一图”①。与里甲制度相对应，在民间祭祀中采取里社祭祀制度，以祭祀土、谷之神，规定：“凡各处乡村人民，每里一百户内，立坛一所，祀五土五谷之神。专为祈祷雨旸时若、五谷丰登。每岁一户轮当会首，常川洁净坛场，遇春秋二社，预期率办祭物。至日，约聚祭祀。其祭用一羊、一豕，酒果香烛随用。祭毕，就行会饮。”在每年仲春（二月）、仲秋（八月）时节祭祀时，先令一人读抑强扶弱之誓，其词曰：“凡我同里之人，各遵守礼法，毋恃力凌弱，违者先共制之，然后经官。或贫无可赡，周给其家，三年不立，不使与会。其婚姻丧葬有乏，随力相助。如不从众，及犯奸盗诈伪，一切非为之人，并不许入会。”宣读完誓词后，里社中按“长幼以次就坐”会饮祭祀之物，尽欢而散。里社祭祀制度有助于督促庶民遵守礼法，恭敬神明，和睦乡里，以厚风俗②，从而达到维护基层秩序的目的。

2.乡厉祭祀之礼

厉祭之礼，是对无祀鬼神的祭祀吉礼。《礼记·祭法》中规定，王祭泰厉，诸侯祭公厉，大夫祭族厉，地位较低的士与庶人没有资格祭厉。③ 虽有规定，但在官方礼制中，厉祭之礼长期废而不行。在民间，庶民虽无祭祀资格，却为了求得平安而广为行之。明朝建立后，热衷制礼作乐的朱元璋因革损益，使厉祭之礼粲然大备，流行民间的乡厉祭祀也被规范化和普及化。洪武三年（1370年），朱元璋制定厉祭之礼，“在王国有国厉之祭，在各府州有郡厉之祭，在各县有邑厉之祭，在一里有乡厉之祭”，要求每年的清明日、七月十五日、十月初一日祭祀那些无所依归、无人祭祀的孤魂野鬼。通过祭祀，希望达到“神依人而血食，人敬神而知礼”的目的。乡厉祭祀是地方基层社会中与普通庶民百姓联系比较密切的祭祀仪式。地方乡村中规定：“每里一百户内，立坛一所祭无祀鬼神，专祈祷民庶安康、孳畜蕃盛。”祭祀时所用祭物牲酒，“随乡俗置办”。在里长的带领下，“百家联名”于坛所置备“羹饭肴物”来祭祀本里“无祀鬼神”。人们希望通过祭享，使鬼神对一里之中、百家之内的忤逆不孝、不敬六亲、奸盗诈伪、不畏公法、拗曲作直、欺压良善、躲避差徭、靠损贫户的不良之民进行鉴察和发露，使其遭受官司，“轻则笞决杖断，不得号为良民；重则徒流绞斩，不得生还乡里”。如果没有被发露也诅咒他们“必遭阴谴”，使其“举家并染瘟疫”“六畜田蚕不利”等。而对那些“孝顺父

---

① （清）张廷玉等撰：《明史》卷七七《食货志一》，第1878页。

② 参见（明）申时行等编修：《明会典》卷九四《礼部五十二·群祀四》，第535－536页。

③ 参见《礼记·祭法》，王文锦：《礼记译解》，中华书局2001年版，第673页。

母、和睦亲族、畏惧官府、遵守礼法、不作非为”的良善正直之人，则会使神“达之城隍阴加护佑”，从而“家道安和、农事顺序，父母妻子保守乡里”。[①] 这种祭祀之礼发挥了惩恶扬善、监察奸伪的思想控制作用，这也是朱元璋“神道设教”统治方式的高明之处。

3. 乡饮酒礼

乡饮酒礼作为我国古代以敬老尊长、宾兴贤能、宣扬教化为目的的公众性仪式，自周代以来历代相沿，可以说是中国古代乡里礼俗中流行范围最广、延续时间最长、政治礼教性最强的一种宴饮活动。在元代，统治者对汉文化传统中的乡饮酒礼并不感兴趣，官方刊布的典制礼书中也不载乡饮酒礼，只是在地方上有少量遗存。所谓“乡饮不行久矣，黄鲐之老，耳不闻《鹿鸣》之歌，目不识宾介之仪，盖百有余年矣”[②]。面对这种情形，朱元璋于洪武五年(1372 年)因革损益，详定乡饮酒礼条式，“命有司与学官率士大夫之老者，行于学校，民间里社亦行之”。十六年(1383 年)，又颁布《乡饮酒礼图式》于天下，要求每年正月十五日、十月初一日，于儒学举行乡饮酒礼。[③] 作为与基层庶民百姓联系最紧密的里社乡饮，其形式如下：各里社以百家为一会，由粮长或里长主持，以年龄最高且有德行者为正宾，其次一人为介宾。百家内，除乞丐外，无论贫富但依年齿序而坐。在乡饮中，举行扬觯行酒和读律最为重要。在扬觯行酒中，一人举酒曰：“恭惟朝廷，率由旧章，敦崇礼教，举行乡饮，非为饮食。凡我长幼，各相劝勉，为臣尽忠，为子尽孝。长幼有序，兄友弟恭，内睦宗族，外和乡里，无或废坠，以忝所生。”在读律时，一人展律于案缓读之，“有过之人俱赴正席立听”。[④] 对违背定式的，将笞打五十，以示惩罚。[⑤] 府州县乡饮是地方官员借助有齿德、有实力之人调控基层社会管理的有力工具，里社乡饮则带有乡民自治性质，发挥着维护乡村社会秩序的作用。

4. 官民相见之礼

明朝建立后，元俗仍影响中国，一些礼俗“尚循胡俗”。如饮宴行酒多以跪拜为礼[⑥]，官僚相见辄以跪一足为礼，属官、下人见上司、官长以引手于后退却为礼。朱元璋非常厌恶这种礼节，即位后屡加禁止。洪武四年(1371 年)，朱元璋诏定官民揖拜礼。规定官员在行揖礼时，“凡下见上，躬身举手齐眼为敬，上官随

① (明)申时行等编修：《明会典》卷九四《礼部五十二·群祀四》，第 535—536 页。

② (明)叶盛撰，魏中平点校：《水东日记·乡饮酒礼》，中华书局 1980 年版，第 208 页。

③ 参见(清)张廷玉等撰：《明史》卷五六《礼志十》，第 1419 页。

④ (明)申时行等编修：《明会典》卷七九《礼部三十七·乡饮酒礼》，第 456 页。

⑤ 参见怀效锋点校：《大明律》卷十二《乡饮酒礼》，法律出版社 1998 年版，第 97 页。

⑥ 参见《明太祖实录》卷七十，洪武四年十二月壬寅条，第 1310 页。

坐随立无答。其次，下官举手齐口，上官举手齐心答之”。在行拜礼时，见东宫行稽首四拜之礼；隔品下官见上官行顿首再拜之礼，上官随坐随立无答；品级相次之官见上官行顿首再拜之礼，上官控首再拜答礼；品秩相均之官相见，各行再拜礼。对于民间庶民百姓的揖拜礼，朱元璋规定在行揖礼时要“以长幼随宜行之”；在行拜礼时“子孙、弟侄、甥婿见尊长，生徒见师范，婢仆见本使，行顿首四拜礼。其余长幼亲戚各以序行顿首再拜礼”。[①] 洪武五年(1372 年)，朱元璋又对官员相见礼作了更详细的规定：(1)内外诸官每旦会于公堂之上，必须先拱手作揖，而后才能就座，幕官也必须对长官先作揖才能退就幕署；(2)衙门中的属官见长官必须“序立阶之上躬揖”，上官“随坐随立拱手答礼，幕官答揖”，如果初次见面或因事出门有十日之隔而见长官时则要行再拜礼，长官拱手答礼，幕官答拜，品秩相等者则互相作揖；(3)衙门中的掾史、令史、书吏、宣使奏差人等早上谒见长官要“序立阶下一揖”乃退，长官无需答礼，幕官只要拱手就可以，如果因节序、公参或差遣来辞见的话则要行两拜礼，长官需答礼，幕官则拱手；(4)衙门中的典吏见幕官时也要“序立阶下肃揖”，幕官不用答礼，如果因为时节、公参或差遣来辞见的话，则行两拜礼，幕官拱手回礼；(5)子孙对于祖父母，要每早前来问安作揖，如果出远门十日之隔回来及节序、庆贺之日则要行四拜礼，若尊长比较疏远，则行肃揖礼，出远门回来和节序、庆贺之日行两拜礼即可。[②]

至于庶民百姓相见礼，朱元璋于洪武五年又令：“凡乡党序齿，民间士农工商人等平居相见，及岁时宴会揖拜之礼，幼者先施。坐次之列，长者居上。如佃户见佃主，不论序齿，并行以少事长之礼。若亲属，不拘主佃，止行亲属礼。”

对致仕乡居的官员，朱元璋给予为官的身份地位。他于洪武十二年(1379 年)规定：“内外官致仕居乡，惟于宗族序尊卑如家人礼。于其外祖及妻家，亦序尊卑。若筵宴，则设别席，不许坐于无官者之下。如与同致仕官会则序爵，爵同序齿。其与异姓无官者相见，不须答礼，庶民则以官礼谒见，敢有凌侮者，论如律。”[③]朱元璋把官民相见礼加以制度化，使其成为一种行为准则，规范着官民的行为和礼节，如果不遵守则以违制论处，其目的是实现大小有伦、尊卑有序、秩序井然的理想等级社会。

5. 官民丧葬之礼

明朝建立之初，丧葬之礼深受元代遗俗影响，在举行丧葬之时，设宴会亲友，

---

① 《明太祖实录》卷七十，洪武四年十二月壬寅条，第 1310、1311 页。

② 参见《明太祖实录》卷七三，洪武五年三月辛亥条，第 1335—1337 页。

③ (明)申时行等编修：《明会典》卷五九《礼部十七・官员礼》，第 364 页。

以娱尸为乐。[①] 甚至还存在"死者或以火焚,而投其骨于水"的陋俗。治丧之时,人们多相互攀比,不惜奢靡挥霍,"富者奢僭犯分,力不足者称贷财物,夸耀殡送,及有惑于风水,停柩经年,不行安葬"。流俗所及,弊害风化,甚至影响海内各地。为了重振古之丧礼的"哀戚之本",朱元璋于洪武元年(1368 年)令礼官定丧服之制,洪武五年(1372 年)又诏定官民丧仪。对贫苦无地安葬者,要求所在地方官择宽闲之地为义冢,使其安葬;对宦游远方无法归葬者,要求地方官给以力费助其归葬;对僭越等级身份和实行火葬的行为严加禁止;对不按定制礼葬的行为论罪处理。[②]

洪武五年制定的丧仪中规定:官员,"棺,用油杉朱漆;椁,用土杉;墙翣,公侯六,三品以上四,五品以上二;冥器,公侯九十事,一品、二品八十事,三品、四品七十事,五品五十事,六品、七品三十事,八品、九品二十事;引披铎,公侯四引六披左右各八铎,一品、二品二引四披左右各六铎,三品、四品二引二披左右各二铎;羽幡竿,长九尺,五品以上一人执之以引柩,六品以下不用;功布,品官用之,长三尺;方相,四品以上四目,七品以上两目,八品以下不用;柳车,上用竹格,以彩结之,旁施帷幔,四角垂流苏;志石二片,品官皆用之,其一为盖,书某官之墓,其一为底,书姓名乡里三代生年月日及子孙卒葬月日,妇人则随夫及子孙封赠,二石相向,用铁束埋墓中;祭物,四品以上用羊、豕,九品以上用豕"[③]。庶民,"棺用坚木,油衫为上,柏次之,土衫松又次之。用黑漆、金漆,不得用硃红。冥器一事。功布以白布三尺引柩。柳车以衾覆棺。志石二片,如品官之仪。祭用豕,力不及者,随家有无"[④]。对于治丧程序,也作了详细规定,从死者临死时的初终,到小殓、大殓、成服、弔奠赙、择地、祭后土、葬、虞、卒哭、祔、小祥、大祥、闻丧、奔丧、改丧等,都周详无遗。对丧仪的厘定,有利于官民借此表达哀思,对强化血缘关系,增进邻里乡谊,弘扬传统孝道,以及整合家族秩序都具有很大的作用。朱元璋借助丧礼的这一功能,对其加以规范和调试,从而使之成为构建乡村社会秩序,维护乡村稳定的重要手段。

另外,对于丧服之制,朱元璋在洪武七年(1374 年)著《孝慈录》,规定自今以后要"父母俱斩衰,而减报服省殇礼,定庶母服以杖期",从而改变了以前"父服斩衰,母齐衰,报服如之,庶母服缌,三殇降等"的服制。[⑤] 这一举动博得了后儒好评,万历时期的郭正域称赞此举"三代圣人未之及也。圣人人伦之至,非高皇莫

---

① 参见《明太祖实录》卷三七,洪武元年十二月辛未条,第 709—710 页。

② 参见(清)张廷玉等撰:《明史》卷六十《礼志十四》,第 1492 页。

③ (明)申时行等编修:《明会典》卷九九《礼部五十七·丧礼四·品官》,第 556 页。

④ (明)申时行等编修:《明会典》卷一〇〇《礼部五十八·丧礼五·庶人》,第 558 页。

⑤ (明)申时行等编修:《明会典》卷一〇二《礼部六十·丧礼七·丧服》,第 562 页。

之能改也”[①]。此外，斩衰、齐衰、大功、小功、缌麻的五服丧制，则通过严谨的行为规范，对家庭成员作了严格的角色和关系定位，协调了家庭成员的关系，构建了稳定、可控的家庭和家庭秩序，从而起到维护社会秩序稳定的作用。

6.藉田之礼

中国古代帝王非常重视农业生产，认为农业是天下的根本，经常举行藉田礼来劝民务农。藉田礼，是指古代天子、诸侯在春耕前，手执耒耜象征性地在藉田上三推或一坺，然后由庶民完成耕种的礼仪。这一礼仪起源于早期社会春耕时祈求丰年的古老仪式，在西周时已施行，此后历代相沿，成为定制。在元代，“虽议耕耤，竟不亲行。其祀先农，命有司摄事”[②]。出身农民的朱元璋，深知农业对国家稳定的重要性，所以在即位伊始就“谕廷臣以来春举行藉田礼”。他认为：“古者天子耤田千亩，所以供粢盛备馔饎，自经丧乱，其礼已废，上无以教，下无以劝。朕莅祚以来，悉修先王之典，而耤田为先，故首欲举而行之，以为天下劝。”[③]恢复久废的藉田古礼，是朱元璋莅位后首先要举行的大典。他希望通过大典“使民知劝，尽力于田亩，以遂其牛养”[④]，从而最终实现稳定统治的目的。据《明史》记载，朱元璋在位期间分别于洪武二年、八年、十九年、二十年、二十三年、二十四年、二十五年、二十六年行了8次藉田礼[⑤]，其间虽有间隔，但基本反映了朱元璋的重农思想和重视农业生产的程度。

7.申明亭、旌善亭

洪武五年(1372年)二月，朱元璋有鉴于“田野之民不知禁令，往往误犯刑宪”，乃命令有司“于内外府州县及其乡之里社皆立申明亭”，规定“凡境内人民有犯，书其过、名，榜于亭上，使人所惩戒”。[⑥] 申明亭的设立，有助于乡里百姓熟悉朝廷法令。同时，将犯罪者的罪状、姓名书于申明亭上来警诫民众，能起到预防犯罪的效果。洪武十六年(1383年)[⑦]，朱元璋又设立了旌善亭，来表彰“孝子顺孙、义夫节妇”，推行儒家道德教化。被旌表者可书名于亭，传誉乡里，成为乡里百姓学习的道德楷模。明代地方志大多把申明亭、旌善亭制度反映的“民自为教”化民手段，追溯到《尚书》中的“旌别淑慝”。《伪古文尚书·毕命》中谈到民众

---

① (明)谈迁著，张宗祥校点：《国榷》卷五，太祖洪武七年条，第512页。

② (清)张廷玉等撰：《明史》卷四九《礼志三》，第1271页。

③ 《明太祖实录》卷三六上，洪武元年十一月癸亥条，第671页。

④ 《明太祖实录》卷一八〇，洪武二十年二月乙未条，第2727页。

⑤ 参见(清)张廷玉等撰：《明史》，第22、30、43、44、47、48、49、51页。

⑥ 《明太祖实录》卷七二，洪武五年二月丁未条，第1332、1333页。

⑦ 参见张佳：《彰善瘅恶，树之风声——明代前期基层教化系统中的申明亭和旌善亭》，《中华文史论丛》2010年4月，总第100期。关于旌善亭的设置时间，在正史中没有明确记载。张佳通过查阅大量地方志记载，认为旌善亭应创于洪武十六年．笔者通过核对《天 阁藏明代方志选刊》，亦同意这一说法。

教化时有“旌别淑慝，表厥宅里，彰善瘅恶，树之风声”；“言当识别顽民之善恶，表异其居里，明其为善，病其为恶，立其善风，扬其善声”[①]的记载。因此，明代文献中也认为二亭的创建思想与《尚书》中的民教思想源于一脉。在地方上，二亭多设于府州县治的东、西两侧，在乡里亦广泛设置。地方官员“奉颁降成式，督民创立”，申明亭，“厅屋一间，中虚四柱，环堵，前启门，左右阒，于前扁‘申明亭’三字，中揭板榜，遇邑人有犯法受罪者，则书犯由罪名以警众”；旌善亭，“基址视申明亭稍高三等，在申明亭之左前，扁‘旌善亭’三字，中揭板榜，凡邑人有善则书以为劝”。[②] 明初对申明亭舍的保护非常重视。如洪武十五年（1382 年），朱元璋下令：凡“私毁亭舍，除所悬法令及涂抹姓名者，监察御史、按察司官以时按视，罪如律”。《大明律》中亦规定：“凡拆毁申明亭房屋及毁板榜者，杖一百，流三千里。”[③]申明亭制度通过宣传法令、惩戒犯罪、弘扬教化，达到调节基层纠纷，息讼、止讼的目的。这一制度有利于使人们懂法、知法，在基层社会形成理性的法律文化品格，从而对减少犯罪，稳定社会秩序发挥了重要作用。而旌善亭的创置，则宣扬了儒家思想“忠、孝、节、义”的基本道德，表彰了孝子、顺孙、义父、节妇的行为，使“民自为教”的方式潜移默化地渗透到民间社会。

8.儒学、社学

学校作为明人伦、厚风俗、育人才之地，受到历代统治者的重视。朱元璋亦把其作为“最急务”。在他看来，“明教化者，在于兴学校。学校兴，则君子务德”[④]。但是立国初年，朱元璋面临的却是学校多遭兵燹，“庙学大坏”[⑤]的情况。朱元璋认为：

> 学校之教，至元其弊极矣。使先王衣冠礼乐之教，号为夷狄，上下之间，波颓风靡，故学校之教名存实亡。况兵变以来，人习于战斗，惟知干戈，莫识俎豆。朕谓治国之要，教化为先，教化之道，学校为本。今京师虽有太学，而天下学校未兴，宜令郡县皆立学，礼延师儒，教授生徒，以讲论圣道，使人日渐月化，以复先王之旧，以革污染之习，此最急务，当急行之。[⑥]

因此，洪武二年（1369 年），朱元璋诏令“天下府州县”立学校，对旧学进行修复和重建。规定：“府设教授，州设学正，县设教谕，各一。俱设训导，府四，州三，县二。生员之数，府学四十人，州、县以次减十。师生月廪食米，人六斗，有司给以

---

① 《尚书·正义》卷十九，十三经注疏本，中华书局 1980 年影印版，第 287 页。
② 嘉靖《东乡县志》卷上《公署》，见《天一阁藏明代方志选刊》。
③ 怀效锋点校：《大明律》卷二六《刑律·杂犯·拆毁申明亭》，第 201 页。
④ 张德信、毛佩琦主编：《洪武御制全书·明太祖宝训》卷一《论治道》，第 415 页。
⑤ 嘉靖《河间府志》卷五《宫室志·学校》，见《天一阁藏明代方志选刊》。
⑥ 张德信、毛佩琦主编：《洪武御制全书·明太祖宝训》卷一《兴学》，第 440 页。

鱼肉。学官月俸有差。"生员在学校学习期间"专治一经，以礼、乐、射、御、书、数设科分教"。[①]为了加强对学校的管理，朱元璋又屡次颁行学规，如在洪武三年(1370 年)定"学校射仪"；洪武六年(1373 年)定"一应文字，只用散文"；洪武十五年(1382 年)颁"禁例于天下学校"，并"镌勒卧碑，置于明伦堂之左，永为遵守"。禁例中规定，生员不得随便"入官辩诉"，不得建言"军民利病之事"，不得"陷父母于危亡"，不得"恃己长"对师长"妄行辩难，或置之不问"。[②] 以上这些学规，规范了生员的行为，致力于将其培养成遵礼、守法、明德、尽孝的深明治体之才，这也是朱元璋借助学校推行教化的目的所在。

在府州县设立儒学之时，朱元璋也进一步认识到兴办社学的重要性。他说："昔成周之世，家有塾，党有庠，故民无不知学。是以教化行，而风俗美。今京师及郡县皆有学，而乡社之民未睹教化，宜令有司更置社学，延师儒以教民间子弟。庶可导民善俗也。"于是，洪武八年(1375 年)，朱元璋"诏令有司立社学"。[③] 社学，始创于元代，是元世祖忽必烈为了加强对民众的封建道德教育和传播农桑耕种技术而设立的。在元代，每五十家为一社，设学校一所，择通晓经书者为师。[④]社学的设立在元初发挥了稳定社会秩序和推广生产知识的作用，元中期以后渐趋废弛。朱元璋此时重新在乡村创建社学，表明了其对乡村教化的重视。在朱元璋的倡导下，全国各地普建社学。社学中的庶民子弟在学期间所学内容与儒学相似，也多以经史等儒家经典为主，并要求熟读《大诰》律令；此外，地方上的"冠、婚、丧、祭"之礼亦是其学习内容。社学的建立对普及乡村教育，教化基层民众，规范庶民礼治等发挥了一定作用。

除了上文中所提到的申明礼制和宣扬教化的措施外，朱元璋又制定了官民冠礼[⑤]、婚礼[⑥]、书札之礼[⑦]，确定了服制、房舍、用物等第[⑧]，并禁止士庶辫发椎髻、留胡须、说胡语、穿胡服。要求恢复唐制，"士民皆束发于顶，官则乌纱帽、圆领、束带、黑靴，士庶则服四带巾，杂色，盘领，衣不得用黄玄"[⑨]。对于元代遗留的在臂股间刺文身的陋习，亦下令禁止以此为尚[⑩]。为了宣扬教化，朱元璋在全

---

① (清)张廷玉等撰:《明史》卷六九《选举志一》，第 1686 页。

② (明)申时行等编修:《明会典》卷七八《礼部三十六·学校·儒学》，第 452、453 页。

③ 《明太祖实录》卷九六，洪武八年正月丁亥条，第 1655 页。

④ 参见(民国)柯劭忞:《新元史》卷六九《食货志二》，开明书店 1935 年版，第 169 页。

⑤ 参见(明)申时行等编修:《明会典》卷六六《礼部二十四·冠礼四》，第 401—402 页。

⑥ 参见(明)申时行等编修:《明会典》卷七一《礼部二十九·婚礼五》，第 417—419 页。

⑦ 参见《明太祖实录》卷五二，洪武三年五月癸巳条，第 966 页。

⑧ 参见(明)申时行等编修:《明会典》卷六二《礼部二十·房屋器用等第》，第 395—396 页。

⑨ (明)陈建著，钱茂伟点校:《皇明通纪》，中华书局 2008 年版，第 137 页。

⑩ 参见(明)陆容:《菽园杂记》卷十，中华书局 1985 年版，第 127 页。

国范围内又开展了尊孔读经运动、倡导节俭运动[①]、行孝养老运动[②]，并选国子生分教北方各郡等来使教化落到实处[③]。另外，他又创制了大量礼书来宣传礼制，如《存心录》《大明集礼》《孝慈录》《洪武礼制》《礼仪定式》等，共10余部。可以说，这些礼治教化措施的实施，其目的是最终构建一个"风俗淳厚，民相亲睦，贫穷患难，亲戚相救，婚姻死丧，邻保相助"[④]的社会。

（三）修订法律，重典治国

在明初立国以后，朱元璋认真总结历代封建王朝，特别是元代灭亡的教训，认为"姑息"之政是"误国"的根源。他说："历代多因姑息，以致奸人惑侮。"[⑤]同时，他又认为"宽纵"是元朝天下大乱和群雄蜂起的重要原因。他说："元氏昏乱，纪纲不立，主荒臣专，威福下移，由是法度不行，人心涣散，遂致天下骚乱。""吾昔起兵濠梁，见当时主将皆无礼法，恣情任私，纵为暴乱，不知驭下之道，是以率至于亡。"[⑥]可以说，朱元璋把元朝号令纪纲废弛与"豪杰所在蜂起"直接联系在一起，并认为这都是元统治者"不知修法度以明军政"造成的。[⑦] 因此，他总结认为："奈何胡元以宽而失，朕收平中国，非猛不可！"[⑧]为了使"天下之人皆为善而无恶，共乐天之乐"，朱元璋在立国以后至洪武十八年（1385年）《大诰》颁行前，采取了一系列"猛烈之治"来"顿挫奸顽"，以构建一个"上下相安，和气充溢，天地清宁，可谓咸亨"的社会。[⑨]

1. 修订《大明律》，严明法治

法是维护礼的强制工具，礼是法的价值追求和精神所在。礼法兼施是统治阶级的惯用手段，以礼劝善，以法惩恶，二者各有侧重，相得益彰。朱元璋吸取元朝因"宽纵"失天下的历史教训，在立国以后，把立法作为治理国家的重要手段。他说："今创业之初，若不严立法度以革奸弊，将恐百司因循故习，不能振举。"[⑩]在朱元璋的"法治"思想中，法和礼一样都是国家的纪纲，是立国的首务，是安定

---

① 参见《明太祖实录》卷十四，甲辰年三月庚午条，第188页。

② 参见（明）申时行等编修：《明会典》卷八十《礼部三十八·养老》，第459—460页。

③ 参见（明）余继登：《典故纪闻》卷三，中华书局1981年版，第52页。

④ 张德信、毛佩琦主编：《洪武御制全书·明太祖宝训》卷二《厚风俗》，第461页。

⑤ 杨一凡、田涛主编：《中国珍稀法律典籍集成续编·明代法律文献（上）·皇明祖训·祖训首章》，黑龙江人民出版社2002年版，第486页。

⑥ 《明太祖实录》卷十四，甲辰年正月戊辰条，第176、177页。

⑦ 《明太祖实录》卷十四，甲辰年四月甲午朔条，第189页。

⑧ （明）刘基撰，何镗编校：《诚意伯文集》卷一《皇帝手书》，商务印书馆1936年版，第3页。

⑨ 参见《明太祖实录》卷二〇二，洪武二十三年五月癸丑条，第3019页。

⑩ 《明太祖实录》卷十五，甲辰年十二月丁巳条，第211页。

百姓、稳定统治的根本。[1] 在洪武十八年《大诰》颁行之前，朱元璋一共三次修订《大明律》，包括吴元年律、洪武七年律和洪武九年律。

(1)吴元年律[2]

早在至正二十四年(1364 年)春自立为吴王时，朱元璋就非常重视法律的制定。他说："秦以暴虐，宠任邪佞之臣，故天下叛之。汉高起自布衣，能以宽大驾驭群雄，遂为天下主。今天下之势不然，元之号令纪纲已废弛矣，故豪杰所在蜂起，然皆不知修法度以明军政，此起所以无成也。"[3]于是，在这年二月平定武昌后，朱元璋即"议定律"。吴元年(1367 年)十月，他以"左丞相李善长为总裁官，参知政事杨宪、傅瓛，御史中丞刘基，翰林学士陶安，右司郎中徐本，治书侍御史文原吉、范显祖，经历钱用壬，监察御史盛原辅、吴去疾、赵麟、崔永泰、张纯诚、谢如心，大理卿周祯，少卿刘惟敬，大理丞周祯，评事陈敏、孙忠，按察使李详、潘黼、滕毅，佥事程孔昭、傅敏学、王藻、逯永贞、张引、吴彤为议律官"[4]，要求他们详议律令，以"贵在简当""人人易晓"为立法原则。十二月书成以后，朱元璋"去烦就简"者数条，"凡为令一百四十五条。吏令二十，户令二十四，礼令十七，兵令十一，刑令七十一，工令二。律准唐之旧而增损之，计二百八十五条。吏律十八，户律六十三，礼律十四，兵律三十二，刑律一百五十，工律八"[5]。朱元璋鉴于"律令初行，恐民一时不能尽知法意，或有误罹于法者"[6]，又"命大理卿周桢等取所定律令，自礼乐、制度、钱粮、选法之外，凡民间所行事宜，类聚成编，训释其义，颁之郡县，名曰《律令直解》"[7]。

在明初，律、令并行。关于二者的关系，朱元璋作了详细论述："律令者，治天下之法也。令以教之于先，律以齐之于后。"[8]《大明令》以记载诸司制度为主，无具体的刑罚规定，其作用在于定制以明法意，而当时刑罚的法律依据主要是所定

---

① 参见《明太祖实录》卷十四，甲辰年正月戊辰条，第 176 页。

② 明代官修史书在记述吴元年所草创律、令时，历来是把"律令"二字连在一起。长期以来，关于这一法典的名称、编纂形式、颁行时间等众说纷纭，有"吴元年律令""吴元年律""吴元年令""洪武元年律令""洪武元年律""洪武元年令"等数种。清人孙承泽引邱濬的话认为明开国之初，只制定了《大明令》而未制律。当代法学家杨一凡则认为明初律、令虽草创于吴元年，但根据《大明令序》记载的"洪武元年正月十八日"序文，吴元年所定律称为洪武元年律为妥。(详见杨一凡：《〈大明律〉修订始末考》，《政法论坛》1990 年第 2 期)

③ 《明太祖实录》卷十四，甲辰年四月甲午朔条，第 189 页。

④ 《明太祖实录》卷二六，吴元年十月甲寅条，第 389 页。

⑤ 《明太祖实录》卷二八，吴元年十二月甲辰条，第 422—423 页。

⑥ 《明太祖实录》卷二八，吴元年十二月戊午条，第 431 页。

⑦ (清)张廷玉等撰：《明史》卷九三《刑法志一》，第 2280 页。

⑧ 怀效锋点校：《大明律·大明令》，第 231 页。

律。[①] 正如清朝人孙承泽引邱濬的话所言："律者，刑之法也。令者，法之意也。法具，则意寓于其中。"[②]《大明令》作为元明之际过渡性的法令，对《大明律》具有很大的影响，成为律文修订与实施的一种思想指导。

(2)洪武七年律

吴元年律是在国家初创之时仓促而就，难免有"轻重失宜""有乖中典"的条文。随着社会经济的发展和国家制度的日益完善，这种不适渐趋明显。朱元璋对此也深有感触，所以"临御以来，屡诏大臣更定新律，至五六而弗倦"[③]。洪武元年(1368 年)八月，"命儒臣四人同刑部官讲《唐律》，日写二十条取进，止择其可者从之。其或轻重失宜，则亲为损益，务求至当"[④]。洪武五年(1372 年)，"定宦官禁令及亲属相容隐律"。洪武六年(1373 年)夏，刊《律令宪纲》，颁之诸司。[⑤]洪武六年(1373 年)十一月，又诏命刑部尚书刘惟谦"详定大明律"。于是刘惟谦"重会众律，以协厥中，而近代比例之繁，奸吏可资为出入者，咸痛革之。每一篇成，辄缮书上奏"[⑥]。朱元璋"命揭于两庑之壁，亲加裁定"[⑦]。洪武七年(1374 年)二月书成，朱元璋命颁行天下。[⑧]

洪武七年律，"篇目皆准于唐，其形五：一曰笞形五，自一十至五十，每一十为一等加减；二曰杖形五，自六十至一百，每一十为一等加减；三曰徒形五，徒一年杖六十，一年半杖七十，二年杖八十，二年半杖九十，三年杖一百，自一年至三年为五等，每杖一十及半年为一等加减；四曰流形三，二千里杖一百，二千五百里杖一百，三千里杖一百，自二千至三千里为三等，每五百里为一等加减；五曰死形二，绞、斩。其篇目：曰名例、曰卫禁、曰职制、曰户婚、曰厩库、曰擅兴、曰盗贼、曰斗讼、曰诈伪、曰杂律、曰捕亡、曰断狱。采用旧律二百八十八条，续律一百二十八条，旧令改律三十六条，因事制律三十一条，掇唐律以补遗一百二十三条，合六百有六，分为三十卷"[⑨]。可以说，洪武七年律就形式而言完全效仿唐制，施行五刑制，所设篇目"一遵唐旧"，只是少了"违令"一目。不过在具体条文设置上则略有变化，就条文数量来看比吴元年律多了 321 条，比唐律多了 106 条。

① 参见杨一凡:《〈大明律〉修订始末考》,《政法论坛》1990 年第 2 期。
② (清)孙承泽著，王剑英点校:《春明梦余录》卷四四《谕令》,北京古籍出版社 1992 年版，第899 页。
③ 怀效锋点校:《大明律·进大明律表》,第 2 页。
④ 《明太祖实录》卷三四，洪武元年八月己卯条，第 616 页。
⑤ 参见(清)张廷玉等撰:《明史》卷九三《刑法志一》,第 2280 页。
⑥ 怀效锋点校:《大明律·进大明律表》,第 3 页。
⑦ 《明太祖实录》卷八六，洪武六年十一月庚寅条，第 1535 页。
⑧ 参见(清)张廷玉等撰:《明史》卷九三《刑法志一》,第 2280 页。
⑨ 《明太祖实录》卷八六，洪武六年十一月庚寅条，第 1535 页。

(3)洪武九年律

洪武九年(1376 年)十月,朱元璋浏览《大明律》时,对中书左丞相胡惟庸、御史大夫汪广洋等说:"古者风俗厚而禁网疏,后世人心漓而刑法密,是以圣王贵宽不贵急,务简而不务烦。国家立法贵得中道,然后可以服人心,而传后世者。萧何作《汉九章》甚为简便,后张汤犹得以私意乱之,况未尽善,其能久无弊乎。今观律条,犹有议拟未当者,卿等可详议更定务合中正,仍具存革者以闻。"于是,胡惟庸、汪广洋等"复详加考订釐正者凡十有三条,余如故凡四百四十六条"。[①]

关于洪武九年律的具体条数,由于《明实录》中记载含糊,众说纷纭。是 446 条,还是 459 条?台湾学者黄彰健先生在《明洪武永乐的榜文峻令》一文中认为,洪武九年律是 459 条。理由是洪武十八九年的通行律是 460 条,而之所以是 460 条,只不过是因为在洪武九年律的基础上增加了一个条目或个别的内容罢了。而后,黄先生又检索到《明太祖实录》洪武十六年(1383 年)九月癸卯条记载的"磨勘司奏增朝参牙牌律,诏从之"[②],遂以之为依据。[③] 王伟凯在《明〈大诰〉三编研究》一书中对此进行反驳,并以洪武十六年"尚书开济定诈伪律条"[④]为例证,认为"如果按黄氏理论推论,那该律(洪武九年律)就是 458 条了"[⑤]。笔者认为,洪武十六年所定"诈伪律条",只是对以前律文的重新厘定而不是新增制定,所以黄氏的推断更可信。另外,黄彰健又认为洪武十八九年的通行律实际上就是九年律,那么据此推测洪武九年的《大明律》在体例上已经确定了六部分类的方法。所谓的洪武十八九年通行律,是指洪武十九年(1386 年)正月何广所著《律解辩疑》中记载的《大明律》。《律解辩疑》是对《大明律》条文的申解、辩疑。[⑥]通过对其记载的《大明律》中的"亲属相奸"条规定和《明太祖实录》中的"洪武十七年十二月庚戌"条的比对,可以确定书中记载的《大明律》是洪武十八九年的通行律。[⑦]《律解辩疑》开篇有"律条目总名歌",最后一句是"十句总言三十卷,条

---

① 《明太祖实录》卷一一〇,洪武九年十月辛酉条,第 1821—1822 页。

② 《明太祖实录》卷一五六,洪武十六年九月癸卯条,第 2427 页。

③ 参见黄彰健:《明清史研究丛稿》卷二《明洪武永乐朝的榜文峻令》,(台北)台湾商务印书馆 1977 年版,第 237 页。

④ (清)张廷玉等撰:《明史》卷九三《刑法志一》,第 2281 页。

⑤ 王伟凯:《明〈大诰〉三编研究》,香港国际学术文化资讯出版公司 2008 年版,第 20 页。

⑥ 参见何广:《律解辩疑》,《中国珍惜法律典籍续编·明代法律文献(下)》,黑龙江人民出版社 2002 年版,第 3、296 页。

⑦ 《律解辩疑》中的"亲属相奸"条记载:"凡奸同宗无服之亲及无服亲之妻者,各杖一百。若奸义女者,加一等。"[何广:《律解辩疑》,《中国珍惜法律典籍续编·明代法律文献(下)》,第 259 页]《明太祖实录》中的"洪武十七年十二月庚戌"条记载:"刑部尚书王惠迪言凡民间乞养义女,虽非己生,然皆自幼抚养,同居而食,已有尊卑之分。若帷薄不修,有伤风化,宜比同宗无服之亲律加一等,杖六十,徒一年,其女归宗,请著为令,从之。"(《明太祖实录》卷一六九,洪武十七年十二月庚戌条,第 2577 页)

有四百六十名"[①],说明十八九年的通行律与后来的二十二年律、三十年律都是30卷和460条。法学家杨一凡通过三律的比较,推测早在洪武中期,明律的体例和篇目已经确定。对于洪武九年律与十八九年律是否为同一法典,他则认为尚需进一步挖掘史料证实。但可以肯定,"在洪武二十二年律颁行前,确实存在一个与其体例、篇目相同的律典"[②]。这一观点,基本反映了洪武九年至洪武二十二年间《大明律》行用的情况。

应该说,洪武九年律基本确定了《大明律》的模式框架,在其后的13年中虽有律条的修改和调整,但是大规模的修律活动没有进行。直到洪武二十二年(1389年)才对《大明律》进行了大规模的修订,并在书首列"二刑图"和"八礼图"[③],以"重礼",以"广大好生之意"[④]。在洪武二十二年后,关于《大明律》的修订并没有停止,洪武三十年(1387年)在修律时又把《大诰》中的条目"撮其要略,附载于律",一代大法遂宣告完成。朱元璋希望通过这部法典,实现其"明律以导民,定律以绳顽"[⑤]的法治目的。

朱元璋所制定的《大明律》,不少条文都带有"重刑"性质,而刑罚也"较前代往往加重"[⑥]。与唐律相比较,是"轻其轻罪,重其重罪"。一般来说,对于不直接威胁封建君主统治的"典礼及风俗教化之事,唐律大多较明律为重";对于与维护封建专制统治、维护朝廷经济利益、镇压人民反抗直接相关之事,即"贼盗及有关帑项钱粮等事,则明律又较唐律为重"。[⑦] 与元律相比较,在"十恶"和政治性"贼盗"的用刑上大致相同。但是,对仅仅涉及钱粮、非政治性"贼盗"的"犯罪",明律大多比元代法律大为加重。而且,对于有关帑项钱粮方面的其他律条的量刑,多数罪名量刑也是明律比元代法律为重。至于礼典和风俗教化方面,明律沿袭了唐律"以准乎礼为出入"的原则,对于维护封建伦理道德、等级制度等作了十分严密的法律规定。元律则不然。元朝由少数民族进行统治,受汉族传统封建礼教

---

① 何广:《律解辩疑》,《中国珍惜法律典籍续编·明代法律文献(下)》,第5页。

② 杨一凡:《〈大明律〉修订始末考》,《政法论坛》1990年第2期。

③ 所谓"二刑图",一种是"五刑之图",有笞、杖、徒、流、死"五罚",其处刑等差及加减标准皆列图中;一种是"狱具之刑",有笞、杖、讯杖、枷、杻、索、镣七种刑具,其制作材料、大小、重量及犯人受刑部位皆有规定。所谓"八礼图",也称"丧服图",有"丧服总图""本宗九族五服正服之图""妻为夫族服图""妾为家长族服之图""出嫁女为本宗降服之图""外亲服图""妻亲服图""三父八母服图"八种。(详见怀效锋点校:《大明律·附图》,第445—456页)

④ (清)张廷玉等撰:《明史》卷九三《刑法志一》,第2283页。

⑤ 《明太祖实录》卷二五三,洪武三十年五月甲寅条,第3647页。

⑥ (清)张廷玉等撰:《明史》卷九三《刑法志一》,第2285页。

⑦ 参见杨一凡主编:《中国法制史考证》甲编第6卷《历代法制考·明代法制考》,中国社会科学出版社2003年版,第27页。

影响较小，虽为了统治“汉人”“南人”，不得不“遵用汉法”，但在处理礼与刑的关系上，往往忽视礼教的作用。因此，元律对于礼典、风俗教化方面的刑罚较为宽弛。[①] 另外，在对于官吏犯罪的惩治方面，明律比元律相对严酷，因为元代为了赋予蒙古贵族更多的特权，为了笼络汉族地主，在法律上特别宽大。[②]《元史·刑法志》就说：“元之刑法，其得在仁厚，其失在乎缓弛而不知检也。”又说：“此其君臣之间，唯知轻典之为尚。”[③]

通过与唐律、元律的比较，可以发现明律在处置贼盗及帑项钱粮犯罪、官吏贪赃犯罪方面，用刑往往加重。这一特点的形成，与明初面临的政治斗争形势、吏治腐败状况及经济凋敝情形等紧密相关。为了“矫元旧弊”，加强对人民的控制，打击政治性的“贼盗”作乱，同时增加国家的财政收入，朱元璋对关于“贼盗及帑项钱粮”方面的犯罪进行重典打击也就是必然的了。另外，鉴于历代特别是元代以“宽纵”失天下的历史教训，明律对官吏犯罪的立法也更趋严苛。与唐律相比，明律专设的“奸党”“交结近侍官员”“大臣专擅选官”“文官不许封公侯”“上言大臣德政”等条目都是唐律所没有的，这体现了明律以重刑惩治臣民，加强专制统治的政治方略。

2.大搞法外用刑，重典治国

为了惩治奸顽，整顿社会秩序，朱元璋在具体的司法实践中，往往“法外用刑”。正如他自己所说：“朕自起兵至今四十余年，亲理天下庶务，人情善恶、真伪，无不涉历。其中奸顽刁诈之徒，情犯深重，灼然无疑者，特令法外加刑，意在使人知所警惧，不敢轻易犯法。”[④]

就整饬吏治而言，朱元璋常常颁发新的苛法峻令来打击新的犯罪行为。如洪武五年(1372 年)针对公侯赃罪，专门颁发《铁榜》以示惩戒。其中规定：“凡公侯之家强占官民山场、湖泊、茶园、芦荡及金银铜场、铁冶者，初犯、再犯免死附过，三犯准免死一次”；“凡公侯之家，除赐定仪仗户及佃田人户已有名额报籍在官，敢有私托门下、隐闭差徭者，斩”；“凡公侯之家，倚恃权豪，欺压良善，虚钱实契，侵夺人田地房屋孳畜者，初犯免罪附过，再犯住支俸给一半，三犯停其禄，四犯与庶人同罪”；“凡功臣之家，不得受诸人田土及朦胧投献物业。违者，初犯免罪附过，再犯住支俸给一半，三犯停其禄，四犯与其庶人同罪”。[⑤] 针对公侯赃罪

---

① 参见杨一凡主编：《中国法制史考证》甲编第 6 卷《历代法制考·明代法制考》，第 33－34 页。

② 参见杨一凡主编：《中国法制史考证》甲编第 6 卷《历代法制考·明代法制考》，第 38 页。

③ (明)宋濂等撰：《元史》卷一〇二《刑法志》，第 2604 页。

④ 杨一凡、田涛主编：《中国珍稀法律典籍集成续编·明代法律文献(上)·皇明祖训·祖训首章》，第 484 页。

⑤ 《明太祖实录》卷七四，洪武五年六月乙巳条，第 1377－1380 页。

特意制定专律，这在历史上是很少见的。[①]

另外，针对某一时期发案率高的犯罪行为，朱元璋常集中突出打击，并颁发了很多适时的非常法令以加大惩处力度。如因见官吏犯法贪赃者多，便下令道："今后犯赃者不分轻重皆诛之。"[②]类似的适时法律诏令还有很多。如规定："凡官吏人等犯枉法赃者，不分南北，俱发北方边卫充军"[③]；"官吏受赃者，并罪通贿之人，徙其家于边，著为令"[④]。如此等等，不可胜数。

如果具体到某一案件、某一行为的处置，这种法外用刑的表现则更加明显。如洪武九年(1376 年)，因布政司、府州县吏带加盖官印的空白文书簿册赴户部占计，被朱元璋怀疑有奸弊，"凡主印吏署字有名者，皆逮御史狱，狱数百人。自尚书至守令，署印者皆坐抵欺论死，佐贰以下榜一百戍边"[⑤]。而洪武十三年(1380 年)，大兴胡惟庸党狱，诛灭其党 3 万余人。洪武十八年(1385 年)，郭桓案发，"株累天下官吏，死徙数万人，寄染遍天下，民中豪以上皆破家"[⑥]。其中，被诛杀者又数万人。除了这些大案、要案的大肆诛杀外，因细事而以意生杀的也不在少数。如洪武十五年(1382 年)，广平府吏王允道上言"请开磁州铁冶"，被朱元璋以"无益于国，且重扰民"为由，"杖之，流云南"。[⑦] 又如当时有一个佥事陈养吾因作诗"城南有嫠妇，夜夜哭征夫"，而被朱元璋"以为伤时"，"取到湖广，投之于水"。[⑧] 为了加强对官员的控制，朱元璋又开启廷杖之制以惩罚和教训臣僚。如洪武八年(1375 年)，刑部侍郎茹太素上书，因"文词太多"，且"言多忤触"，被"杖于朝"。[⑨] 洪武十三年，朱元璋又怒而鞭死永嘉侯朱亮祖父子。[⑩] 另外，在洪武十五年(1382 年)，朱元璋建立了"锦衣卫"等特务机构，以密缉臣民。[⑪]

除了对官员法外用刑、施以重典外，对普通民人法外用刑的非常之举，也是屡见不鲜。如朱元璋得到天下以后，非常讨厌"顽民窜入缁流"，"乃聚数十人，掘

---

① 参见怀效锋：《明初重惩官吏赃罪浅论》，《中国法学》1984 年第 2 期。

② (明)刘辰：《国初事迹》，见(明)邓士龙辑，许大龄、王天有点校：《国朝典故》卷四，北京大学出版社 1993 年版，第 84 页。

③ (清)张廷玉等撰：《明史》卷九三《刑法志一》，第 2289 页。

④ (清)张廷玉等撰：《明史》卷九三《刑法志一》，第 2288 页。

⑤ (明)谈迁著，张宗祥校点：《国榷》卷六，太祖洪武九年条，第 542 页。

⑥ (明)谈迁著，张宗祥校点：《国榷》卷八，太祖洪武十八年条，第 653 页。

⑦ (清)张廷玉等撰：《明史》卷三《太祖本纪三》，第 39、40 页。

⑧ (明)刘辰：《国初事迹》，见(明)邓士龙辑，许大龄、王天有点校：《国朝典故》卷四，第 105 页。

⑨ (清)张廷玉等撰：《明史》卷一三九《茹太素传》，第 3987 页。

⑩ 参见(清)张廷玉等撰：《明史》卷九五《刑法志三》，第 2329 页。

⑪ 参见《明太祖实录》卷一四四，洪武十五年四月乙未条，第 2266 页。

一泥潭，埋其身于泥中，用大斧削之，一削去头数颗"，并美其名曰"铲头会"。[①] 一次，他微服出行，"闻一老媪密呼之为老头儿"，心中十分生气，亟传令召五城兵马司总诸军至，曰："张士诚小窃江东，吴民至今呼为张王，今朕为天子，而此邦居民呼朕为老头儿，何也？"遂下令"籍没民家甚众"。[②] 又有一次，他在上元夜微行赏灯，至聚宝门外，看见一家灯上画一大足妇人怀西瓜而坐，谓曰"淮西妇人好大脚"也。朱元璋"甚衔之"，乃于第二天"剿除一家九族三百余口，邻居俱发遣充军"。究其因，"盖马后祖贯淮西也"。[③] 又如，"太祖命乐人张良才说平话。良才因佐场擅写'省委教坊司'招子贴市门柱上，有近侍人言，太祖曰：'贱人小辈，不宜宠用。'令小先锋张焕缚投于水，尽发乐人为穿甲匠，月支米五斗"[④]。总之，朱元璋因细事捕风捉影，滥杀百姓的例子不在少数。这种法外用刑的滥杀之举，在震压农民起义的非常时期表现得更为突出。如洪武三年（1370 年）十二月，松江钱鹤皋聚众"作乱"，朱元璋"伏诛其党，株连不已"，又复逮其余党 154 人，谪戍兰州。[⑤] 洪武七年（1374 年）三月，广东儋州民陈逢愆率众反抗朝廷，朱元璋斩陈逢愆，"生擒其党杨玄老等五百六十余人，劓其属一千四百人"[⑥]。杨一凡先生认为："人民因反抗明王朝被杀害的人数，远比朱元璋诛戮官吏人数要多得多。那种认为朱元璋的严酷不及于平民，进而否定明初重典治民的观点是不能成立的。"[⑦]这一结论可以说是有一定根据和道理的，在一定程度上接近于明初重典治国的客观实际。

三、朱元璋治国目标的实现状况

经过 20 余年的努力，朱元璋的治国策略取得了一些成就，但是也存在很大的不足。尤其是在由元入明的特殊时代背景下，不仅有各种社会矛盾的冲突，亦有不同文化之间的相互碰撞和抵触。总体来说，在安抚百姓和恢复民生方面，朱元璋取得的成绩还是值得肯定的；但是，在礼制规范和法治建设方面，朱元璋所

---

① （明）吕毖辑：《明朝小史》卷一《洪武纪·铲头会》，四库禁毁丛刊本，史部第 19 册，北京出版社 2000 年版，第 435 页。谈迁在《国榷》一书中，对此亦有记载："游手逋赋之僧，欹地埋躯，以行铲头之会。"[（明）谈迁著，张宗祥校点：《国榷》卷八，太祖洪武十八年条，第 658 页]

② （明）柴小帆：《梵天庐丛录》卷一《明太祖轶事·不喜老头儿之称》，山西古籍出版社 1999 年版，第 26 页。

③ （明）柴小帆：《梵天庐丛录》卷一《明太祖轶事·剿除嘲马后者》，第 27 页。

④ （明）刘辰：《国初事迹》，见（明）邓士龙辑，许大龄、王天有点校：《国朝典故》卷四，第 95 页。

⑤ 参见《明太祖实录》卷五九，洪武三年十二月丙辰条，第 1147 页。

⑥ 《明太祖实录》卷八八，洪武七年三月壬申条，第 1558 页。

⑦ 杨一凡主编：《中国法制史考证》甲编第 6 卷《历代法制考·明代法制考》，第 140 页。

冀望的“三代之治”的理想目标远未实现。下面主要从经济、礼治和法治三个方面分析其治国目标的实现状况。

(一)经济方面

朱元璋的鼓励垦荒、实行屯田、轻徭薄赋、兴修水利、劝课农桑的措施,使明初经济得到了一定的恢复和发展。一是耕地面积大量增加。洪武七年(1374年),户部官就奏言:“今年天下郡县垦荒田凡九十二万一千一百二十四顷。”[①]根据《明太祖实录》的记载,从洪武元年(1368年)到十三年(1380年),共垦田180.3万余顷;到洪武十四年(1381年),天下官民田计366.7万余顷。二是税粮收入大幅提升。洪武十四年,岁征麦、米、豆、谷2610.5万余石,钱钞22.2万余贯,丝绵、棉花、蓝靛103万余斤。三是全国户口迅速上升。据洪武十四年的户口统计,全国人户达到1060.4万,人口达到5987.3万[②],与洪武初相比10余年间净增人户903.4万,上升速度为661.6%[③]。这些成就的取得与朱元璋休养生息及发展生产的措施是分不开的,不仅使明初农民重新安于田亩,而且为国家统治提供了坚实的物质保障,并为后来明代经济的发展打下了基础。因此,可以说朱元璋的经济政策还是比较成功的。

(二)礼治方面

朱元璋的礼治教化措施,借助于强大的中央威势,在地方上得到了一定贯彻落实,如在洪武初年,各地府州县大都普遍设置了申明亭、旌善亭[④]、儒学[⑤]、社

---

① 《明太祖实录》卷九五,洪武七年十二月庚申条,第1647页。

② 参见《明太祖实录》卷一四〇,洪武十四年十二月戊寅条,第2216—2218页。

③ 孙达人先生认为:洪武十四年之前户口迅速上升的主要原因是朱元璋将那些脱籍的农民重新控制起来以增加户口,就是所谓的“逋逃复业”或“流逋回归”。正是基于这一原因,明初在十余年间,以“决非自然繁殖所能有的速度,由原来的一百六十一万户一跃而为一千零六十五万户,净增九百零三万户,上升率为661.6%”。而这903万户的户口主要属于重新被控制的农民,应该说是毫无疑问的。因此,不能把明初户口的上升直接视为人口的增长。(参见孙达人:《明初户口升降考实》,《文史哲》1980年第2期)

④ 按:通过对明代方志的大量查阅,可见在洪武初的大部分地区,密则每一都(有的地区甚至每一社)、疏则每一乡,都设有申明亭和旌善亭。而且,申明亭的数目大都和县所辖都数一致或相近,多数县以都、少数县以乡(或社)为单位设置二亭。对此,学术界已作了相当研究,基本形成了共识。(参见[日]三木聪:《明代老人制の再检讨》,《海南史学》第30号;张佳:《彰善瘅恶,树之风声——明代前期基层教化系统中的申明亭和旌善亭》,《中华文史论丛》2010年4月,总第100期)

⑤ 按:通过对明代方志的爬梳,可以说在洪武初年,全国各地儒学大都进行了修葺或重建。如河间府所属青县儒学“旧在城内,元末废,洪武四年知州李敬移建于城外卫河之滨”;景州“有学旧矣,元季废,国朝洪武四年同知蔡景丰奉诏刱建”;东光县儒学“在县治西,洪武四年典史李从道建,七年并入阜城县,十四年复置知县祝仲英重建”。(嘉靖《河间府志》卷五《宫室志·学校》,见《天一阁藏明代方志选刊》)

学[①]、城隍庙、社稷坛、风云雷雨山川坛、厉坛等[②]，基本形成了完整的礼治教化体系。同时，冠礼、婚礼、丧礼、祭礼、官民相见礼、乡饮酒礼及服制、房舍、器用等礼制的厘定和推行为构建朱元璋理想中的礼治社会作出了规范。但是，由于受到元代遗风的影响，以及在推行礼制过程中明显地带有过于急迫和有违实际状况、不顾民众感受的情形，不可避免地带来一些问题。正如现代社会学家费孝通所认为的："礼并不是靠一个外在的权力来推动的，而是从教化中养成了个人的敬畏之感，使人服膺；人服礼是主动的。礼是可以为人所好的，所谓'富于好礼'。"而且他认为："礼是合式的路子，是经教化过程而成为主动性的服膺于传统的习惯。"[③]

以冠婚丧祭四家礼为例。冠礼：洪武元年(1368 年)，"诏定冠礼，下及庶人，纤悉备具。然自品官而降，鲜有能行之者，载之礼官，备故事而已"[④]。婚礼：洪武五年(1372 年)，诏曰："古之婚礼，结两姓之欢，以重人伦。近世以来，专论聘财，习染奢侈。其仪制颁行。务从节俭，以厚风俗。""故其时品节详明，皆有限制"，然而"后克遵者鲜矣"。[⑤] 丧礼：朱元璋在洪武元年就拟定丧服之制，禁止丧葬之时"设宴会亲友，作乐娱尸"，但是这种风气一直没有禁绝，如正德时"霍公韬在南都"仍然在禁"送丧之设宴饮"。[⑥] 至于水葬、火葬等元代遗俗，朱元璋在洪武三年(1370 年)就下令禁止"浙江等处水葬火葬"[⑦]；洪武五年(1372 年)，不满于"近代以来，富者奢僭犯分，力不足者称贷财物，夸耀殡送，及有惑于风水，停柩经年，不行安葬"及丧葬之时"或焚之而投骨于水"的元代遗俗，又诏令"禁止之"[⑧]。但是，水葬、火葬及匿丧不行安葬的情形仍然存在。如："福建兴化府吏何得时，匿父丧不报"[⑨]；明人谢肇淛言"吴越之民多火葬"[⑩]。祭礼：在祭祀时，有不按

---

① 据吴德宣先生对500余种明清方志的普查与统计，仅洪武八年全国所建社学可考者就达 2155 所之多。(参见吴宣德：《中国教育制度通史》第 4 卷，山东教育出版社 2000 年版，第 265 页)

② 按：通过对明代方志的爬梳，可以说在洪武初年，各地都普遍设置了社稷坛、风云雷雨山川坛、厉坛(郡、邑、乡)等坛壝。如黄州府社稷坛"在府城东北三里，洪武初知府李仁建"；山川坛"在府城东南一里，洪武初建"；郡厉坛"在府城东北三里，洪武初知府李仁建"。(弘治《黄州府志》卷四《坛壝》，见《天一阁藏明代方志选刊》)

③ 费孝通：《乡土中国 生育制度》，北京大学出版社 1998 年版，第 51、52 页。

④ (清)张廷玉等撰：《明史》卷五四《礼志八》，第 1385 页。

⑤ (清)张廷玉等撰：《明史》卷五五《礼志九》，第 1401 页。

⑥ (明)焦竑撰，顾思点校：《玉堂丛语》卷二《政事》，中华书局 1981 年版，第 48 页。

⑦ (明)黄瑜撰，魏连科点校：《双槐岁钞》卷一，"禁水火葬"条，中华书局 1999 年版，第 14 页。

⑧ (清)张廷玉等撰：《明史》卷六十《礼志十四》，第 1492 页。

⑨ (清)张怡：《玉光剑气集》卷一《帝治》，中华书局2006 年版，第 9 页。

⑩ (明)谢肇淛：《五杂俎》卷六《人部二》，上海书店出版社 2001 年版，第 116 页。

礼仪定制祭祀者。如洪武十三年(1380 年),溧水县在祭祀社稷时,“以牛醢代鹿醢”[①],违背祭祀时所用祭物的规定。

又以日常生活风俗为例。在洪武初年,朱元璋为了恢复古制,对元代遗俗、遗风严厉禁止。然而,由于元朝近百年的统治,一些风俗已经成为生活习惯,改易起来并非易事。明初“禁筵宴把盏换盏,谓之胡俗”,但当时一些官员在宴饮之时仍有所行。如:“马亮为河南参政时,信国公汤和经过,陪饮离席把盏,和叱亮出,对众责喻,以违礼禁罚之”;“张凤为广西参政,与同官蒋学、按察副使虞泰、佥事李湜相与燕饮,交互换盏,醉后致争,遂蹈刑宪”。两起官员宴饮换盏事件使朱元璋不得不在洪武十二年(1379 年)三月再次命“礼部移文,戒敕百官”。[②] 明制中规定“三品以上命妇,遇太后中宫大庆元会令节,例得朝贺”,应行“四拜礼,止于下手立拜”,但是“今士民家妇女伏地顿首,与男子无异,盖沿故元之习也”。而且,命妇朝贺时所带婢女在答“后妃赐问”之时,“亦全不讳”甚至“多叨横赐”,使得“臣妾之礼,大逊外廷”。[③]

另外,与官民联系比较密切的服饰、用物等方面也存在很多违礼越分的行为。在洪武元年(1368 年),朱元璋虽然已定拟官民服饰,诏复衣冠如唐制,并提倡敦尚朴素,但在禁令之下仍有“官民渐生奢侈,逾踰越定制”[④]。而且,虽然他屡次禁止穿胡服、说胡语,但是这种元代遗风一直延续到明建国后百余年。[⑤] 在《大诰续编》中,朱元璋也记载道:“民有不安分者,僭用居处器皿、服色、首饰之类。”[⑥]除了上文中所提到的违礼越分的行为外,在洪武初类似的情况还有很多,在此不一一赘述。

综上可见,在洪武十八年(1385 年)《大诰》颁行前,朱元璋的礼治教化措施得到了一定贯彻和落实,但是由于受元代遗俗影响等原因,这种礼制还没有完全深植人心成为一种内化习惯,在社会生活中还存在很多违礼越分的行为。

(三)法治方面

朱元璋立法用刑的目的是“防恶卫善”“冀其格心,期于无刑”,达到尧舜之治。[⑦] 但是,这一目的在现实社会中并没有如愿实现,官民的违法犯罪行为仍然

---

① (清)张廷玉等撰:《明史》卷四九《礼志三》,第 1268 页。

② (明)黄瑜撰,魏连科点校:《双槐岁钞》卷一,“文华堂肄业”条,第 12 页。

③ (明)沈德符撰:《万历野获编》卷二三《妇女·命妇朝贺》,中华书局 1959 年版,第 588 页。

④ 《明太祖实录》卷八一,洪武六年四月癸巳条,第 1463 页。

⑤ 按:相关的探讨,可参见郑克晟:《试论元末明初江南士人之境遇》,载《明清史探实》,中国社会科学出版社 2001 年版,第 16—17 页;陈宝良:《明代社会生活史》,中国社会科学出版社 2004 年版,第 206—207 页。

⑥ 《御制大诰续编》第七十《居处僭分》,第 322 页。

⑦ 参见《明太祖实录》卷一一〇,洪武九年十月戊寅条,第 1824 页。

十分严重。正如他自己所说："治之虽严，而犯者自若。"[①]

一是就各处有司官员来说，他们多"惟务奸贪，不问民瘼，政声丑陋，愚民所耻"[②]。如洪武九年(1376 年)，官员因犯笞罪以上被谪发凤阳屯田者就有 1 万余人，所谓"时官吏有罪者，笞以上悉谪屯凤阳，至万数"[③]。在中央所属六部、都察院、六科等机构中，官员的贪污受贿十分严重，这一点在《大诰》中有充分的反映。以郭桓为首的户部官员相互串通，借掌管钱粮之际，"将天下钱粮尽行废坏"[④]，贪污赃款折合税粮等项，达"二千四百余万"[⑤]。以至于朱元璋说："日者中外臣庶，罔体圣心，大肆贪墨。原弊所由，起于六曹；为罪之魁，莫甚郭桓。六曹端本澄源之地，而乃赃贪不法，交通所属，重为民害。"[⑥]其他各部及所属宝钞提举司、行人司、六部库藏等官员的贪赃舞弊亦十分严重。除了中央各机构官员的贪赃受贿外，地方有司官员的贪墨不法行为更为明显。他们在到任之际，"掌钱谷者盗钱谷，掌刑名者出入刑名"[⑦]。以至于朱元璋说："自开国以来，惟两浙、江西、两广、福建所设有司官，未尝任满一人，往往未及终考，自不免乎赃贪。"[⑧]

二是就各处有司吏役来说，他们多与官员狼狈为奸，或说诱教唆，或倚恃害民。关于吏役的贪赃害民行为在《大诰》中有大量的记载，他们借官员不亲理职事之际，"吏变为奸，交头接耳，议受赃私，密谋科敛"[⑨]。加之很多不务生理之徒买嘱官吏营充其间，使得官贪吏污更为严重。他们多是地方上的无业闲荡之人，为求赃私，勾结官府"如蝇之趋朽腐"。对于这一危害，朱元璋虽严刑惩治但仍不能根绝。以至于他感叹说："朝治而暮犯，暮治而晨亦如之，尸未移而人为继踵，治愈重而犯愈多。"[⑩]从中可见，严明法治及刑用重典政策并没有使朱元璋实现官吏廉洁奉公的愿望。

三是就各处富民豪强来说，他们继续为非作歹，通同官吏，害之乡里，"君差不当，小民靠损"。以至于朱元璋说："方今九州之民，而不知其报者多矣。然而未尝不为富破其家资以保其富。""今之顽民，罔知立命之由，妄破家资，买嘱官

---

① 《御制大诰三编·后序》，第 420 页。
② 《御制大诰初编》第十六《吏殴官长》，第 212 页。
③ (清)张廷玉等撰：《明史》卷一三九《韩宜可传》，第 3983 页。
④ 《御制大诰续编》第三十六《追赃科敛》，第 290 页。
⑤ 《御制大诰初编》第四十九《郭桓造罪》，第 233 页。
⑥ 《御制大诰初编·后序》，第 253 页。
⑦ 《御制大诰初编》第四十三《谕官无作非为》，第 228 页。
⑧ 《御制大诰续编》第二《松江逸民》，第 263 页。
⑨ 《御制大诰初编》第五《谕官之任》，第 206 页。
⑩ 《御制大诰续编》第七十四《罪除滥设》，第 327 页。

吏，故犯宪章，身亡家破，由人神之监见也。"[①]他们通过"洒派""包荒诡寄"及"移丘换段"等手段，"将次没福受用财赋田产，以自己科差，洒派细民"。[②]

四是就洪武初期设立的粮长、里甲、耆宿等乡官来说，其违法不端之举十分严重。在《大诰》中，朱元璋对其违法行为进行了详细揭露。如有的粮长贪得无厌，"将自己合纳二税，尽为众户所包，少有不从，倚官挟势，临门吊打，细民从之"[③]。有的耆宿为"无藉小人"夤充，"有昔为皂隶者，有为簿书者，有屡犯过恶者，有弓兵者，有说事过钱者"[④]，他们承充以后，"交结官府，或蔽自己差徭，或说他人方便，蠹政害民"[⑤]。有的里甲通同官吏，贪赃谋私。如德安县丞陈友聪，"通同里长唐祐等，欺隐茶株。不行踏勘，接受本人罗、绢、布共十匹，钞八十贯"[⑥]。

五是就普通民人来说，他们也存在各种各样的违法犯罪行为。如经济领域的纳粮舞弊、伪造宝钞、私充牙行；政治领域的代人告状、违抗信牌、坐视民患，甚至"造言好乱，反抗朝廷"等。这些内容在《大诰》中都有详细的记载，笔者将在后文中进行详细论述，在此不赘。仅就为朱元璋所忌惮的农民反抗朝廷的斗争为例，在洪武元年(1368 年)至十八年(1385 年)间，各地农民起义达百次以上。以至于当代学者杨一凡先生说："一个新王朝建立之初暴发这么多的农民起义，在中国封建社会的历史上是创纪录的。"[⑦]从中可见，无论是庶民中的豪强地主，还是普通民人，都存在各种各样的违法行为，而这是与朱元璋的"吾民之寡过"的初衷相违背的。

除此之外，朱元璋的严厉镇压和诛戮政策，激起了臣民的普遍不满。在《大诰》中就记载了很多官民的不满情绪，他们纷纷埋怨朝廷用刑过重，有的"说朝廷官难做"，有的说"朝廷罪人，玉石不分"，有的说"朝廷刑暴""刑酷"，有的说"朝廷法度好生利害"，等等。可以说"怨嗟愁苦之声，充斥园邑"[⑧]。这些情形都说明，在明初的社会中还存在很多问题，社会中的不安定因素、不遵礼法的行为仍然多有存在，社会秩序并没有出现朱元璋所希望的"天下之人皆为善而无恶，共乐天之乐"[⑨]的局面。

---

① 《御制大诰初编》第三十一《民不知报》，第 221、222 页。

② 《御制大诰续编》第四十五《洒派包荒》，第 298 页。

③ 《御制大诰初编》第六十五《设立粮长》，第 245 页。

④ 《御制大诰续编》第八《耆宿》，第 270 页。

⑤ (明)申时行等编修：《明会典》卷九《关给须知·到任须知一》，第 55 页。

⑥ 《御制大诰三编》第一《臣民倚法为奸》，第 349 页。

⑦ 杨一凡：《明大诰研究》，第 12 页。

⑧ (清)黄宗羲编：《明文海》卷四七《奏疏》，中华书局 1987 年版，第 346 页。

⑨ 《明太祖实录》卷二〇二，洪武二十三年五月癸丑条，第 3019 页。

通过以上分析可见，虽然朱元璋的治国策略在恢复经济、安抚民生等方面取得了一定成就，但是朱元璋的“复我中国三代之治”的治国目标并没有实现，他所追求的“上下相安，和气充溢，天地清宁，可谓咸亨”[①]的社会情境也没有出现。

第二节　明《大诰》颁行的原因及动机

明《大诰》的颁行，除了特定的时代背景和社会环境等因素促使外，适时发生的偶然因素也是重要动因。其中，洪武十八年（1385 年）发生的“郭桓案”可以说是让朱元璋最终决定颁行《大诰》的重要客观因素和直接原因。除此之外，主观上要求强化专制集权和加强社会控制则是其颁行《大诰》的最终内在因素和根本动机。

一、直接原因

洪武十八年三月郭桓案的发生是促使朱元璋颁行《大诰》的直接原因。郭桓，山东兖州东平人，洪武五年（1372 年）二月任山西按察司佥事[②]，十七年（1384 年）四月“试户部右侍郎，寻升试尚书”[③]，十八年正月因“以山东左布政使徐铎为户部尚书”，所以降为“右侍郎”[④]。郭桓在任期间，只知理财，不恤民艰。如洪武十七年九月，朱元璋命户部“以山东之盐召商中卖，仍听民买食”，而尚书郭桓言：“青莱等府局盐岁收课钞动以万计，今若从民买食必亏课额。”对此，朱元璋说：“天之生财，本以养民，国家禁防以制其欲，息其争耳，苟便于民，何拘细利，求以利官，必致损民，宜从其便。”[⑤]洪武十八年，御史余敏、丁廷举告发北平布政司、按察司官吏李彧、赵全德与户部侍郎郭桓、胡益、王道亨等通同作弊，侵盗官粮。朱元璋命法司对涉案人员严加拷讯，结果牵连出“礼部尚书赵瑁、刑部尚书王惠迪、兵部侍郎王志、工部侍郎麦志德等”，可以说六部中的户、礼、刑、工、兵五部都牵扯其中。而且，郭桓等人侵吞宝钞、贪污税粮及鱼盐等的数量十分巨大。以至于朱元璋说：

> 造天下之罪，其造罪患愚者，无如郭桓甚焉。其所盗食粮，以军卫言之，三年所积卖空，前者榜上若欲尽写，恐民不信，但略写七百万耳。若将其与

---

① 《明太祖实录》卷二〇二，洪武二十三年五月癸丑条，第 3019 页。

② 参见《明太祖实录》卷七二，洪武五年二月辛卯条，第 1328 页。

③ 《明太祖实录》卷一六一，洪武十七年四月辛巳条，第 2490 页。

④ 《明太祖实录》卷一七〇，洪武十八年正月甲子条，第 2581 页。

⑤ 《明太祖实录》卷一六五，洪武十七年九月庚申条，第 2545 页。

仓分，并十二布政司，通同盗卖见在仓粮；及接受浙西四府钞五十万张，卖米一百九十万不上仓，通算诸色课程、鱼盐等项；及通同承运库官范朝宗偷盗金银，广惠库官张裕妄支钞六百万张；除盗库见在宝钞、金、银不算外，其卖在仓税粮，及未上仓该收税粮，及鱼盐诸色等项课程，共折米算，所废者二千四百余万精粮。呜呼，古今贪者若是乎！其郭桓不才，乃敢如是。其中所分入己者几何，罪及同谋，愚顽者生死纪必枚焉。空仓廪，乏府库，皆郭桓为之。①

对于如此恶劣的贪污行径，朱元璋非常震怒，下令将礼部尚书赵瑁等皆弃市，六部左右侍郎下皆处死。案件涉及十二布政司大小官吏，因此系狱拟罪者数万人，以至于“（六部）举部伏诛。株累天下官吏，死徙数万人，寄染遍天下，民中豪以上皆破家”②。其中，“推原中外贪墨所起，以六曹为罪魁，郭桓为诛首”。最后，由于在追赃过程中株连过繁，无论行贿还是受贿都通通拘拿，造成了许多冤假错案，使得朝野上下，舆论哗然。为了平息事态，朱元璋不得不“手诏列桓等罪，而论右审刑吴庸等极刑，以压天下心”。③

自洪武十八年三月郭桓案发生到六月二十七日颁发“禁戒诸司纳贿诏”④，历时不足4个月，朱元璋对郭桓案的处置可谓迅速而果断，体现了他干练的政治才能。为了进一步惩戒和教谕不才官吏，朱元璋将郭桓案的详细案情披露于随后颁行的《大诰》之中，使之成为《大诰》的重要组成部分。《大诰初编》中与此案直接相关的条目就有11条，约占总条目的15%；如果再加上其他没有具体涉案情由的教谕、训诫条目，这一比例还会更高。

兹将《大诰初编》中直接涉及郭桓案内容的条目列表如下：

表1-1　　《大诰初编》中涉及郭桓案条目

《大诰初编》篇目	条目内容
初编12《五府州免粮》	应天、宣城、太平、广德、镇江五府州，为是兴王之地，久被差徭，特将夏秋税粮不时全免。……数十万没官田地夏收税粮，官吏张钦等通同作弊，并无一粒上仓，与同户部官郭桓等尽行分受

① 《御制大诰初编》第四十九《郭桓造罪》，第233页。

② （明）谈迁著，张宗祥校点：《国榷》卷八，太祖洪武十八年条，第653页。

③ （清）张廷玉等撰：《明史》卷九四《刑法志二》，第2318页。

④ 参见刘海年、杨一凡主编：《中国珍稀法律典籍集成》乙编《皇明诏令》卷三《太祖高皇帝下》，第60—62页。

续表

《大诰初编》篇目	条目内容
初编 23《卖放浙西秋粮》	户部官郭桓等收受浙西秋粮，合上仓四百五十万石。其郭桓等止收陆拾万石上仓，钞八十万锭入库。以当时折算，可抵二百万石，余有一百九十万未曾上仓。其桓等受要浙西等府钞五十万贯，致使府县官黄文等，通同刁顽人吏沈原等作弊，各分入己
初编 25《开州追赃》	其北平布政司、按察司官吏李彧、赵全德等，通同六部官郭桓等，十二道丁廷举等，寄借赃钞
初编 26《朝臣优劣》	洪武十八年，户部试侍郎郭桓事觉发露，天下诸司尽皆赃罪，系狱者数万，尽皆拟罪
初编 27《问赃缘由》	如六部有犯赃罪，必究赃自何而至。若布政司贿于部，则拘布政司至，问斯赃尔自何得，必指于府。府亦拘至，问赃何来，必指于州。州亦拘至，必指于县。县亦拘至，必指于民
初编 42《重科马草》	户部侍郎郭桓等官，受要应天、太平、镇江、宁国、广德五府州纳草人徐添庆等户赃钞，不行追征合纳马草，却于已纳安庆府人户内多科，补纳五府州原欠数目
初编 49《郭桓造罪》	造天下之罪，其造罪患愚者，无如郭桓甚焉(上文已述)
初编 50《扬州鱼课》	扬州瓜埠河泊所，欠鱼课钞四万张。其郭桓著令追陪，通同扬州府知府战慎，不令网业户及湖官陪偿，却乃行下富户追陪
初编 53《纳豆入水》	近为郭桓败露，仓拆廒移，平基毁墙，得见官攒人等造祸之深有如此，将米、豆、稻成千余石，或百石，尽行埋瘗于地下，一概毁烂，其数不少
初编 68《御制汪麟等不才》	郭桓死而未朽，尔乃疾蹈其踪，灯窗之学安在！
初编 69《刑余攒典盗粮》	龙江卫仓官攒人等，为通同户部官郭桓等盗卖仓粮

可以说，洪武十八年郭桓案的发生是朱元璋颁行《大诰》的重要因素和直接导火索，同时该案成为《大诰》中的重要案例。刘三吾在《大诰后序》中亦有明确的说明：

日者中外臣庶，罔体圣心，大肆贪墨。原弊所由，起于六曹；为罪之魁，莫甚郭桓。六曹端本澄源之地，而乃赃贪不法，交通所属，重为民害。其或根株蔓延，能卓然自拔，密缄上闻可也。乃一概剥民，泾渭淆矣。何尤乎人！上弗忍生人之无辜也，不得已施之五刑，致使有生之命，代彼当死之命。设若守分，则俸如井泉之不竭。顾乃贪婪，譬犹潢潦，其涸可立而待。斯玉音日夕所宣谕也，闻者宜惕然矣，而犯者自若。复不忍弃绝之，载劳圣虑，条画成书，颁示中外臣民，家传人诵，否者罪之。罪之者，以其玩法。虽罪之，实所以生之也。题曰：《大诰》。①

对此，王伟凯先生认为："正是因为郭桓贪污，才直接导致了《大诰》的出台。"②可以说，这一论断是有一定根据和道理的。除了《大诰初编》大量涉及郭桓案的内容外，在《大诰续编》和《大诰三编》中亦有一些条目与之相关。兹将其列表如下：

表 1-2 《大诰续编》中涉及郭桓案条目

《大诰续编》篇目	条目内容
续编 32《钞库作弊》	宝钞提举司官吏冯良、孙安等二十名，通同户部官栗恕、郭桓，户科给事中屈伸等，侵吞宝钞
续编 36《追赃科敛》	洪武十八年，为郭桓不法，通同诸司，将天下钱粮尽行废坏
续编 50《朝臣蹈恶》	金吾前卫千百户纸德等四员，通同钞库官孙安（词连郭桓案中，见"钞库作弊"条）等，将太平进到折收秋粮钞一万贯，存留在外，虚出实收

表 1-3 《大诰三编》中涉及郭桓案条目

《大诰三编》篇目	条目内容
三编 16《逃囚》	自郭桓掌户部之时，天下钱粮、金银、匹帛，不半余年，其桓弊盈寰宇。其贪婪之徒闻桓之奸，如水之趋下，半年间，弊若蜂起，杀身亡家者，人不计其数
三编 35《库官收金》	前库官范潮宗（词连郭桓案中，见"郭桓造罪"条）等偷盗库藏财物，身被刑责，非止一端
三编 41《拖欠税粮》	盖是奸臣胡、陈并郭桓等在时，仓廒不明，粮数不精，粮长人等惯于虚买实收，妄称足备，自以为得计

① 《御制大诰初编·大诰后序》，第 253—254 页。
② 王伟凯：《明〈大诰〉三编研究》，第 50 页。

综上可见，郭桓案的发生与《大诰》的颁行之间是有着必然联系的，而且郭桓案的发生在一定程度上成为朱元璋颁行《大诰》的直接原因和导火索。朱元璋之所以如此重视郭桓案，并把大量案情披露于《大诰》之中，是有一定政治考量和经济目的的。一是通过郭桓案进一步排除异己，加强皇帝专制权威。在此案中，继中书省而起的户部权力遭到了彻底清洗，避免了其与君权的抗衡，加强了朱元璋对经济领域的专制和集权。二是通过郭桓案进一步整肃吏治，维护国家机器的正常运转。由于郭桓案打击力度大，涉及范围广，自中央六部至地方省、府、州、县等有司都不寒而栗。三是通过郭桓案使国家进一步掌控和完善赋税体系，打击豪强地主势力，在一定程度上调整生产关系，促进国家财政的增收。四是通过郭桓案在一定程度上减轻饱受剥削和压迫的贫苦农民的压力，使得农民有一个相对安定的生产生活环境。[①] 因此，笔者认为：洪武十八年(1385 年)郭桓案的发生是促使朱元璋颁行《大诰》的直接原因和主要客观因素。

二、主要动机

《大诰》之名出于古籍《尚书》中的一篇，其内容记载的是周公东征三监之乱及淮夷之乱时对臣民的训诫之词。而"大诰"二字，则取其"陈大道以诰天下之意"。朱元璋将"御制圣书"冠以此名，其目的是"欲效成周'乃洪《大诰》治'之制"[②]，以警省愚顽、教化臣民，从而明纲常、正法度，"复我中国三代之治"[③]。

朱元璋在为《大诰初编》亲自撰写的序文中就说：

> 昔者元处华夏，实非华夏之仪，所以九十三年之治，华风沦没，彝道倾颓。学者以经书专记熟为奇，其持心操节必格神人之道，略不究衷。所以临事之际，私胜公微，以致愆深旷海，罪重巍山。当犯之期，弃市之尸未移，新犯大辟者即至。若此乖为，覆身灭姓，见存者曾几人而格非。呜呼！果朕不才而致是欤？抑前代污染而有此欤？然况由人心不古，致使而然。今将害民事理，昭示天下诸司，敢有不务公而务私，在外赃贪，酷虐吾民者，穷其原而搜罪之。斯令一出，世世守行之。[④]

《明太祖实录》中亦记载了朱元璋在颁行《大诰初编》时对臣民的一段告诫之言，其中进一步表达了他的用意：

> 自即位以来，制礼乐，定法制，改衣冠、别章服，正朝纲，明上下，尽复先

---

① 参见李珂：《试论明初"郭桓案"背后的政治深意》，《历史档案》2003 年第 2 期。

② 《明太祖实录》卷一七九，洪武十九年十二月癸巳条，第 2715 页。

③ 《御制大诰三编・后序》，第 420 页。

④ 《御制大诰初编・序》，第 197—198 页。

王之旧，使民晓然知有礼义，莫敢犯分而挠法，万机之暇，著为《大诰》以昭示天下，且曰：忠君、孝亲、治人、修己，尽在此矣。能者养之以福，不能者败以取祸。颁之臣民，永以为训。[①]

刘三吾在《大诰初编》后序中，对于朱元璋以《大诰》形式警省愚顽、教化臣民的行为大为称赞。他说："斯玉音日夕所宣谕也，闻者宜惕然矣，而犯者自若。复不忍弃绝之，载劳圣虑，条画成书，颁示中外臣民，家传人诵，否者罪之。罪之者，以其玩法。虽罪之，实所以生之也。"[②]这种以刑去刑的理论，可谓是对朱元璋的用刑政策的阐述和辩护。

《大诰初编》颁行后，"良民君子欣然遵奉。恶人以为不然，仍蹈前非者叠叠"[③]，加之朱元璋考虑到"诰条所载未能尽天下之情"，所以其又于洪武十九年(1386 年)颁行《大诰续编》以申明其意，并继续以此"警省愚顽"，使臣民毋蹈非为，使"民观感知所劝惩"[④]。因此，在《大诰续编》中，朱元璋除了继续申明对官吏的整肃惩戒外，又载入了很多对民人，特别是对游民、逸民、商民、市民、粮长、富民、耆宿等的整治和教谕条目。如"松江逸民为害""互知丁业""辨验丁引""验商引物""再明游食""耆宿""粮长妄告叔舅""粮长金仲芳等科敛""粮长瞿仲亮害民""倘家""粮长妄告水灾""粮长郝阿仍害民""洒派包荒""民间差发""民擅官称""居处僭分""罪除滥设""市民不许为吏卒""婚娶""交结安置人""议让纳粮""断指诽谤"等。这些内容远较《大诰初编》为丰富，从而达到了朱元璋所谓"尽天下之情"的目的，并进一步强化了对全体臣民的教化和治理。

《大诰续编》颁行以后，"斯二《诰》于民间，良民君子坦然无忧，伸于诸恶之上。其奸顽之徒，屈于善良之下，虽不死者，终是囚徒。以前二《诰》，良民君子钦遵有益，人各获安"。然而"迩来凶顽之人，不善之心，犹未向化"。于是朱元璋复出《大诰三编》以"示之"，并在该编序文强调："奸顽敢有不钦遵者，凡有所犯，比《诰》所禁者治之。"[⑤]在《大诰三编》后序中，刘三吾亦记载道：

皇上深念从古至今，无有不可变之俗，无有不可化之民，故于机务之隙，特将官民过犯，条成二《诰》，颁示中外，使民知所劝惩。未几，民有从命者，将所在奸恶之徒，擒获至京，以除民患。于是皇上知斯民有从命之诚，有可化之机，所以至者特加赏劳，以激劝之。然而民狃于污习，虽暂革面，犹未格心。其中因法为弊者，奸诈百生，异乎寻常。神明鉴察，其情其罪，卒莫能

① 《明太祖实录》卷一七六，洪武十八年冬十月己丑朔条，第 2665－2666 页。

② 《御制大诰初编·后序》，第 253－254 页。

③ 《御制大诰三编·序》，第 341 页。

④ 《明太祖实录》卷一七九，洪武十九年十二月癸巳条，第 2715 页。

⑤ 《御制大诰三编·序》，第 341、342 页。

逃。皇上复虑天下官民仿效成风，自取刑戮，特拔机务，复条此《诰》，使其知此奸此计罔能欺诳，徒自杀身。[①]

在《大诰》三编颁行以后，朱元璋又在不同的时间和场合多次强调其颁行《大诰》的动机是警省愚顽、教化臣民及“复我中国三代之治”等。如洪武二十年（1387年），他对礼部尚书李原名说：“朕制《大诰》三编，颁示天下，俾为官者知所监戒，百姓有所持循。”[②]洪武二十七年（1394年），他又对礼部臣说：“朕膺天命，君主华夷，复先王之教，以叙彝伦，务使各得其序，既定于律，又著于《大诰》，以明示天下。”[③]洪武三十年（1397年），他又对群臣说：“朕有天下，仿古为治，明礼以导民，定律以绳顽，刊著为令，行之已久。然而犯者犹众，故于听政之暇，作《大诰》昭示民间，使知趋吉避凶之道。”[④]可以说，朱元璋颁行《大诰》三编的动机在一定程度上正是如他所说的警省和教化臣民，从而规范其行为，构建一个礼制祥和的社会。今人研究《大诰》者也多持此观点。如杨一凡先生认为：“朱元璋颁行《大诰》的用意，既要把它作为教科书教化臣民，又要求臣民严守《大诰》禁令，用以规范自己的行动。”[⑤]而且，他进一步认为：“《大诰》的问世，既是朱元璋开国近二十年来‘趋民从教’努力的继续，也标志着他把重典政策推行到了一个新的阶段。”[⑥]

不过，仅仅以“警省愚顽”“教化臣民”及“复我中国先王之治”来概括朱元璋颁行《大诰》的动机并不全面。若仔细联系明初朱元璋加强皇权的社会背景来考察，不难发现朱元璋颁行《大诰》的背后暗含着更深刻的政治意图。显然，加强社会管理，巩固皇权统治是其最根本的目的。

首先，从立国以后朱元璋所采取的措施中可以窥见其对专制皇权的不断强化，而《大诰》的颁行亦是其中的一个方面。洪武五年（1372年），朱元璋颁发申诫公侯的《铁榜》，以整肃公侯违法；洪武八年（1375年），编发《资世通训》，又反复强调臣民对他要忠孝，要“勿欺勿蔽”[⑦]；洪武十三年（1380年），又编了《臣戒录》，取“历代诸侯王宗戚宦官之属悖逆不道者凡二百十二人备其行事，以类书之”，颁布中外臣僚，使“俾知所警”[⑧]。而且，在胡惟庸案发后，又借机罢中书省，

① 《御制大诰三编·后序》，第420—421页。
② 《明太祖实录》卷一八二，洪武二十年六月甲戌条，第2753页。
③ 《明太祖实录》卷二三二，洪武二十七年八月癸亥条，第3391—3392页。
④ 《明太祖实录》卷二五三，洪武三十年五月甲寅条，第3648页。
⑤ 杨一凡：《明大诰研究》，第14页。
⑥ 杨一凡：《明大诰研究》，第17页。
⑦ 《明太祖实录》卷九七，洪武八年二月丙午条，第1664页。
⑧ 《明太祖实录》卷一三二，洪武十三年六月甲申条，第2100页。

废除丞相之制，并诏令道："国家罢丞相，设府、部、院、寺以分理庶务，立法至为详善。以后嗣君，其毋得议置丞相。臣下有奏请立者，论以极刑。"[①]从而解除了相权对君权的威胁，使六部直接听命于皇帝。洪武十五年(1382年)，将中央监察机构御史台改为都察院，并扩大其职权，负责纠察百司，提督各道。另外，设六科给事中，负责监督六部官吏，且与御史相互纠举，以彼此牵制。而且，在是年又设立了一个直接由皇帝指挥的特务机构锦衣卫，以掌侍卫、缉捕、刑狱等工作，发挥着镇压"不轨妖言"、侦查臣民言行的作用。朱元璋的这些加强专制皇权的措施在当时确实起到了一定作用，但是官吏的违法犯罪行为仍然十分严重，这就促使朱元璋以更严厉的手段来惩治奸顽，树立一己之威，进一步加强专制皇权，而颁行《大诰》其实就是这一努力的表现。

其次，从《大诰》的内容亦可看出，朱元璋对社会的控制日益加强，对皇权的专制程度在不断提高。

一是利用纲常礼教、以礼入法等形式不断加强对臣民的思想控制，使臣民对君主的人身依附关系不断强化。张宪博先生认为："强化'一切臣民'对皇帝的人身依附关系，是朱元璋加强皇权的重要手段，也是编纂《大诰》的根本目的。"[②]朱元璋在治国时以五教五刑为宗旨，身兼治教之责、君师之任，不断从思想意识上加强对臣民的控制。明初翰林编修赵埙就说："古先哲王之治天下，克尽君师之道，政教兼备，所以风俗厚而治化隆。后之为君能善其政者固有之矣，其兼师道而善教者，犹或阙焉。钦惟皇上以生知之圣，聪明神武，拨乱世而归之正，创业垂统，纪纲粲然，法度昭著，其于君道备矣，善政得矣。"[③]朱元璋在统治臣民时常寓教于刑，礼法兼施。他常说："君之养民，五教五刑焉。去五教五刑而民生者，未之有也。"[④]为了恢复古代"三代之治"，他在《大诰》中大量宣扬三纲五常等伦理思想，其中最为其重视的是忠孝思想。在他看来，"事君以忠"是为大孝。他说："孝子事君，知无不言，心无奸邪。上补于君，下有益于民。禄奉已亡，见存祖父母、父母，是谓大孝。"[⑤]为了使人们遵循三纲五常等伦理思想，朱元璋常明礼教于刑法。如他在《大诰续编》中就颁行"申明五常"条目，规定："倘有不如朕言者，父子不亲，罔知君臣之义，夫妇无别，卑凌尊，朋友失信，乡里高年并年壮豪杰者，会

---

① (清)张廷玉等撰:《明史》卷七二《职官志一》，第1733页。

② 张宪博:《从明〈大诰〉看朱元璋对人身依附关系的强化》，《明史研究》1997年第5辑。

③ (明)张卤:《皇明制书》卷十《资世通训》，续修四库全书本，第788册，史部政书类，上海古籍出版社2002年版，第371页。

④ 《御制大诰初编》第三十一《民不知报》，第222页。

⑤ 《御制大诰续编》第七《明孝》，第268页。

议而戒训之。凡此三而至五，加至七次，不循教者，高年英豪壮者拿赴有司，如律治之。”[①]可以说，朱元璋这种礼法教化的言语在《大诰》中随处可见，除了对臣民进行道德教谕的目的外，以礼法的形式加强对臣民的思想控制才是其最根本的目的。

二是利用法外用刑、以意生杀的形式树立一己之威，加强专制皇权。《大诰》中的众多案例，可谓是朱元璋法外用刑行为的集中展现。这其中虽有“重典治吏”“重典治乱”的用意，但却更明显地体现了他借此加强专制皇权及强化社会控制的目的。如苏州人才姚叔闰、王谔在被朝廷擢用之后，因为不愿出仕为官，就被诛杀致死。[②] 这充分体现了朱元璋以意为法的专制皇权色彩。另外，他在《大诰》中所建立的“民拿害民该吏制度”“知丁之法”等，使臣民的一举一动、一言一行都处于严密的监督和控制之中，这就使臣民没有任何自由可言，只能依附于专制皇权做一个安分顺民。

三是通过颁行非常之法强化君主意识，使臣民都必须为己所用。如颁行“苏州人材”“秀才剁指”等条目以严惩不为朝廷所用的士人；颁行“断指诽谤”“作诗诽谤”等条目以严惩发表对朝廷不敬言论的臣民；颁行“洒派包荒”“民不知报”“公侯佃户”“工匠顶替”等条目以严惩不向朝廷承差纳税的百姓；颁行“造言好乱”“交结安置人”等条目以严惩反对朝廷、勾结罪人的民人；等等。这些条目的颁行，究其最终目的来说，就是要使全体臣民都能为君所用，成为“为君之民”。明初地方官叶春及对“为君之民”所应承担的义务作了很好的诠释，他说：“岂必服官守职，而后能尽君臣之道？力农奉公，供输以时，庶人之义尽矣。”[③]

综上所述，笔者认为除了警省愚顽、教化臣民的动机以外，加强专制集权和社会控制应是朱元璋颁行《大诰》最根本的目的。在朱元璋的种种措施下，明初官员多不愿入仕，若入仕的话也多为求避祸而唯命是从。从中可见，朱元璋的专制皇权在严刑峻法等措施下得以大大加强。

第三节　明《大诰》的主要内容及特点

明《大诰》作为朱元璋加强社会管理的重要手段，在明初社会中发挥了重要作用。以这一形式来管理社会，是朱元璋的独特之处。对《大诰》的内容及特点进行分析，不仅对全面认识《大诰》的结构体系有所帮助，而且对深刻认识朱元璋的特有个性也大有裨益。

---

① 《御制大诰续编》第一《申明五常》，第 263 页。

② 参见《御制大诰三编》第十三《苏州人材》，第 390－391 页。

③ （明）叶春及撰：《惠安政书》卷九《乡约篇》，福建人民出版社 1987 年版，第 336 页。

一、《大诰》三编的主要内容及特点

《大诰》三编共有条目 204 个，其中《大诰初编》74 个，《大诰续编》87 个，《大诰三编》43 个。就其主要内容来说，主要由大量案例、峻令和朱元璋的“训诫”组成。

(一)主要内容

1. 案例

在《大诰》三编的 204 个条目中，记有具体案例的为 124 个，其中《大诰初编》38 个，《大诰续编》49 个，《大诰三编》37 个。这些条目中的案例，主要是朱元璋择取洪武年间，特别是洪武十八年(1385 年)至二十年(1387 年)间的“官民过犯”之要编录而成，可以说涉及了社会的各个阶层和领域。根据案例的主要惩治对象，可将这些涉案条目分为官吏、富民豪强、普通民人及其他阶层四类。兹将其涉案条目分类统计如下：

表 1-4　　《大诰》三编中涉案条目分类统计

内容 编目	案例条目总数	官吏案		富民豪强案			普通民人案				其他阶层案				
		官员	吏役	粮长	耆宿	富民	逸夫游民	揽纳户	平民	公侯佃户	僧道	儒士	医人	工匠	罪囚逃军
初编	38	28	7	—	—	1	—	—	2	—	—	—	—	—	—
续编	49	35	4	5	—	—	2	—	3	—	—	—	—	—	—
三编	37	19	1	2	1	2	—	—	8	—	—	2	1	1	—

注:在这些涉案条目中，很多情况下都存在交叉论述的现象。如关于官员的涉案条目，其中就有很多涉及吏役的行为，有的甚至还涉及粮长、耆宿、富民及逸夫游民的行为；而关于平民的条目，某种程度上又涵盖了富民、逸夫顽民的行为。为了统计的方便，只以主要惩治对象为主，而不再重复计算。

通过列表可见，在《大诰》三编中，涉及官员犯罪的案件占绝大多数，而关于富民豪强、普通民人及其他阶层的民人犯罪则占少数。不过，在《大诰初编》之后的《大诰续编》和《大诰三编》中，关于民人犯罪案件的记载日益增多，说明朱元璋在继续惩治官吏犯罪的同时，逐渐加大了对民人犯罪的惩治力度。在民人阶层中，对富民豪强的犯罪惩治则是重点。其中，负责协助政府管理基层事务的粮长、耆宿由于很多都是地方上的豪强或劣绅，所以成为朱元璋重点惩治的对象。

另外，对于民人中的“逸夫游民”阶层的犯罪，朱元璋在痛斥之余，无不给予重点打击。

2. 峻令

为了加强对官民的控制与管理，朱元璋在《大诰》三编中又设置了很多新的重刑峻令，用以严密法网。这些峻令有的单独成条，有的杂陈于冗琐的诰文之中。通过对《大诰》三编进行爬梳，可知在总共的 204 个条目中，新设的峻令有 49 个，其中《大诰初编》17 个，《大诰续编》24 个，《大诰三编》8 个。根据峻令的主要惩治对象，也可把这些条目分为官吏、富民豪强、普通民人及其他阶层四类。兹将其峻令条目分类统计如下：

表 1-5　《大诰》三编中新设峻令条目分类统计

内容／编目	峻令条目总数	官吏峻令		富民豪强峻令			普通民人峻令				其他阶层峻令				
		官员	吏役	粮长	耆宿	富民	逸夫游民	揽纳户	平民	公侯佃户	僧道	儒士	医人	工匠	罪囚逃军
初编	17	7	5	—	—	2	—	2	7	—	1	—	—	—	—
续编	24	13	5	1	—	2	4	—	8	—	—	—	—	—	1
三编	8	2	4	1	—	—	—	—	2	1	—	—	—	1	1

注：由于《大诰》三编中的各峻令条目内容错综杂出，为了更直观地展现其峻令内容，在分类统计条数时对于涉及多类的条目进行了重复计算。所以，三编中的峻令条目总数与各分类条目总和不尽一致。

通过列表可见，在《大诰》三编中，朱元璋不仅颁布了大量治理官吏的峻令，而且还颁布了很多治理富民豪强、普通民人以及僧道、儒士、医人、工匠、逃军等不同阶层的峻令。朱元璋所颁行的《大诰》三编虽以重典治吏为主，但是重典治民的色彩亦十分明显。只是在治民之时，朱元璋更多采取直接颁行峻令的方式而已。

3. 训诫

在《大诰》三编中，朱元璋为了加强对社会的控制与管理，还颁行了很多对臣民的“训诫”之言。这些“训诫”之言，有的单独成条，有的则寓于惩治案例中。朱元璋颁行峻令的目的是向人们阐述他的“明刑弼教”和“重典治世”思想，以使之懂得“趋凶避吉之道”，从而罔罹刑宪。根据主要教谕对象，亦可将这些条目分为官吏、富民豪强、普通民人及其他阶层四类。兹将其训诫条目分类统计如下：

表 1-6 《大诰》三编中颁发训诫条目分类统计

内容 编目	训诫条目总数	官吏训诫		富民豪强训诫			普通民人训诫				其他阶层训诫				
		官员	吏役	粮长	耆宿	富民	逸夫游民	揽纳户	平民	公侯佃户	僧道	儒士	医人	工匠	罪囚逃军
初编	19	11	—	2	2	1	—		3	—	—	—	—	—	—
续编	17	8	2	1	2	—	—	—	8	—	—	—	—	—	—
三编	7	—	—	—	2	—	—	—	4	—	—	—	1	—	—

注：由于《大诰》三编中的各训诫条目内容错综杂出，为了更直观地展现其训诫内容，在分类统计条数时对于涉及多类的条目进行了重复计算。所以，三编中的训诫条目总数与各分类条目总和不尽一致。另外，对于具体案例中的训诫之言，因多针对事件自身阐发，故没有进行统计（不过，若是以此颁发训诫以告诫后人行为的话，则亦统计在内）。

通过列表可见，在《大诰》三编中，朱元璋还颁布了很多训诫之词来加强对社会各阶层的管理。这些训诫之词除了主要针对官吏外，还针对其他社会阶层，诸如粮长、耆宿、普通民人以及医人等。在充当为粮长、耆宿的人员当中，很多是地方上的富民豪强，他们给基层社会带来了很大危害。所以，朱元璋专门针对他们而颁布的训诫之词比较多，甚至在对普通平民的训诫之词中，往往都暗含对他们的惩戒之意。

（二）特点分析

朱元璋亲手编定的《大诰》三编，特点鲜明，完全不同于公文式的格式规制，不仅语言粗俗，而且内容杂乱。不过，三编诰文之间并非毫无联系，而是互为补充，彼此关联，共同起到了加强和规范社会管理的功效。

1. 语言粗俗，内容杂乱

《大诰》三编是朱元璋亲自编定、亲自作序的法律诰文。可以说，无论是案例的择选、峻令的设置，还是训诫的纂辑等都是其一手措置完成的。由于所有诰文条目都是朱元璋亲笔完成，所以诰文语言比较粗俗，近乎当时的白话。正如朱元璋自己所说："这文书又不是吏员话，又不是秀才文，怕不省得呵！我这般直直地说着，大的小的都要知道，贤的愚的都要省得。"[①]正是因为《大诰》三编是朱元璋亲自完成，所以其比较真实地反映了朱元璋的治官、治民思想，成为研究朱元璋

① 《御制大诰武臣・序》，第 427 页。

社会管理理念的重要史料。另外，在具体的内容安排上，也多杂乱无章，没有严密的组织与编排，以至于想到哪里写到哪里，从而使得对一件事情的论述散见于多个条目甚至多编诰文之中。例如对“郭桓案”的论述就散见于《大诰》的各编之中，多达10余处，而且各处之间重复很多。

2. 覆盖面广，重点突出

《大诰》三编所涉内容非常广泛，涵盖了社会的各个阶层和领域，成为朱元璋加强社会管理的重要手段。首先，就所涉及的社会阶层来说，涵盖了官员、吏役、粮长、耆宿、富民、公侯佃户、逸夫游民、普通民人以及文人儒士、僧道、工匠、罪囚、逃军等。其次，就所涉及的社会领域来说，涵盖了经济、政治、司法、文化等各个层面。如果按官民的犯罪性质来划分的话，则包括了职制、公式、户役、田宅、婚姻、仓库、课程、钱债、市厘、祭祀、仪制、军政、关津、厩牧、邮驿、贼盗、人命、斗殴、诉讼、受赃、诈伪、犯奸、杂犯、捕亡、断狱、营造等为《大明律》所载的基本条目。另外，又复立“诽谤之法”，以严惩臣民的诽谤之罪等。再次，就所涉及的案内人物来说，涵盖了中央及地方的各级官吏。在中央，六部的尚书、侍郎、郎中、主事等都有人员涉及案中，其中又以户部官吏为多。此外，负责监察的御史、六科给事中及大理寺官等也是朱元璋重点惩治的对象。可以说，在中央的各级官制中，朱元璋都重点择取了一些惩治案例来警诫官吏行为。在地方，省、府、州、县中的各级官吏，如布政使、按察司、知府、知州、知县及其属官等都有人员在案例中被惩处和训诫。加之数量众多的各级吏役及帮差等，可谓基本囊括了明初社会中不同的官吏角色。除了中央和地方各级官吏外，《大诰》三编中涉及的富民豪强、普通民人及其他社会阶层的民人数量也比较多。如在《大诰三编》中的“递送潘富”条就记载了民人因匿藏和协助不法皂隶逃跑而被悉令抄没诛杀的事件，仅本案就有“溧阳、广德、建平、宜兴、安吉、长兴、归安、德清、崇德蒋士鲁等三百七户”①被牵连受惩。类此扩大打击面、连坐惩治的案例在《大诰》三编中不在少数。其中，难免有很多无辜的民人受牵连。

在全面惩治官民犯罪、加强社会管理的同时，朱元璋又重点突出对官吏贪污受贿、司法犯罪及渎职失职的惩治；对管理乡村社会的粮长、耆宿等，则在严格治理的同时亦颁行了很多规范和完善的条款；对社会中游惰闲食、不务生理之辈，则更是严格惩治；对民人中存在的赋役舞弊、造言好乱及不遵礼制的行为，也予以了重点打击。此外，对危害经济秩序的行为，朱元璋也是严厉打击。如对社会中的不法牙行、伪造宝钞的行为，都进行了严厉惩罚。

---

① 《御制大诰三编》第十八《递送潘富》，第394页。

3.相互补充,彼此关联

朱元璋颁行的《大诰》三编,看似各为一编、联系松散,但是仔细阅读其条目和内容,就可窥见它们之间存在着紧密的联系,这种联系使其成为一个有机的整体。

首先,《大诰》三编前后相承,连续颁布,不仅在时间上具有一定的连续性,而且在内容上也具有一定的补充性。杨一凡先生经研究认为:《大诰初编》所载的案例除个别外,大多是洪武十八年(1385 年)当年处理或发觉的案件;《大诰续编》颁行的案例除个别是洪武十八年前事外,基本都是《大诰初编》颁行之后,洪武十八年至十九年间新处理的案件;《大诰三编》颁行的案例,也基本都是发生在洪武十八年至二十年间的案例,且大多数是《大诰初编》和《大诰续编》颁行之后新处理的案件。[①] 所以说,每编《大诰》所载的案例大都是在前编颁行后至新编颁行前,朱元璋新近处理的案件。这些新处理的案件,很多都反映了当时社会中存在的突出问题或需迫切解决的新问题,而这些问题又在前编诰文中没有针对性的处理和纠正。所以,继《大诰初编》之后,朱元璋又连续颁行《大诰续编》和《大诰三编》,以进一步规范和管理。这样,随着三编《大诰》的连续发布,其内容更加充实,管理社会的效应不断增大。因此,《大诰》三编的连续发布,使其逐渐成为一个更加全面的有机整体,从而共同起到加强社会管理的作用。

其次,后编诰文的发布,在补充前编诰文不足的同时,也进一步推动了前编诰文的贯彻与执行。如在《大诰续编》的"如诰擒恶受赏"条中,朱元璋就说:"前者《大诰》一出,民有从吾命者,惟常熟县陈寿六为县吏顾英所害,非止害己,害民甚众。其陈寿六率弟与甥三人擒其吏,执《大诰》赴京面奏。"[②]对此,朱元璋予以鼓励和表彰,以推进《大诰初编》的执行。又如,在"滥设吏卒"条中,对于官吏滥设吏卒的行为,朱元璋颁行峻令道:"今再《诰》一出,敢有仍前为非者,的当人、管干人、干办人,并有司官吏,族诛。"[③]这样,就以更加严厉的手段来推动《大诰》的执行,惩治的力度也进一步增大。类似的言语在《大诰》中还有很多,从中可见《大诰》三编之间彼此关联,后编诰文的颁行在加大惩处力度的同时,也促进了前编诰文的实施。而后编之所以加大对同一问题的惩处力度,也是人们不遵守前编诰文所致。三编之间互为因果,互为促进,共同推动了朱元璋对明代社会的管理。

总之,《大诰》三编作为朱元璋亲自编定和实行的法律诰文,具有其自身独有

---

① 参见杨一凡:《明大诰研究》,第 23 页。

② 《御制大诰续编》第十《如诰擒恶受赏》,第 272 页。

③ 《御制大诰续编》第十六《滥设吏卒》,第 276 页。

的特点，这种特点与朱元璋雷厉风行的个性紧密相关，成为朱元璋加强社会管理的特殊手段。对《大诰》三编的内容及其特点进行大致梳理和分析，对我们进一步认识朱元璋的社会管理思想大有裨益。

二、《大诰武臣》的主要内容及特点

《大诰武臣》作为朱元璋加强武官管理的重要手段，在明初社会中发挥了一定作用。而以颁行诰文的戒谕形式来加强武官管理，则是朱元璋的独特之处。对《大诰武臣》的内容及其特点进行分析，不仅有助于全面认识《大诰武臣》的结构体系，而且对深刻认识朱元璋的特有个性也大有裨益。

（一）主要内容

《大诰武臣》主要辑录了朱元璋在洪武时期处理的武官不法案件。内容包括“冒支官粮”“常茂不才”“耿良肆贪害民”“梅义交结安置人”“千户彭友文等饿死军人”“储杰旷职”“储钦等擅收军役”“咒诅军人”“科敛害军”“守门阻当”“教人作弊”“邀截实封”“图财杀人”“打死军人”“冒支官绢”“克落粮盐”“卖放胡党”“卖放军人”“纵贼出没”“防倭作弊”“因奸杀人”“奸宿军妇”“男女混淆”“以妾为妻”“勾军作弊”“监工卖囚”“私役军人”“生事害民”“生事苦军”“排陷有司”“寄留印信”“说事过钱”这32个条目。可以说，基本上对当时社会中存在的武官犯罪情形进行了概况。与《大诰》三编相比，《大诰武臣》主要是由各种案例和相应训诫组成，而很少涉及峻令。

（二）特点分析

《大诰武臣》同《大诰》三编一样，都是朱元璋亲自编纂、亲自作序、亲自颁行的“三亲”之作。语言粗俗，内容杂乱，所涉内容广泛是其共同的特点。不过，《大诰》三编主要是针对文官及社会各色人物的管理，而《大诰武臣》则主要是针对武官的管理，其着重点不同。通过对《大诰武臣》内容的研究和分析，又可发现其具有如下几个特点：

1. 所涉都司卫所广泛，卫所武官是其主要的惩治对象

《大诰武臣》中所载的涉案武官，主要是京卫和外卫中的都指挥使、指挥使、千户、百户及镇抚等官。就所涉及的都司卫所来看，基本上涵盖了当时所设的各种都司。此外，五军都督府属卫、直隶各卫所以及直接受皇上管辖的亲军卫亦涉及其中，成为重点惩治对象。总体来看，朱元璋在进行案例择选时，并不是随意摘取，而是有意涵盖了各地的不同卫所，并对不同的犯罪情形作了较全面的梳理。因此，通过这点可见，朱元璋有针对性地对各地卫所中存在的枉法不端行为作了比较客观和全面的概括，冀望以此达到警诫卫所武官的效果。兹将《大诰武臣》中所涉都司卫所及武官情形列表如下：

表 1-7 《大诰武臣》中所涉都司卫所及武官

都司卫所		涉案武官	总数
京卫	五军都督府属卫	留守中卫千户郭成；镇南卫百户杨厅保、赵忠、周原德、胡凤；龙虎卫百户周驴；武德卫百户张弘；应天卫百户袁思诚、韦真；龙骧卫千户戴楫；龙骧卫镇抚丘鲁；豹韬卫百户王德甫；鹰扬卫百户甄祥、朱寿；天策卫千户陈安；水军卫镇抚张龙	16
	亲军卫	锦衣卫千户王成，百户万成、裴兴；金吾前卫指挥冯裕；金吾后卫千户李茂，百户秦仲良、于保；羽林右卫千户王寅；羽林左卫百户阚秋；府军前卫千户许寿、左弼，百户王斌；府军右卫千户朱德；府军后卫百户居义；府军左卫镇抚严整；虎贲左卫镇抚弓显	16
外卫	直隶(南)	淮安卫指挥储钦；太仓卫指挥康鉴、陈铭、卜荣、叶山；苏州卫千户宗聚；金山卫百户张敬；镇江卫百户黄伯贤、陶义；镇海卫百户侯保；沂州卫百户王仁美；滁州卫百户刘驴儿	12
	北平都司	真定卫百户张颜；永平卫所镇抚冯保	2
	山东都司	兖州护卫指挥蔡祥，千户毛和，镇抚梁时、顾信；宁海卫千户张麟、潘德；青州护卫千户孙旺；青州卫百户王玘；莱州卫百户孙骥	9
外卫	浙江都司	浙江都指挥储杰；温州卫指挥焦益；处州卫指挥顾兴、魏辰、屠海、雷震、盛文质、夏庸；杭州右卫指挥陈祥；平阳守御千户所千户彭友文、谢成；平阳卫百户何敬；平阳梅镇抚；昌国卫千户傅旺、余亨、包荣、罗金，镇抚杨忠、王胜；海宁卫千户费进；绍兴卫百户王伯当；台州卫镇抚钱兴	22
	四川都司	叙南卫指挥夏晟、徐毅；成都前卫千户胡中	3
	江西都司	宁都卫指挥邢旺、汪海，千户严福；抚州千户张邦、董升	5
	山西都司	振武卫指挥夏兴，百户朱才；蒲州千户张保；太原左卫百户刘云	4
	山西行都司	大同前卫百户李隆、刘海	2
	福建都司	福州左卫指挥陈谦、右卫指挥张寿，左卫千户单友才，百户邵兴、刘义；漳州卫千户李原、谢兴、李琛，百户侯义、结良、于德、永福、陈思名、汪福；兴化卫千户郭福，镇抚陈林	16

续表

都司卫所		涉案武官	总数
外卫	云南都司	曲靖卫指挥牛麟、柳英	2
	河南都司	祥符卫指挥郭祐；河南卫百户侯显	2
	湖广都司	施州卫指挥乐信；襄阳卫千户孙齐、周铭；宝庆卫千户沈真；永州卫百户毛思盟	5
	广西都司	广西都指挥耿良；全州千户所千户乔义	2
	广东都司	儋州千户王兴	1
	辽东都司	辽东都指挥梅义、潘彝、叶增；定辽卫百户靳允恭	4

2. 所涉卫所武官中，以中低级武官为主

《大诰武臣》中所涉及的卫所武官主要是指挥使、千户、百户、卫镇抚等官，这些都是武官体系中的正三品、正五品、从五品以及正六品等的中低级品官。另外，虽然对都指挥使司、功臣勋贵等武官的惩治案例记载较少，但亦借此起到了震慑的作用。兹将《大诰武臣》中所涉武官职名情况列表如下：

表 1-8　《大诰武臣》中所涉武官职名

武官职名	涉案武官	总数
公	郑国公常茂	1
都指挥使	辽东都指挥梅义、潘彝、叶增；浙江都指挥储杰；广西都指挥耿良	5
指挥使	淮安卫指挥储钦；温州卫指挥焦益；太仓卫指挥康鉴、陈铭、卜荣、叶山；叙南卫指挥夏晟、徐毅；兖州护卫指挥蔡祥；处州卫指挥顾兴、魏辰、屠海、雷震、盛文质、夏庸；宁都卫指挥邢旺、汪海；振武卫指挥夏兴；福州左卫指挥陈谦、右卫指挥张寿；金吾前卫指挥冯裕；曲靖卫指挥牛麟、柳英；祥符卫指挥郭祐；施州卫指挥乐信；杭州右卫指挥陈祥	26
千户	平阳守御千户所千户彭友文、谢成；全州千户所千户乔义；宁海卫千户张麟、潘德；抚州千户张邦、董升；青州护卫千户孙旺；兖州护卫千户毛和；福州左卫千户单友才；昌国卫千户傅旺、余亨、包荣、罗金；天策卫千户陈安；府军右卫千户朱德，府军前卫千户许寿、左弼，龙骧卫千户戴楫，金吾后卫千户李茂，羽林右卫千户王寅；襄阳卫千户孙齐、周铭；宁都卫千户严福；宝庆卫千户沈真；漳州卫千户李原、谢兴、李琛；兴化卫千户郭福；苏州卫千户宗聚；锦衣卫千户王成；儋州千户王兴；蒲州千户张保；留守中卫千户郭成；海宁卫千户费进；成都前卫千户胡中	36

续表

武官职名	涉案武官	总数
百户	金吾后卫百户秦仲良;大同前卫百户李隆、刘海;镇南卫百户杨厅保、赵忠、周原德、胡凤;金吾后卫百户于保;金山卫百户张敬;莱州卫百户孙骥;河南卫百户侯显;镇江卫百户黄伯贤、陶义;福州左卫百户邵兴;豹韬卫百户王德甫;府军前卫百户王斌;羽林左卫百户阚秋;镇海卫百户侯保;锦衣卫百户万成、裴兴;鹰扬卫百户甄祥、朱寿;府军后卫百户居义;龙虎卫百户周驴;武德卫百户张弘;福州左卫百户刘义;绍兴卫百户王伯当;定辽卫百户靳允恭;应天卫百户袁思诚、韦真;沂州卫百户王仁美;永州卫百户毛思盟;平阳卫百户何敬;太原左卫百户刘云;真定卫百户张颜;振武卫百户朱才;漳州卫百户侯义、结良、于德、永福、陈思名、汪福;滁州卫百户刘驴儿;青州卫百户王玘	44
卫镇抚	兖州护卫镇抚梁时、顾信;平阳梅镇抚;昌国卫镇抚杨忠、王胜;龙骧卫镇抚丘鲁;虎贲左卫镇抚弓显;府军左卫镇抚严整;台州卫镇抚钱兴;水军卫镇抚张龙;兴化卫镇抚陈林	11
所镇抚	永平卫所镇抚冯保	1

(三)所涉武官主要是世官,流官较少

在明代,武官授职分为世官与流官。《明会典》记载道:

> 武职官每岁六选,与文选同。官有流、有世。世官:指挥使,同知,佥事,正、副千户,卫镇抚,实授、试百户,所镇抚,凡九等。流官:都督,同知,佥事,都指挥使,同知,佥事,各三等;正、副留守,二等。流官以世节升授,后以武举兼用云。①

世官允许子孙世袭,殁者谓之袭,老病者谓之替,故又称为"武职袭替"。明代武官的品阶与文官不同,仅为六品十二级。按此标准,得以世袭的职务主要是正三品以下,覆盖中下级武职,包括指挥使、同知、佥事、正千户、副千户、百户等。《大诰武臣》中所惩治的主要对象就是这些世袭武官。另外,在《大诰武臣》中亦单独列"常茂不才"一条以示对功臣不法行为的惩戒。

流官主要是指五军都督府、都指挥使司和留守司的武职官,分为左右都督、都督同知、都督佥事、都指挥使、都指挥同知、都指挥佥事、正留守及副留守八等,俗称"流官八等"。这些武官亦属于卫所兵制系统,一般由世官升授,后来以武举

① (明)申时行等编修:《明会典》卷一一八《兵部一·铨选一·升除》,第614页。

兼用，但不得世袭，即使有世袭者，也是出自特恩，并非定制。《大诰武臣》中涉及的流官主要是都指挥使，共有辽东都指挥梅义、潘彝、叶增，浙江都指挥储杰以及广西都指挥耿良5人。

综上可见，朱元璋颁行《大诰武臣》的目的主要是整饬卫所武官中的不法行为，而涉及的武职多是中低级卫所武官，不过对地方都指挥使以及功臣勋贵的不端行为亦单独列有条目进行惩治。总而言之，《大诰武臣》是以惩治武官犯罪、规范武官行为为主要目的的大诰文书。

第二章　明《大诰》对文官的管理

官员是皇权实施社会管理、维系政权统治的最主要力量，是皇权体制的重要细胞。强化统治效能，维护皇权地位，必须强化对官员的管理。明朝立国以后，朱元璋汲取元朝灭亡的教训，将整饬吏治作为稳定统治基础的重要手段。在《大诰》中，朱元璋将对官员队伍的严格管理与重视官员的“官德”教育、督责训诫等有机结合起来，对官员贪污受贿、扰乱司法及渎职失职等行为严惩不贷，甚至是法外用刑，施以酷典，从而达到维系皇权控制、加强社会管理的目的。不过，《大诰》三编主要是朱元璋针对“文官”群体的管理，而很少涉及“武官”群体。关于“武官”的犯罪惩治及其管理主要体现在《大诰武臣》之中，故在此不再赘述。

第一节　文官的设置

明代中央和地方的各级行政机构是明代法律控制的主体，是进行社会管理的主要体系，其囊括的官员群体，不仅是社会的主要管理者，亦是国家法律的重要监控对象。在《大诰》三编中，关于官吏犯罪的主要群体就是这些。对他们进行犯罪惩治和管理是朱元璋严密社会控制、加强社会管理以及稳固政权统治的重要手段。

一、中央文官的设置

明代的中央行政机构，主要有五府、六部、都察院、大理寺、通政使司以及各卿司。在这些机构下面，又有子机构及很多附属机构，可谓种类繁多，职能各异。对于其中的官员群体，朱元璋在《大诰》三编中基本都进行了重典惩治与治理。为了宏观地了解明代社会控制的主体，下文将对其设置情况予以系统论述。另外，在禁直机构中负责监督六部官员的六科给事中，不仅是朱元璋监控官员的重要手段，而且也是其在《大诰》三编中进行重点惩治的对象，故在此一并论述。

(一)五府

五府,是五军都督府的简称,由中军、左军、右军、前军、后军组成。作为国家的最高统军机构,其职掌主要有二:一是分领都司、卫所。明太祖朱元璋定五府分领在京卫所及在外都司、卫所之制。二是管理军籍。在明代,民籍属户部,匠籍属工部,而军籍则属五军都督府。五府的设置,是军政分权的产物。在立国前,朱元璋攻下集庆后,即置行枢密院自领之。后来,又罢枢密院,改置大都督府。洪武十三年(1380 年),始分大都督府为五军都督府,"都督,初间以公侯伯为之,参与军国大事。后率以公侯伯署府事。同知、佥事则参赞军事"。永乐元年(1403 年),建行都督府于北京,后仍分五府,称"行在某都督府"。十八年(1420 年),定都北京,"除行在字"。[①] 五府,各设正官左、右都督,正一品;都督同知,从一品;都督佥事,正三品。因恩功寄禄者,无定员。首领官,经历司经历,从五品;都事,从七品,各 1 人。

(二)六部

明代六部始设于洪武元年(1368 年),隶属于中书省,所谓"国家之事,总之者中书,分理者六部,至为要职"[②]。但是,事实上当时六部"权轻,多仰承丞相意指"[③]。洪武十三年,明太祖朱元璋废除中书省、罢除丞相制之后,六部职权及地位大大提高,成为直接隶属于皇帝的最高一级机构。

吏部,为六部之首,其权力大于其他五部。洪武三年(1370 年)设置三属部(总部、司勋、考功),十三年加司封部,二十九年(1396 年)演化为四清吏司(文选、验封、稽勋、考功),是管理全国官吏选授、封勋、考功、考课的重要机构。吏部设有正官尚书 1 人,正二品;左、右侍郎各 1 人,正三品。首领官,明初设主事、司务各 4 人,洪武二十九年(1396 年)改主事为司官,止设司务厅司务 2 人,从九品。属官,四清吏司各设郎中 1 人,正五品;员外郎 1 人,从五品;主事1—2 人,其中文选和考功清吏司各 2 人,验封和稽勋清吏司各 1 人,均为正六品。

户部,洪武六年(1373 年)设置五科,十三年改为四子部(总部、金部、度支部、仓部),二十三年(1390 年)又按当时省区分为十二子部,二十九年(1396 年)改为十二清吏司。后来,随着省区变化稍有增改,宣德十年(1435 年)正式定为十三清吏司(浙江、江西、湖广、广东、山东、福建、河南、山西、四川、广西、贵州、云南)。作为掌管全国经济权力的重要机构,户部的主要职责是管理全国户口土田、赋税征收、禄饷供给、仓场督办以及库藏管理等事项。户部设有正官尚书

---

① (明)申时行等编修:《明会典》卷二二七《五军都督府》,第 1113 页。

② 《明太祖实录》卷三四,洪武元年八月丁丑条,第 610 页。

③ (清)张廷玉等撰:《明史》卷一三八《陈修传》,第 3964 页。

1人，正二品；左、右侍郎各1人，正三品。首领官，司务厅司务2人，从九品；照磨所照磨1人，正八品；检校1人，正九品。所属十三清吏司，各设郎中1人，正五品；员外郎1人，从五品；主事2人，正六品。此外，户部所辖衙门较多，包括宝钞提举司、抄纸局、印钞局、宝钞广惠库、广盈库、广积库、赃罚库、外承运库、（内）承运库、行用库、甲字库、乙字库、丙字库、丁字库、戊字库、御马仓、太仓银库、军储仓、长安门仓、西安门仓、北安门仓、东安门仓、张家湾盐仓批验所等20余个。其官员除宝钞提举司称为"提举"（正八品）、"副提举"（正九品）外，其余均称为"大使""副使"，级别一般为正九品，或从九品，有的甚至不入流，如抄纸局、印钞局、行用库、太仓银库的大使、副使等。

礼部，洪武六年（1373年）设置四属部（总部、祠部、膳部、主客部），二十九年（1396年）演化为四清吏司（仪制、祠祭、精膳、主客），主管国家的祭祀、庆典、礼仪、学校、贡举、宴飨以及外交接待等事项，是掌管国家的礼仪、教化的机构。礼部设有正官尚书1人，正二品；左、右侍郎各1人，正三品。首领官，司务厅司务2人，从九品。属官，四清吏司各设郎中1人，正五品；员外郎1人，从五品；主事1人（仪制、祠祭、主客，后增为2人），正六品。此外，礼部所属衙门行人司设有司正1人，正七品；左、右司副各1人，从七品；行人345人（后革为32人），正八品。铸印局设有大使1人，副使2人（后革1人），均不入流。教坊司设有奉銮1人，正九品；左右韶舞各1人，左右司乐各1人，并从九品；协同官15人，为乐户所充，世人轻之。

兵部，洪武六年设置三子部（总部、驾部、职方），二十九年（1396年）演化为四清吏司（武选、职方、车驾、武库）。作为执掌全国军事及武官考核任免的机构，兵部主要负责武官的选授、考核，军队的训练、调遣以及军籍的管理等事项。兵部设有正官尚书1人，正二品；左、右侍郎各1人，正三品。首领官，司务厅司务2人，从九品。属官，四清吏司各设郎中1人，正五品；员外郎1人，从五品；主事2人，正六品。其所属衙门，会同馆设有大使1人，正九品；副使2人，从九品。大通关设有大使、副使各1人，俱未入流。

刑部，洪武六年设置四属部（总部、比部、都官部、司门部），八年（1375年）以部事浩繁增设四科，十三年（1380年）升部秩，仍分四属部，二十三年（1390年）分四部为十二部，二十九年（1396年）改为十二清吏司。后来，随着省区变化，稍有增改，宣德十年（1435年）遂定为十三清吏司。作为执掌全国刑罚的机构，刑部主要负责天下刑名以及徒隶、勾覆、关禁之政令。刑部设有正官尚书1人，正二品；左、右侍郎各1人，正三品。首领官，司务厅司务2人，从九品；照磨所照磨1人，正八品；检校1人，正九品。属官，十三清吏司各设郎中1人，正五品；员外郎1人，从五品；主事2人（正统六年增1人，后革湖广、陕西、山东、福建四司各

1人),正六品。所属衙门,司狱司司狱6人,从九品。

工部,洪武六年设置四属部(总部、虞部、水部、屯部),八年增设四科,二十九年最后演化为四清吏司(营缮、虞衡、都水、屯田)。作为执掌全国土木兴建、工程制造的机构,工部主要负责宫廷、官署、陵墓、城郭、营房等的修建,全国工匠的管理和调拨以及水利工程的兴修等事项。工部设有正官尚书1人,正二品;左、右侍郎各1人,正三品。首领官,司务厅司务2人,从九品。属官,四清吏司各设郎中1人(后都水司增4人),正五品;员外郎1人(后营缮司增2人,虞衡司增1人),从五品;主事2人(后营缮司增3人,虞衡司增1人,都水司增5人,屯田司增1人),正六品。工部所属衙门较多,有文思院、巾帽局、针工局、营缮所、皮作局、颜料局、宝源局、鞍辔局、军器局、节慎库、织染所杂造局、广积抽分竹木局、卢沟桥抽分竹木局、通州抽分竹木局、白河抽分竹木局、大通关提举司、柴炭司等近20个。其官员除营缮所称“所正”(正七品)、“所副”(正八品)、“所丞”(正九品)及大通关提举司称“提举”(正八品)、“副提举”(正九品)外,其余均称为“大使”“副使”,级别一般为正九品,或从九品。

(三)都察院

都察院,是国家的最高监察机关,专司国家风纪、政事得失、职官邪正等,并参与朝廷议事。在明代,都御使的地位很高,与六部尚书并称为“七卿”。都察院的正官外差名目很多。万历《明会典》载:

> 国初遣尚书、侍郎、都御使、少卿等官巡抚各处地方,事毕复命,或即停遣。初名巡抚,或名镇守。后以镇守侍郎与巡按御史不相统属,文移往来,亦多窒碍,定为都御使巡抚。兼军务者加提督,有总兵地方加赞理,管粮饷者加总督、兼理。他如整饬边备,提督边关,及抚治流民,总理河道等项,皆因事特设。[①]

在这些都察院正官外差中,巡抚和总督是最重要的,是中央派驻地方的军政大员,而总督权力要比巡抚大,管辖地区也较广。都察院属官十三道监察御史,则是明朝中央机构设置最多的职官,其品秩虽不高,但权力很大,具有纠劾百司、参与议政、考察官吏、监察礼仪、奉旨差派的权力。都察院设有正官左、右都御使2人,正二品;左、右副都御使2人,正三品;左、右佥都御使2人,正四品。这些为坐院官。另有在外因总督军务、漕运、粮储、巡抚地方等而加以都御使、副都御使、佥都御使衔者,无定员。首领官,司务厅司务4人(后革2人),从九品;经历司经历1人,正六品;都事1人,正七品;照磨所照磨1人,正八品;检校1人,正九品。属官,十三道监察御史110人,正七品。其中,浙江、江西、河南、山东四道

① (明)申时行等编修:《明会典》卷二〇九《都察院一·督抚建置》,第1040页。

各10人，福建、广东、广西、四川、贵州五道各7人，陕西、湖广、山西三道各8人，云南道为11人。其所属衙门，有司狱司，设司狱6人（后革5人），从九品。①

（四）大理寺

大理寺，是覆审平反刑狱的机构，其左、右二寺分别负责在京诸司、直隶卫所、府州县及在外十三布政司、都司、卫所、府州县的刑名案件。在遇有重大案件或三法司会审时，大理寺也会派人参加。大理寺的职掌是对刑部、都察院审理的狱讼进行覆审评议。所谓覆审，"即按律例，必复问其款状，情允罪服，始呈堂准拟具奏。不则驳令改拟，曰照驳。三拟不当，则纠问官，曰参驳。有牾律失入者，调他司再讯，曰番异。犹不惬，则请下九卿会讯，曰圆审。已评允而招由未明，移再讯，曰追驳。屡驳不合，则请旨发落，曰制决。凡狱既具，未经本寺评允，诸司毋得发遣。误则纠之"。大理寺设有正官卿1人，正三品；左、右少卿各1人，正四品；左、右寺丞各1人，正五品。首领官，设司务2人，从九品。属官，分左、右二寺，设有寺正各1人，正六品；寺副各2人，从六品；评事各4人，正七品。② 大理寺的设置，体现了司法程序中的慎刑原则，对维护封建国家法律的尊严有着重要的作用。③

（五）通政使司

通政使司，简称"通政司"，是出纳帝命、掌受臣民章奏的机构。作为天子的"喉舌之司"，其主要职能是沟通内廷与外廷的联系，负责出纳帝命、通达下情、关防诸司出入公文等事。对于出纳帝命，洪武十四年（1381年），朱元璋诏令："本司职专出纳，与内外诸司，俱无文移，有径行本司者，以违制论。"二十六年（1393年）又定："凡有帝命，必当详审覆奏允当，然后施行。"对于通达下情，洪武二十六年定："凡有四方陈情建言，申诉冤枉、民间疾苦、善恶等事，知必随即奏闻。"④要求"凡天下臣民实封入递，即于公厅启视，节写副本，然后奏闻"⑤。对于关防公文勘合，洪武二十六年定："本司置立出入文簿，令各房令典分掌，内外衙门公文到司，必须辨验允当，随即于簿内编号，注写某衙门行某处为某事，公文用'日照之记'，勘合用'验正之记'关防之。"⑥通政使司设有正官通政使1人，正三品；左、右通政使各1人，正四品；左、右参议各1人，正五品。首领官，设有经历司经历1人，正七品；知事1人，正八品。

---

① 参见（清）张廷玉等撰：《明史》卷七三《职官志二》，第1767页；（明）申时行等编修：《明会典》卷二《吏部一·都察院》，第8页。

② 参见（清）张廷玉等撰：《明史》卷七三《职官志二》，第1781—1782页。

③ 参见王天有：《明代国家机构研究》，北京大学出版社1992年版，第154页。

④ （明）申时行等编修：《明会典》卷二一二《通政使司》，第1058页。

⑤ （清）张廷玉等撰：《明史》卷七三《职官志二》，第1780页。

⑥ （明）申时行等编修：《明会典》卷二一二《通政使司》，第1058页。

(六)六科

六科,是吏、户、礼、兵、刑、工的简称。明朝建立之初,朱元璋就在中央设置给事中,洪武六年(1373 年)始分为六科,每科设给事中 2 人,正七品;二十一年(1388 年)又以"六科为政事本源",将给事中改为"源士",不过不久就恢复其名。洪武二十四年(1391 年),朱元璋更定科员,每科设置都给事中 1 人,正八品;左、右给事中各 1 人,从八品。而各科又设给事中,不过设置不一,吏科 4 人,户科 8 人,礼科 6 人,兵科 10 人,刑科 8 人,工科 4 人,共 40 人,其品秩均为正九品。建文年间,修改官制,升都给事中为正七品,给事中为从七品,而废除左、右给事中,改设拾遗、补阙,其品秩亦是从七品。明成祖朱棣靖难之后,恢复祖制,重新设置左、右给事中,不过其品秩一仍建文之旧。自此,六科的编制基本确定下来。六科的主要职能是:处置诏旨章奏,规谏皇帝,陈情建言,参与议政,监察六部及考察官吏等。[①] 其品秩虽小,但职权重大,与御史合称"言官"。其在明代中央机构中发挥着牵制高级官吏、平衡朝中政治力量以及纠劾官吏的重要作用。

二、地方文官的设置

明代在地方实行省、府、(州)县三级政府的行政管理,司法职能主要以三级政府为依托。明朝政府除北京、南京以外,分设 13 个布政使司(省)和各种专务机构管理和控制社会。

(一)两京府——府尹、府丞、治中

明朝在南、北两京畿地区设置府、州、县等行政机构。在北京畿地区设有顺天府、永平府、保定府、河间府、真定府、顺德府、广平府、大名府,总共 8 府、19 州、126 县,称为"北直隶"。南京畿地区设有应天府、凤阳府、庐州府、淮安府、扬州府、常州府、镇江府、徽州府、宁国府、池州府、太平府、广德府、和州、滁州、徐州,总共 14 府、17 州(4 个直隶州)、96 县,称为"南直隶"。其中,应天府、顺天府为京府,是中央机构;其他称"直隶",属地方机构。两京府最高长官称"府尹",其职掌京府之政令,"宣化和人,劝农问俗,均贡赋,节征徭,谨祭祀,阅实户口,纠治豪强,隐恤穷困,疏理狱讼,务知百姓之疾苦"[②]。两京府与其他直隶府无论在官名还是在品秩上都存有差异。顺天府,设正官 1 人,称"府尹",正三品;府丞 1 人,正四品;治中 1 人,正五品;通判 6 人(后革 3 人),正六品;推官 1 人,从六品。首领官,经历司经历 1 人,从七品;知事 1 人,从八品;照磨所照磨 1 人,从九品;检校 1 人,未入流。应天府设官、职掌与顺天府同,只是通判少于顺天府,只设 2 人。

---

① 参见王天有:《明代国家机构研究》,第 57—65 页。

② (清)张廷玉等撰:《明史》卷七四《职官志四》,第 1816 页。

(二)省——都、布、按三司

明代省为地方一级行政区,其最高机构是承宣布政使司、提刑按察使司和都指挥使司,明朝人合称为“三司”。作为地方的最高行政机构,其最高长官称为“承宣布政使”“提刑按察使”和“都指挥使”。

承宣布政使,“掌一省之政,朝廷有德泽、禁令,承流宣播,以下于有司”。具体来说,其执掌主要有:一是考核本省官吏,“凡僚属满秩,廉其称职、不称职,上下其考,报抚、按以达于吏部、都察院”;二是掌管本省户口、土田及赋役;三是调拨本省宗室、官吏、师生及军伍的禄奉、廪粮;四是主持一省的祭祀典礼;五是抚恤人民,表彰孝悌,赈济灾祲。承宣布政使司,设有正官左、右布政使各1人,从二品;左、右参政无定员,从三品;左、右参议无定员,从四品。首领官,经历司经历1人,从六品;都事1人,从七品;照磨所照磨1人,从八品;检校1人,正九品;理问所理问1人,从六品;理问所副理问1人,从七品;另有提控案牍1人,未入流。所属衙门,司狱司司狱1人,从九品。库、仓、杂造局、军器局、宝泉局、织染局各设大使1人,从九品;副使1人,俱未入流。①

提刑按察使,“掌一省刑名按劾之事”。其职责是“纠官邪,戢奸暴,平狱讼,雪冤抑,以振扬风纪,而澄清其吏治”。提刑按察使司,设有正官按察使1人,正三品;副使无定员,正四品;佥事无定员,正五品。首领官,经历司经历1人,正七品;知事1人,正八品;照磨所照磨1人,正九品;检校1人,从九品。所属衙门,司狱司司狱1人,从九品。②

都指挥使,“掌一方之军政,各率其卫所以隶于五府,而听于兵部”。都指挥使司,设有正官都指挥使1人,正二品;都指挥同知2人,从二品;都指挥佥事4人,正三品。首领官,经历司经历1人,正六品;都事1人,正七品;断事司断事1人,正六品,副断事1人,正七品。所属衙门,司狱司司狱1人,从九品;仓库、草场大使、副使各1人,俱未入流。另外,又有行都指挥使司,“设官与都指挥使司同”;又有留守司,一为中都留守司,一为兴都留守司。中都留守司设于洪武十四年(1381年),在中都临濠府,设正留守1人,正二品;副留守1人,正三品;都指挥同知2人,从三品。首领官,经历司经历1人,正六品;都事1人,正七品;断事司断事1人,正六品,副断事1人,正七品。兴都留守司,设于嘉靖十八年(1539年),在湖广承天府,设官如中都留守司,统领承天、沔阳、显陵三卫,掌管护卫显

① 参见(清)张廷玉等撰:《明史》卷七五《职官志四》,第1839页;(明)申时行等编修:《明会典》卷四《官制三》,第19—20页。

② 参见(清)张廷玉等撰:《明史》卷七五《职官志四》,第1840页;(明)申时行等编修:《明会典》卷四《官制三》,第20页

陵。在都司、行都司及留守司之下，则设有大量卫所。卫设指挥使 1 人，正三品；指挥同知 2 人，从三品；指挥佥事 4 人，正四品；镇抚司镇抚 2 人，从五品。首领官，经历司经历，从七品；知事，正八品；吏目，从九品；仓大使、副使，俱未入流。千户所，设正千户 1 人，正五品，副千户 2 人，从五品；镇抚 2 人，从六品。百户所，设百户 1 人，正六品。

（三）道——参政、参议、副使

明朝在省下有道的设置，由布、按二司的参政、参议、副使、佥事等分司诸道。但道不是一级行政区，道官也不是一级政府。明朝设道的目的，主要是加强对基层社会的控制，密切省内上下级的关系。其中，属于布政司系统的有督粮道、督册道、分守道，属于按察司系统的有提督道、清军道、驿传道、协堂道、水利道、屯田道、管河道、盐法道、抚治道、监军道、招练道、兵备道、分巡道。在这些设道当中，最重要的是分巡道和兵备道。分巡道，其前身是按察分司。洪武十五年（1382 年），置天下府州县按察分司，以儒士王存中等 531 人为试佥事，人按 2 县。十六年（1383 年），罢试佥事，以按察司副使、佥事分司按察。二十九年（1396 年），改置按察分司为 41 道，以后又发展为 69 道。兵备道，"仿自洪熙间，以武臣疏于文墨，遣参政副使沈固、刘绍等往各总兵处整理文书，商榷机密，未尝身领军务也。至弘治中，本兵马文升虑武职不修，议增副佥事一员敕之。自是兵备之员盈天下"①。另外，南北两京虽不设布、按二司，但也有道的设置，不过多是寄衔于临近省布、按二司之官。其中督学道则例外，以御史充之，具有相对的独立性。

（四）府——知府、同知、通判

明朝立国后，在元代路的基础上改置府，府为省与县之间的重要层级。在明代，除两京府外，共有府 159 个。洪武六年（1373 年），朱元璋分天下府为三等："税粮二十万石以上为上府，知府，秩从三品；二十万石以下为中府，知府，正四品；十万石以下为下府，知府，从四品。已，并为正四品。"知府，"掌一府之政，宣风化，平狱讼，均赋役，以教养百姓"。府，设有正官知府 1 人，正四品；同知无定员，正五品；通判无定员，正六品；推官 1 人，正七品。首领官，经历司经历 1 人，正八品；知事 1 人，正九品；照磨所照磨 1 人，从九品；检校 1 人。司狱 1 人。其中，同知、通判分掌清军、巡捕、管粮、治农、水利、屯田、牧马等事。推官理刑名，赞计典。②

---

① （清）张廷玉等撰：《明史》卷七五《职官志四》，第 1844－1845 页。

② 参见（清）张廷玉等撰：《明史》卷七五《职官志四》，第 1849 页；（明）申时行等编修：《明会典》卷四《官制三》，第 20 页。

(五)州——知州、同知、判官

明代州分为属州和直隶州,“属州视县,直隶州视府,而品秩则通”。知州“掌一州之政”,而同知、判官则“俱视其州事之繁简,以供厥职”。一般辖区不到30里,又没有属县的州,则不设同知、判官;若有属县,则仅不设同知。州官的职掌与府、县相同。州,设有正官知州1人,从五品;同知无定员,从六品;判官无定员,从七品。首领官,吏目1人,从九品。[①]

(六)县——知县、县丞

朱元璋在吴元年(1367年)定县为三等:粮十万石以下为上县,知县从六品;六万石以下为中县,知县正七品;三万石以下为下县,知县从七品。不久,并为正七品。明代除南北两京县外,共有1171个县。知县,“掌一县之政”,主要负责征收赋役和管理户籍。另外,“凡养老、祀神、贡士、读法、表善良、恤穷乏、稽保甲、严缉捕、听狱讼,皆躬亲厥职而勤慎焉”。县,设正官知县1人,正七品;县丞1人,正八品;主簿1人,正九品。首领官,典史1人。[②] 县丞为知县之副职,与主簿分掌一县的粮马、巡捕之事。

另外,由于府、州、县属于最基层的行政机构,其职事既具体又复杂,所辖的衙门可谓涉及地方上的方方面面。概而言之,所辖机构有儒学、巡检司、水马驿、仓库、税课司(局)、批验所、河泊所、递运所、铁冶所、医学、阴阳学、僧道衙门等等。由于这些基层行政机构与社会联系密切,其中存在很多危害社会、违法贪赃的行为。加强对其官员的有效管理,也是朱元璋颁行《大诰》三编的重要目的之一。

第二节 对文官犯罪的惩治

在《大诰》三编中,对官员犯罪的惩治内容,归纳起来,主要涉及五个方面:一是官员的贪污受贿,二是官员的司法犯罪,三是官员的渎职失职,四是官员的结党营私,五是官员的奸贪诽谤。对于官员的这些犯罪行为,朱元璋都予以重典惩治,并颁布了很多严苛峻令。这些措施的实施,在一定程度上起到了打击官员犯罪的作用,从而进一步加强了对官员的管理。

---

① 参见(清)张廷玉等撰:《明史》卷七五《职官志四》,第1850页。

② 参见(清)张廷玉等撰:《明史》卷七五《职官志四》,第1850－1851页。

一、文官犯罪的惩治内容

(一)经济犯罪

官员的贪污受贿,在封建法律中被称为“赃罪”。朱元璋认为“吏治之弊,莫甚于贪墨”[①],只有革除此弊,才能实现“善政”[②]。在《大明律》中,朱元璋专设《刑律六·受赃》一篇,计有11条:“官吏受财”“坐赃致罪”“事后受财”“有事以财请求”“有官求索借贷人财物”“家人求索”“风宪官吏犯赃”“因公擅科敛”“私受公侯财物”“尅留盗赃”“官吏听许财物”。相较于唐律来说,明律关于处罚官吏受赃的条目增加了很多,这充分说明朱元璋对官吏犯赃罪的处置十分重视。在《大诰》三编中,对于官员犯赃罪的打击亦是其重点。下面主要围绕《大诰》三编中关于惩治官员贪赃罪的相关案例进行细致分析,以了解朱元璋打击官员犯罪的手段及措施。

1.对中央官员贪污受贿的惩治

明代中央机构是国家实施社会管理的主体,不过也是最容易滋生腐败的部门。在《大诰》三编中,朱元璋对这些部门中出现的官员贪赃腐败问题进行了严厉揭露,并动用严刑峻法进行了重典惩治。

(1)六部官员

六部作为中央国家机关,自洪武十三年(1380年)撤销中书省,废除丞相制,“析中书省之政归六部”[③]以后,权力日增,职权日重。这些部门中有的官员利用手中的权力大肆奸贪,舞弊纳贿。朱元璋就曾说:“日者中外臣庶,罔体圣心,大肆贪墨。原弊所由,起于六曹;为罪之魁,莫甚郭桓。六曹端本澄原之地,而乃赃贪不法,交通所属,重为民害。”[④]对于六部官员的贪污受贿,朱元璋都一一进行了重典惩治。

吏部,由于掌管着人事大权,所以地位较其他五部为高。不过,在《大诰》三编中反映吏部官员贪赃的资料较少,这不是说它清廉,主要是因为朱元璋对人事任免大权抓得特别紧,吏部只能秉承旨意办事而已。当时法律规定:“凡除授官员,须从朝廷选用。若大臣专擅选者,斩。”[⑤]但也存在着吏部官吏借人事任选之际,“私下定拟职名”,企图“朦胧奏启”以渔利的情事。如洪武十七年(1384年),吏科给事中韩铎、彭允达通同吏部尚书陈敬等,“将取到十二布政司与谏院等各

---

① 《明太祖实录》卷一四八,洪武十五年九月癸亥条,第2332页。

② 《明太祖实录》卷六九,洪武四年十一月庚申条,第1288页。

③ (清)张廷玉等撰:《明史》卷七二《职官志一》,第1729页。

④ 《御制大诰初编·大诰后序》,第253页。

⑤ 怀效锋点校:《大明律》卷二《吏律一·职制·大臣专擅选官》,第30页。

官”朦胧奏准，捞取好处，以致“事觉，法司以交结近侍律处斩，妻子流二千里”，尔后虽被朱元璋法外施恩，但终究因贪赃而被处以“杀身”之刑。[①]

户部，由于手握财政、经济大权，所以很多官员往往借机弄虚作假，贪污受贿。其中以试侍郎郭桓为首。他们彼此之间相互勾结、沆瀣一气，借掌管钱粮之际“通同诸司，将天下钱粮尽行废坏”[②]。

洪武十八年(1385 年)郭桓案发露以后，涉及的诸司官吏因赃“系狱者数万，尽皆拟罪”[③]。另外，在地方衙门派人赴户部各库交纳钱粮物品之际，六部库藏官则往往“刁蹬留难”以营私。如：“一起解绢者，数具千匹，其该部点掣二百，以为不堪，著令解物人再进勘中换去。其解物者收买依数兑换，备数送库。交纳了当，赴部欲取原绢，部官吏已入己矣，并无有还者。”以至于朱元璋在“问出前情”之后，将各官吏尽行“弃市”，惩罚十分严酷。

在惩治之余，朱元璋还设立了“解物封记”之法，以防范官吏伺机侵渔之弊。规定：“今后诸司凡有解进之物，于本衙门公同印押，封记牢固，省令解物人休开。物至，朕号令该部毋得擅开封缄，直抵当该库分，库官辨验开封。堪中，则如法收受。不堪，则如数奏闻。”对于违反此法的官吏，朱元璋动辄处以“杀身”之刑。[④]

另外，六部库藏官还经常与地方解差虚出实收、侵欺入己。如：丁字库副使接受黄州府解差刘复三钞 80 贯，为其虚买实收鱼油 500 斤；丁字库官纪麟等接受九江府解差钱福六钞 300 贯，为其虚买实收鱼油、香油 557 斤。以至于朱元璋说：“盖谓此差一行，及至抵京仓库等，朕一时不知，其不畏死之徒，往往刁蹬留难，动经数月弗得归还，或半载未归者有之，必贿赂而后已。”对于此等官吏，朱元璋“每常事觉，诛戮者甚多”。[⑤]

在户部所属衙门中，宝钞提举司负责印造宝钞。在印钞之时，提举司官吏也会通同其他户部官员妄奏印钞数量，隐匿分肥入己。如洪武十八年(1385 年)“宝钞提举司官吏冯良、孙安等二十名，通同户部官栗恕、郭桓，户科给事中屈伸等”将多印的 1437540 锭钞隐匿不奏，并将此“混同商税钞堆积，以代外来商税课程”，达到虚出实收、侵欺入己的目的。对于此等设谋之举，朱元璋说道：“当计此之谋，为利所迷，自将以为终身不犯，岂知不终年而遭刑。”[⑥]而负责掌管御用金银缎匹的承运库官，则存在偷盗库藏财物的情况，如库官范潮宗、李庭珪就是如

---

① 参见《御制大诰续编》第二十四《韩铎等造罪》，第 280—282 页。

② 《御制大诰续编》第三十六《追赃科敛》，第 290 页。

③ 《御制大诰初编》第二十六《朝臣优劣》，第 218 页。

④ 参见《御制大诰续编》第五十二《解物封记》，第 309 页。

⑤ 《御制大诰续编》第五十五《民拿经该不解物》，第 312 页。

⑥ 《御制大诰续编》第三十二《钞库作弊》，第 288、289 页。

此，甚至“将纳金者每十两多称五钱”以设计盗金。对此，朱元璋也以杀身之刑处置，并感叹道：“可见小人非君子不能全其命行者欤。”①

礼部，虽相对于其他各部来说是清水衙门，但也存在官吏盗出财物、虚出钞贯的情事。如洪武十九年（1386年），礼部试侍郎章祥等6人在“命部赏赐，婚礼银钞出库”之时，通同近侍官员“盗出银锭，虚出钞贯”。事发之后，章祥因害怕生病“身故”，而其余5人则“受刑”治罪。② 又如礼部郎中王锡，在负责祠部事时通同都察院、刑部子部、光禄司少卿屈图南，“将断没猪羊暗地移文，作收买破用。其所支官钞，或数千，或数万，抵下入己”，最后被朱元璋处以“杀身”之刑。③

在礼部所属衙门中，行人司始设于洪武十三年（1380年），职专捧节、奉使之事。《明史·职官志三》载：“凡颁行诏敕，册封宗室，抚谕诸蕃，征聘贤才，与夫赏赐、慰问、赈济、军旅、祭祀，咸叙差焉。”行人司官行人秩不过九品，但在“受命而出”之际，倚恃皇威，“奉使多不称旨”④，而且所在多有受赃。为此，朱元璋颁布峻令道：“官吏与者、受者罪同。”⑤洪武十八年（1385年）六月，朱元璋在发布的诏令中对此具体阐述道：“今后行人受差，敢于各处索要相送，犯者处死，与受者同。所以不得已而禁。设若不禁，有司敛民与之。所差之人既多，民之生理有限，供给既广，将何以奉？所以严禁。故兹诏示，想宜知悉。”⑥

兵部，虽其主要事宜与军队有关，但是也与社会有着密切关系。特别是军籍问题，是兵部官员借机谋私的利窟。在明代，户口分为军、民、灶、匠等籍，“人户以籍为定”⑦，各自对国家承担不同的义务。兵部官吏在征集军丁或勾补逃军时，扩大名额，肆行勒索，刁难军户，受财卖放，“所在有司官吏往日曾受逃军财物，买嘱不行起发”。为此，朱元璋颁布峻令条例说：“今《大诰》遍满天下，两邻里甲不许影射。若不早为晓谕有司官吏，必是两邻里甲照依《大诰》事内拘送赴京，那是有司官吏其罪难逃。”⑧

对于有司官吏虚开路引、贪求赃私及暗自脱放逃军的行为，朱元璋往往处以诛杀之刑。为了严防“空引偷军”，他颁行峻令道：“今后所在有司敢有出空引者，

① 《御制大诰三编》第三十五《库官收金》，第409、410页。

② 参见《御制大诰续编》第二十五《礼部盗出财物》，第282—283页。

③ 参见《御制大诰三编》第二十九《王锡等奸弊》，第403—404页。

④ （清）张廷玉等撰：《明史》卷七四《职官志三》，第1809、1810页。

⑤ 《御制大诰初编》第三十五《行人受赃》，第225页。

⑥ 刘海年、杨一凡主编：《中国珍稀法律典籍集成》乙编《皇明诏令》卷三《太祖高皇帝下》，第62页。

⑦ 怀效锋点校：《大明律》卷四《户律一·户役·人户以籍为定》，第46页。

⑧ 《御制大诰续编》第七十一《逃军》，第323页。

受者，皆枭令，籍没其家。”[①]在洪武二十年(1387年)，为了防范空引偷军等事，他又颁行榜文道：

> 恁兵部便出榜去，着沿江上下两岸巡检司，但有往来诸色人等，搜检沿身，有多余空引空批者，此等意欲赴京偷取军囚人在逃。今后务要搜检精密，拿住连人解赴京来。每一引一批，赏钞五锭。[②]

在洪武二十六年(1393年)、三十年(1397年)，朱元璋又把《大诰》中的“空引偷军”一目引入到《真犯死罪》《应合抄扎》及《大明律诰·死罪》条例中[③]，从而进一步扩大了其影响，加大了对偷军行为的打击力度。

另外，兵部官员在选授武官时，也存在扶同作弊的情事。如兵科给事中应孟吕、兵部主事樊暹等即在“为选武官”时作弊谋私，最后被分别处以死罪和“戴斩罪还职”之刑。[④] 而且，还存在兵科给事中与五军都督府官员通同盗支官军盘缠的情事。如兵科给事中孙勖等与五军都督府首领官掾吏陈仔等相互勾连“支出征官军盘缠。赏赐工役军人，优给幼官儿男，恤赐军属，动经数十万锭，其数甚大”。对此，朱元璋以“杀身而后已”进行处置。[⑤]

刑部，由于手握断狱生杀等大权，所以在审谳狱囚时，存在“增减情词，故行出入”[⑥]的情况。洪武十九年(1386年)，该部都官员外郎李燧、司务杨敬等中级官员“恣意受财”，通同医人、狱典、狱卒等，以虚报死囚的办法，将有罪之人张受甫等2人脱放。[⑦] 而刑部比部主事王进和吏员阮贞则为求赃私，“将工役囚徒纳册于役所”，故更囚名，如将丁洪僧作工洪生，将马伴舅作马道四，等等。这种借助承办文案之机舞文弄法、取利肥己的情形比比皆是。对此，朱元璋在痛斥之余，都将其断足，发于本部，以昭示无罪者。

工部，在承担工程和兴建之时，往往“惟务贪饕”，设计舞弊。在明初，由于刚刚经历了建国时期的大兴土木，近年以来“本无大工”，但是工部官吏往往借兴作之由将全国9万工匠“设计勾差”，以便刁难勒索。他们在勾差之时，“一千、二千方勾到京，文案明立到京月日，实不与上工，待一月后、半月后方许上工。及至关安家钞并月支食钱，照依文案所立月日，一概关支钞锭出库。及其赏匠也，或万

---

① 《御制大诰三编》第五《空引偷军》，第381页。

② 杨一凡、田涛主编：《中国珍稀法律典籍续编·明代法律文献(上)·洪武永乐榜文》，第525页。

③ 参见(明)申时行等编修：《明会典》卷一七三《刑部十五·罪名一》，第882页；卷一七九《刑部二十·抄扎》，第907页。(明)张楷：《律条疏议》附《律诰该载》，见杨一凡编：《中国律学文献》第1辑第3册，黑龙江人民出版社2004年版，第717页。

④ 参见《御制大诰三编》第二《进士监生不悛》，第361、364页。

⑤ 参见《御制大诰续编》第二十八《用囚书办文案》，第286页。

⑥ 《御制大诰初编》第八《尚书王时诽谤》，第208页。

⑦ 参见《御制大诰续编》第四十二《相验囚尸不实》，第296页。

或千，或数千人，止论上工之日准工。余虚半月一月，钞虽关出，诸色匠人不得，如此奸弊。诸匠虽关食钱、安家钱，工满应放回还，不即与批，又行刁蹬留难，直至将安家钱、每月食钱勒要贿赂，方才放归，诸匠所得甚少。近年以来，愈见工减甚多，无处役使匠人。其工部官吏设计，将诸色目人勾至便卖，得钱便放。来者方到，有钱贿赂即归。未到者，连日发批勾取。被卖去者，到家都无半月，亲戚邻里虽欲面会，不能完全，又乃起程。似如此者，九万工技之人，年年在途者有之，暂到京者有之，方到家者亦有之，无钱买嘱终年被微工所役者有之"①。

在洪武十八年(1385 年)工部侍郎韩铎等造罪案中，涉及的违法贪赃行径有：卖放工匠 2550 名，关支人匠食钱钞 300 贯，盗卖芦柴 2.8 万束，盗卖抽分木炭 81 万斤。"总计韩铎等节次取受赃钞，除隐匿入己外，实供招到官，共该三万三百五十贯，木炭八十一万斤。"②而涉及其中的工部官员有侍郎、员外郎、主事、司务等，甚至负责监督工部工作的给事中也参与其中，通同作弊。对于这种舞弊纳贿的行为，朱元璋均给以"杀身"之刑的处置。

(2)监察御史、给事中

除中央六部以外，作为皇帝"耳目风纪之司"的御史和给事中犯贪污受贿罪的也不在少数。他们因为"口衔天宪"，可以"径达御前"，肆威作福也就较为容易。其中"有等不才之徒，不知官之清要，不知职之在乎纠人，乃假御史之名，扬威胁众，恣肆贪淫"③。这一点在官员的司法黑暗部分已有所论述，在此不赘。御史、给事中除了在奉派办案时伺机贪赃外，在奉旨差派其他事务时也多有赃私。如在查踏水灾时，他们经常接受赃私，贪赂银钞。这一点在《大诰三编》的"进士监生不悛"条多有记载，其中涉及的监察御史有 24 人，六科给事中有 4 人，他们除了接受银钞外，还接受各种衣服、棉布、靴、纻丝等杂物。④ 又如地方有司在解纳诸物赴京交纳时，六科给事中也会通同六部各官与地方有司"阴谋结党，虚出实收"⑤。

另外，六科虽有监察六部和纠察官吏的职能，但有时候这种监察并不到位，甚至还会与其相互夤缘，勾结为恶。如工科给事中杨霖与工部侍郎韩铎勾结，"卖放人匠一百名……分一百五十贯"⑥；兵科给事中孙勛与五军都督府首领官

① 《御制大诰三编》第三十《工匠顶替》，第 404 页。

② 《御制大诰续编》第二十四《韩铎等造罪》，第 282 页。

③ 《御制大诰三编》第三十九《御史刘志仁等不才》，第 414 页。

④ 参见《御制大诰三编》第二《进士监生不悛》，第 354—379 页。

⑤ 《御制大诰续编》第五十五《民拿经该不解物》，第 311 页。

⑥ 《御制大诰续编》第二十四《韩铎等造罪》，第 280—282 页。

掾吏陈仔等勾结,"支出征官军盘缠。……动经数十万锭,其数甚大"[①];洪武十八年(1385 年),"六科给事中并承敕郎,尚宝司,各卫知事,交结朋党,互相蒙蔽,盗出银钞衣服"。据粗略统计,涉及的六科给事中有 62 人之多,涉及的银钞共计 235465 贯。[②] 这些事实说明,监察御史和六科给事中虽品级不高,但却手握大权,而这些权力在一定程度上成为他们作恶的有力工具。这些贪腐案件再一次证明了掌握权力的人最容易被首先腐蚀。

对于这些风宪之官的贪赃腐败,朱元璋往往给予较为严厉的处置。《大明律》的"风宪官吏犯赃"条规定:"凡风宪官吏受财,及于所按治去处求索借贷人财物,若卖买多取价利及受馈送之类,各加其余官吏罪二等。"[③]在《大诰》三编中,朱元璋对于受赃的风宪官多是以"诛杀""族诛"以及"凌迟示众"等酷刑进行严惩。只是对于由进士、监生中新进的监察御史、给事中等稍有宽宥,不过也是处以"戴斩罪、绞罪、徒罪、流罪、安置罪还职"等濒临生死一线的惩罚。对朱元璋来说,这已是法外施恩了。

2.对地方官员贪污受贿的惩治

在明代,地方官员作为直接与百姓接触的亲民之官,掌握着一个地方或部门的实权,其廉洁与否直接关系到民心的向背。明初立国之后,面对地方官员的贪赃犯罪,朱元璋说:"掌钱谷者盗钱谷,掌刑名者出入刑名。"[④]可以说,地方官员的贪赃比中央官员的贪赃有过之而无不及,表现得更加露骨和狰狞。为了严惩和防范地方官员的贪赃犯罪,朱元璋择取当时的众多官员犯罪案例载入《大诰》三编中,以判例法的形式教谕和警告地方官员要安分守法,持政以廉。通过对《大诰》三编中地方官员犯罪类型的梳理,可以窥见朱元璋重典惩治地方官员贪赃的内容大致包括如下几个方面:

(1)征收税粮方面

税粮作为国家的主要经济来源,是庶民必须交纳的"维正之供",是国家财政的重要来源。因此,朱元璋对其管理和控制十分严格。对于滥征税粮、拖欠赋税及欺隐田粮的行为,朱元璋都给予了重典惩治。

滥征税粮

地方官员在征收税粮之际往往千方百计刁难农民,并巧立各种名色滥征。《大诰初编》的"征收不时"条记载:有司官吏"专以二季征税为奸计,麦方吊旗,而

---

① 参见《御制大诰续编》第二十八《用囚书办文案》,第 286 页。

② 参见《御制大诰续编》第五十《朝臣蹈恶》,第 302—308 页。

③ 怀效锋点校:《大明律》卷二三《刑律六・受赃・风宪官吏犯赃》,第 189 页。

④ 《御制大诰初编》第四十三《谕官无作非为》,第 228 页。

催夏税;秋税,谷秧方节,早催秋税。窘民于青黄不接之时,逼民于结实未坚之际,频于箠楚,得赃缓矣。及其粮成期至,可以上仓,其官吏人等故行迁延,刁蹬留难,不得便于上仓,直待有益于己而后已"①。可见,官吏在征收夏税秋粮时,或提前催征,或到期延怠,故意刁难,窘民于维谷之境,勒索得赃。而且,在征收时,他们还于正赋之外,巧立名色,额外征纳。如:"浙西所在有司,凡征收,害民之奸,甚如虎狼。且如折收秋粮,府、州、县官发放每米一石,官折钞二贯,巧立名色,取要水脚钱一百文,车脚钱三百文,口食钱一百文。库子又要辨验钱一百文,蒲篓钱一百文,竹篓钱一百文,沿江神佛钱一百文。"②这些额外征纳的负担加在一起有 900 文,相当于 2 贯钞(2000 文)的 45%。而且其负担还不仅限于此,在征收税粮时,有时官员会嫌所交之粮秕细,而勒令折纳他粮。如洪武十八年(1385 年),庐州府知府韩克佐等在征收夏税小麦时,借故"秕细不堪为粮",而"欲令民抵斗米折"。其实,这就是强迫农民必须以旧稻代替新麦,但此时正当六月,"旧收蹈粮已绝,小民盼望新麦已成"。难怪朱元璋会说:"若不征麦而征粮,是故虐其民。"③这种做法变相加重了农民负担,使其迫不得已买稻粮以上交或贿赂官长以脱免。有时纳粮之人要亲自到卫交纳,在交纳之时官吏"淋尖跌斛,加倍输纳"④。

对于这些所征的税粮,地方官员并不全部上仓。如"常州府武进等县官吏邓尚文等,将民人夏税,十分以九分上仓,一分入己",并"声言民人科敛未足,巧于富户处借纳"。可谓巧言令色,迫害良善。对于所借税粮,其实"终无陪还之意",最后还是侵欺入己。⑤ 另外,有的官吏还利用民众不通晓政令,欺上瞒下,损公肥私。如应天、宣城等五府州官吏,将朝廷已免税粮照久征收,"通同作弊,并无一粒上仓"⑥。

除此之外,在征收税粮入仓之时,存在着管理仓库的仓官、斗级人等接受贿赂,不顾所纳粮豆是否掺水的行为。在明代,规定农民在上粮之时,"务以干圆洁净上仓",但是也有"奸顽无藉之民"为图一己之利,通同仓官人等"入水上仓",对此仓官但求贿赂却不加检点。⑦ 又如有的"奸顽人户"在交纳马料豆时,通同仓官人等"拌水袢豆,以增斛面"。无论是纳粮入水,还是纳豆入水,都会造成仓粮的整体腐坏,所谓"一蒸之后,满廒尽坏""湿热一蒸,盈廒皆坏",对此监临之官却

① 《御制大诰初编》第六十六《征收不时》,第 245—246 页。
② 《御制大诰初编》第四十一《折粮科敛》,第 227 页。
③ 《御制大诰初编》第十四《庐州府夏税》,第 211 页。
④ 《御制大诰初编》第九《陕西有司科敛》,第 209 页。
⑤ 参见《御制大诰初编》第十三《武进县夏税》,第 211 页。
⑥ 《御制大诰初编》第十二《五府州免粮》,第 210 页。
⑦ 参见《御制大诰初编》第五十二《纳粮入水》,第 234—235 页。

视若未睹。在洪武十八年郭桓案发露以后，“仓拆廒移，平基毁墙，得见官攒人等造祸之深有如此，将米、豆、稻成千余石，或百石，尽行埋瘗于地下，一概毁烂，其数不少”[①]。可见，在征收税粮时，征收、解送、保管、上交等各个环节都存在着官吏肆意贪赃、中饱私囊的行为。

对于地方官员利用职事之便，在征收税粮时巧立名色、科敛害民的情事，朱元璋虽在案例叙述中很少提到具体的处置措施，但是从其言语用词来看亦可窥见其惩治必然很重，而且多是杀身之刑。如在条文中，他常说此等“罪不可宥”“可得而逃乎”“果可容乎”“法所难容”等。

拖欠税粮

对于官吏故意拖欠税粮、违限不纳的行为，朱元璋亦给予了严厉打击。在明代，赋税征收都有一定的期限。《大明律》中的“收粮违限”条规定：

> 凡收夏税，于五月十五日开仓，七月终齐足。秋粮，十月初一日开仓，十二月终齐足。如早收去处，预先收受者，不拘此律。若夏税违限，至八月终，秋粮违限，至次年正月终，不足者，其提调部粮官、吏典，分催里长、欠粮人户，各以十分为率，一分不足者，杖六十，每一分，加一等，罪止杖一百。受财者，计赃以枉法从重论。若违限，一年之上不足者，人户、里长，杖一百迁徙。提调部粮官、吏典，处绞。[②]

但是，在实际当中仍存在地方官吏违限不纳税粮的情形。兹举两例：

> 建昌县知县徐颐，为本县夏税违限不纳，本府帖下督催二十八次，恃顽不答，却乃诡生巧计，暗令纳户黄文哲等赴所纳仓分虚买通关。事发，刑部差旗军张观、音保等提取。本官将刑房吏喻俊轻隐藏，暗图贿赂，接受邓子富等三名钞四百余贯，脱放各人，却令吏房吏徐文政抄批支吾。事后，本县官吏二十余日不于正门出入，潜于后门往来。各军等候日久，不见提到，每日止于县前伺候，忽见抄批吏徐文政，拿住欲同赴京。本官发怒，故将各军罗织，抢入县厅跪问，诬以直行正道，于县门下监锁。内三名脱归，面奏前项事情。本官闻知，才将原监锁军人疏放。及至坐提本官，又行令弟徐二舍会集张克成等七十余人，至京妄保。行至江北，止分四十二人赴京，妄诉官有政事。如此奸狡百端，凌迟示众。[③]

> 甘泉县知县郑礼南等，为催征洪武十八年欺隐税粮事，本府四十八次帖下催征，本县并不答应。又为追征赃粮赃银等事，累催不见次第。本府委自

① 《御制大诰初编》第五十三《纳豆入水》，第235页。

② 怀效锋点校：《大明律》卷七《户律四·仓库·收粮违限》，第68页。

③ 《御制大诰三编》第一《臣民倚法为奸》，第347—348页。

知事李固亲到本县著追，其知事到于抚安驿安歇，再三令人唤知县郑礼南、主簿娄本前来取招。郑礼南不服，娄本出驿将领祗禁二十余人，将知事李固扯去纱帽，揪住头髻，再三揉辱，喝令祗禁抢去监禁。如此顽恶，凌蔑上司，罪可容乎！[1]

从这两例来看，地方官员在上司催征税粮时，存在"恃顽不答"和"累催不应"的情事。在上司催征急迫之时，有的地方官员则诡生巧计，暗令纳税户赴纳仓虚买实收，甚至将催征人员殴辱监禁，凌虐上司。官员这种拖欠税粮、施政不修的行为，在一定程度上影响了国家田赋的按期征缴。

朱元璋对官员不能如期完成征纳任务的行为进行严厉惩戒，对情节严重者，如建昌县知县徐颐、甘泉县知县郑礼南等，甚至不惜以"凌迟示众"等刑罚进行处置。

欺隐税粮

朱元璋于洪武四年(1371 年)九月设立粮长制，"命有司料民土田，以万石为率，其中田土多者为粮长，督其乡之赋税"[2]。其目的是通过粮长制保证国家的田赋，巩固封建统治政权，同时也有照顾纳粮小户使其免受吏役侵吞等用意在内。在当时的法令规定中，粮长是允许非土著人充当的，这是因为并不是随处都有大户。非土著的粮长如果对纳税户并不熟悉，在催征赋税时就难免会有困难。有的官吏就利用这一罅隙以谋奸弊，欺隐税粮。在《大诰三编》的"臣民倚法为奸"条中就有相关记载：

常熟县秋粮四十万石有零，教粮长三十余名掌之。临催粮时，省会三十余名人粮办已。本以大户为粮长，掌管本都乡村人民秋夏税粮。其官吏见法正且清，难为作弊，却乃设计乱法。其乱法之计，将粮长不许管领本都乡村纳粮人户，调离本处，或八九十里、一百里，指与地方，使为粮长者，人户不识，乡村不知。其本都、本保及邻家钱粮，却又指他处七八十里、百十里人来管办，务要钱粮不清，田地不真，易为作弊。

针对官员的设计乱法、扰害细民之举，朱元璋将"原设三十余名粮长革去，从本县并各处有司设法自办"。常熟县官吏"用六百有零里长催办"，这样一来"其为首者既多，奸民乘此，其弊纷然，常熟县官莫能谁何！加以自取肥己"。可见，无论用粮长还是用里长催办税粮，官员都会想尽办法从中牟取私利。而朱元璋对于他们的处置则无外是"一旦发露，官吏杀身，奸民又罪若干"。对于这一处罚，他认为是"皆乱政坏法自取也"。[3]

---

① 《御制大诰三编》第一《臣民倚法为奸》，第 348—349 页。

② 《明太祖实录》卷六八，洪武四年九月丁丑条，第 1279 页。

③ 《御制大诰三编》第一《臣民倚法为奸》，第 346、347 页。

此外，有的地方官员与“无藉”粮长勾结，把粮区划分得犬牙交错，以便于隐没奇零户数。如《大诰续编》中的“常熟县官乱政”条记载：

粮长之设，本便县司，干计民人自当。尔（常熟知县）成奇交结无藉粮长沈玠等，违朕旨意，将地方犬牙相制，巨者征收，细微蒙蔽，以致本县比常设粮长之数，内缺一名，以致万石不足。其间所在奇零数户，意在使朕艰知。

对于这种官员，朱元璋同样是处以死刑。他认为他们是“不膺福而膺祸，愚之哉”，“又何怨哉”。①

除此之外，朱元璋对欺隐茶株的行为，亦是重典处置。例如：德安县丞陈友聪，“通同里长唐祐等，欺隐茶株。不行踏勘，接受本人罗、绢、布共十匹，钞八十贯。本府帖下二十七次提取，县丞抗拒不服。及府委推官坐提，却行会集吏典、弓兵、里长、茶户周鼎等三十余人，将推官等抢揪入县，喝令打死勿论，随即帮缚枷杻拘监。却写奏启本，差典吏易达、禁子马兴等，管押陈推官等九名赴京，遮掩前非。及至宪司差喻承差同本府知府黄维清前去追提，又行会集周鼎等将门把住，自执铁叉拒敌”。对于这种官吏，朱元璋非常气愤，最后对其处以“凌迟示众”的酷刑。②

（2）征收课税方面

在明代，“凡税课，征商估物货；抽分，科竹木柴薪；河泊，取鱼课”③。各官职责分明，但他们在征课、起解之际，存在侵欺入己的行为。

征税之弊

在征税之时，有的官员“不应税而税”。如“海南民有娶新妇者，其县官将下礼牲口并新妇俱要税钱”。山东胶水县丞欧阳祥可，“不鉴前非”，亦是如此诈取财物。对于这种滥征科税的行为，朱元璋分别“治以死罪”。④ 在洪武十三年（1380年），朱元璋就曾谕令户部说：“自今军民嫁娶丧祭之物，舟车丝布之类，皆勿税。”⑤可见这一政策在实践中并没有被很好地实施，仍然存在着官员借机科敛的情事。

抽分之弊

在对竹木柴薪进行抽分时，负责这一职事的大使、副使等官吏存在盗卖物资的情况。如洪武十八年（1385年），龙江抽分场副使李兴通同工部侍郎韩铎等，

---

① 《御制大诰续编》第四十九《常熟县官乱政》，第301、302页。
② 参见《御制大诰三编》第一《臣民倚法为奸》，第349页。
③ （清）张廷玉等撰：《明史》卷八一《食货志五》，第1974页。
④ 《御制大诰续编》第八十二《牙行》，第332页。
⑤ （清）张廷玉等撰：《明史》卷八一《食货志五》，第1975页。

"盗卖芦柴二万八千束"[①]。与此同时，大胜关抽分场也发生抽分官员与工部尚书、侍郎相互勾结，盗卖木炭 81 万斤一事。[②] 这些竹木抽分场的贪赃盗卖之官吏，最后都被处以"诛杀"之刑。

征课之弊

在地方河泊所等官征收鱼课之时，存在侵欺鱼课、科敛民财的情形。如和州判官唐仲芳与同知州邵杰等，"将本州青沙坊等河泊所原办课钞一万九千四百四十贯，各分入已"。在上司催督起解之时，又"将本州人户，不分城市乡村一概科敛。每户一贯二贯者有之，或三贯者有之，以此补纳前项课程"。而且，所征鱼课"数倍于课额。除陪官外，仍复各分入已"。[③] 又如东流江口河泊所官陈克素等，在征收之时，"侵欺本所鱼课一万贯入已"，而且还通同东流、建德两县官吏王文质等"诡言两县不行阑栈江口，致使鱼随水去，有亏国课，因构成谋，将两县山村人民验丁敛钞。……所敛之钞不下数万"。但是，在交纳鱼课之时"犹不纳足，其余尽皆分受入已"。[④] 类似的侵欺行为在《大诰初编》中的"扬州鱼课"条也有记载。[⑤] 其实，在征收鱼课之时，问题不止于此，还存在很多官员借机扩大征收领域，任意起科的行为。正如朱元璋所说：

> 迩年以来，奸邪小人受任，将从古以来不系办课所在小沟、小港、山涧去处，下流虽通办课去处，其小沟、小港、山涧及灌溉塘池、民间自养鱼群池泽，皆已照地起科并不系办课去处，小人生事，贪心无厌，搜求扰民，将农民小沟、小港、山涧、灌溉池塘、养鱼池泽、取鱼罾网、罩笼之类一概搜拿，声言要奏，如此虐民。

对此，朱元璋在《大诰续编》的"鱼课扰民"条中颁行峻令道："今后敢有仍前夺民采虾鱼器具者，许民人拿赴有司。有司不理，拿赴京来，议罪枭令，以快吾良民之心。"[⑥]可以说，朱元璋对官吏征课之时的侵欺行为，往往是以死刑来处置，且允许民人直接擒拿有司官吏。后来，这一峻令又被完全载入正德时期修订的《明会典》中，从而继续发挥着警诫臣民的作用。[⑦]

---

① 《御制大诰续编》第五十《朝臣蹈恶》，第 307 页。

② 参见《御制大诰续编》第二十四《韩铎等造罪》，第 280－282 页。

③ 《御制大诰初编》第七十《和州鱼课》，第 249 页。

④ 《御制大诰续编》第三十四《东流鱼课害民》，第 289、290 页。

⑤ 参见《御制大诰初编》第五十《扬州鱼课》，第 233 页。

⑥ 《御制大诰续编》第三十三《鱼课扰民》，第 289 页。

⑦ 参见（明）徐溥等撰，李东阳等重修：《明会典》卷三二《户部十七・金科・库藏一・课程・大诰》，文渊阁四库全书景印本，第 617 册，史部政书类，第 339 页。

起解之弊

在起解课程之时，有的地方官员还会以起解入京为名向庶民征用"脚力驴"作为驮载之用，进而伺机科敛取财。如蒲州知州孙景德，"于本州减庄等九十八里，每里科敛脚力驴一头，共科敛驴九十八头，内将四十头卖放与司吏乔思义，各分入己，止将五十八头驮载课程赴京"。此外，他还"于六房每房敛盘缠五十贯，共三百贯入己"。[①] 可见，不仅庶民百姓，连衙门六房小吏都成为官员伺机科敛的对象。又如吉州知州游尚志，其伎俩也是如此。他"科民驴二百四十头，每头要钞三贯，向后除存留外，其余尽行卖去"[②]。其实，问题的严重性还不止于此，在起解之际，地方官员多令富户起解，以卖富差贫。如安庆府、苏州府、江西布政司等处，"临解物之际，多不差经该人员，每每著令富户起解，故意虐吾良民"[③]，从而达到卖富敛财的目的。而且，在解运课程或诸色物件时，他们"并不公同缄封，惟是散盛解行"，于沿途"或以微抵巨，或以贱易贵"，于交纳入仓之际，"或虚买实收，止纳一半，观朝廷之隙为之，全不纳者有之，有抵库而不知数者有之"。[④]

朱元璋为了防范这一弊端，颁下峻令说："今后各府、州、县解纳应合入官诸色物件，非正官、佐贰官、首领官或该吏，须得一名亲起解则可。若或不然，仍差无职役、无藉顽民及无底业者解送，则治罪官吏甚不轻恕。"面对解物纳课之时的官吏弊害，朱元璋也是以"诛杀"政策为基本选择。此外，他亦不忘以恐吓手段来告诫其他官吏。他说："今后敢有如此者，倍追之后，官吏杀之，妄承行者亦杀之。"[⑤]

奏启之弊

官员为了掩饰自己的奸贪行为，在解送课程的奏状启札内往往故意"将诸色物件混淆概闻，不分何者税课若干，赃罚若干"以欺瞒朝廷，蒙混过关。据《大诰续编》中的"钱钞贯文"条记载："今会稽等县河泊所官张让等故生刁诈，广衍数目，意在昏乱掌钞者。如会稽鱼课钞，本该六千六十七贯二百文，所进钞本却写作六百六万七千二百文。"对于这件事，朱元璋不仅大发雷霆，"将各官吏治以重罪"，而且还警告"今后敢有如此者同其罪罪之"。[⑥]

(3)赈济灾情方面

遇有灾害，朝廷不仅减免赋役，而且还设法赈济灾民，或无偿发放粮、布、钱，

---

① 《御制大诰续编》第五十六《科敛驴匹》，第313、314页。

② 《御制大诰续编》第五十七《吉州科敛》，第315页。

③ 《御制大诰续编》第五十五《民拿经该不解物》，第311页。

④ 《御制大诰续编》第五十二《解物封记》，第309页。

⑤ 《御制大诰续编》第五十三《经解该物》，第310页。

⑥ 《御制大诰续编》第五十八《钱钞贯文》，第315页。

或贷给粮米。朱元璋在位期间,“赐予布钞数百万,米百余万,所蠲租税无数”①,这对救济灾民,缓解灾情,大有裨益。在灾难发生时,地方官员要严格按照救灾程序报灾、勘灾,并做好审户及发赈工作,而朝廷也会选派人员去查踏灾情。洪武时期,很多进士、行人就承担了这项工作。但是,无论是地方官员,还是朝廷选派的查踏人员,多存在弄虚作假,侵欺赈济的情事。这一点在《大诰》三编中有比较详细和充分的记载。

在发生自然灾害之时,“民人告灾,有司多不准理”,即使准理,也往往通同无藉顽民“以熟作荒,以荒作熟”或“以多作少,以少作多”。这种弄虚作假、颠倒黑白的伎俩,使得朝廷“不能明其数”,灾者不能得其赈。地方官吏和无藉顽民却以此为生财之道,骗取国家的赈济。如:

> 湖州府官吏、乌程县官吏易子仁、张彦祥,不将被水灾人户赴京赈济,通同豪猾,当告水灾之时,以熟作荒,以荒作熟;以多作少,以少作多。以多作少者,为其善人被灾本多,当报之际,减灾报数。以少作多者,为与富豪交结,将少作多。以荒作熟亦如之。以熟作荒亦如之。致令乌程县民傍湖者缺食,朕终不能明其数,所以赈不及之,至今慊慊,无可奈何。②

朱元璋派遣进士、行人等查踏灾情的目的是了解民情,询问民瘼,以苏民困。但是,这些查踏人员在核查灾情之时往往受到地方官吏的百般说诱。正如朱元璋所说:“其诱说之道,或以女色,或以金银钱钞,或以匹帛,或以诸等玩好,觇视尔情,果何等可以动尔之心。设使数等不能动其心,必又以丰美肴羞,盛筵以待。”③有的地方官员甚至在查踏人员还未进入灾区之时,就奉上“马前册”,以弄虚作假。如高邮州发生水灾以后,进士前去查踏,“未至灾所,其有司民人即以灾册至。进士谓曰:‘未曾沿丘履亩,先进是册,为何?’曰:‘马前册。’”有的进士在地方官员的蛊惑和引诱下,“民瘼不问,贪要赃私,接受马前文册或彻票批”。也有一些正直的进士能够抵住诱惑,坚持“亲诣灾所”查踏实际。但是地方官员也有应对,他们与地方豪猾顽民“将已熟禾稼尽行铲去,引水灌其地,若此者若干顷亩”,以致“君子未敢受理”。从中可见地方官员为贪赃私,手段之奸诈。其视人民生死为草芥,使得查踏人员理与不理人民都受其害。难怪朱元璋会说:“当受灾之际,君子所以难为,小人易为。”④这就是原因所在。

在《大诰》三编中,记载地方官员与查踏人员借灾贪赃的例子很多,涉及的官

---

① (清)张廷玉等撰:《明史》卷七八《食货志二》,第1908页。

② 《御制大诰续编》第十七《官吏下乡》,第276页。

③ 《御制大诰续编》第八十三《秦升等怙终》,第332页。

④ 《御制大诰初编》第三十二《水灾不实》,第223页;《御制大诰续编》第八十四《查踏水灾》,第334页。

员、进士、行人不可胜数，贪求的赃私数额也较大。仅《大诰续编》的“查踏水灾”条就记载了贪要赃私的进士 81 名，行人 60 名。① 而在《大诰三编》中的“进士监生不悛”条记载了进士、监生中的“新进”之官，借灾贪赃的多达 210 余名。② 从中可见，朝廷对灾情的赈济成了官员创收的一大利薮，很多人都借此大捞一把。举例来看：洪武十八年，朱元璋命进士秦升、张子恭、王朴等往昆山县查踏水灾。其视灾之时，接受教谕漆居恭、巡检姚诚的浸润说诱，接受“筵宴、银钞、缎匹、衣服、靴布等物”，而将“民人成熟田二万二千六百亩，作灾妄奏”。正如秦升的供词所说：“初好来。知县李均与瓜一个，曾推腹痛不食。后为教谕漆居恭、巡检姚诚、吏卒陆安等皆曰：此间知县已去十五矣，官人逃不去。升被说不过，领受赃私。”③与此同时，户部又差行人“赍钞诣河南，会布政司、按察司、当该府州县”赈济水灾。在赈济之时，行人与地方官通同将赈灾之钱侵欺入己。贪赃状况如下：

郑州知州康伯泰，原武县丞柴琳各将赈民钱入己：康伯泰一千一百贯，柴琳二百贯，布政使杨贵七百贯，参政张宣四千贯、王达八百贯，按察司知事谢毅五百贯，开封府同知耿士能五百贯，典吏王敏一千五百贯，钧州判官弘彬一千五百贯，襄城县主簿杜云升一千五百贯，布政司令史张英一千五百贯、张岩五百贯。

这些贪婪之官为求一己之私，坐视民患，使灾民身受腹饥之苦、被体之薄，得不到赈济，仍然遭受着巨大灾难，以至于“民有卖儿女者，陈州民亦有易其妻者”。难怪朱元璋会感叹：“兵凶事也，尚可平之，奸贪小人，甚若凶器。”④

对于这些贪求赈济银的官吏，朱元璋也是大多处以死刑。不过对由进士、监生中新进查踏之官，则稍有宽宥，并不径自处死，而是处以“戴斩罪、绞罪、徒罪、流罪还职”等，以给其改过自新的机会。

(4)征调赋役方面

明朝建立以后，朱元璋为了保证对赋役的征调和避免赋役负担的不均，着手建立了一套新的比较切实可行的制度，如“均工夫役”制度、黄册制度等。但是，这些制度在实施当中并不顺利，一些不法官员借机舞弊弄赃，牟取私利。

卖放均工夫役

洪武元年(1368 年)，朱元璋开始实行“均工夫”徭役制度。规定：“田一顷出丁夫一人，不及顷者以他田足之，名曰均工夫。寻编应天十八府州，江西九江、饶

① 参见《御制大诰续编》第八十四《查踏水灾》，第 334—335 页。

② 参见《御制大诰三编》第二《进士监生不悛》，第 354—379 页。

③ 《御制大诰续编》第八十三《秦升等怙终》，第 332、333 页。

④ 《御制大诰续编》第六十《克减赈济》，第 316、317 页。

州、南康三府均工夫图册。每岁农隙赴京，供役三十日遣归。田多丁少者，以佃人充夫，而田主出米一石资其用。非佃人而计亩出夫者，亩资米二升五合。”①“均工夫”役制度在明初实行时间不长，特别是在洪武十四年（1381年）实行赋役黄册制度和十八年（1385年）修订黄册并划分上、中、下户等之后日渐消亡，但在《大诰三编》中仍记载了官吏卖放均工夫役的情事。这说明，均工夫役制度在洪武十八年（1385年）左右还在一定程度上存在着。据《大诰三编》中的“戴刑肆贪”条记载：“丹徒县丞李荣中并应天府吏任毅等六名，先为受赃五百七十五贯，卖放均工夫一千二百六十五名。”在法司将其“各断十指，押回本处，将所卖人夫著勾赴工”时，他们却“谓先时已受各人财物，遂匿其名，反将应免夫役铺兵、弓兵、生员、军户周善等数百家，一概遍乡勾拿动扰，意在搪塞，于内又复受财作弊”。对此，朱元璋非常气愤地说：“自速其死，枭令之刑，宜其然乎！”②后来，这一条目又被引入到洪武三十年（1397年）制定的《大明律诰·死罪》条例中，以进一步打击官员的贪赃犯罪。③

承造黄册之弊

洪武十四年，朱元璋采纳户部尚书范敏的建议，制定了赋役黄册之法。规定：“以一百一十户为里，一里之中推丁粮多者十人为之长，余百户分为十甲，甲凡十人，岁役里长1人，甲首十人，管摄一里之事。城中曰坊，近城曰厢，乡都曰里，凡十年一周。先后则各以丁粮多寡为次，每里编为一册，册之首总为一图。其里中鳏寡孤独不任役者，则带管于百一十户之外，而列于图后，名曰畸零。册成为四本，一以进户部，其三则布政司、府、县各留其一焉。”④据现代学者唐文基论证，在首造的黄册中并没有划分上、中、下户等，朱元璋按户等佥派杂役应始于洪武十八年。⑤ 这一年正月，朱元璋下诏：“命天下府州县官，第其民户上中下三等为赋役册，贮于厅事，凡遇徭役，发册验其轻重而役之，以革吏弊。”⑥但是，在对黄册制度进行修订的时候，朱元璋已经发现有些地方主管册务的官员乘机贪污舞弊。朱元璋在《大诰初编》的“造册科敛”条中说：

置造上、中、下三等黄册，朝觐之时⑦，明白开谕，毋得扰动乡村，止将黄

---

① （清）张廷玉等撰：《明史》卷七八《食货志二》，第1904页。

② 《御制大诰三编》第三十八《戴刑肆贪》，第413页。

③ 参见（明）张楷：《律条疏议》附《律诰该载》，见杨一凡编：《中国律学文献》第1辑第3册，第716页。

④ 《明太祖实录》卷一三五，洪武十四年正月丙辰条，第2143—2144页。

⑤ 参见唐文基：《明初的杂役和均工夫》，《中国社会经济史研究》1985年第3期。

⑥ 《明太祖实录》卷一七〇，洪武十八年正月己卯条，第2585页。

⑦ 《御制大诰初编》颁行于洪武十八年（1385年）十一月，所云“朝觐之时”，是指这一年正月。（参见《洪太祖实录》卷一七〇，洪武十八年正月癸酉年条，第2583页）

> 册底册，就于各府、州、县，官备纸札，于底册内挑选上、中、下三等，以凭差役，庶不靠损小民。所谕甚明，及其归也，仍前着落乡村，巧立名色，团局置造，科敛害民。此等官吏，果可容乎！①

在这里，"团局置造"是指官吏把编造黄册的事情控制起来包办，并按照自己的利益随意增减和变动册籍内容。官吏借造册之机科敛害民和贪赃舞弊的事情，在当时就有所体现。如洪武十八年，"陕西布政司、按察司官，府、州、县官王廉、苏良等，害民无厌，恬不为怪。造黄册，科敛于民。……造上中下三等民册，科敛于民"。对此，朱元璋也是"各科重罪"。②

卖富差贫

在具体差发徭役时，也存在官吏"卖富差贫"的行为。正如朱元璋在《大诰续编》中的"民间差发"条所说："官府一应差发，皆是细民应当。正是富家，却好不曾正当官差。"官吏贪求贿赂，在差发徭役时，"故差豪民，使你等买免。卖尽豪户，然后定差贫户"。可见，官吏把差发徭役也作为收取贿赂的一种有效途径。为了避免官吏在差发时的刁蹬留难，朱元璋颁发峻令说："今后一体朕意，倘有官吏刁蹬百端，尔(富民)勿贿赂；少加窘逼，缚吏赴京来奏。"③

(5)造作买办方面

承办朝廷的诸色造作，也是地方官吏科敛民财的贪占手段。在明初，朝廷每年要从云南乌撒、乌蒙、东川等地进马"不下二万余匹"，但是由于船只短少，遂着令沿江州郡"各处添造船二十只"。而在督造之时，存在着地方官吏以此为由科敛害民的情事。如太平府同知陈汝器、繁昌县知县王景东等，"以造船为由，将阖郡一概科敛，剥削于民，止造到船二只。及至递运，仍缺船只，复将川、江船打过赴京"。对此，朱元璋在问出情弊之后，"罚各官自于龙江成造四倍。终虽不起，各官亡者，仍拿家属并工造完"。④ 又如湖州府官吏刘执中等，在为朝廷采办木植时，"不谋公而谋私"，将"籍没凌说山场所产木植，砍伐二十九万，设计差夫搬运，卖遍府、州、县，然后止差五千人搬运。后与各各人夫，及推官吕惟贤等，通同作弊，除各匿入己外，止解二万余根至京"。对此，朱元璋感叹道："自取之祸，安可逃乎！"⑤

在《大诰续编》的"造作买办"条中，朱元璋针对地方官承办诸色造作时科敛害民的情事，颁行峻令道："朝廷凡有诸色造作，文书明下有司，止许官钞买办，毋

---

① 《御制大诰初编》第五十四《造册科敛》，第236页。
② 《御制大诰初编》第九《陕西有司科敛》，第208、209页。
③ 《御制大诰续编》第五十九《民间差发》，第315、316页。
④ 《御制大诰初编》第七十二《成造马船》，第250、251页。
⑤ 《御制大诰初编》第十一《凌说山场竹木》，第210页。

得指名要物，实不与价。果有违吾令者，许被科之民，或千、或百、或十，赍《大诰》拿该吏赴京，物照时估给钞，将该吏斩首，以快吾良民之心。"[①]后来，朱元璋又在洪武三十年(1397年)初制定的《工役终身》条例中，将这一条例引入其中，从而进一步加强了对官吏承办造作危害的防范及惩治。[②]

(6)庆节和买方面

在地方，一些官吏往往以各种冠冕堂皇的借口来额外加派和抽剥人民。其中，最常见的就是所谓"和买"。它本是唐宋以来久存的陋规恶习，但是明初不少官吏都非常乐意继续以此牟取私利。"和买"，就是地方官员以冠冕堂皇的借口或朝廷的名义，勒派民间按指定的数量和质量交纳一定的物品，然后由官府酌给一定价钱。但是，有的官员"指以庆节为由，和买民物"，"不还民钱"。这种变相的勒索，虽区别于公然索贿，但实际上同样是假公济私，对普通百姓来说则是一种灾难。

对此，朱元璋早在洪武元年(1368年)颁行的《大明令》中就规定道："凡内外军民官司，并不得指以和顾和买，扰害于民。如果官司缺用之物，照依时值，财物两平收卖，或客商到来中卖物货，并仰随即给价。如或减驳价值及不即给价者，从监察御史、按察司体察，或赴上司陈告，犯人以'不应'治罪。"[③]在《大诰续编》中，朱元璋又为此颁行峻令道："天下府、州、县，今后毋得指以庆节为由，和买民物。……《诰》出，敢有如此者，许被扰之民，或千、或百、或十，将该吏拿赴京来。"[④]后来，朱元璋又把《大诰》中"庆节和买"名目引入到洪武二十六年(1393年)颁行的《真犯死罪》和三十年(1397年)制定的《工役终身》《大明律诰·准赎死罪》条例之中，以加强对这一行为的打击力度。[⑤]

(7)科要民物方面

官员在贪墨时，有的则直接向民人科要各种物品，或要求服各种劳役。如沅州黔阳县安江驿丞李添奇，在洪武十五年(1382年)担任职事以来，利用职务之便向驿户索要各种物品，他"每月取要驿户酒七十坛，茶、油、盐各七斤，喂猪白粟米一石二斗，喂鸡、鹅、鸭谷一石二斗"。而且，他还"拘驿夫妻小到家纺织，又擅拆官船改造作自己船只，装载瓦器买卖。岂止如此，科敛驿夫银钞，收买良民来兴等三名作本家驱口，占据驿夫五名在家使唤，不行走递"。朱元璋将其"斩趾"，

---

① 《御制大诰续编》第七十七《造作买办》，第328页。

② 参见(明)申时行等编修：《明会典》卷一七三《刑部十五·罪名一》，第883页。

③ 怀效锋点校：《大明律》附录《大明令·户令》，第242页。

④ 《御制大诰续编》第七十六《庆节和买》，第328页。

⑤ 参见(明)申时行等编修：《明会典》卷一七三《刑部十五·罪名一》，第882－883页；(明)张楷：《律条疏议》附《律诰该载》，见杨一凡编：《中国律学文献》第1辑第3册，第717页。

并“枷令驿前”，以为观者之戒。[①] 青州府知府陈希文，担任职事不到一年，就差遣皂隶“著令临朐等三县，需索糯米、蒸笼、鞍韂、辔等物”。朱元璋将其“枷项”，并命“诸衙门封记，差人互递有司，遍历九州之邑，已而复罪。所在官者熟读而戒慎之，毋蹈前非”。[②] 应天府宣课司大使张从义等，则科取手下巡阑。如“巡阑时子清一户，家有三丁。一丁充军，常川在役。一丁身役巡阑。本官计一丁，作做饭名色，常欲差占。每朝要肉三斤，副使于进二斤，司吏攒典陈礼等人各一斤，皆系巡阑出办，故难本户，待买之后方已”。事发之后，其被朱元璋处以死刑。[③] 这三个例子，都是官员利用手中特权来勒索或役使民人、皂役，充分体现了封建官员贪婪腐化的本性。

如果上文所述体现了官员赤裸裸的压榨和剥削的话，那么下面这两个例子则体现了官员狡猾和奸诈的一面。洪武十八年(1385 年)，溧阳县知县李皋与皂隶潘富设计害民，向“溧阳所属人民，尽要荆杖”，即“著科荆杖”。但是，在人民将荆杖拿来时，却“故推不好，不行收受，留难刁蹬，生事箠楚”，直到“得钱后，而乃荆杖息焉”。[④] 这种百般刁难民人的举动，虽有“著科荆杖”的名义，但却行奸诈害民之实。又如北平布政司经历董陵云及府州县官吏，在留养军队脚力驴时，设计害民，巧取民财，违背朝廷“(驴)布民间，各户分养”的命令，而“令民入邑，团槽喂驴”，其目的是“料民必为之艰，贿赂必矣”。诚如朱元璋所说：“且驴在野，各户分养，草料不费，人工不妨。役令团槽，每驴妨夫一名，出城取草，归家取料，往复艰辛。且又设计于民，科敛棘针，擅盖牢墙，其奸计亦如溧阳科荆杖同。”可以说，官员为了贪赃什么伎俩都能想出来。对此，朱元璋往往处以严刑。另外，他还告诫其他官吏道：“见者戒之，推己以及人，毋蹈此非。”[⑤]

(8)其他方面

地方官员的贪污受贿行为，主要表现在以上这些方面，这也是朱元璋重典打击的对象。不过，在《大诰》三编中，还有另外一些关于地方官员贪墨的记载，其同样是朱元璋打击的内容。

卖放生员、刁难客商、卖放巡阑。“洪武十九年……吉州知州游尚志为生民之患，岂止一端。指以生员为由，逼令为生员者二百余户，勾至，受赃放归。以中盐事，客商已缴原买官引毕矣，其知州游尚志复征民加倍，每一引重追引五道，无者追钞五贯。又每户用柴五十斤，炭一十斤。以巡阑为由，多差人户卖放，少点

① 参见《御制大诰三编》第四十二《驿丞害民》，第 419 页。
② 《御制大诰三编》第四《沽名肆贪》，第 380 页。
③ 参见《御制大诰续编》第二十九《科取巡阑》，第 286 页。
④ 《御制大诰三编》第十八《递送潘富》，第 394、395 页。
⑤ 《御制大诰三编》第二十四《团槽喂驴》，第 400 页。

应当进纳商税课程。科民驴二百四十头，每头要钞三贯，向后除存留外，其余尽行卖去。……可不诛乎！"①

以社学为营生。"社学之设，本以导民为善，乐天之乐。奈何府、州、县官不才，酷吏害民无厌，社学一设，官吏以为营生。有愿读书者，无钱不许入学。有三丁四丁不愿读书者，受财卖放，纵其愚顽，不令读书。有父子二人，或农或商，本无读书之暇，却乃逼令入学。有钱者，又纵之；无钱者，虽不暇读书，亦不肯放，将此辏生员之数，欺诳朝廷。……祸有日矣，迟疾焉。"②

朝觐科敛、买求六部宽免勘合科敛。"陕西布政司、按察司官，府、州、县官王廉、苏良等……朝觐，科敛于民；买求六部宽免勘合限期，科敛于民。……为此，法所难容，各科重罪。"③

综合上述内容，我们可以清晰地看到，明初承元末之后，不论中央还是地方，官员的贪污腐败行为都十分严重，可以说这种歪风邪气已经波及全国各地的不同衙门，官员腐败已成为一种普遍现象。为了整治官场腐败，朱元璋重典治贪，采用了斩杀、诛杀、枭令、凌迟等严酷刑罚进行处置。可以说，朱元璋冀望以严刑重法来整肃官场贪赃之风，并以此加强对官员的控制与管理。

（二）司法犯罪

朱元璋为惩治奸顽，用刑往往不遵五刑常宪，但他却决不允许司法官员法外用刑。为了保证中央对司法审判权的控制和防止地方官员的蠹政坏法，他建立起一套完整的司法诉讼程序。根据案件的轻重程度，他对官员的司法权限作出了详细规定："洪武初决狱，笞五十者县决之，杖八十者州决之，一百者府决之，徒以上具狱送行省"；"布政、按察司所拟刑名，其间人命重狱，具奏转达刑部、都察院参考，大理寺详拟"。④ 朱元璋这种"自下而上"的司法程序设计，旨在限制官员的司法权限，以制约其权力的行使。另外，朱元璋还规定："凡府州县轻重狱囚，以律决断。违枉者，御史、按察司纠劾"⑤；"凡断罪皆须具引律令。违者，笞三十。若数事共条，止引所犯罪者，听。其特旨断罪，临时处治不为定律者，不得引比为律。若辄引比，致罪有出入者，以故失论"⑥。这就使官员在审判案件时，不得任意裁量擅断，要严格按律令定拟。朱元璋希望通过这种强制的制度设计

---

① 《御制大诰续编》第五十七《吉州科敛》，第 314－315 页。

② 《御制大诰初编》第四十四《社学》，第 229－230 页。

③ 《御制大诰初编》第九《陕西有司科敛》，第 208－209 页。

④ （清）张廷玉等撰：《明史》卷九四《刑法志二》，第 2306 页。

⑤ （清）张廷玉等撰：《明史》卷九四《刑法志二》，第 2306 页。

⑥ 怀效锋点校：《大明律》卷二八《刑律十一・断狱・断罪引律令》，第 221 页。

和法律规定，使得“卑官得以尽其职，尊官得以视其成”[①]。然而，朱元璋的这种渴望并未实现，司法官员的贪赃枉法、鱼肉百姓的行为，在明初社会中仍普遍存在。为此，朱元璋在《大诰》三编中列入大量官员司法犯罪案件，加大对司法官员违法行为的惩治与管理。

1. 对出入人罪、肆奸玩法的惩治

《大明律》的“官司出入人罪”条规定：

> 凡官司故出入人罪，全出全入者，以全罪论。若增轻作重，减重作轻，以所增减论。至死者，坐以死罪。若断罪失于入者，各减三等；失于出者，各减五等。并以吏典为首，首领官减吏典一等，佐贰官减首领官一等，长官减佐贰官一等，科罪。若囚未决放及放而还获，若囚自死，各听减一等。[②]

另外，在《大明律》中还列有很多官吏司法犯罪的条款，如“官吏受赃”“辩明冤枉”“决罚不如法”“断罪不当”等。法律虽作了严密细致的规定，但是在明初，官员司法犯罪的事例并不少见，而且涉及到了中央和地方的各级司法官员。在审判案件时，他们往往肆意贪贿，故违成法，故意出入人罪。朱元璋在谈及当时的司法弊端时就曾愤懑地说：

> 掌刑名者出入刑名，使冤者不伸，枉者不理，致使衔冤无诉。纵然欲诉，下情不能上达。间有达者，朕知其然，擒奸贪，获无道，置之极刑，或加流窜，刑以徒役，决一笞杖，是非分明。死者且已，生者以是饰非，谩朋友，诳乡曲，皆曰本身无罪，乃云朝廷刑暴，如此谤讪者多矣。朕尝开谕之际，甚是明白，往往不依朕言，反自取祸。且如恶人犯罪，善者过误遭刑，二者有畏笞杖伤及肌肤者，有畏死而不得生者。二者畏罪甚矣，乃以金帛贿赂于当该。其当该者，反不以扬祖宗、荣妻子、贵身惜命为重。前二者畏死买生，为官者反不畏死，径接受其赃，将自己性命，故入宪章。[③]

以刑部官员为例，由于其职权重大，关涉人的生死、荣辱，遂有了可依之势和可仗之威。为求赃私，他们常常曲法擅断，受贿取财。如刑部尚书王时，“凡奏刑名，增减情辞，故行出入，每每不当”，甚至在被御史勾问之时，“径引唐则天故事，上侮朝廷，下慢执法之官。其词曰：‘你入我罪，久后少不得请公入瓮’”。[④] 其骄横之势，可见一斑。除了刑部官员外，掌“审谳平反刑狱之政令”的大理寺也存在

---

① （明）雷梦麟撰，怀效锋、李俊点校：《读律琐言》卷二二《刑律·诉讼·越诉》，法律出版社1999年版，第400页。

② 怀效锋点校：《大明律》卷二八《刑律十一·断狱·官司出入人罪》，第218页。

③ 《御制大诰初编》第四十三《谕官无作非为》，第228页。

④ 《御制大诰初编》第八《尚书王时诽谤》，第208页。

这种情形。如任大理寺左少卿的艾祖丁，“凡详审刑名，其心务在出入”[1]。不过，问题较严重的是作为皇帝“耳目风纪之司”的“风宪官”御史。他们在巡按地方、审录罪囚时经常舞弊弄法。朱元璋就曾说：“今在禁者众，其主囚御史愚钝者多，贪财者广，公明者少，致囚几年、数月、数旬、数日往往有之。”[2]洪武十九年(1386年)，监察御史刘志仁、周士良等前往淮安稽查“克落课程”等事，岂料一入淮安，“辄欲非为”，并借“卷宗查刷”为“把持之术”，与地方官肆行奸贪，在办案过程中“以指赃为由，拘收个人妻小，箠楚威逼，因而奸骗”。事发后，为掩其罪恶，又贿赂审理之人冀望掩饰开脱。[3] 北平道监察御史任哲，在“追问尤荣一告不应事”时，“受钞七十贯，银十两”，而将一干人犯“不曾提问”。[4]

地方官员在处理民众的诉讼纠纷时，也常常肆意颠倒黑白、混淆是非，接受赃私，枉法擅断。朱元璋曾说：“府、州、县官专一宣布条章，辨民曲直。民有户婚、田地、斗殴相争，一是一非，初招明白，不甚难于官吏。既知是非，辄起贪心，倒持仁义，接受赃私，祸善福顽。”[5]他甚至认为：“曩者所任之官，皆是不才无稽之徒，一到任后，即与吏员、皂隶、不才耆宿及一切顽恶泼皮，夤缘作弊。”[6]此语虽有夸张成分，但在一定程度上反映了明初地方官员司法腐败的基本情形。这些地方官员在受理词讼之时“以是作非，以非作是，出入人罪，冤枉下民”，使得百姓“啣冤满地”。[7]山西洪洞县知县在受理县民姚小五告军人唐闰山妄取其妻室时，“不行与民辨明，擒拿奸诈之徒”，而“推称内府勘合，不敢擅违”，将姚小五之妻史灵芝起赴与唐闰山完聚。这种置民众诉讼于不顾，有伤伦理的情事，使得姚小五一家妻离子散，深陷痛苦之中。[8] 乐安县民陈添用告“民人罗本中系是胡惟庸行财之人”，知县潘行却接受贿赂，徇私枉法，故意设计诬陷陈添用是妄告，甚至把其当作积年民害捉拿陷害。[9] 山西都司断事官陈允中，伙同石州同知俞桓，“通同受财”，将“供送贼粮民人脱放，反将捕获军人张士能等，各杖一百充军”。[10]

除了这些久厕官场的老猾官员外，一些从进士、监生中起用的“新进”官员也是如此。在《大诰三编》的“进士监生不悛”条中就记载了大量其贪赃枉法行径，

---

① 《御制大诰续编》第三十七《妄奏官属》，第291页。
② 《御制大诰三编》第四十《排陷大臣》，第416页。
③ 参见《御制大诰三编》第三十九《御史刘志仁等不才》，第414、415页。
④ 《御制大诰三编》第四十《排陷大臣》，第417页。
⑤ 《御制大诰初编》第六十四《奸贪诽谤》，第244页。
⑥ 《御制大诰三编》第三十四《民拿害民该吏》，第408页。
⑦ 《御制大诰初编》第五十五《积年民害逃回》，第236页。
⑧ 参见《御制大诰初编》第六《军人妄给妻室》，第207页。
⑨ 参见《御制大诰三编》第三十七《朋奸匿党》，第411—412页。
⑩ 《御制大诰续编》第三十《故脱贼党》，第287页。

他们上任未久就干起了违法勾当。据粗略统计，其中受赃变乱成法者 11 人，故出入人罪者 16 人，其他枉法者 7 人。[①] 在这些“新进”中既有中央监察御史，又有地方府州县中的同知、推官、县丞、主簿等。可以说，只要一案在手，官员就会绞尽脑汁生出许多事端或缘故来变乱成法、害民取财。难怪朱元璋会说：“若靠有司辨民曲直，十九年来未见其人。”[②]

对于官员的这些出入人罪、玩法不公的行为，朱元璋往往“法不容宥”，法外用刑，或处以诛杀，或处以“凌迟示众”等酷典。朱元璋通过大量撷取当时社会中存在的司法官员违法案例，来警诫中央以及地方中的各级司法官员，以使其自省，收敛其行迹。

2. 对滥施刑罚、非法淹禁的惩治

明代法令规定，只有人命、强盗、窃盗、奸犯死罪等方许严刑拷问，其余只用“鞭扑常刑”。《大明律》中的“凌虐罪囚”条规定：

> 凡狱卒非理在禁，凌虐、殴伤罪囚者，依凡斗伤论；尅减衣粮者，计赃以监守自盗论；因而致死者，绞。司狱官典及提牢官，知而不举者，与同罪；至死者，减一等。[③]

“淹禁”条规定：

> 凡狱囚情犯已完，监察御史、提刑按察司审录无冤，别无追勘事理，应断决者，限三日内断决。应起发者，限一十日内起发。若限外不断决、不起发者，当该官吏，三日，笞二十；每三日加一等，罪止杖六十。因而淹禁致死者，若囚该死罪，杖六十；流罪，杖八十；徒罪，杖一百；杖罪以下，杖六十，徒一年。[④]

“囚应禁而不禁”条规定：

> 凡狱囚应禁而不禁，应枷、锁、杻而不枷、锁、杻及脱去者，若囚该杖罪，笞三十；徒罪，笞四十；流罪，笞五十；死罪，杖六十。若应枷而锁，应锁而枷者，各减一等。若囚自脱去及司狱官、典狱卒私与囚脱去枷、锁、杻者，罪亦如之。提牢官知而不举者，与同罪；不知者，不坐。其不应禁而禁，及不应枷、锁、杻而枷、锁、杻者，各杖六十。若受财者，并计赃以枉法从重论。[⑤]

“主守教囚反异”条规定：

> 凡司狱官典、狱卒，教令罪囚反异变乱事情，及与通传言语，有所增减其

---

① 参见《御制大诰三编》第二《进士监生不悛》，第 354－379 页。

② 《御制大诰三编》第三十四《民拿害民该吏》，第 408 页。

③ 怀效锋点校：《大明律》卷二八《刑律十一・断狱・凌虐罪囚》，第 213 页。

④ 怀效锋点校：《大明律》卷二八《刑律十一・断狱・淹禁》，第 212 页。

⑤ 怀效锋点校：《大明律》卷二八《刑律十一・断狱・囚应禁而不禁》，第 211 页。

罪者,以故出入人罪论。外人犯者,减一等。若容纵外人入狱及走泄事情于囚,罪无增减者,笞五十。若受财者,并计赃以枉法从重论。[1]

但是,在司法实践中,明初仍有很多官员往往不遵法令,非法用刑。为了勒索取财,他们常常凌虐囚犯,使其遭受各种折磨,以致淹禁致死。朱元璋就曾感叹地说:"今之主典者不然,内外情通,教囚番异,刑具颠倒临人。所以颠倒临人者,应枷而枷,应枷而锁,应杻而脱去,应锁而不锁;非枷而枷,非枷而枷,非锁而锁,非杻而杻。"甚至是"令服毒药,狱杀囚徒",以致"今之狱囚,轻重颠倒,犯者相继,囹圄不得其虚也"。[2] 这就造成"所在刑狱,非罪而死者多矣,有罪而非法死者亦多矣。所以无罪而死者多,由苦寒而逼,炎暑而蒸,饮食不节,病无医药,盖谓主典欲财而无与,或受他人之财,代其报仇,无罪而死者由是。有罪而非法死者,亦因寒暑、饮食、医药并欲财而无与,不待律法定,而人已亡矣。所以非法死者,为此也"[3]。官员之所以如此,都与一个"财"字分不开。很多人因此遭受各种凌辱,深受各种迫害,甚至丢了性命。其中,司官、狱典、狱卒相与为恶,依狱为市,视囚犯为财利之源,"见利忘害,径受财而趋死"[4]。有的官吏为求赃私,甚至"将工役囚徒纳册于役所",故意更改囚名,以出入人罪,他们"顺音更人姓名",如将丁洪僧作工洪生、马伴舅作马道四等。[5]

在这种黑暗的司法制度下,囚犯能否度过"鬼门关",往往要看是否有钱贿赂。为求活命,他们"罄家资以贿赂"[6]官员。通过贿赂不仅可以改善其服刑待遇,甚至可以买重作轻,尽行买免。如洪武十九年(1386 年),刑部都官员外郎李燧、司务杨敬等接受贿赂后,"将在禁死囚邵吉一尸停于狱内,通同医人、狱典、狱卒等所三尸相验,以出有罪者张受甫等二人"[7]。但是,如果没有贿赂,囚犯则往往遭受各种刑措,甚至被折磨、淹禁致死。如刑部比部主事王进和吏员阮贞等为了索取贿金,最后造成了囚犯"阖家死者二十口"的惨剧。[8] 由进士、监生起用的"新进"官员中也大量存在凌虐和淹禁囚徒致死的情事。如任刑部主事的王本道、胡宁、高冲、李烜,任刑部郎中的何鸣,任监察御史的徐彦和、钟道玄、陈顺成,任扬州府推官的楚惟善,任泰州判官的常庆等即是如此。其中奸猾者,甚至敢于

① 怀效锋点校:《大明律》卷二八《刑律十一·断狱·主守教囚反异》,第 214 页。

② 《御制大诰续编》第四十《刑狱》,第 293、294 页。

③ 《御制大诰续编》第四十一《再诰刑狱》,第 294—295 页。

④ 《御制大诰续编》第四十《刑狱》,第 294 页。

⑤ 参见《御制大诰续编》第四十三《故更囚名》,第 296—297 页。

⑥ 《御制大诰续编》第四十《刑狱》,第 294 页。

⑦ 《御制大诰续编》第四十二《相验囚尸不实》,第 296 页。

⑧ 参见《御制大诰续编》第四十三《故更囚名》,第 296 页。

"为通奸囚犯泄漏事情",或设谋"药死人","将药死人扶同检尸",朦胧具奏。①

对于官吏的这些淹禁狱囚、滥施刑罚的行为,朱元璋在《大诰续编》中连续颁发了"刑狱"及"再诰刑狱"之条进行严厉告诫和惩处。其在"刑狱"条中说:

> 其主典者见利忘害,径受财而趋死焉。所以趋死者,教囚番异,接受赃私,纵囚自在,走泄狱情,纵囚在逃,令服毒药,狱杀囚徒。……囚畏死而贪生,罄家资以贿赂,主典贪财,致身亡而覆姓。吁!是《诰》一出,不奉朕命仍复为之,世将焉治?②

在"再诰刑狱"条中说:

> 司狱、狱典、狱卒,人人必要深知禁囚之机。凡在禁之囚,司狱、狱典、狱卒,但系畏惧刑法、保身惜命之人,一切囚词,不教他人走泄狱情……夫贤人君子之典狱也,保囚即保身也。囚无横死,身无祸殃。设使囚亡非法,重则累及其身,非重泛滥而苦囚,愆延于后嗣。③

可以说,朱元璋在苦苦说教的同时,又警告官员遵从王命则"保身惜命",不然则是"趋死矣"。

洪武二十二年(1389年),朱元璋又为"淹禁事"颁行榜文道:

> 在外军民衙门多有将囚人淹禁,好生不便。刑部出榜文去各处知道:今后敢有淹禁一年之上不发落者,当该官吏处斩。便是改除挨调,也挨拏将来。若接管官吏不理,一体治罪。④

洪武二十八年(1395年),朱元璋又因"非法用刑事"颁发榜文道:

> 纪纲法度,朝廷所立。人臣非奉君命,不敢擅更。惟守而不易者,是为良臣。迩来诸司官有等不谙道理,往往非法用刑,凌虐良善,贪图贿赂。浙江黄岩县丞余琳亦以查粮为由,打造尖刀锥铁钩,伤人皮肉。松江府华亭县知县王纪用使大样檀木批头,陕西白水县知县罗新创制两层生牛皮鞭,恣行残虐,如此不才者多,不可尽举。会敕法司,究其所以,不得妄张威势,使人畏惧,纵肆奸贪而已,此岂人臣所为。尔刑部将合用刑具,依法较定,发与诸司遵守。敢有仍前不遵者,就用非法刑具处治。皂隶祗禁,辄便听从行使者,一体处死。⑤

可以说,榜文的颁行,继承了《大诰》中严打滥施刑罚、非法淹禁的惩治精神,进一步加大了打击的力度和强度。

---

① 参见《御制大诰三编》第二《进士监生不悛》,第354—379页。
② 《御制大诰续编》第四十《刑狱》,第293—294页。
③ 《御制大诰续编》第四十一《再诰刑狱》,第294页。
④ 杨一凡、田涛主编:《中国珍稀法律典籍续编·明代法律文献(上)·洪武永乐榜文》,第509页。
⑤ 杨一凡、田涛主编:《中国珍稀法律典籍续编·明代法律文献(上)·洪武永乐榜文》,第516页。

3. 对捏词排陷、诬告良善的惩治

《大明律》中的“奸党”条规定:“凡奸邪进谗言、左使杀人者,斩。”[①]“诬告”条规定:“凡诬告人笞罪者,加所诬罪二等;流徒、杖罪,加所诬罪三等;各罪止杖一百,流三千里。”[②]此外,在《大明律》中还有许多内容都涉及“奸党”及其捏词害民之罪的惩罚。在《大诰》三编中,朱元璋对掌刑名纠劾之事的监察御史、按察使中存在的排陷害官以及其他地方官员中存在的捏词害民情事,进行了重典惩治。在《大诰三编》的“排陷大臣”条中,朱元璋记载了北平道监察御史任哲等挟私报复都御使詹徽的情事。其排陷词情如下:

(1)洪武十九年十二月二十八日,(任哲)与同道御史任辉、齐肃商议,会同各道御史魏卓等十八名言说:“我前日为两件事不停当,被都御使当众辱骂,又奏了吃打,好生惶恐。受气不过,如何是好?”

众人回说:“你且耐心,待寻得他些事,再做商量。”

(2)洪武二十年正月初十日朝回,因邀魏卓(四川道监察御史)等十八名至家吃茶,诈捏词情,对各官言说:“我本道有两起原告,一名许昂告曹为是胡党,许昂不曾与曹为对证。徐阿真告莫粮长不法事,倒被发去充军。只把这两件事,着人告他受了银子便了。”

各官回说:“待各道人齐时,大家商量。”

(3)洪武二十年正月二十七日,哲又与众御史言说:“如今我道里有一名原告宋绍三告状,都院五十日不与给批提人。如今只放保着他去通政司告,准也由他,不准也由他,只说道是许原教他去告。”[③]

从中可见,北平道监察御史任哲等在纠劾百官之时,与各道监察御史互相勾连,陷害都御使詹徽的情事非常严重。在此案中,涉罪的监察御史共18名,关联到十二道中的十一道,可谓各道都难辞其咎。另外,涉及其中的四川道监察御史魏卓,同时还犯有“朦胧具本”陷害勋臣太仓卫指挥使孙茂之罪。

对于官吏的这种捏词排陷大臣的情事,朱元璋进行了重典打击。他对监察御史任哲、任辉、齐肃及魏卓处以“凌迟示众”的酷刑,对其他14名监察御史则处以“戴罪镣足在道问囚”的处罚。[④]

除了严厉打击捏词陷官的监察御史外,朱元璋对地方上存在这一情形的按察使也是严厉处置。如洪武十八年(1385年),浙江按察使陶晟因与会稽县知县

① 怀效锋点校:《大明律》卷二《吏律一·职制·奸党》,第34页。

② 怀效锋点校:《大明律》卷二二《刑律五·诉讼·诬告》,第176页。

③ 《御制大诰三编》第四十《排陷大臣》,第417页。

④ 参见《御制大诰三编》第四十《排陷大臣》,第415—418页。

凌汉有过节，吹毛求疵，将其收监入狱多达五月有余，不管“有罪无罪，并不与决”。朱元璋发觉以后，命陶晟戴罪取凌汉至京，但其仍心怀愤恨，“又将其收禁入狱半月之久”，在抵京之后，“就船又监四日，方交法司”。对于陶晟如此奸顽的行为，朱元璋非常气愤地说：“呜呼！晟有罪，朕宥之；复有罪，磨难令省之；终不自省，愈肆奸顽，杀身后矣。”①

洪武二十四年(1391 年)，朱元璋又针对官员中存在的诬指正人事专门颁行榜文道：

> 如今内外大小官员，贪赃坏法的固多，中间亦有守法度做好勾当的。因是平日不肯同他为非，事发之后，所以被他诬指。比及朝廷辨明出来，正人君子已被其辱。今后若是诬指正人的，本身虽犯笞罪，也废他；但诬指人笞罪，也一般废他。本身已得人死罪，又诬指人，凌迟，都家迁化外。②

4. 对卖放逃军、逃囚的惩治

地方官员在为兵部勾补逃军，或为各部勾取逃囚时，往往乘勾解或押送罪人之机，卖放正身，而将同姓名者捉拿解发，甚至将揭发罪犯的“良民”当作罪囚捉拿顶补。朱元璋就曾说：“十二布政司、按察司、府、州、县官，为兵部勾取逃军，或有顽民犯法，各部勾取。其布政司、府、州、县贪图贿赂，不将正犯解官，往往拿解同姓名者。”在勾解之时，官员百般折磨所解之人，“罪重，昼则枷项杻手，夜则系项铃足；轻则铁索牵行，父母妻子悲啼”。此外，还伺机勒索罪人家属使费。如故意催促罪人仓促起程，使得罪人亲属没有时间凑齐罪人的盘查之费，不得不在之后赶上送费，而此时，官员则借机留难，“不与引行”，以勒索文引之费。亲属在买引以后，“沿途追赶，有中途病死者，有饮食不节而负病者”。至于勾解之人，由于害怕违背限期，对所勾之人“日加箠楚”，督促前行，使其遭受各种苦楚。而这些被勾解的罪人很多都是无辜良善，其中幸运者被审明以后可以放归，不幸者“即作真犯拟罪”。③

像这样的例子在明初应该是极多的。如凤阳临淮县知县张泰等在勾补逃军时，接受逃军陈保仔钱钞，“逼令民人管伍、管歪儿兄弟二人充当异性军役，兄顶陈保仔军，弟顶王虎子军，各各着役”。又如河南嵩县知县牛承等“亦受逃军赵成钱钞，逼令征进云南有功、留守乌撒军人赵成子铁驴，代充逃军赵成军役”。④ 除

---

① 《御制大诰续编》第三十一《枉禁凌汉》，第 287、288 页。

② 杨一凡、田涛主编：《中国珍稀法律典籍续编・明代法律文献(上)・洪武永乐榜文》，第 512 页。

③ 《御制大诰初编》第二十一《勾取逃军》，第 214 页。

④ 《御制大诰初编》第七十三《冒解军役》，第 251、252 页。

了在勾解逃军、逃囚时勒索卖放和科敛民财外，官员在捉拿逃军、逃囚的过程中，也存在很多卖放的情形。如负责把守关隘的巡检在缉捕之时，往往受财卖放逃军、逃囚“纵令逃去”，“及至拿住贼盗，不行火速解官，却乃教唆诬指平民”。[①] 又如洪武十九年(1386 年)四月初十日，在苏州府管下的七县地方，捉拿了黥面文身髡发在逃囚徒 13 名，无黥刺的 19 名，逃吏 25 名，逃军 6 名。通过调查，涉及其中的巡检有 7 名，弓兵有 15 名。[②] 可以说巡检虽有“察奸顽”“捕私邪”的责任，但是他们经常将越关逃军、逃囚卖放，即使“髡发墨面文身”清晰可认，也一概受财卖放。

对于官吏卖放逃军、逃囚，捉拿良善的行为，朱元璋仍然是说教与恐吓并用。在《大诰初编》的“勾取逃军”条中，朱元璋对官吏们说：“其苦万端，当时法司肯将此苦推量于己，岂有良善受害哉。然有司因此无辜于善良，天鉴不远，一旦发露，罪及身家。”[③]在《大诰续编》的“纵囚越关”条，朱元璋对纵放逃囚的巡检司官吏 22 名，全部处以死刑。而且，他还颁布了严苛峻令以警将来。他说：“此《诰》一出，所在把隘去处应有囚徒，不许卖放。如前受财纵放囚徒在逃者，自将以为不犯，岂期《大诰》一出，乡里之人不容，拿获到官，问出前情，罪不能免，岂不险哉。”[④]在《大诰续编》的“关隘骗民”条中，他又说：“此等不才，《诰》布之后，仍前为事不公，事发到官，治以重罪。”[⑤]

5. 对阻挡告状、逼民奏保的惩治

在《大诰初编》和《大诰续编》中，朱元璋为惩治官吏危害，赋予耆民羁拿害民官吏的权力，但是这一政策在施行当中却多受掣肘。一些无藉官吏为了掩饰罪情，想方设法阻挡耆民赴京告状，甚至在事发之后逼令耆民赴京奏保。对此，朱元璋都给予了严厉惩罚。如洪武十九年，朱元璋对阻挡嘉定县民郭玄二等赴京告状的巡检何添观处以“刖足枷令”之刑，对弓兵马德旺则“依前《大诰》行诛，枭令示众”。而且，他还颁行峻令道：“今后敢有如此者，罪亦如之。”[⑥]他对邀截并监死耆民董思文等“一家四口”的开州同知郭惟一处以“枭首示众”的酷典[⑦]；对

---

① 《御制大诰续编》第六十五《关隘骗民》，第 319 页。

② 参见《御制大诰续编》第六十六《纵囚越关》，第 320 页。

③ 《御制大诰初编》第二十一《勾取逃军》，第 214 页。

④ 《御制大诰续编》第六十六《纵囚越关》，第 320 页。

⑤ 《御制大诰续编》第六十五《关隘骗民》，第 319 页。

⑥ 《御制大诰续编》第六十七《阻当耆民赴京》，第 320 页。

⑦ 参见《御制大诰三编》第一《臣民倚法为奸》，第 349 页。

邀截民人霍进赴京陈告的溧水县主簿范允处以“枭令任所”的处罚[①]；对由进士、监生等新进之官阻挡耆民的情事，虽网开一面，但亦是处以“戴斩罪还职”的警诫之典，使之濒临生死一线[②]。

另外，朱元璋对官员“公然会集耆民，逼令赴京妄行奏保”及耆民妄奏的情事，亦给予重典处置。在处置之余，他又颁行带有警告色彩的谕令道：

> 今后各处有司，若有奸贪之徒平日害民，及至事觉，逼令耆民奏保者，尔耆民即便拿来，一则除尔良民之害，二则尔耆民无同恶之罪，且受重赏，岂不伟哉！其果有善政实绩可言者，尔耆民自当如《诰》，会集阖郡高年有德者，一同赴京奏保，庶几循良者显名，奸贪者敛迹。尔耆民其敬听朕言，毋忽！[③]

对于官吏在事发之后为求免责，哀求于耆民的情事，朱元璋则愤懑地哀叹道：

> 呜呼愚哉！孰父母生此无藉不才之徒，官于是县，是县民瞻，今既不才，为民所觉，乞怜哀免于耆民，纵然得免，何面目以居是任！呜呼！兴言至此，虽非本人，凡听读者皆赧焉。贤人君子，可不为之戒乎！[④]

这里，他在道德层面上对不法官员进行了鞭策和教谕，冀望以此来警醒和督责其他官吏。

6. 对追缴赃钞时科扰害民的惩治

地方官员在追缴赃钞之时，也常常借机科扰百姓，搜刮民财。正如朱元璋所说：

> 朝廷着追某人寄借赃钞，皆不于某人处正追，却于遍郡百姓处，一概科征代陪，就中克落入已，不下千万。其余生事科扰及民间词讼，以是作非，以非作是，出入人罪，冤枉下民，喞冤满地，其贪婪无厌，一时不能笔尽。[⑤]

另外，他还说：

> 其赃官赃吏实犯在狱，招出民人官吏，指定姓名，各寄钞银、毡衫、毡条、毡褥、毡袜、头匹等项，各照姓名坐追。其布政司、府、州、县闻此一至，且不与原指寄借姓名处追还，却乃一概遍府、州、县民科要，平加十倍。[⑥]

在朱元璋看来，这样的情事“诸处有司一体如是”。如郭桓案发以后，大名府开州官吏罗从礼等“寄借赃钞”17000 贯，在追赃之时，州判刘汝霖“竟不将前项所寄

① 参见《御制大诰三编》第一《臣民倚法为奸》，第 350 页。

② 参见《御制大诰三编》第二《进士监生不悛》，第 355、364 页。

③ 《御制大诰三编》第三十三《有司逼民奏保》，第 408 页；第十四《妄举有司》，第 391 页。

④ 《御制大诰三编》第十七《县官求免于民》，第 394 页。

⑤ 《御制大诰初编》第五十五《积年民害逃回》，第 236 页。

⑥ 《御制大诰初编》第九《陕西有司科敛》，第 208 页。

赃钞照名追还，却乃帖下乡村，遍处科民，代陪前项钞贯”，甚至是“禁锢其民，逼令纳钞”。为了避免官吏科扰害民，朱元璋随即诏告天下曰：“所有物件钱物寄借，须凭文约；如无，诸司不理，理者抵罪。”[①]并以“枭令”之刑处置了开州州判刘汝霖。

以上就是《大诰》三编中朱元璋对官员司法危害的惩治，可以说既涉及了中央的刑部官员、监察御史、大理寺、刑科给事中，又涉及了地方的省、府、州、县等各级司法官员。这些司法官员的犯罪行径，表现形式多样，手段奸狡，可谓涉及了司法活动的各个环节，如受理、侦讯、审判、执行以及狱政等方面。而且，司法官员的这种犯罪危害，愈到下层表现得愈加严重。对于官员的司法危害，朱元璋重典出击，法外用刑，进行了大范围的诛杀。在诛杀政策之余，他又颁行了很多带有恐吓色彩的峻令及训诫之词以加大其打击力度。这些惩治措施的实行，旨在警醒愚顽，澄清吏治，以改善明初的司法环境，从而最终稳定其社会秩序，巩固其政权统治。

(三)渎职失职

明代官员的犯罪行为，除了在经济、司法等方面的贪赃腐败外，还包括在行政方面的渎职失职。针对明初的政治风气，朱元璋就曾感叹道：“昔者人臣得与君同游者，其竭忠成全其君，饮食梦寐，未尝忘其政。……今之人臣不然。蔽君之明，张君之恶，邪谋党比，几无暇时。”[②]这种感叹很大程度上是源于政府各级官员办事不力，不能有效行使职权。在明初，由于承元代遗风之旧，很多官员在施政时仍然以吏为源、以吏为谋。朱元璋就曾说：“朕今所任之人，不才者众，往往蹈袭胡元之弊，临政之时，袖手高坐，谋由吏出，并不周知，纵是文章之士，不异胡人。如户部侍郎张易，进以儒业，授掌钱谷，凡诸行移，谋出吏，己于公廨袖手若尸。入奏钱粮概知矣，朕询明白，茫然无知，惟四顾而已。”[③]又如五军都督府首领官掾吏陈仔等，“自到任以来，并不亲笔起稿。凡有书写，多令典吏、囚人起稿立意，然后押自施行。及至事理参差，朕乃驳问，其各守领官惟皇皇瞠目四视，凡奏目内事，惟知大意，本末幽微，莫能解分”[④]。官员在办事时，“凭吏立意，施行其事”[⑤]，而自己却袖手高坐，不闻不问，这种渎职懈怠的行为，严重影响了明

① 《御制大诰初编》第二十五《开州追赃》，第 218 页；刘海年、杨一凡主编：《中国珍稀法律典籍集成》乙编《皇明诏令》卷三《太祖高皇帝下》，第 61 页。

② 《御制大诰初编》第一《君臣同游》，第 204 页。

③ 《御制大诰初编》第三《胡元制治》，第 205 页。

④ 《御制大诰续编》第二十八《用囚书办文案》，第 286 页。

⑤ 《御制大诰三编》第二十七《农吏》，第 402 页。

初官场习气，也进一步加剧了吏以为奸、倚恃官威的形势。正所谓："今所在有司，坐视患民，酷害无端，政由吏为。吏变为奸，交头接耳，议受赃私，密谋科敛。愚奸既成，帖下乡村，声征遍邑，民人嗟怨。"①

对于官员的渎职失职行为，朱元璋往往处以较重的刑事处罚。在《大明律》中的《吏律一·职制》和《吏律二·公式》等篇目中，就列有很多官吏渎职失职犯罪的条款，主要有"滥设官吏""擅离职役""擅勾属官""上书奏事犯讳""官文书稽程""磨勘卷宗""漏使印信"等。从这些条款看，明代对官员渎职失职分别处以从笞杖到死刑的轻重不等的处罚。在《大诰》三编中，朱元璋对当时社会中存在的官员渎职失职行为加大了处罚力度，动辄处以杀身之刑。在处罚之余，他又颁行了很多带有恐吓色彩的峻令和告诫之词，以警示无藉官吏。

1. 严禁滥设吏役

《大明律》中的"滥设官吏"条规定：

> 凡内外各衙门，官有额定员数而多余添设者，当该官吏，一人杖一百，每三人加一等，罪止杖一百，徒三年。若吏典、知印、承差、祗候、禁子、弓兵人等额外滥充者，杖一百，迁徙。容留一人，正官笞二十，首领官笞三十，吏笞四十，每三人各加一等。并罪止杖一百。罪坐所由。②

从中可见，明代国家法律中禁止官员额外滥设吏役，即使容留民人在衙中帮差也是不可以的。

但是，在明初，官员容留滥设的行为并不少见。针对这种情况，朱元璋说："容留罢闲、擅便滥设祗禁吏员等项，律已有条。所在有司往往故违律法，委身受刑，容留此辈，以致剥削吾民。"③这些官员把地方上的"罢闲之吏""黥刺之吏""逃军""逃囚""顽民""逸民"等容留在衙，同恶相济。如洪武十八年（1385 年），徽州府"容留积年老吏一十五名，作老先生名色，在房主写文案害民"④。常熟知县成奇，"到任未久，从奸则听苏州府知府张亨分付，参逃囚逃吏黄通等各各更名为吏。自己所用，尽收市乡无藉之徒为吏，掌行文案，明知不可，略无畏惧，恣肆妄为。未及周岁，动止满前，皆是小人"⑤。又如洪武十九年（1386 年），"松江府吏卒有犯，都察院询问害民之由。其所供也，止松江一府，其不务生理者，专于衙门阿附役吏皂隶，夤缘害民。吏，其名曰正吏，曰主文，曰写发。皂隶，其名曰正皂隶，曰小弓兵，曰直司。牢子，其名曰正牢子，曰小牢子，曰野牢子。此三等牢

① 《御制大诰初编》第五《谕官之任》，第 206 页。

② 怀效锋点校：《大明律》卷二《吏律一·职制·滥设官吏》，第 31 页。

③ 《御制大诰续编》第七十三《容留滥设》，第 325 页。

④ 《御制大诰续编》第九《有司超群》，第 271 页。

⑤ 《御制大诰续编》第四十九《常熟县官乱政》，第 301—302 页。

子，除正牢子合应正役外，余有小牢子、野牢子九百余名，皆不务生理，纷然于城市乡村扰害吾民”[①]。

地方官员的这种滥设吏役和容留顽民为帮差的行为，是违背职制规定的渎职之举，而这种举动也促使贪官污吏与各种黑恶势力勾结在了一起，彼此沆瀣一气，同流合污。对于官员容留滥设的行为，朱元璋“每每加罪于此等官吏”，“罪在不赦”。[②]

2. 严禁擅勾属官

在明代，官员在公事上的联系仅限于文书往来或差遣下属沟通，上级官员不得随意召令下级官员前来问询。《大明律》中的“擅勾属官”条规定：

> 凡上司催会公事，立案定限，或遣牌，或差人，行移所属衙门督并。如有迟错，依律论罪。若擅勾属官，拘唤吏典听事，及差占推官司狱、各州县首领官，因而妨废公务者，笞四十。若属官承顺逢迎及差拨吏典赴上司听事者，罪亦如之。其有必合追封刑名，查勘钱粮，监督造作重事，方许勾问。事毕，随即发落。无故稽留三日者，笞二十，每三日加一等，罪止笞五十。[③]

但是，擅勾属官的情事在明初仍然普遍存在。在《大诰续编》的“擅差职官”条，朱元璋记载道：“前十二布政司及府、州、县官，往往动经差使仓场、库务、湖池、闸坝、巡检等司官员，离职办事。”对于这种擅差职官、擅自离职的行为，朱元璋的处置方式是：“罪得乱政之条，合该身首异处。”在处置之余，他又颁行峻令规定：“前事已往，今后敢有如此者，比此罪而昭示之。其各官擅承行者如之。”[④]另外，朱元璋又在《大诰续编》的“有司不许听事”条中，对有司官员擅差属官、呼唤里甲人赴衙听事的行为进行了严厉训斥和警告。他说：

> 凡诸司衙门，如十二布政司，不许教府、州、县官吏听事，府不许教州官吏听事，州不许教县官吏听事，县不许教民间里甲听事。……凡有此者，获罪甚焉。今后有司呼唤里甲人等亲诣衙门听事，故行留难刁蹬箠楚，非罪箠楚而裂吾民肌肤者，罪不赦。敢有如此，许民赴京面奏。[⑤]

这一条例的颁行，旨在防范和打击官员借“听事之名”刁蹬属官、科敛害民以及废弛公务的情事。在洪武二十六年(1393 年)、三十年(1397 年)，朱元璋又把《大诰》中的“擅差职官”条目分别引入《真犯死罪》和《大明律诰·准赎死罪》条例之

---

① 《御制大诰续编》第二《松江逸民》，第 263—264 页。

② 《御制大诰续编》第七十三《容留滥设》，第 325、326 页。

③ 怀效锋点校：《大明律》卷二《吏律一·职制·擅勾属官》，第 33 页。

④ 《御制大诰续编》第十九《擅差职官》，第 277 页。

⑤ 《御制大诰续编》第十一《有司不许听事》，第 273 页。

中，以加强对擅差属官的惩治力度。①

3. 严禁阿附承差

地方官员在对待朝廷派遣的承差时，往往阿从奉迎，甚至是“但闻系是朝廷差遣人员，不问有无承制，或是六部差使、五军遣行、各卫勾军，如此数等不辨，一概阿从”。而这些“承差之徒”也经常“不拘贵贱，所到衙门，径由中道，直入公廨，据公座，口出非言。诸司阿奉，略不奏闻”。这种情形在明朝的官僚体系中非常普遍，所谓：“布政司听六部所嘱，府、州、县听布政司嘱，州、县听府嘱，县听州嘱。所以布政司吏员、皂隶、承差入府、州、县，径由中道，直入公堂，据公座，口出非言，凌辱府、州、县。”②《大明律》中的“公差人员欺凌长官”条规定：“凡公差人员在外，不循礼法，欺凌守御官及知府知州者，杖六十，附过还役。历过俸月不准。若校尉有犯，杖七十。祗候、禁子有犯，杖八十。”③虽然法律中对承差的这种行为进行了严格规定，但是在实际当中仍有很多承差倚恃官威，不尊礼法，甚至欺凌下级官员。对此，那些“无藉为政有司之徒，其身不正，虽辱无诉”。这就使得一些府吏、皂隶及“非朕旨意”者，“乱政坏法，巧立名色的当人、干办人，擅差至州，径由中道，直入公厅，据公座，口出非言”。

地方属官对于这种乱政坏法的承差，不仅不查拿问办，还阿附奉承，这可以说是官员的一种渎职行为。

为了约束承差行为，打击各种“干办名色”以及教训无藉官员，朱元璋颁行峻令道：

> 呜呼！世绝君子乎？贤人乎？非朝廷立法，闲民擅当的当名色、干办名色。呜呼！官擅与立名，民擅承之，岂不知乱政坏法之律，罪当处斩，公然为之。异日拿至京师，官民皆枭于市，又何怨耶！此令一出，仍蹈前非，必罪有所归。④

这一条例的颁行，旨在严厉打击官员阿从承差、妄立“干办名色”的行为。另外，对政府承差人员的不礼、不尊行为亦给予重典惩戒和约束。在洪武三十年（1397年）制定的《大明律诰·死罪》条例中，朱元璋又把其引入其中，进一步打击这种违法渎职行为。⑤

---

① 参见（明）申时行等编修：《明会典》卷一七三《刑部十五·罪名一》，第882页；（明）张楷：《律条疏议》附《律诰该载》，见杨一凡编：《中国律学文献》第1辑第3册，第717页。

② 《御制大诰续编》第十二《妄立干办等名》，第273、274页。

③ 怀效锋点校：《大明律》卷十二《礼律二·仪制·公差人员欺凌长官》，第94页。

④ 《御制大诰续编》第十二《妄立干办等名》，第274页。

⑤ 参见（明）张楷：《律条疏议》附《律诰该载》，见杨一凡编：《中国律学文献》第1辑第3册，第716页。

4. 严禁文书之弊

明朝官僚系统的运作，包括上级指令的层层下传和基层情况的层层上报。部门之间、地方之间的协调等，都是以文书的形式进行的。因此，明代法律对各种官文书作出了大量而严格的规定，以确保政令的通畅。而印信作为各级机关之间文书往来身份认证的符号，亦十分重要，所谓“印者，所以取信也”，故对其使用和保管也有严格的规定。然而，明初，官员在书写文书和使用印信时，仍存在各种疏误。对此，朱元璋进行了严厉惩戒，并在《大诰》三编中颁行了多条峻令，以加强对文书印信的管理。

(1)上书奏事

文书的行文有具体的规定，尤其是直达御前的各类文书更是如此。《大明律》中的“上书奏事犯讳”条规定：

> 凡上书，若奏事误犯御名及庙讳者，杖八十。余文书误犯者，笞四十。若为名字触犯者，杖一百。其所犯御名及庙讳，声言相似，字样分别，及有二字止犯一字者，皆不坐罪。若上书及奏事错误，当言原免而言不免，当言千石而言十石之类，有害于事者，杖六十。[①]

在《大诰初编》的“雨泽奏启本”条中，针对官员的上书奏事之误，朱元璋说道：

> 各处有司诸事奏启本及雨泽奏启本赴京，中间多有不书写姓名，有写而不称臣者。以数千里、数百里造文一纸，以对人君，姓名尚不谨书，此果人臣之礼乎？于中不恤吾民可见矣。[②]

对于地方官在交纳课税时上奏的“启札”中出现的“将诸色物件混淆概闻”的情状，朱元璋在《大诰续编》的“江西解课”条中说道：

> 如此欺侮朝廷，岂人臣之礼哉！呜呼！因利所迷，其谋愚若是耶。若将奏状启札云及稚子老妻，亦难蒙蔽，而上闻朝廷，可乎！吁！尝闻世不绝圣，国不绝贤。今朕驭宇，所用之人咸若是，奈何！于心岂不愁焉，忧矣乎无已。[③]

这种哀叹和训诫，暗含对官员文书奏事的管理，而官员只有领会精神遵从王命才能不被纠责，否则难逃其祸。

(2)文书行移

明代的官府文书行移完结，各有程限。《大明律》中的“官文书稽程”条记载：“凡官文书稽程者，一日，吏典笞一十，三日加一等，罪止笞四十。首领官各减一

---

① 怀效锋点校：《大明律》卷三《吏律二・公式・上书奏事犯讳》，第38页。

② 《御制大诰初编》第二十《雨泽奏启本》，第213页。

③ 《御制大诰续编》第五十四《江西解课》，第311页。

等。若各衙门遇有所属申禀公事，随即详议可否，明白定夺回报。若当该官吏不与果决，含糊行移，互相推调，以致耽误公事者，杖八十。”[①]所以，超过一定期限，不能将文书送达指定地点，以致耽误公事的话将会受到责罚。在《大诰续编》的“户部行移不实”条中，朱元璋记载了户部官员沉滞公文的情事，具体内容如下：

> 户部尚书茹太素，左侍郎张易，右侍郎张文质，本部郎中吕士威、王士廉、刘景颜，员外郎蒲如真、黄安，及主事傅友文、王毅、徐阜良、接恭、李益、王肃、部文烨、姚德荣、蔚绶、方彦逸等官，故推阘茸，将应施行事务故不施行。及至督责，口称事务繁冗，发落不开，于是命总目日事若干，以凭考验。十月十八日早，来呈十七日事件，数该一百四十三件。敕给事中张衡、监察御史胡昌龄，比日考对所单之数。各各公文皆非十月十七日本日公文，尽是十月初三日连日累至十七日，故不施行垛下数目。才命稽考，却乃星夜将半月故行沉滞公文，妄作十七日接纳，发放一百四十三件，面欺以为冗繁。细察所以，十七日本日止有公文六件行移。以此观之，面欺诳一百三十七件。

针对官员沉滞公文、欺诳不实的行为，朱元璋气愤地说道：“海内智人观之，奸顽无藉之徒，擅敢肆侮如是。”[②]他借此进一步加强了对文书行移的管理。

(3)关防勘合

勘合作为明代政府中广泛采用的一种纸质凭证或文书，是加强中央集权，打击文牍主义和防范中央机关擅自行移、逼扰有司的有力工具。在洪武十五年(1382年)，朱元璋鉴于诸司利用文书舞弊和乱发文书的严重情形，始置诸司勘合。“其制，以簿册合空纸之半而编写字号，用内府关防印识之。右之半在册，左之半在纸。册付天下布政使司、都指挥使司及提刑按察司、直隶府州卫所收之。半印纸藏于内府。凡五军都督府、六部、都察院有文移，则于内府领纸填书所行之事以下所司，所司以册合其字号印文，相同，则行之，谓之半印勘合，以防欺弊。”[③]

在《大诰续编》的“不对关防勘合”条中也有类似记载：

> 曩者无官诈称有官扰民；非官差而私造印信，诈称差使，骗诈取财，扰害吾民。数次拿获，尽行典刑了当，想必人畏。未久，数数又犯，所杀又多，其禁不止。于是设置勘合，凡布政司、府、州、县，管军、都司等军职衙门，命各收一册，皆系半印勘合。凡有差使，若往谋衙门公干，即将应该去处填写勘合，前去干办公务。本处衙门闻有差使人员到来，即索勘合比对。如无，帮

---

① 怀效锋点校：《大明律》卷三《吏律二·公式·官文书稽程》，第40页。

② 《御制大诰初编》第六十七《户部行移不实》，第247页。

③ 《明太祖实录》卷一四一，洪武十五年正月甲申条，第2222页。

缚赴京。纵有勘合,比对不同,亦行拿赴京来。其令所出,甚是明白。

在勘合制度实行之前,中央官署向各省私自乱发文书的情形十分严重,如洪武十四年(1381 年)工部在七个月内就发出了 19000 件。这种私自乱发文书的情况,不仅妨碍办事效率,而且浪费了大量人力物力。在实行勘合制度以后,这种现象有所改善,但是仍有很多地方官员不遵命令、懒于比对,以致冒充差使、扰害乡民者仍有出现。如:“苏州府知府张亨、知事姚旭,被假千户沈仪赍伪造御宝文书至府,不行比对勘合承接,即便当厅开读,行下属县,意在通同扰民作弊,被巡按御史雷升及百户戴能盘获。”对此,朱元璋将“假千户沈仪伴当四名,人各凌迟处死,知府、知事枭令”。他还为此颁布峻令道:“今后布政司、府、州、县、都司、军职衙门等有勘合去处,凡遇称系差使人员,即要勘合比对。如是仍蹈前非,不对勘合,以致奸邪扰乱事物,虽不同情,罪同苏州府官,的不虚示。”[①]

(4)文案卷宗

明代各衙门的卷宗要定期交相关监察部门检查,若发现处理迟缓、漏报卷宗者,即予处罚。明代政府冀望通过这种方式来考核官吏政绩得失,提高行政效率。《大明律》中的“照刷文卷”条规定:

> 凡照刷有司印信衙门文卷,迟一宗、二宗,吏典笞一十;三宗至五宗,笞二十;每五宗加一等,罪止笞四十。府、州、县首领官及仓库、务场、局所、河泊等官,各减一等。失错及漏报一宗,吏典笞二十;二宗、三宗,笞三十;每三宗加一等,罪止笞五十。府、州、县首领官及仓库、务场、局所、河泊等官,各减一等。其府、州、县正官、巡检,一宗至五宗,罚俸钱一十日;每五宗加一等,罚止一月。若钱粮埋没、刑名违枉等事,有所规避者,各从重论。”[②]

“磨勘卷宗”条规定:“若有隐漏不报磨勘者,一宗笞四十,每一宗加一等,罪止杖八十。事干钱粮者,一宗杖八十,每一宗加一等,罪止杖一百。有所规避者从重论。”[③]在《大诰初编》的“沉匿卷宗”条中,朱元璋对金吾后卫知事靳谦沉匿卷宗,盗卖仓粮及克落月支的行为进行重典惩治,处以“凌迟”之刑。[④] 在《大诰初编》的“御史汪麟等不才”条中,朱元璋对于户部主事王肃“藏匿锦衣卫力士支赏册”,“推称亡去,终不肯与”的行为,严厉训斥道:“斯册一失,弊大矣。所赏人各钞一锭,布二匹,计钞四千锭,布八千匹。尔若坚执不与,本卫必重造关支。支则支矣,其后将不逾月,小吏通同库藏,凭所亡之册,一概盗支,罪甚矣哉,尔可免乎!”

---

① 《御制大诰续编》第六十三《不对关防勘合》,第 318、319 页。

② 怀效锋点校:《大明律》卷三《吏律二·公式·照刷文卷》,第 40 页。

③ 怀效锋点校:《大明律》卷三《吏律二·公式·磨勘卷宗》,第 41 页。

④ 参见《御制大诰初编》第六十《沉匿卷宗》,第 240 页。

后来，在主事王肃"以册来首"之后，他又痛斥道："呜呼！郭桓死而未朽，尔乃疾蹈其踪，灯窗之学安在。"[①]王肃最终被处死。

另外，朱元璋在洪武二十七年(1394年)针对官吏借口卷宗"遗火"被毁，以规避照刷，从而逃脱罪责的情事，颁行榜文道：

> 贵溪知县张三等，因上司刷出人赃埋没逃军囚者，令勾追完报，官节次受赃，设计假作遗火，将公廨卷宗烧毁，意在上司无从稽考，得以作弊自由。事发，各处以极刑。

同年，又因"烧毁卷宗"事再发榜文曰：

> 自古智人君子为官为吏者，必要簿书清，卷宗明，此乃保身去罪之良法。近年以来，诸司官吏有等不才，贪赃害民，欲掩其非为，故作遗漏，烧毁公廨，绝灭卷宗，因此杀身亡家。如江西布政司刑房吏胡学宁等，贪赃作弊，将文卷暗行烧毁，又复买求官吏，令妻男妄诉。如此各犯凌迟，家迁化外。[②]

这两条榜文的颁布，与《大诰》一样，加大了对官吏卷宗作弊的惩治力度，其目的都是加强对官员职事的控制与管理，约束和规范其日常的施政行为，以严防其伺机舞弊谋私。

(5)印信使用

文书以印信为凭，但是官员在使用印信时存在倒使、漏使印信的行为。《大明律》中的"漏使印信"条规定："凡各衙门行移出外文书漏使印信者，当该吏典、对同首领官并承发，各杖六十。全不用印者，各杖八十。干碍调拨军马、供给边方军需钱粮者，各杖一百。因而失误军机者，斩。"[③]在《大诰续编》的"诸司进商税"条中，朱元璋对于当时地方官员中存在的文书漏使印信等行为记载道：

> 洪武十九年，十二布政司率诸有司及鱼湖诸色司局等衙门官吏，进呈十八年金、银、钞、锭、钱帛之类。总计府、州、县、司、局等衙门二千四百三十七处。至之日，所进之本，奏本一、启本一，诸物件文册一。……有倒使印信者，有漏使印信者，有全不用印信者，有不书名姓者，并身不称臣者；文书有有总无撒色者，有有撒无总者；有县局不分、课程混淆者。如此者，布政司、府、州、县皆如之。

针对官员在进呈商税之时倒使、漏使印信以及混淆课程的行为，朱元璋气愤地对这些进呈之官说："尔等数千里、数百里，为此办集，凡经半年。今至也，皆无人臣之礼。当未起之时，孰罪加临？尔等皇皇其心，诸事颠倒，尔必欲奸贪，故作此态

① 《御制大诰初编》第六十八《御史汪麟等不才》，第247、248页。

② 杨一凡、田涛主编：《中国珍稀法律典籍续编·明代法律文献(上)·洪武永乐榜文》，第519页。

③ 怀效锋点校：《大明律》卷三《吏律二·公式·漏使印信》，第43页。

乎？今执尔来文，不消加刑问罪，即此真犯，别何辞焉？”在训斥之余，他又警告道：“呜呼！前尸未移，后尸继至。此番群职若论如律，数千中得生者、轻罪者，浑无。为其初任，姑且释之，令载律往悛。”①朱元璋利用严刑峻法，加强了对印信使用的管理。

（四）其他犯罪

1.结党营私

官场腐败的重要特征之一，就是各级官吏之间沟通串联、结党营私。无论是下级官吏与上级官吏之间，还是同级官吏之间；无论是中央与地方各级官吏之间，还是同一衙门内各级官吏之间，都存在着千丝万缕的利益勾连。为了寻求利益，官吏在谋私时就会动用各种关系，打通各种关节，从而得到各种方便和支持，也借此做到不被揭露和发现。朱元璋在加强对官员犯法和渎职失职管理的同时，又吸取以往各代王朝的教训，进一步控制官员的私下结党。《大明律》的“奸党”条规定：“若在朝官员，交结朋党、紊乱朝政者，皆斩。妻子为奴，财产入官。若刑部及大小各衙门官吏，不执法律，听从上司主使出入人罪者，罪亦如之。”②“上言大臣德政”条规定：“凡诸衙门官吏及士庶人等，若有上言宰执大臣美政才德者，即是奸党。务要鞫问，穷究来历明白，犯人处斩，妻子为奴，财产入官。若宰执大臣知情，与同罪。不知者，不坐。”③“交结近侍官员”条规定：“凡诸司衙门官吏，若与近侍人员互相交结，泄漏事情，夤缘作弊，而符同奏启者，皆斩。妻子流二千里安置。”④可见，朱元璋对官员结党营私的行为是深恶痛绝的，绝不容许其存在。

然而，在明初社会中，官吏结党营私的情事并不少见。以至于朱元璋说：“今之人臣不然。蔽君之明，张君之恶，邪谋党比，几无暇时。凡所作为，尽皆杀身之计，趋火赴渊之筹。”⑤

对此，朱元璋往往都进行了重典惩治。如：“安庆府将洪武十七年冬季鱼课钞三万九百七十四贯，差业户徐应隆等管解赴京交纳。本人解赴京师聚宝门河下，觇视动静。自十八年三月至十九年三月，计一年之上，不行交纳，通同户部侍郎张易，意在埋没，侵欺入己。”⑥在这一案件中，徐应隆本身不过是一个受官差

① 《御制大诰续编》第五十一《诸司进商税》，第308页。
② 怀效锋点校：《大明律》卷二《吏律一·职制·奸党》，第34页。
③ 怀效锋点校：《大明律》卷二《吏律一·职制·上言大臣德政》，第35页。
④ 怀效锋点校：《大明律》卷二《吏律一·职制·交结近侍官员》，第35页。
⑤ 《御制大诰初编》第一《君臣同游》，第204页。
⑥ 《御制大诰三编》第二十三《安庆解课》，第399页。

遣赴京解送课税的业户(土财主),试想如果他没有得到安庆府官员的同意,又怎敢私自在京滞留一年多。于此可见,徐应隆肯定不是一般的解差业户,他能和户部侍郎张易在京取得联系,并寻求到他的奥援,说明其在京师有关部门中有着一定的关系和靠山,这也是地方官员派遣他的重要原因。其实在解物交纳时的官吏勾结还不止于此。正如朱元璋所说:"该处有司解纳诸物,若官吏亲自解赴京纳,连年通同户部、兵部、刑部、工部、户科、兵科、刑科、工科给事中,阴谋结党,虚出实收,每常事觉,诛戮者甚多。"[①]又如"北平布政司、按察司官吏李彧、赵全德等,通同六部官郭桓等,十二道丁廷举等,寄借赃钞"。在其罪情暴露以后,开州州判刘汝霖在明知本州官吏罗从礼等"分寄一万七千贯"的情况下,"不将前项所寄赃钞照名追还,却乃帖下乡村,遍处科民,代陪前项钞贯"。事发之后,州判刘汝霖被"枭令于市"。[②] 这一案件体现了官员之间相互包庇,甚至借追赃为由继续科敛害民的恶行。又如镇国等 21 卫 56 吏,结交近侍"关支月粮,报名赏赐"[③];五军都督府首领官掾吏陈仔等,结交近侍兵科给事中孙勖等,"支出征官军盘缠",其数甚大[④]。又如洪武十八年(1385 年),"六科给事中并承敕郎,尚宝司,各卫知事,交结朋党,互相蒙蔽,盗出银钞衣服"。据粗略统计,涉及的六科给事中有 62 人之多,涉及的银钞共计 235465 贯。[⑤] 又如江浦县知县杨立结交近侍给事中句端,故意不答"钦差旗军到县追征胡党李茂实盐货事",以致在事发之后,被朱元璋处以"凌迟示众"之刑。[⑥]

另外,在不少地方衙门中,官、吏、役等与地方上的豪猾、顽民、逸夫、地痞、恶棍等结成了团伙,彼此沆瀣一气,同流合污。官以吏役豪猾人等为爪牙、鹰犬,吏役豪猾人等以官员为靠山依附,他们勾结起来,无恶不作,无所不为。有些官员,"一到任后,即与吏员、皂隶、不才耆宿及一切顽恶泼皮,夤缘作弊"[⑦]。他们"坐视民患,酷害无端,政由吏为。吏变为奸,交头接耳,议受赃私,密谋科敛"[⑧]。可谓是"官贪于上,吏卒横加虐害于下"[⑨]。

可以说,朱元璋为了加强对臣属的防范及维护中央集权,对官吏的"结党营

---

① 《御制大诰续编》第五十五《民拿经该不解物》,第 311 页。
② 《御制大诰初编》第二十五《开州追赃》,第 217、218 页。
③ 参见《御制大诰续编》第二十七《重支赏赐》,第 283—285 页。
④ 参见《御制大诰续编》第二十八《用囚书办文案》,第 286 页。
⑤ 参见《御制大诰续编》第五十《朝臣蹈恶》,第 302—308 页。
⑥ 参见《御制大诰三编》第一《臣民倚法为奸》,第 348 页。
⑦ 《御制大诰三编》第三十四《民拿害民该吏》,第 408 页。
⑧ 《御制大诰初编》第五《谕官之任》,第 206 页。
⑨ 《御制大诰续编》第二《松江逸民》,第 264 页。

私”情事往往处以重刑，或“枭令”，或“诛杀”，或“凌迟”，都在所不惜。另外，朱元璋又在《大诰初编》的“朝臣优劣”条中告诫官吏不得党同伐异、谤讪良善，而要客观公正地品评朝臣优劣。[①]

2. 奸贪诽谤

“诽谤”为罪在中国古代早已有之。[②] 一般获罪者都是由于政治原因，如议论朝政得失，对统治者或当政者有批评、指责、非议等而获罪。在《大诰》三编中，朱元璋为了维护皇帝威严、皇朝言行，加强对官民的控制与管理，对诽谤者治以重罪。在明初，朱元璋重典治国，很多政策都是凭一己之意推行和实施，不可避免地遭到舆论的非议和批评。如广东道御史汪麟针对当时的朝政得失说：“各部所任之官，动履紊错，日获谴责，然诸事不能一一尽理；次曰：妙选布政司、有司；三曰：御史本达情以广言路，问刑名失职，方今刑名轻重为能事，问囚多寡为勋劳。”[③]这些情事都是当时确实存在的弊政，但是却被朱元璋说成是“怀私妄诞，惑乱朝政”。其实，这种所谓的“诽谤”言论在当时并不少见，很多官员因为朝廷法度严苛，多有埋怨，“皆说朝廷官难做”[④]。对于当时国家的重典用刑政策，很多官员皆云“朝廷刑暴”“刑酷”等。[⑤]

针对这种损害皇帝尊严、威严、名誉及质疑朝廷政策的不敬言论，朱元璋在《大诰》中复立“诽谤之法”，用以严惩所谓“诽谤朝廷”之罪。如监察御史王朴，性耿直，“数与帝辨是非，不肯屈”，后来因事与朱元璋争论，被处以弃市。在赴刑之时，朱元璋谕之曰：“汝其改乎？”朴对曰：“陛下不以臣为不肖，擢官御史，奈何摧辱至此！使臣无罪，安得戮之？有罪，又安用生之？臣今日愿速死耳。”朱元璋大怒，“趣命行刑”。[⑥] 在《大诰》中，朱元璋不忘旧恨，依然以“奸顽诽谤不办事”的“诽谤”罪，把其列入“逆臣”之列。[⑦] 又如刑部尚书王时，因呈奏刑名“每每不当”，被御史唐铎勾问，王时却“径引唐则天故事”对勾问表示不满，并以“请君入瓮”的典故威胁唐铎。朱元璋认为这是“怀暴诽谤”，“上侮朝廷，下漫执法之

---

① 参见《御制大诰初编》第二十六《朝臣优劣》，第218—219页。

② 学者潘良炽认为：“诽谤成为罪名始行的时间，可以推定在西周晚期周厉王八年（公元前870年），至迟亦不会晚于鲁昭公当政的时期（公元前541年—公元前510年）。”[潘良炽：《中国古代诽谤罪兴废时间考辨》，《达县师范高等专科学校学报》（社会科学版）2005年第6期]

③ 《御制大诰初编》第六十八《御史汪麟等不才》，第248页。

④ 《御制大诰初编》第六十四《奸贪诽谤》，第244页。

⑤ 参见《御制大诰初编》第四十三《谕官无作非为》，第228页；第五十三《纳豆入水》，第235页。

⑥ （清）张廷玉等撰：《明史》卷一三九《王朴传》，第3999页。

⑦ 参见《御制大诰三编》第二《进士监生不悛》，第357页。

官”。[①] 再如江宁县知县高炳，先因“非公而事觉”被处以徒罪，后因“妄出谤言，以唐律作流言以示人”被杀身亡。[②]

朱元璋除了对官员的诽谤行为处以重罪，对民人亦是如此。如洪武十九年(1386 年)，福建沙县民罗辅等 13 人，不务生理，专一在乡构非为恶。他们心恐事觉，朋奸诽谤，却说：“如今朝廷法度好生利害，我每各断了手指，便没用了。”最后，他们被朱元璋以“捏词上谤于朝廷”之罪“枭令于市”，而且全家成丁男子悉被诛杀，妇女则被迁置于边疆等化外不毛之地。[③] 以上这些事例中的人物，都是因为指评了朱元璋的重刑政策而被以“诽谤”罪的名义处死。

明成祖朱棣通过靖难之役取得帝位以后，为了压制反对之声，“稽诽谤特甚”。永乐十七年(1419 年)，又再次“申其禁”，一些“专以刻深固宠”之辈如陈瑛、吕震、纪纲等先后用事，而“萧议、周新、解缙等多无罪死”。洪熙改元以后，明仁宗朱高炽告谕都御使刘观、大理卿虞谦等曰：“往者，法司以诬陷为功，人或片言及国事，辄论诽谤，身家破灭，莫复辨理。今数月间，此风又萌。夫治道所急者求言，所患者以言为讳，奈何禁诽谤哉?”因顾士奇等曰：“此事必以诏书行之。”于是，杨士奇承旨，“载帝言于己丑诏书云，告诽谤者勿治”。[④]

二、文官犯罪的惩治手段

朱元璋打击文官犯罪的手段，具有如下几个特点：

(一)利用重典，严惩文官犯罪

对于官员犯罪，朱元璋往往施以重刑，动辄处以死刑、凌迟、枭令、斩首、刖足、斩趾以及墨面文身、挑筋去膝盖等酷典。在这些刑罚中，除少数量刑与明律相符外，绝大多数是法外用刑。如凌迟之罪，在《大明律》中只有“谋反大逆”“谋杀祖父母父母”“杀一家三人”和“采生折割人”才适用此刑，但是朱元璋在处置官员寻常贪赃过犯时也以此处之，可谓是扩大了酷刑使用范围。此外，刖足、斩趾、挑筋之刑也非五刑常宪，是朱元璋利用残忍的古代肉刑警示官吏的重要手段。至于在《大诰》三编中其他官员犯罪的案例，朱元璋虽没有明确指出所处何刑，但从其言语来看，也不外乎以死处之。可以说，用处死的方式来惩治官员犯罪，是朱元璋首要的选择方式。兹将《大诰》三编中关于官员犯罪的处置情况列表如下：

---

① 《御制大诰初编》第八《尚书王时诽谤》，第 208 页。

② 参见《御制大诰三编》第十一《作诗诽谤》，第 387－388 页。

③ 参见《御制大诰续编》第七十九《断指诽谤》，第 329－330 页。

④ 参见(清)沈家本撰，邓经元、骈宇骞点校：《律令》卷九《诽谤法》，见《历代刑法考》第 2 册，中华书局 1985 年版，第 1143 页。

表 2-1 《大诰》三编中涉案官员量刑处置

《大诰》篇目	罪名和案情内容	处刑	比照当时行用的明律相近条款应量刑
初编 60	金吾后卫知事靳谦沉匿卷宗	凌迟	依律“磨勘卷宗”条，罪止杖八十，有所规避者从重论
三编 1	建昌县知县徐颐受钞四百贯，脱放刑部提取之人，并监锁旗军	凌迟	依律“官吏受财”条，论绞
三编 1	松江府知府李子安私自抄扎犯人，卖放赃吏，并监锁旗军	凌迟	依律“官吏受财”条，论绞
三编 1	江浦县知县杨立结交近侍	凌迟	依律“交结近侍官员”条，论斩
三编 1	德安县丞陈友聪受钞欺隐茶株，受钞八十贯，罗、绢、布十匹，拘监推官	凌迟	依律计赃以枉法科罪，论绞
三编 1	莱阳县丞徐坦受赃不行勾军，把本府典吏诬枷赴京	凌迟	依律计赃以枉法论，当科杂犯绞罪，止徒五年
三编 37	乐安县知县潘行等朋奸匿党，陷害原告	凌迟	依律“谋反大逆”条，知情故纵论斩
三编 39	御史刘志仁、周士良施把持之术，妄为百端，贪赃万数	凌迟	依律计赃以枉法科罪，论绞
三编 40	御史何哲等捏词排陷大臣	凌迟	依律“奸党”条，论斩
初编 25	开州州判刘汝霖不照名追赃，却遍处科民，代赔前项钞贯	枭令	律无正条，以枉法科罪，不至死
续编 63	苏州知府张亨、知事姚旭不对关防勘合	枭令	依律不至死
三编 1	开州知州郭惟一阻当耆宿董思文赴京陈告，并监死其一家四口	枭令	依律“故禁故勘平人”条，当绞

续表

《大诰》篇目	罪名和案情内容	处刑	比照当时行用的明律相近条款应量刑
三编 1	溧水县主簿范允受钞四百贯，不行追查隐匿家财事	枭令	依律计赃以枉法科罪，论绞
三编 24	北平布政司经历董陵云违令命人团槽喂驴	枭令	依律“违令”条，笞五十。贪赃应依律计赃科罪
三编 38	丹徒县丞李荣中等卖放均工夫，事发受刑，押回本处，令其将所卖人夫勾解赴工，然又复受财作弊	枭令	依律计赃以枉法科罪，论绞
初编 6	洪洞县有司明知军人唐闰山朦胧告取妻室，不行与民辨明	斩	依律“告状不受理”条，罪止杖八十
初编 71	宁国府教授方伯循等殴府官	死罪	依律“殴制使及本管长官”条，杖一百，徒三年
初编 73	临淮县知县张泰等受要逃军钱钞，逼令他人顶替	死罪	依律“从征守御官军逃”条，罪止杖一百，充军
初编 73	嵩县知县牛承等受要逃军钱钞，逼令有功军人代充军役	死罪	依律“从征守御官军逃”条，罪止杖一百，充军
续编 24	工部侍郎韩铎等卖放木瓦匠、关支人匠食钱、盗卖芦柴、分卖木炭等	杀身	依律计赃以枉法科罪，论绞
续编 28	用囚书写文案	死罪	律无正条，依律“滥设官吏”条、“擅离职役”条无死罪
续编 29	应天府宣课司大使张从义等科取巡阑役使	死罪	依律“私役部民夫匠”条，罪止杖八十
续编 31	浙江按察使陶晟故意枉禁会稽知县凌汉	死罪	依律“故禁故勘平人”条，杖八十

续表

《大诰》篇目	罪名和案情内容	处刑	比照当时行用的明律相近条款应量刑
续编 32	宝钞提举司官吏冯良等通同户部官钞库作弊，虚出实收	堕命	依律“隐匿费用税粮课物”条，准窃盗论，免刺，不至死；计赃以枉法科罪，论绞
续编 34	东流江口河泊所官鱼课害民	死罪	依律“隐匿费用税粮课物”条，准窃盗论，免刺，不至死
续编 37	大理寺左少卿艾祖丁诬进士杨吉不遵礼法	死罪	依律“诬告”条，不至死
续编 38	兵马指挥赵兴胜匿告反之情、出卖路引	死罪	依律“谋反大逆”条，知情故纵隐藏者，斩；依律“诈冒给路引”条，计赃以枉法论
续编 39	承敕郎董演沮坏县治、捏词害民，应天府京尹孙凤等党比阿从	死罪	依律“诬告”条，不至死
续编 44	前军断事官、提控案牍司吏施德庄等，接受赃私，将原告拟作虚告，朦胧奏闻	死罪	计赃以枉法从重论
续编 56	蒲州知州孙景德起解课程科敛脚力驴，科敛六房盘缠，与典吏同座而饮	死罪	依律“因公擅科敛”条，杖六十；赃重者，坐赃论
续编 57	吉州知州游尚志指以生员为由，受赃卖放；以中盐事，科敛客商；以巡阑为由，多差人卖放；科敛民驴	死罪	计赃以枉法从重论
续编 60	郑州知州康伯泰、原武县丞柴琳、开封府同知耿士能、钧州判官弘彬、襄城县主簿杜云升等克减赈济	死罪	律无正条，依律“诈欺官私取财”条，计赃，准窃盗论
续编 66	巡检、弓兵受财纵囚越关	死罪	依律“私越冒度关津”条，知而故纵者，同罪

续表

《大诰》篇目	罪名和案情内容	处刑	比照当时行用的明律相近条款应量刑
续编 83	户部侍郎秦升等进士时踏灾受贿，后掩饰前非，怙终不悛	令自尽	依律“检踏灾伤田粮”条，计赃枉法科罪
三编 23	户部侍郎张易侵欺课程钞	诛之	依律“隐匿费用税粮课物”条，准窃盗论，免刺，不至死
三编 29	礼部郎中王锡匿藏他人《大诰》	死罪	律无正条。依律“弃毁制书印信”条，不至死
续编 58	会稽等县河泊所官张让等昏乱钱钞数目	重刑	应计赃科罪
初编 56	高邮州知州刘牧，辄令差使人入正门、驰当道、坐公座，跪与执结	杖断流入云南	律无正条。依“不应为”条，笞四十，事理重者，杖八十
续编 42	刑部子部、总部司门二部，郎中员外郎主都吏等官吏胡宁、童伯俊等，恣肆受财，纵囚书写文案	箠楚无数，刖足	律无正条。依律“擅离职役”条科罪，止笞四十
续编 67	巡检何添观、弓兵马德旺阻当耆民赴京告状，索要钞贯	刖足枷令	律无正条。依律计赃科罪
三编 42	沅州黔阳县驿丞李添奇科敛驿户，占据驿夫在家使唤	斩趾枷令	依律“私役部民夫匠”条，每日给工钱六十文，罪止杖八十
初编 69	龙江卫官攒人等盗卖仓粮	墨面文身，挑筋去膝盖	依律计赃以监守自盗论

注：(1)在《大诰》三编中，涉及官员违法犯罪的案件大约有 120 起(《大诰三编·进士监生不悛》条涉及进士、监生 364 人犯罪案例暂未列入)，其中明确载有量刑处置的大约有 42 起。(2)表中所比照的“明律”是在洪武十八九年行用的《大明律》，此律见于何广所著《律解辩疑》一书中。

朱元璋除了用严刑来处置犯罪官员外，为了警诫其他官员，在施刑时也会组织官员进行观摩。如洪武十九年(1386 年)，朱元璋在处理刑部子部、总部司门二部等官吏"恣肆受财,纵囚代办公务"一案中,就"亲诣太平门,将各官吏箠楚无数,刖其足",而且在行刑之时"特令五军断事官、大理、刑部、都察院、十二道会视刑之",其残忍程度可以说让人毛骨悚然。在行刑之后,还将他们"发于本部昭示无罪者"。[①] 又如龙江卫仓官攒等,因通同户部官吏郭桓等盗卖仓粮,被"墨面文身,挑筋去膝盖,仍留本仓守支"[②]。对于朱元璋来说,"死者已死,刑余不死在库以示再任者",也是其警醒愚顽,使"见者寒心,必无再犯"的重要手段。[③] 朱元璋就是用这些严酷的刑罚来惩治犯罪,并警诫和恐吓其他官员的。

(二)颁行峻令,防范文官违法

为了严控官员犯罪的再次发生,朱元璋在惩治之余又颁行了很多严苛峻令。相对于《大诰》三编中的既有处置来说,峻令的量刑处置更加残酷。而且,这些峻令涵盖了官员犯罪的各个方面,基本上对当时社会中存在的主要官员犯罪行为都作了规定。这些峻令是朱元璋严控吏治腐败、调控社会秩序强有力的法律武器,体现了他急于澄清士风,恢复"三代之治"的迫切心情。兹将《大诰》三编中严控官员的峻令列表如下:

表 2-2　《大诰》三编中严控文官犯罪峻令条目

《大诰》篇目	峻令内容
初编 29《官民犯罪》	今后官民有犯罪责者,若不顺受其犯,买重作轻,买轻诬重,或尽行买免,除死罪坐死勿论,余者徒、流、迁徙、笞、杖等罪贿赂出入,致令冤者不伸,枉者不理,虽笞亦坐以死。法司罪同犯者。此犯不分赃之巨微,除失错公罪不坐,凡私的决,并不虚示
初编 34《仓库虚出实收》	当该法司不行如敕究问追征库藏官吏赃私"自何而得",罪如犯者
初编 35《行人受赃》	官吏与者、受者罪同。
初编 40《冒解罪人》	所在有司官吏,上司着令勾解罪人,往往卖放正身,将同姓名良善解发。今后若此,该吏处以重刑
初编 46《文引》	凡布政司、府、州、县耆民人等赴京面奏,虽无文引,同行人众,所在关津把隘去处,即时放行,阻者,论邀截实封罪

① 《御制大诰续编》第四十四《追问下蕃》,第 297 页;第四十二《相验囚尸不实》,第 296 页。

② 《御制大诰初编》第六十九《刑余攒典盗粮》,第 248 页。

③ 《御制大诰三编》第三十五《库官收金》,第 409 页。

续表

《大诰》篇目	峻令内容
初编 53《纳豆入水》	马粮豆，年年有等奸顽人户，通同仓官人等拌水袢豆，以增斛面，弊同乎米，及期拏住官攒人等，治以极刑
续编 11《有司不许听事》	今后有司呼唤里甲人等亲诣衙门听事，故行留难刁蹬箠楚，非罪箠楚而裂吾民肌肤者，罪不赦
续编 12《妄立干办等名》	地方官员对上级派遣承差人员，不问有无承制等，一概阿从，而闲民则擅当的当名色、干办名色。官擅与立名，民擅承之，罪当处斩。异日拿至京师，官民皆枭于市
续编 15《遣牌唤民》	官吏遣牌下乡，三呼民不至，方遣皂隶勾拿。民至，必询不至之由。民有可情缘由，官不得加以罪。设若有辞，有司之罪，巨微不释
续编 16《滥设吏卒》	今再《诰》一出，敢有仍前为非者，的当人、管干人、干办人，并有司官吏，族诛
续编 19《擅差职官》	今后敢有擅差职官者，比此罪（身首异处）而昭示之。其各官擅承行者如之
续编 33《鱼课扰民》	今后敢有仍前夺民取采虾鱼器具者，许民人拿赴有司。如司不理，拿赴京来，议罪枭令
续编 35《湖池水面钱》	所在湖池，民舟经涉。其河泊之官敢有妄取水面钱者，罪不赦
续编 53《经解该物》	今后各府、州、县解纳应合入官诸色物件，非正官、佐贰官、首领官或该吏，须得一名亲起解则可。若或不然，仍差无职役、无藉顽民及无底业者解送，则治罪官吏甚不轻恕。今后敢有如此者（解物之际虚买实收），倍追之后，官吏杀之，妄承行者亦杀之
续编 55《民拿经该不解物》	此《诰》一出，凡在官之物起解之际，须差监临主守者。若是布政司、府、州、县不差监临主守，故差市乡良民起解诸物，因而卖富差贫，许市乡年高耆宿、非耆宿老人及英壮豪杰之士，将首领官并该吏帮缚赴京。若或深知在闲某人，或刁狡好闲民人教此官吏，一发帮赴京来。有司官吏精目是《诰》，勿堕此宪，敢有故违，族诛之
续编 58《钱钞贯文》	今后敢有如此（混乱钱钞贯文）者，同其罪而罪之

续表

《大诰》篇目	峻令内容
续编 61《路费则例》	今后每岁有司官赴京，进纳诸色钱钞并朝觐之节，朕已定下各官路费脚力矣。若向后再指此名头科民钞锭脚力物件，官吏重罪。（每有司官一员，路费脚力共钞一百贯，周岁柴炭钱五十贯）
续编 63《不对关防勘合》	今后布政司、府、州、县、都司、军职衙门等有勘合去处，凡遇称系差使人员，即要勘合比对。如是仍蹈前非，不对勘合，以致奸邪扰乱事物，虽不同情，罪同苏州府官（枭令），的不虚示
续编 65《关隘骗民》	《诰》布之后，巡检、弓兵等仍前为事不公（卖放逃军逃囚、诬指平民等），事发到官，治以重罪
续编 67《阻当耆民赴京》	今后巡检、弓兵等敢有阻当耆民赴京告状者，巡检刖足枷令，弓兵枭令示众
三编 5《空引偷军》	今后所在有司敢有出空引者，受者，皆枭令，籍没其家
三编 34《民拿害民该吏》	民拿害民官吏赴京，其正官、首领官及一切人等，敢有阻当者，其家族诛

（三）层层追查，严究连带责任

为了从根本上打击官员犯罪，提高办案的效率，朱元璋要求官员在查办案件时一查到底、彻底根究，这可以说是他“重典治吏”值得称道的一点。在《大诰初编》的“问赃缘由”条，朱元璋规定：

> 如六部有犯赃罪，必究赃自何而至。若布政司贿于部，则拘布政司至，问斯赃尔自何得，必指于府。府亦拘至，问赃何来，必指于州。州亦拘至，必指于县。县亦拘至，必指于民。至此之际，害民之奸，岂可隐乎！其令斯出，诸法司必如朕命，奸臣何逃之有哉。①

洪武十八年（1385 年）六月二十七日，朱元璋在颁行的“禁戒诸司纳贿诏”中对此再次申明道：

> 十二布政司，毋得送赃六部等衙门。若六部有犯，必稽赃自何来。若司，必言府；府，必言州；州，必言县。今后穷赃，必以此问。凡奸贪小人，闻此求赃来源，日夜忧惧，去邪归正，为民造福，毋自招愆。②

① 《御制大诰初编》第二十七《问赃缘由》，第 219 页。

② 刘海年、杨一凡主编：《中国珍稀法律典籍集成》乙编《皇明诏令》卷三《太祖高皇帝下》，第 61 页。

如果在查办贪赃案件时能做到根株必究的话，确实能在一定程度上警诫那些抱有侥幸心理的官吏，使其不敢轻易犯法。另外，为了重典打击行人受赃，朱元璋又对此作了更加有针对性的规定。在《大诰初编》的“行人受赃”条，他诏令道：

> 行人受命而出，或捧制书，或寻常差使，或催督六部、都察院公事，所在受赃者，问赃自何而来，必供诸司所与。擒至诸司，问此贿赂钱物从何而至，必供取之于民。其害民之奸，岂可隐乎。当此之时，除民人被其威逼科敛不罪外，官吏与者、受者罪同。[①]

朱元璋这种“拔出萝卜带出泥”的办案方式，在郭桓案、空印案中表现得尤为明显。其对惩治吏治腐败确实能起到一定的作用，如果操作得当的话，不失为一种明智之举。然而，在实际操作中其却带有一定的随意性和专制性，扩大了打击范围，造成了很大的负面影响，这也是值得深刻总结和吸取的教训。

第三节　对文官的监督管理

法律的制定只能做到有法可依，而能否使法律落到实处，做到违法必究，则很大程度上依赖于监督管理的完善与否。监督管理不仅能起到事前防御的作用，而且还能在官员出现贪赃时给予及时查处。严密的监督管理能使吏治澄清，官吏廉洁守法。

一、都察院、六科给事中、按察司

朱元璋在全国设立了极其严密而强大的监督网络，在中央设立了都察院和六科给事中，在地方则设立了按察司。其中，都察院作为全国最高的监察机关，“专纠劾百司，辩明冤枉，提督各道，为天下耳目风纪之司。凡大臣奸邪、小人构党、作威福乱政者，劾。凡百官猾茸贪冒坏官纪者，劾。凡学术不正，上书陈言变乱成宪、希进用者，劾。遇朝觐、考察，同吏部司贤否陟黜。大狱重囚会鞫于外朝，偕刑部大理谳平之。其奉敕内地，拊循外地，各专其敕行事”。而隶属于都察院的十三道监察御史，虽仅为正七品，但权力很大，“主察纠内外百司之官邪，或露章面劾，或封章奏劾”。[②] 朱元璋在《大诰三编》中就说：“朝廷设置百官，分理庶务，于中恐有未当，所以特设御史，司朕耳目，纠察百司，得以风闻言事，激浊扬

---

① 《御制大诰初编》第三十五《行人受赃》，第 225 页。
② （清）张廷玉等撰：《明史》卷七三《职官志二》，第 1768 页。

清，号为风宪之官。”[①]可见，御史的权力甚至到了可以风闻言事的程度。

六科给事中作为中央监察机关，主要负责监督吏、户、礼、兵、刑、工六部官吏，品秩虽卑，但权力不小。据《明史》记载，六科掌侍从、规谏、补阙、拾遗、稽查之职能，凡“制敕宣行，大事覆奏，小事署而颁之；有失，封还执奏。凡内外所上章疏下，分类抄出，参署付部，驳正其违误”[②]。另外，为了有效加强对地方的控制，朱元璋在废除行中书省之后，把地方大权一分为三（承宣布政使司、提刑按察使司、都指挥使司），使司法机关从行政和军事机关中独立出来，从而加大了对地方各级官吏的监督力度。

按察使，“掌一省刑名按劾之事。纠官邪，戢奸暴，平狱讼，雪冤抑，以振扬风纪，而澄清吏治”[③]。朱元璋在《大诰续编》中就说：“十二道按察司，为朕耳目，所在激浊扬清，进贤退不肖。”[④]

这些不同层次的监察系统和部门，就其职能来说既有共性，亦有个性。都察院侧重于对朝廷纪纲的整肃。六科给事中则偏重于谏议、封驳及对六部对口的监察。十三道监察御史的监察范围虽是中央与地方兼及，但其重点则在地方。按察司的监察，则集中于辖区内的府、州、县等基层。可以说，从监控的领域来看，这一系统的监察机构涵盖了行政、司法、军事、财经、人事、仪制等诸方面。从社会阶层的覆盖面来看，则包括了统治者与被统治者，上可以规谏天子，监察文武百官，下可以查访基层官吏、缙绅地主，以至庶民百姓。朱元璋凭借这种多层次、全方位的监察和监控来加强对官民的管理，其特色是十分鲜明的。

二、建立民督官制度

无论中央还是地方的监督机关，可以说实施的都是一种自上而下的监察。这种监察在实施过程中，任何环节出了问题，都可能使得好官得不到彰显，而贪官却轻易漏网。而且，监察官员自身素质的高低、奉公的廉洁与否都在一定程度上影响着监察的实效。《大诰》三编中关于监察官员舞弊贪赃行为的记载并不少见。监察官与被监察者之间存在某种勾连和包庇，这就在某种程度上影响了监察的效果。即使监察官员足够清廉，要想弄清事情的原委进行彻底追查也并非易事，因为不论中央还是地方官员在违法乱纪之后，往往都是官官相护、层层包庇，使得贪赃等情由很难被发现。对于官场的这些弊病，朱元璋可以说是非常清

---

① 《御制大诰三编》第三十九《御史刘志仁等不才》，第 414 页。
② （清）张廷玉等撰：《明史》卷七四《职官志三》，第 1805 页。
③ （清）张廷玉等撰：《明史》卷七五《职官志四》，第 1840 页。
④ 《御制大诰续编》第三十一《枉禁凌汉》，第 287 页。

楚的。为了加强对官员贪赃舞弊等行为的监督，他又建立了民督官制度。

朱元璋赋予民众监督百官的权力，鼓励他们奏状进言，并敷陈有司善恶，而且还赋予其羁拿为害官吏的权力。这种自下而上的监督机制在一定程度上加强了对官员的监督，体现了朱元璋的远见卓识。在《大诰初编》的"民陈有司贤否"条中，朱元璋规定：

> 自布政司至于府、州、县官吏，若非朝廷号令，私下巧立名色，害民取财，许境内诸耆宿人等，遍处乡村市井连名赴京状奏，备陈有司不才，明指实迹，以凭议罪，更贤育民。及所在布政司、府、州、县官吏，有能清廉直干，抚吾民有方，使各得遂其生者，许境内耆宿老人，遍处乡村市井士君子人等，连名赴京状奏，使朕知贤。凡奏是奏非，不许三五人、十余人奏。且如府官善政，概府所属耆老，各县皆列姓名具状。①

这条规定不仅赋予耆民"举贤"和"奏不才"的权力，而且对其如何奏状也作了详细规定。朱元璋希望通过耆民的"举贤"和"奏不才"，使自己能够"知贤"和"知不才"。

在《大诰初编》的"耆民奏有司善恶"条中，朱元璋又规定：

> 今后所在布政司、府、州、县，若有廉能官吏，切切为民造福者，所在人民必深知其详。若被不才官吏、同寮人等，捏词排陷，一时不能明其公心，远在数千里，情不能上达，许本处城市乡村耆宿赴京面奏，以凭保全。自今以后，若欲尽除民间祸患，无若乡里年高有德等，或百人，或五六十人，或三五百人，或千余人，岁终议赴京师面奏，本境为民患者几人，造民福者几人。朕必凭其奏，善者旌之，恶者移之，甚者罪之。……若城市乡村有等起灭词讼，把持官府，或拨置官吏害民者，若有此等，许四邻及阖郡人民指实赴京面奏，以凭祛除，以安吾民。②

在这条规定中，朱元璋教谕耆民要熟悉地方官员的善恶，在良善之官遭受陷害之时，他允许耆民赴京面奏"保贤"，并对耆民如何奏状善恶作了进一步的规定。

为了使民众监督渠道畅通，朱元璋又规定："凡布政司、府、州、县耆民人等，赴京面奏事务者，虽无文引，同行人众，或三五十名，或百十名，至于三五百名，所在关津把隘去处，问知面奏，即时放行，毋得阻当。阻者，论如邀截实封罪。"③这就在法律层面保障了民众督官权力的有效行使。

在《大诰初编》中，朱元璋赋予耆民直接面奏言事的权力，对奏状善恶、举保

---

① 《御制大诰初编》第三十六《民陈有司贤否》，第225—226页。
② 《御制大诰初编》第四十五《耆民奏有司善恶》，第230页。
③ 《御制大诰初编》第四十六《文引》，第231页。

贤良起到了一定作用。在《大诰续编》中，朱元璋又进一步扩大了耆民的权力范围，使其不仅可以直接面奏，而且还可以直接羁拿为害官吏赴京。类似的规定有若干条，如：

十二布政司及府、州、县，朕尝禁止官吏、皂隶，不许下乡扰民，其禁已有年矣。有等贪婪之徒，往往不畏死罪，违旨下乡，动扰于民。今后敢有如此，许民间高年有德耆者，率精壮拿赴京来。①

此《诰》一出，凡在官之物起解之际，须差监临主守者。若是布政司、府、州、县不差监临主守，故差市乡良民起解诸物，因而卖富差贫，许市乡年高耆宿、非耆宿老人及英壮豪杰之士，将首领官并该吏帮缚赴京。②

此《诰》一出，豪富之家闻有差发，随即应当，不许出钱买免。尔若出钱买免，官吏贪污，心无厌足，其差故叠叠至门。不买官吏，着实应当，其官吏无可奈何。今后一体朕意，倘有官吏刁蹬百端，尔勿贿赂；少加窘逼，缚吏赴京来奏。③

朝廷凡有诸色造作，文书明下有司，止许官钞买办，毋得指名要物，实不与价。果有违吾令者，许被科之民，或千、或百、或十，赍《大诰》拿该吏赴京，物照时估给钞，将该吏斩首，以快吾良民之心。④

天下府、州、县，今后毋得指以庆节为由，和买民物。往往指此和买名色，不还民钱者多，此弊虐吾民久矣。《诰》出，敢有如此者，许被扰之民，或千、或百、或十，将该吏拿赴京来，斩首以除民患。⑤

洪武十九年(1386 年)九月十一日，朱元璋又为伸理冤枉事，颁下圣旨道：

如今《大诰》两颁，天下臣民共知遵守，祛除奸恶，以安良善。其在京刑部四部、都察院十二道、五军断事官等衙门，专一职掌刑狱，辨明是非。自开国以来，用人无疑，凡勤法之人，故出故入，以重作轻，以轻作重，倒持仁义，怙乱违宪，使有冤枉者以致无所申诉，盖为下情不能上达。今后敢有似前枉人者，许被冤枉之人即将原问首领官吏挐来。⑥

从上面这几条规定可见，耆民在一定程度上被赋予了直接羁拿害民官吏的权力，这在中国封建社会历史上还是第一次。为了进一步规避民督官制度中出现的"有司逼民奏保"舞弊情事，朱元璋又进一步规定道："今后各处有司，若有奸

① 《御制大诰续编》第十八《民拿下乡官吏》，第 277 页。
② 《御制大诰续编》第五十五《民拿经该不解物》，第 311 页。
③ 《御制大诰续编》第五十九《民间差发》，第 316 页。
④ 《御制大诰续编》第七十七《造作买办》，第 328 页。
⑤ 《御制大诰续编》第七十六《庆节和买》，第 328 页。
⑥ 杨一凡、田涛主编：《中国珍稀法律典籍续编・明代法律文献(上)・洪武永乐榜文》，第 517 页。

贪之徒平日害民，及至事觉，逼令耆民奏保者，尔耆民即便拿来。”[①]而且在《大诰三编》的“民拿害民该吏”条，朱元璋又对如何羁拿害民官吏作了具体规定：

今后所在有司官吏，若将刑名以是作非，以非作是，被冤枉者告及四邻，旁入公门，将刑房该吏拿赴京来；若私下和买诸物，不还价钱，将礼房该吏拿来；若赋役不均，差贫卖富，将户房该吏拿来；若保举人材，扰害于民，将吏房该吏拿来；若勾补逃军力士，卖放正身，拿解同姓名者，邻里众证明白，助被害之家将兵房该吏拿来；若造作科敛，若起解轮班人匠卖放，将工房该吏拿来。……其正官、首领官及一切人等，敢有阻当者，其家族诛。[②]

在洪武二十三年(1390年)五月初一日，朱元璋又为布政司、府、州、县职掌事，颁下诏书曰：

若民有所告，自下而上，县不理而告州，州不理而告府，府不理而诉于布政司，布政司不理而申于按察司。若此诸司皆不才，或受状而迁延不与归结，以致事无人冤，许令赍《大诰》赴京申诉，罪其所司。如有邀截阻当者，依《大诰》内事例决之。[③]

以上就是朱元璋所建立的民督官制度。这一制度反映了他冀望用民众来监察官员，来规范官员行为的良苦用心。在朱元璋看来，让百姓监督官员不仅可以使其发露官员的奸顽，而且还能明彰官员的德行，可谓一举两得。如果其得到“着实为之”的话，“不一年之间，贪官污吏尽化为贤矣”。[④] 朱元璋的期望难免有些理想化，但他所建立的这种民督官制度却是历史的首创，在封建社会中，能有如此见解已属难能可贵。不过，民督官制度只是朱元璋利用民众的力量恐吓、牵制官吏，以维护自己的统治的一种暂时政策而已。这一政策不可能长久推行于世。根据《明史·刑法志二》的记载，到了洪武末年，“小民越诉京师，及按其事，往往不实，乃严越诉之禁”，后来，不能禁止，“越诉者日多，乃用重法，戍之边”。宣德时，“越诉得实者免罪，不实仍戍边”。到了景泰时期，干脆“不问虚实，皆发口外充军，后不以为例也”。[⑤]可见，这时民督官制度已经名存实亡。

---

① 《御制大诰三编》第三十三《有司逼民奏保》，第408页。

② 《御制大诰三编》第三十四《民拿害民该吏》，第408—409页。

③ 杨一凡、田涛主编：《中国珍稀法律典籍续编·明代法律文献(上)·洪武永乐榜文》，第521、522页。

④ 《御制大诰三编》第三十四《民拿害民该吏》，第409页。

⑤ (清)张廷玉等撰：《明史》卷九四《刑法志二》，第2313页。

第四节 对文官的考核约束

在朱元璋看来,“任官之法,考课为重”[①],为了激励官员在行政中趋善避恶,廉洁奉公,他又制定了一套完整的官吏考核及约束机制。

一、考满、考察

考满,分京官考满和外官考满,主要考核官员的政绩,以备升迁。洪武元年(1368年)颁布的《大明令》中规定:“凡文职在京官以三十月为一考,每一考升一等”;“凡各处府、州、县有司官员,在任三年,不许注代,许令亲赍三载任内行过事迹,赴京朝觐。如无规避,依旧复任。其佐贰官、首领官,一体三载来朝。如一时勾当者,轮换前来”。[②] 至洪武二十六年(1393年),京官考满制度和外官考满制度得到系统整理和规定,最终固定下来。如京官考满,其制大要是:在京堂上正、佐官三年、六年考满,“俱不停俸,在任给由,不考核,不拘员数,引至御前,奏请复职”;在京各衙门属官考满,由本衙门正官“察其行能,验其勤惰,从公考核明白,开写称职、平常、不称职词语,送监察御史考核”,再由吏部覆考。[③] 而外官考满,其制大要是:

> 各处布政司按察司首领官属官,从本衙门正官考核;按察司首领官,从监察御史考核;布政司四品以上、按察司五品以上,俱系正官佐贰官,三年考满,给由进牌,别无考核衙门,从都察院考核,本部覆考,具奏黜陟,取自上裁。
>
> 在外有司府州县官三年考满,先行呈部,移付选部作缺铨注,司勳开黄,仍令给由。其见任官将本官任内行过事迹,保勘覆实明白,出给纸牌、攒造事迹功业文册、纪功文簿,称臣签名,交付本官,亲赍给由。如县官给由到州,州官当查其言行,办事勤惰,从实考核,称职、平常、不称职词语。州官给由到府,府官给由到布政司,考核如之。以上俱从按察司覆考,仍将考核覆考词语,呈部考核。平常、称职者,于对品内别用;不称职,正官佐贰官黜降,首领官充吏。[④]

---

① 《明太祖实录》卷一六三,洪武十七年七月壬子条,第2526页。

② 怀效锋点校:《大明律》附录《大明令·吏令》,第238、239页。

③ 参见(明)申时行等编修:《明会典》卷十二《吏部十一·京官》,第70页。

④ (明)申时行等编修:《明会典》卷十二《吏部十一·京官》,第72页。

考察，分京察和外察，主要考核官员的过失、不职，以备罢黜。明代官员考察制度虽到中期才趋于完备，但在洪武初年就建立了朝觐之制。朱元璋在洪武元年(1368年)戒谕来朝的府州县官说：

天下初定，百姓财力俱困，譬犹初飞之鸟，不可拔其羽；新植之木，不可摇其根，要在安养生息之。惟廉者，能约己而利人；贪者，必朘人而厚己。况人有才敏者，或尼于私善柔者，或昧于欲，此皆不廉害之也。尔等当深戒之。[①]

为了考核地方官治绩，朱元璋逐渐将朝觐与考察结合起来。洪武十六年(1383年)，他命朝觐官"预进功业册"[②]；洪武十七年，他又命朝觐官"各书其事功于册，仍绘土地人民图来上"[③]。在朝觐时对地方官进行有等第的罢黜始于洪武十八年。洪武十八年正月，"天下布政司、按察司及府、州、县朝觐官共四千一百一十人，考其政绩称职四百三十五人，平常二千八百九十七人，不称职四百七十一人，贪污百七十一人，阘茸百四十三人。诏称职者，升；平常者，复其职；不称职者，降；贪污者，付法司罪之；阘茸者，免为民"[④]。由此不难看出，朱元璋在朝觐考察中，对官员贪污和阘茸行为的处罚是比较严厉的，这与《大诰》中的惩吏举措可谓一脉相承。另外，为了减轻地方官每年朝觐时的负担，朱元璋不仅把朝觐考察规制改为三年一次[⑤]，而且还在洪武十九年(1386年)颁行的《大诰续编》中规定"今后每岁有司官赴京"之时，给"朝觐路费脚力钞一百贯"，以避免官吏以朝觐为名"科民钞锭脚力物件"的情事发生[⑥]。

二、颁行《到任须知》

为了让地方官员了解为官之道，朱元璋后来又专门制定了一份规范性文件，即《到任须知》，并谕令："凡除授官员，皆于吏部关领赴任，务一一遵守，毋得视为文具。"《到任须知》共有两份。一份是"新官到任，各房供报须知式样"。朱元璋要求"其先任首领官、六房吏典，限十日以里，将各房承管应有事务，逐一分豁，依式攒造文册，从实开报"，以便新任官员迅速全面地了解其所承管的事务，从而防止吏胥违法乱纪事情的发生。另一份是"敕谕授职到任须知"。朱元璋要求新官上任第一日，"便问先任官、首领官、六房吏典，要诸物诸事明白件数须知"，以便

---

① 《明太祖实录》卷二九，洪武元年正月辛丑条，第505—506页。

② 《明太祖实录》卷一五六，洪武十六年九月戊辰条，第2431页。

③ 《明太祖实录》卷一六二，洪武十七年六月戊辰条，第2516页。

④ 《明太祖实录》卷一七〇，洪武十八年正月癸酉条，第2583页。

⑤ 参见《明太祖实录》卷一七三，洪武十八年六月戊申条，第2640—2641页。

⑥ 参见《御制大诰续编》第六十一《路费则例》，第317页。

官员迅速掌握地方实情和开展工作。这份文件详细列举了地方官应办理的事务，共31款，内容见下表：

表2-3　　授职到任须知目录

1	祀神有几	12	系官头匹若干	23	孝子顺孙义夫节妇，境内若干，各开
2	养给院孤老若干	13	会计粮储，每岁官民税粮收支若干	24	境内士君子在朝为官者几户
3	见在狱囚若干，已未完	14	各色课程若干	25	境内有学无学儒者若干，各开
4	官民田地、田粮若干	15	鱼湖几处，岁课若干，备开各湖多少	26	境内把持公私、起灭词讼者有几，明注姓氏
5	节次圣旨制书、榜文谕官民者若干	16	金银场分若干，坐落何山川，所在若干	27	好闲不务生理、异先贤之教者有几
6	本衙门吏典若干	17	窑冶各开是何仗器及砖瓦名色	28	本衙门及所属该设祗禁弓兵人等若干
7	各房吏典不许那移管事，违者斩	18	近海郡邑煮海场分若干	29	境内士人在朝为官，作非犯法，罢黜在闲几人，至死罪者几人
8	承行事务已完若干，已施行未完若干，未施行若干	19	公廨间数及公用器皿裀褥之类若干		
9	在城印信衙门若干	20	邑内及乡村系官房舍，有正有厢若干	30	境内民人犯法被诛者几户
10	仓库若干	21	书生员数若干	31	境内警迹人若干
11	境内仓场库务若干	22	耆宿几何，贤否若干		

朱元璋御制颁行的《到任须知》详细载明了地方官应该注意的基本事项，对其有效开展工作和加强基层事务管理大有裨益。在朱元璋看来，“此书虽粗俗，实为官之要机”，如果地方官在为政之时“提此纲领、举是大意以推之，诸事无有不知办与不办”。[①]

① 参见(明)申时行等编修:《明会典》卷九《吏部八・关给须知》，第53—63页。

三、颁行《责任条例》

在洪武二十三年(1390年),朱元璋又在《到任须知》的基础上颁行了《责任条例》作为补充。他在敕谕中说:

方今所用布政司、府州县、按察司官多系民间起取秀才人材孝廉,各人授职到任之后,略不以《到任须知》为重,公事不谋,体统不行,终日听信小人浸润,谋取赃私,酷害下民。以此仁义之心沦没,杀身之计日生,一旦系狱临刑,神魂仓皇,至于哀告恳切,奈何虐民在先。当此之际,虽欲自新,不可得矣。如此者,往往相继而犯,上累朝廷,下辱乡闾,悲哀父母妻子,孰曾有鉴其非,而改过也哉。

在《责任条例》中,朱元璋申明"布政司治理亲属临府,岁月稽求,所行事务,察其廉能,纲举《到任须知》内事目,一一务必实行。……倘耳目有所不及,精神有所不至,遗下贪官污吏,及无藉顽民,按察司方乃是清"。其府临州、州临县、县临里甲,亦是如此,最终形成了层层监管的责任制度。正如朱元璋所说:

此令一出,诸司置立文簿,将行过事迹,逐一开写,每季轮差吏典一名,赍送本管上司查考,布政司考府,府考州,州考县,务从实效,毋得诳惑繁文,因而生事科扰。每岁进课之时,布政司将本司事迹,并府州县各赍考过事迹文簿,赴京通考。敢有坐视不理,有违责任者,罪以重刑。①

朱元璋所建立的官员考核制度和约束机制在一定程度上规范了官员的施政行为,不仅在制度层面上加强了对官员的管理,而且在实际效应上对减轻官员弊害和渎职行为亦具有管制和防范作用。

第五节　对文官的荐举表彰

朱元璋除了用严刑峻法、督责制度等整肃吏治外,还特别注意开展正面教育,扶持正气,提倡廉洁。他不仅大胆而认真地选拔和使用人才,还大力奖励操守廉能之吏,并不拘出身、不循资格地超擢和提拔。在朱元璋看来,官吏的廉洁与否,关系到政权的兴衰,所谓"忠良进则国日治,奸邪用则国日乱"②。因此,在选拔任用官员时,他非常注意简择。正如朱元璋所说:

然任人之道当严于简择,简择严则庸鄙之人不进;当专于任使,任使专

---

① (明)申时行等编修:《明会典》卷十二《吏部十一·责任条例》,第77页。

② 张德信、毛佩琦主编:《洪武御制全书·明太祖宝训》卷四《评古》,第525页。

则苟且之意不行。然必贤者乃可以专任之，非贤而专任者必生奸也，是以任人为难，然人亦有谨于始而怠于终者，亦有过于前而改于后者，则固不能保其始终，惟始终如一者，其怀忠报国之心坚如金石，安得不任之？若匿诈似信、怀奸若忠者，决不可任也。[①]

这可以说是朱元璋严于选官、任官思想的总结，也是他基于对官场腐败情形认识之上的深刻反思。

在明朝建立以后，朱元璋多次命吏部访求天下贤才，“思得贤才与图治道”[②]。对他来说，贤才是“国之宝也”，是国家这座大厦的根基，是国家求治的根本。为此，他经常命有司向国家荐举贤才。在《大诰初编》的“荐举首领官”条，他再次表明了这一观点：

或有忠臣在职，数观首领官吏，倘有大智之士，屈在下寮，一时不能上达，其忠臣不特己用其贤能，又将速荐，以安社稷，致君尧、舜，岂肯泛用无藉，隐匿非常之才。古者圣臣，尝以此为常，又不以为罕矣。[③]

在朱元璋看来，所谓的“忠臣”“贤能”应该是“事君之道，惟尽忠不欺；治民之道，惟至公无蔽”[④]。对于这种廉洁奉公的官员，朱元璋往往进行旌表和奖励，并不吝名爵地越级提拔。在《大诰续编》的“有司超群”条，他对安庆、徽州、常州等地的13名官员亲加慰劳、表彰提拔。其中，安庆府怀宁县县丞陈希文对指挥毕寅“诬图民地”的行为坚决抵制，被提升为青州府知府；徽州府祁门县知县何敏中、县丞李善、主簿李文鼎等揭发府官违章“容留积年老吏”“擅差禁子索要钞锭”“威逼本县吏郑原善身死”等情事，被分别提升为徽州府知府、庐州府同知和祁门县知县；常州府宜兴县主簿王复春揭发府官“岁进细米分派不均”“孤老月粮不支”“起解农桑绢匹”和“砍办公解木植害民”等诸多不法事，被提升为本府同知；建阳县知县郭伯泰、县丞陆镃等捉拿害民旗军，被分别提升为泉州府同知、福州府通判；池州府知府王希颜、推官林惟贤等敢于将解送囚犯经过本地，横行霸道，“驰正道、直入公厅”的舍人刘蛮儿“擒拿问招，加之以刑”，被称赞为“执法不避权势”。另外，诸城县知县朱允恭、金坛县县丞李思进等因受“诸司造罪害民”事牵连而深陷囹圄，但在诸城父老和金坛父老的“连名诣阙”求诉下，朱元璋“特遣使持敕，赍醴以劳”，令其官复原职。[⑤] 类似的例子还有很多，在此不赘。

---

① 《明太祖实录》卷一七四，洪武十八年八月丙辰条，第2654页。

② 《御制大诰初编·大诰后序》，第253页。

③ 《御制大诰初编》第四《荐举首领官》，第206页。

④ 《明太祖实录》卷一七七，洪武十九年四月癸丑条，第2689页。

⑤ 参见《御制大诰续编》第九《有司超群》，第270—271页。

《明史》卷一四〇《列传二十八》赞语中对朱元璋这种唯才是举、旌表贤能的行为具体评述道：

太祖起闾右，稔墨吏为民害，尝以极刑处之。然每旌举贤能以示劝勉，不专任法也。尝遣行人赍敕并钞三十锭，内酒一尊，赐平阳县知县张础。又建阳知县郭伯泰、丞陆镒，为政不避权势，遣使劳以酒醴，迁其官。丹徒知县胡梦通、丞郭伯高，金坛丞李思进，坐事当逮，民诣阙，言多善政，帝并赐内尊，降敕褒劳。永州守余彦诚、齐东令郑敏等十人坐事下狱，部民列政绩以请，皆复官。宜春令沈昌等四人更擢郡守。其自下僚不次擢用者，宁远尉王尚贤为广西参政，祥符丞邹俊为大理卿，静宁州判元善为佥都御使，芝阳令李行素为刑部侍郎。至如怀宁丞陈希文、宜兴簿王复春，先以善政擢，已知其贪肆，旋置重典。所以风厉激劝者甚至，以故其时吏治多可纪述云。[①]

从中可见朱元璋对官员赏罚分明的奖惩措施。引文中怀宁县县丞陈希文、宜兴县主簿王复春先因善政受奖擢，后因贪肆受重惩的情事在《大诰三编》的“沽名肆贪”条中有详细的记载：

布政司官、府州县官为非者，莫甚于常州府同知王复春、青州府知府陈希文。且如同知王复春，先任宜兴县主簿，言常州府官差人下县及乡，扰害官民，诉甚有理，朕即命礼部差人赍朕制谕及酒醴以劳，即升常州府同知。下半年余，本官奸宄并出，亲自下乡，临民科扰。青州府知府陈希文，本官先任安庆府怀宁县丞，深知指挥毕寅系是昔乱保民寨主，其寅无厌之心，广侵民地。寅闻民已告，赴县意在嘱托。希文欲图贿赂，执大义以斥之，想必有赂，不期赂未至。府官不才，已受寅之嘱托。府官代寅嘱希文，希文不满，固执大义以责之。朕闻之，遣使以劳，敕谕励焉。至朝，即升青州府知府。到任之后不逾年，差皂隶著令临朐等三县，需索糯米、蒸笼、鞍韂、革占鞯等物。……以此观之，前者阳为君子，阴为小人。青州事觉，其罪安可逃乎！所以枷项，诸衙门封记，差人互递有司，遍历九州之邑，已而复罪。所在官者熟读而戒慎之，毋蹈前非。[②]

朱元璋以这两个案例教谕官员要为善政，善则受到赏赐提拔，恶则受到处罚严惩。可以说，赏与罚二事，是朱元璋整顿吏治的得力手段。朱元璋利用赏的手段来提拔和重用廉吏，来树立良好的官场风气，在明初曾经起到不容忽视的作用。

---

① （清）张廷玉等撰：《明史》卷一四〇《青文胜传》，第4011页。

② 《御制大诰三编》第四《沽名肆贪》，第380页。

第六节 对文官的廉政教谕

对官员的廉政及道德教谕，是朱元璋加强官员管理和提高官德、导引为政的重要手段。他在每次上朝和接见各级官员时，总不忘进行廉政及道德教谕。在朱元璋的教谕思想中，忠君、孝亲思想和报君、报民思想是主要的组成部分。在具体如何施政、如何保持操守等方面，朱元璋亦耳提面命，告谕官员为官之道。

一、道德教育，灌输忠君、孝亲思想

在朱元璋的教谕思想中，忠孝观念是最重要的一点。忠，用以维系皇帝和官员之间的关系；孝，用以维系上下代之间纵向的血缘关系。在朱元璋看来，忠君和孝亲是紧密相连，不可分离的。正如他自己所说：

> 孝之既明矣，然后乃能事君。所以忠于君而不变为奸恶者，以其孝为本也。所以非孝不忠，非忠不孝。所以事君者若父母，生必荣贵，厚养之，以显之，此所以孝也。如事君不忠，致父母生有累焉。身当其罪者，则父母忧戚焉。此贤者之孝，忧父母生若是也。或父母已逝，而孝犹笃然而慎焉，不敢不忠者，孝在安神魂于九泉。若或不忠，惟恐阴阳之道殊，愆连父母有所不知，宵昼思音容而不复见，常以为伤心，安敢不忠君，弃福贵而累祖宗也哉？①

所以朱元璋在教谕官员时常宣扬孝亲思想。在《大诰》三编中，他就曾多次开谕官员要行人子之道，要行孝亲，要知恩图报。他常对官员说：

> 汝知父母之慈乎？且初离母身，乃知男子。母径闻父，生儿矣。父既闻之，以为祯幸。居两月间，夫妻阅子寝笑，父母亦欢。几一岁间，方识父母，欢动父母。或肚踢，或擦行，或马跑，有时依物而立，父母尤甚欢情。然而鞠育之劳，正在此际。所以父母之劳，忧近水火，以其无知也。设若水火之近，非焚则溺。冬恐寒逼，夏恐虫伤，调理忧勤，劳于父母，岂一言而可尽。及其长也，有志四方，能不致父母之忧，此为孝也。更能异闾里之子，出民上，衣食丰奉于父母，温凊之道以时，送终之期设备，人子之道，无以加矣。②

朱元璋把父母的养育之恩、点滴之情细致、生动地描述出来，可谓入人心腑。另外，朱元璋还申明五常，要求“臣民之家，务要父子有亲；率土之民，要知君臣之

① 张德信、毛佩琦主编：《洪武御制全书・御制文集补・相鉴贤臣传序》，第300页。

② 《御制大诰初编》第二十四《谕官生身之恩》，第216页。

义，务要夫妇有别；邻里亲戚，必然长幼有序，朋友有信”①。利用传统的道德规范、伦理纲常来教谕官员，是朱元璋加强官员管理的重要思想武器。

除了向官员灌输忠君、孝亲思想外，朱元璋还向官员灌输报君、报民思想。他说：

> 臣知报，报君命，而又特报民也。臣所以特报民，为何？谓禄出于民。若为臣而不知报君，则非臣天下；若不知廪禄出焉而报民，则非为民上于天下。若不知报君，而未审何功而官？若不知报民，亦未审何劳而禄？若功劳俱无，却乃官、禄其身，古今未之有也。今命尔某为某官。当立身务政，必欲知报，以格皇天之昭鉴。往署，毋怠。②

在《大诰续编》的“申明五常”条，朱元璋进一步阐明君臣之义道：“昔者人臣得与君同游者，其竭忠成全其君，饮食梦寐，未尝忘其政。所以政者何？维务为民造福，拾君之失，撙君之过，补君之缺。显祖宗于地下，欢父母于生前，荣妻子于当时，身名流芳，千万载不磨，专在竭忠守分。”③

二、廉政说教，告谕为官、为政之道

朱元璋除了对官员进行道德教育外，还常常对官员进行廉政说教，告谕其为官、为政之道。如在施政时，他要求官员必须勤恳、善思。他说：

> 凡事勤则成，怠则废，思则通，昏则窒。故善持其志者，不为昏怠所乘，是以业日广、德日进。圣人初无异于常人，而常人不能如圣人，以弗勤弗思耳。思日孜孜，禹所以成大功。不遑暇食，文王所以开王业。后之人未勤庶政，先为优逸。若元之季世，上下宴安、骄奢淫纵，政事不理、民穷不恤，卒以失天下，可不戒哉。④

在这里，朱元璋以古代先哲为榜样，以元末纵驰为警诫，教育官员要勤政爱民，不要安逸懈怠。在《大诰初编》的“官亲起稿”条中，基于官府中普遍存在的以吏为源、以吏为谋的情形，朱元璋教谕官员要亲理庶政、亲行起稿。他说：

> 曩古之君，除尧、舜、禹、汤、文不过《尚书》略节之纪，余无备载，难以测云。其秦不可法。自周至汉、晋、唐、宋，当时贤人君子，臣于斯历代者，受任方隅，所任之事，各必躬亲理之，所以视吏卒如奴仆，待首领官若今之参谋，善者礼之，不善者奏闻黜之。凡所施行诸事，议论已成，正官、首领官亲行草

① 《御制大诰续编》第一《申明五常》，第 263 页。

② 张德信、毛佩琦主编：《洪武御制全书·御制文集》卷四《诰命》，第 72—73 页。

③ 《御制大诰初编》第一《君臣同游》，第 204 页。

④ 《明太祖实录》卷六四，洪武四年四月辛卯条，第 1215—1216 页。

稿，役吏精书之，而乃书押印行，所以事多端正，并无过误稽迟。所以食天之禄，安如磐石，名流万古，耿耿而不磨。[①]

另外，朱元璋又告诫官员在平时要注意言行举止，处处"居处端庄"。所谓"人于起居动静之际，威仪要肃，则人望而敬之，不敢亵狎"。他还告诫官员在为政之时要讲究策略，做到"莅官以敬"。所谓"士有禄位者，若能持己以敬而临乎人，则事辑而人爱敬之，必不陷身于罪戾"。[②] 这是朱元璋加强官员操守，告诫官员为官之道的政治说教，也是提醒官员避免深陷囹圄的思想警钟。除了对官员的为官处身之道作出教谕外，他还要求官员严驭吏役，不为其所陷，要时刻恻隐民艰、体恤民情。

三、以案说法，警示财利、女色之诱

为了打击和防范官员贪赃犯法，朱元璋还常以案说法，特别是以贪官为例，警告官员不要为财利所迷、女色所诱。在官员入仕之时，他戒谕他们要行善政，勿贪财以"陷身家"。其辞曰：

汝知不才者乎？今所在有司，坐视患民，酷害无端，政由吏为。吏变为奸，交头接耳，议受赃私，密谋科敛。……汝不见事觉之后，受刑在禁。议罪已明，身居工役之场，赃在数千里外，妻子收存者有之，眷属无之者有之，多在异姓收藏，临期欲以为用，安得而至耶。是致家破身亡，赃为他人所有，比若是而无益。安俸如井泉，井虽不满，日汲不竭渊泉焉。贿赂之财何益之有哉！汝往任事，勿蹈前非。[③]

朱元璋希望通过教谕使他们为官以后"无作非为，显尔祖宗，荣尔妻子，贵尔本身，以德助朕，为民造福，立名于天地间，千万年不朽，永为贤称"[④]。在《大诰初编》的"谕官生身之恩"条中，朱元璋针对官员中存在的"忘夫妇之道，乌合野妇"的行为，告诫他们要遵守夫妇伦常，不要将"贞良之妻"弃而"不抚"。[⑤] 在《大诰续编》的"奸宿军妇"条中，朱元璋针对给事中王默、进士易聪、序班洪文昌三人"心忘立志，性务奸顽，苟合无藉之妇，通奸不已，败常乱俗"[⑥]的行为，命法司以律处之。为了进一步增加说教的效果，他还常以自己的功名往事为例教谕官员不要贪恋"子女玉帛"。如他在《大诰续编》的"谕官无作非为"条中说：

---

① 《御制大诰初编》第二《官亲起稿》，第 204 页。
② 《御制大诰续编》第七《明孝》，第 269 页。
③ 《御制大诰初编》第五《谕官之任》，第 206 页。
④ 《御制大诰初编》第四十三《谕官无作非为》，第 228 页。
⑤ 《御制大诰初编》第二十四《谕官生身之恩》，第 216 页。
⑥ 《御制大诰续编》第六十四《奸宿军妇》，第 319 页。

曩元末之时，群雄并起，孰不以子女玉帛为先，良骑美服为上，酣歌作乐为奇，生离人父母妻子为妙。朕亦扰攘中，于斯数事，为何不能？其保身惜命而不敢。当未定之时，攻城略地，与群雄并驱十有四年余，军中未尝妄将一妇人女子。惟亲下武昌，怒陈友谅擅以兵入境，既破武昌，故又伊妾而归。朕忽然自疑，于斯之为，果色乎？豪乎？智者监之。朕为保身惜命，去生色货利而不为，盖为慕声色货利者，数数朝兴暮败。[①]

朱元璋以自己的切身故事来感召官员不要为财利所迷、女色所诱，要去生色货利、为官以正，不然的话则性命难保，"悔不及矣"。其中既有谆谆教谕之意，又暗含着警告的意味。

另外，朱元璋又在《大诰续编》的"婚娶"条中，针对后生新进之官容易出现的年轻气盛、淫欲难耐的情形，教谕其父母要早为之婚娶，以安其不羁之心。他说：

其父母愚而不与之娶，致令孤守厚禄，淫欲之情横作。一旦苟合于无藉之妇，暮去朝来，精神为之妄丧，财物由是而空虚，天生诚实之性因而散乱，虽古智人君子，莫复其原，岂不艰哉。今以《诰》告，凡在京有官君子之父母，即早婚娶前来，以固子天生自然之性。不然，暂染娼优，污合村妇，性一乖为，莫可得而再治。其诸父母，早为之计。[②]

以上这些谆谆教诲之言，在朱元璋的御制文集、洪武宝训、祖训录、洪武榜文、诰文、实录等著述中都有充分的反映。这在一定程度上说明朱元璋非常重视官德教谕的作用，而这与朱元璋独特的贫民出身、生活经历和其受儒士影响等有一定的关系。

---

① 《御制大诰初编》第四十三《谕官无作非为》，第229页。

② 《御制大诰续编》第八十六《婚娶》，第337页。

第三章　明《大诰》对武官的管理

朱元璋在位期间非常重视武官的管理，时常敕谕武官要遵循守御之道，莫要枉法犯分。洪武二十年（1387 年）十二月，他又因“中外武臣多出自戎武，罔知宪典，故所为往往丽法”而亲制《大诰武臣》，以使其知“守纪律、抚军士、立勋业、保爵位”[①]，从而进一步加强了对武官的管理。《大诰武臣》的颁布使朱元璋的社会管理思想趋于完备，使其监控的触角深入社会的每一个方面。

第一节　武官的设置

武官是指担任各级武职的官员。单说“武”，泛指军事、技击、强力等事，与“文”相对。“武者，兵事也。”[②]自战国以来，我国官僚体系开始文、武分途，东汉时已比较清晰地确定文、武分立之制，“不仅有了明确的文官、武官概念，‘武官’一词正式出现，而且其内涵也已明确”[③]。明代的武官，按照不同的分类标准，可分为世官与流官，见任官与带俸官，达官与汉官，卫所官与镇戍官等。[④] 按照军制的不同，明代武官可以分为卫所制下的武官与营兵制下的武官。不过，洪武时期颁行的《大诰武臣》仅是针对卫所制武官的犯罪惩治与管理，故本书所研究的范围主要是卫所制武官。

明代以武立国，非常重视军队建设，在继承唐、宋、元兵制的基础上，建立了具有一定时代特色的军事制度。明初，“自京师达于郡县，皆立卫所，外统之都

---

① 《明太祖实录》卷一八七，洪武二十年十二月乙亥条，第 2808、2809 页。

② 《汉语大词典》，上海辞书出版社 1986 年版，第 1439 页。

③ 张金龙：《魏晋南北朝禁卫武官制度研究》（上），中华书局 2004 年版，第 10 页。

④ 参见梁志胜：《试析明代卫所武官的类型》，《西北师大学报》（社会科学版）2001 年第 5 期。

司,内统于五军都督府,而上十二卫为天子亲军者不与焉”①。在卫所中,其兵源主要有“从征”“归附”“谪发”“垛集”“抽籍”等几类,另外还有很多历代永充为役的“世袭军户”。② 为了加强对兵源的管理,明代主要实行世兵制或军户制。在卫所制下,军士和武官皆入军籍。凡卫所皆隶于都司,而都司又分隶于五军都督府。朱元璋通过卫所制建立了一套与行政系统不相统属的独立军事系统,无论从军政还是军事都与行政系统不相统属。另外,他还设置了一系列武官来掌管卫所事务,其卫所制及武官的设置情况如下。

在明朝建立之前,朱元璋于所辖之地置各翼统军元帅,以总制军民。其诸将领亦因袭元代之旧,称“枢密”“平章”“元帅”“总管”“万户”等官号。至正二十四年(1364年),朱元璋攻下集庆路后,称吴王,对军队编制进行全面整顿。他不仅“罢诸翼统军元帅”,而且还革除诸将袭元官号。另外,又设置了武德、龙骧、豹韬、飞熊等十七卫亲军指挥使司,并以“卫”为单位重新核实诸将部兵,以“兵五千人为指挥,千人为千户,百人为百户,五十人为总旗,十人为小旗”。可以说,初步形成了卫所制的雏形。洪武七年(1374年),朱元璋又对卫所进行了一次大规模整顿,“度要害地,系一郡者设所,连郡者设卫。大率五千六百人为卫,千一百二十人为千户所,百十有二人为百户所。所设总旗二,小旗十,大小联比以成军”。③

洪武二十六年(1393年),朱元璋定天下都司卫所,共计“都司十有七,留守司一,内外卫三百二十九,守御千户所六十五”。及至成祖在位二十余年,多有增改,五府分领有所变更,“后定天下都司卫所,共计都司二十一,留守司二,内外卫四百九十三,守御屯田群牧千户所三百五十九,仪卫司三十三,宣慰使司二,招讨使司二,宣抚司六,安抚司十六,长官司七十,番边都司卫所等四百七”。④ 现根据《明史》卷九十《兵志二》列表如下:

表 3-1　　明代都司卫所设置情况

时间 / 都司卫所	洪武二十六年	成祖以后
亲军卫	金吾前卫,金吾后卫,羽林左卫,羽林右卫,府军卫,府军左卫,府军右卫,府军前卫,府军后卫,虎贲左卫,锦衣卫,旗手卫	增设金吾左以下十卫;又设腾骧等四卫,及武功、永清、彭城、长陵等十五卫

① (清)张廷玉等撰:《明史》卷八九《兵志一》,第2175页。

② 王毓铨:《明代的军屯》,中华书局2009年版,第232页。

③ (清)张廷玉等撰:《明史》卷八九《兵志一》,第2175页。

④ (清)张廷玉等撰:《明史》卷九十《兵志二》,第2196、2204页。

续表

都司卫所＼时间	洪武二十六年	成祖以后
左军都督府	在京卫所，浙江都司，辽东都司，山东都司	同左
右军都督府	在京卫所，云南都司，贵州都司，四川都司，陕西都司，广西都司	在京卫所，直隶宣州卫，陕西都司，陕西行都司，四川都司及天全六番招讨使司等土官，四川行都司及昌州长官司等土官，广西都司，云南都司及茶山长官司等土官，贵州都司及新添长官司等土官
中军都督府	在京卫所，直隶扬州等卫所，中都留守司，河南都司	同左
前军都督府	在京卫所，直隶九江卫，湖广都司，福建都司，福建行都司，江西都司，广东都司	在京卫所，直隶九江卫，湖广都司及永顺军民宣慰使司等土官，湖广行都司，兴都留守司，福建都司，福建行都司，江西都司，广东都司
后军都督府	在京卫所，北平都司，北平行都司，山西都司，山西行都司，北平三护卫，山西三护卫	在京卫所，直隶蓟州等卫所，大宁都司，万全都司，山西都司，山西行都司

资料来源：(清)张廷玉等撰：《明史》卷九十《兵志二》，第 2196－2221 页。

明初，卫所管辖区域固定，军士皆有定数，武官的设置也有定制。在洪武二十六年(1393 年)三月内府刊定的《诸司职掌》中，朱元璋对卫所制下武官作了明确规定。兹将其官制额数及品秩资格列表如下：

表 3-2　明代武官品秩资格

军职衙门	武官名称及额数	品秩资格
都督府	左都督、右都督	正一品
	都督同知	从一品
	都督佥事	正二品

续表

军职衙门	武官名称及额数	品秩资格
留守司	正留守	正二品
	副留守	正三品
	指挥同知	从三品
都指挥司	都指挥使,二员	正二品
	都指挥同知,二员	从二品
	都指挥佥事,四员	正三品
卫	指挥使,一员	正三品
	指挥同知,二员	从三品
	指挥佥事,四员	正四品
	卫镇抚,二员	从五品
所	正千户,一员	正五品
	副千户,二员	从五品
	所镇抚,二员	从六品
	百户,十员	正六品
仪卫司	仪卫正,一员	正五品
	仪卫副,二员	从五品
	典仗,六员	正六品

资料来源:洪武二十六年三月内府刊本《诸司职掌》,见杨一凡、田涛主编:《中国珍稀法律典籍集成续编》,第243—245页。

以上就是明代卫所武官设置的大致情况。对其制度的梳理,为下文展开分析作了铺垫。

第二节　对武官犯罪的惩治

明代的军事管制体系是由五军都督府—各省都指挥使司—卫—千户所—百户所—总旗—小旗的层级组织构成。这一体系具有极强的自主性和封闭性,一般的行政衙门很难涉足其间。正因为如此,部分堕落腐化的武官得以肆虐逞凶,其犯罪危害的表现也不止一端。在《大诰武臣》中,朱元璋择取当时社会中存在的武官犯罪情形载入其中。透过这些记载可见，武官的犯罪形式多样，其危害不仅威胁到国家安全，而且影响到军士生存，甚至关系到社会民人的日常生活。总体来看，明初武官的犯罪危害情形涉及经济、行政、司法以及道德方面。对此，朱元璋都给予了严厉惩治和教谕。朱元璋主要从以下几个方面加强了对武官的管理。

一、武官犯罪的惩治内容

（一）经济犯罪

从经济层面看，武官的犯罪行为主要集中在冒支官粮、克落军饷、私役军人以及科敛害民等方面。这也是《大诰武臣》打击的重点。

1. 严禁冒支军粮、克落军饷

在明代，卫所军士的军饷分为两部分：一是月粮，即按月支给军士的固定粮饷；二是行粮，即军士在外执行任务时临时发放的粮饷。月粮的具体发放数额大致是："马军月支米二石，步军总旗一石五斗，小旗一石二斗，军一石。"与月粮同时发放的还有月盐，其标准是"有家口者二斤，无者一斤"。[①] 不过其执行时间不长，便于洪武十五年（1382 年）改为"以钞代之"[②]。除此之外，明朝廷还会定期赐予军士一定的冬装、布匹以及棉花等生活必需品。[③] 在明初，军饷的发放一般要由地方政府或其他部门把粮米运到相关卫所指定的粮仓，然后由卫所派人分发，军士则自行前往军仓领取。但是，实际情况并非如此。很多武官借此虚捏军人数量冒支军粮，甚至克落军饷。如陈州指挥胡琏、颍州指挥陈胜等 25 人，"百般害军，共冒支官粮三十八万，各分入己"[④]。府军右卫千户朱德，府军前卫千户许寿、左弼等 14 人，"俱为关支军人冬衣绢匹，通同承运库官黄伯学等，冒支出官绢二千五百九十匹，各分入己"[⑤]。水军左卫千户刘全，"将为事起发百户一员不开除月俸，八石支五个月，十石支五个月。将这等为事百户俸整支十个月，共粮九十石"。而且，他还将所有提调看养马匹，"着实支去草料，私下尽皆侵用"，以致造成很多马驹因喂养不善而倒死。[⑥]

至于武官克落军饷的行为，在《大诰武臣》中有多处记载。如，广西都指挥使

---

① 《明史》卷八二《食货志六》，第 2004 页。

② 《明太祖实录》卷一五〇，洪武十五年十一月丙辰条，第 2358 页。

③ 参见张金奎：《明代卫所月粮制度浅论》，《明史研究论丛》2007 年第 7 辑。

④ 《大诰武臣》第一《冒支官粮》，第 430 页。

⑤ 《大诰武臣》第十五《冒支官绢》，第 441 页。

⑥ 刘海年、杨一凡主编：《中国珍稀法律典籍集成》乙编《皇明诏令》卷三《太祖高皇帝下》，第 71 页。

耿良“克落军人月盐三千三百八十一贯入己”[①]。平阳卫守御千户彭友文领军出外筑城两月，“不支于行粮”，以致把一百军人饿死；而守御千户谢成则“掌印在家”，不肯关与军人家小粮米，以致“各军家小忍饥生受”。[②] 在《大诰武臣》中，朱元璋又专列“克落粮盐”一条对武官克落军人粮盐行为作了更细致的揭露：

> 襄阳卫千户孙齐，克落各军月粮三百石入己；千户周铭，克落军人盐钞二百贯入己；镇南卫百户周原德，克落军人月盐三十斤入己；福州左卫百户刘义，克落军人盐钞二十二贯五百文入己；台州卫镇抚钱兴，克落军粮三百七十八石入己；绍兴卫百户王伯当，克落军人盐钞九贯八百文入己；定辽卫百户靳允恭，克落军粮一十八石入己；应天卫百户袁思诚，克落军人屯种稻谷一十石、小麦一十五石入己；沂州卫百户王仁美，克落军人盐钞四十贯入己；永州卫百户毛思盟，克落军人盐钞二十贯入己；平阳卫百户何敬，克落军人赏赐钞一百贯入己。[③]

从中可见，武官冒支军粮、克落军饷的行为在明初军法尚严的情况下已普遍存在。以至于朱元璋在《大诰武臣》的序言中如是说：

> 在京都督府首领官，十二卫各卫指挥、千户、百户、镇抚、知事、卫令史、典吏、军吏、总旗、小旗；在外各都司首领官，各卫指挥、千户、百户、镇抚、知事、卫令史、典吏、军吏、总旗、小旗；中都留守司经历、知事，并陈州、颍州二卫，苦军妄支钱粮。……且如在京的管军官吏人等，我每日早朝晚朝，说了无限的劝戒言语，若文若武，于中听从者少，努目不然者多，其心专一害众成家。[④]

除此之外，在监支月粮时，有的武官支给军人“黑烂米”，而自己则留用“白米”。如燕山中护卫镇抚孟春在发放月粮时，“官吏的都是白米，军支的都是黑烂米”[⑤]。

为了严禁武官冒支军粮，朱元璋在《大明律》中专门列有“冒支官粮”条目予以防范。其中规定道：“凡管军官吏总旗、小旗，冒支军粮入己者，计赃，准窃盗论，免刺。”[⑥]从而根据是否满贯，处以杖或徒流的惩治。[⑦] 在《大诰武臣》中，朱元璋对武官冒支军粮、冒支官绢的行为，多是给予“戴罪出征”的惩戒。如对于冒支

---

① 《大诰武臣》第三《耿良肆贪害民》，第 431 页。
② 《大诰武臣》第五《千户彭友文等饿死军人》，第 433 页。
③ 《大诰武臣》第十六《克落粮盐》，第 442 页。
④ 《大诰武臣・序》，第 425 页。
⑤ 刘海年、杨一凡主编：《中国珍稀法律典籍集成》乙编《皇明诏令》卷三《太祖高皇帝下》，第 71 页。
⑥ 怀效锋点校：《大明律》卷七《吏律四・仓库・冒支官粮》，第 72 页。
⑦ 参见怀效锋点校：《大明律》卷十八《刑律一・贼盗・窃盗》，第 141 页。

官粮的陈州指挥胡琏、颍州指挥陈胜等19人,朱元璋就看在他们曾立有军功的份上,“且则发去云南出征”;对于冒支官绢的府军右卫千户朱德等14人,亦是在事发之后,“都着他戴罪出征”。不过,对于克落军人月粮的襄阳卫千户孙齐等10人,则均“贬去云南充军”。可见,朱元璋对武官冒支官粮、克落军饷的惩处,与对文官的动辄处以死刑相比明显要轻,很少直接处以身体之刑,甚或给以立功赎罪的机会,而这与明初战事未宁,社会尚且不稳的形势密切相关。当然,若武官因侵欺月粮导致军人饿死的话,朱元璋亦毫无容情。如平阳卫千户所千户彭友文等就在事发之后,被“乱枪杀死”[①]。

2.严禁科索军人、勒诈钱财

武官除了冒支官粮、克落军饷外,还常常巧立各种名色,敲诈勒索军人钱财。《大诰武臣》的“科敛害军”条就对此记载道:

> 大同前卫百户李隆,为要买马,科军人孙德等钞四百四十九贯、布四匹、银四两入己;镇南卫百户杨斤保科各军钞五贯入己,百户赵忠科各军米一十六石、钞七十五贯入己;叙南卫指挥夏晟,科各军茜草一百斤做人事送人,又每旗科钉三千个打船做买卖;宁海卫千户张麟、潘德,为改造枪甲,科各军钞八十七贯,各分入己;金吾后卫百户于保,为屯种买牛,科各军钞七十五贯五百文入己;金山卫百户张敬,为买墙板,科各军钞三十贯入己;莱州卫百户孙骥,为画图本科各军钞二十六贯入己;河南卫百户侯显,为盖自己房屋,科各军钞八十贯入己。[②]

另外,由于军人经常在外,“每不在家”,只得由其“妇人家自去关(支)”,这时负责发放钱粮的仓官则“又斛面上打减了几升”,最后军人拿到手里的也就只有“七八斗儿米”。军人月粮本不过“一担儿米”,受到如此科敛和勒诈,生计更是雪上加霜。难怪朱元璋亦如是说:“他全家儿大大小小要饭吃,要衣裳穿,他那里再得闲钱与人。这千百户每,直这等无仁心。”[③]在《大诰武臣》的“生事苦军”条中,海宁卫千户费进为了勒诈军人钱财,竟想出逼迫军人不得不向其购买“茅草”的刁难招数。据载:

> 海宁卫千户费进,他以起盖营房为由,差军出外砍竹子并茅。及至军每千辛万苦砍得回来了,他却将来堆在城里,出号令不许各军出去砍柴,就将这茅草做柴出卖。军人每家里无柴烧,又出城去不得,没奈何,则得去买他

① 《大诰武臣》第五《千户彭友文等饿死军人》,第433页。

② 《大诰武臣》第九《科敛害军》,第436页。

③ 《大诰武臣》第九《科敛害军》,第437页。

的做柴烧。[①]

从中可见，武官为了剥削军人，何种手段都能想得出来。

《大明律》的“因公擅科敛”条规定道：“管军官吏、总旗、小旗科敛军人钱粮赏赐者，杖六十。赃重者，坐赃论；入己者，并计赃以枉法论。其非因公务科敛人财物，入己者，计赃以不枉法论。若馈送人者，虽不入己，罪亦如之。”[②]在《大诰武臣》中，朱元璋对科敛害军的大同前卫百户李隆等10人处以“发去边远充军”的惩罚。对于为何如此惩治，他解释道：“看他去做军时，果实过活得不过活得。”[③]而对于这种处置，他还于心不忍，以致解释道：“若不罪他呵，那小军每怎当。”[④]可以说，以充军方式来惩治武官是朱元璋经常采取的手段。

3. 严禁私役军人、营干己事

在明代，武官为了营干己事，经常私役军人，他们或役占军人为自己耕田劳作，或指使其帮助经商买卖，或役使其在家听候使唤，可谓名目繁多，不可胜数。当代学者王毓铨先生认为：

> 这些勋贵武官地主们的多种经营，绝大多数（如果不全是）是依靠私役军士来供给劳动力的。他们的私业，不论庄田、孳牧、碾磨、银冶、造作、兴贩，越是扩大，私役军士就越多。被私占私役的军士，有的是操守旗军，但也有是屯种旗军和后期的顶种军余的。[⑤]

在明朝建立之初，这一情形即已存在。如广西都指挥使耿良，私役军丁，为其栽种苜蓿、喂养马匹以及营建水中亭阁等。[⑥] 施州卫指挥乐信，“占留军人九十二名在家做买卖”；叙南卫指挥徐毅，“占留军人一十五名在家役使”；大同前卫百户刘海，“私使军人在家砍柴卖钞”。[⑦] 洮州卫指挥李聚，“役使军人宁成等八名，将米三百五十石运去岷州粜卖，又私役军人陈德、魏得成在家种菜打鱼”。他的这种役占行为，使得各军人为此“歇役一千八百余日”[⑧]，从而严重影响了军事操练，降低了作战能力。难怪朱元璋对私役军人的行为特别申明道：“外面守御的军官，务要把军整点得齐整。”[⑨]类似这种私役军人的行为，必然影响军备。对于

---

① 《大诰武臣》第二十九《生事苦军》，第450页。

② 怀效锋点校：《大明律》卷二三《刑律六・受赃・因公擅科敛》，第189页。

③ 《大诰武臣》第九《科敛害军》，第436、437页。

④ 《大诰武臣》第二十九《生事苦军》，第450页。

⑤ 王毓铨：《明代的军屯》，第325页。

⑥ 参见《大诰武臣》第三《耿良肆贪害民》，第432页；刘海年、杨一凡主编：《中国珍稀法律典籍集成》乙编《皇明诏令》卷三《太祖高皇帝下》，第70页。

⑦ 《大诰武臣》第二十七《私役军人》，第449页。

⑧ 刘海年、杨一凡主编：《中国珍稀法律典籍集成》乙编《皇明诏令》卷三《太祖高皇帝下》，第67页。

⑨ 《大诰武臣》第二十七《私役军人》，第449页。

私役屯军，朱元璋在其颁行的榜文中又记载道："东圣右卫百户周成所管屯军，止是一百一十二名，屈指可数，却将屯军二名所书手，二名所伴当使唤，二名在家造酒买卖。"[①]对屯军的侵占，必然造成对军屯的破坏。对此，王毓铨先生认为："私役屯军和军余，就直接剥夺了军屯生产的劳动力，破坏了屯政。一官私役军士动辄千人，一卫之官几乎无不私役军士，这确是在明代军屯制度中造成和屯田丧失几乎同等重要的严重问题了。"[②]

对于武官私役军人的行为，朱元璋在洪武十五年(1382 年)就曾榜谕天下都司曰："自今非奉命不得擅兴营造私役军士，违者或事觉，或廉得其状，罪之削其职。"[③]《大明律》的"纵放军人歇役"条对此又专门规定道：

> 凡管军、百户及总旗、小旗、军吏，纵放军人出百里之外买卖，或私种田土，或隐占在己使唤，空歇军役者，一名，杖八十，每三名加一等，罪止杖一百，罢职充军。……若私使出境，因而致死，或被贼拘执者，杖一百，罢职，发边远充军。至三名者，绞。本管官吏，知情容隐不行举问，及虚作逃亡，符同报官者，与犯人同罪。……若军官私家役使军人，不曾隐占歇役者，一名，笞四十，每五名加一等，罪止杖八十，并每名计一日，追雇工钱六十文，入官。若有吉凶借使者，勿论。[④]

从《大明律》中对私役军人的处罚规定可见，该罪行的处罚以身体刑为主，私役一名杖八十，根据私役的多少加重杖刑，重者罢职充军。另外，即使是临时性差使，并不构成"隐占歇役"行为，也会受到处罚，役使一名笞四十。这些条例的规定不可谓不严，但是在军政败坏的形势下，私役军人的行为仍难以禁止。以至于朱元璋在《大诰武臣》中专门列有"私役军人"一条，对此予以"都不饶他"的处置。

4. 严禁卖放军人、贪赃枉法

明代军役繁重，在诸色户役中，以军户的差役为最苦最重，其应役户丁的身份接近于奴隶。[⑤] 他们不仅要承担操备、守御，还要承担大量的杂役，因此很多军士往往通过贿赂该管军官买闲，而武官为了获取钱财则多有卖放。武官的贪恋钱财和卖放军人，使得强健殷实军人纷纷买逃，导致了军队的空虚，只剩贫弱之军。这些现象的存在，严重降低了军队的作战和守御能力，甚至招致边关战事的失败。为了严禁武官卖放军人，朱元璋在《大明律》的"纵放军人歇役"条中对

---

① 杨一凡、田涛主编：《中国珍稀法律典籍续编·明代法律文献(上)·洪武永乐榜文》，第 514 页。

② 王毓铨：《明代的军屯》，第 334 页。

③ 《明太祖实录》卷一五〇，洪武十五年十一月丁巳条，第 2358－2359 页。

④ 怀效锋点校：《大明律》卷十四《兵律二·军政·纵放军人歇役》，第 112 页。

⑤ 参见王毓铨：《明代的军屯》，第 243 页。

此规定道："若受财卖放者，以枉法从重论。所隐军人，并杖八十。"[①]在《大诰武臣》中，又专门列"卖放军人"条目，再次予以严厉惩戒。据载：

应天卫百户韦真，接受军人叶德骥银四两、钞二十贯、纻丝袄子一件，将本军脱放；兴化卫镇抚陈林，接受军人王受钞五十一贯，将本军脱放；太原左卫百户刘云，接受军人薛尚文、荆希成等银四十两、钞四十贯，将各军脱放；锦衣卫百户裴兴，接受力士蒋次五等八名钞九十贯、夏布五匹，将各人脱放。……事发，都发去边远充军。[②]

除了《大诰武臣》中的记载外，朱元璋又在洪武二十七年(1394 年)十月十三日"为百户张庸卖放军人事"颁行榜文道：

近年以来，管军官员有等不才的，不知一家大小吃的俸禄是众军士每的功劳，不肯寻思爱惜军士。只如东圣左卫百户张庸，任重庆卫百户之时，所领军人一百一十名，沿途卖放一十六名，饿死四十四名，又复奸顽，一向不肯勾补，致被指挥杨锦奏发，提问处斩了。尔刑部出榜，与管军人员知道，以为鉴戒。[③]

5. 严禁生事害民、科敛民财

武官为了科敛钱财，除了侵欺军士外，还想方设法科敛害民，他们有的以"兴造"为由，有的以"批引"为名，有的以"倈借物资"或"对拨军粮"为机，总之是各种名色百般害民。在《大诰武臣》中，朱元璋对此都有所惩戒。

(1)以兴造为由，肆贪害民

武官除了剥削军人外，也存在生事害民、科敛民财的行为。其中，在外都司卫所常以兴造为由，擅科民财。如《大诰武臣》的"肆贪害民"条记载道：广西都指挥耿良，经常与地方布政司、府、州、县官交结，生事作为，科敛民财，以致"将百姓每害得荒了……连年啸聚不已"。他为了起盖谯楼，命令有司起发民丁，科要民钞一万三千贯、银一千八百两入己。此外，他还"强将民人杜道荫秋粮三百五十石搬运回家"。[④] 可以说他的生事害民行径之多，不能一言而尽。为此，朱元璋不仅将其"打杀了"，还将其案例载于《大诰武臣》中以警诫他人。另外，由于武官以兴造为由科敛害民的情事比较严重，朱元璋不得不在洪武二十二年(1389 年)专门颁发禁令：

禁武臣不得预民事。先是命军卫武臣管领所属军马，除军民词讼事重

① 怀效锋点校：《大明律》卷十四《兵律二・军政・纵放军人歇役》，第 112 页。

② 《大诰武臣》第十八《卖放军人》，第 444—445 页。

③ 杨一凡、田涛主编：《中国珍稀法律典籍续编・明代法律文献(上)・洪武永乐榜文》，第 515—516 页。

④ 《大诰武臣》第三《耿良肆贪害民》，第 431、432 页。

者许约问外，其余不许干预，至是广西都指挥耿良造谯楼，令有司起发民丁科敛财物，青州等卫造军器亦擅科民财违越禁例，于是诏申明其禁："凡在外都司卫所，遇有造作，千户所移文达卫，卫达都指挥使司，都指挥使司达五军都督府，奏准方许兴造，其合用物料并自官给毋擅取于民，违者治罪。"[①]

(2)以批引为名，科敛民财

除了以兴造为由肆贪害民外，有的武官还以"批引为名"刁蹬民人，科敛民财。武官的这种把持当道、勒索使费的行为，严重影响了民人的日常生活，给民人造成了巨大危害。对此，朱元璋在《大诰武臣》中载有多条案例，予以严厉惩戒。如"生事害民"条目中记载道：杭州右卫指挥陈祥，以批引为名，"将捕鱼船只阻当，多般刁蹬，取要钞贯方肯放他来往，共取受钞一千二十一贯入已"，在事发之后，"贬去金齿充军"。[②] 又如抚州千户张邦、董升等，害民伎俩更让人惊骇。他们将自家的鹅鸭放于城门之上，命令守门军人遇见"但有挑担米谷过往的，便去取要米谷来喂养"。另外，他们还以批引为由，多般刁蹬来往使客，必须"有钞与他，才肯放行"。朱元璋对其如何惩治不得而知，但是从朱元璋说的"有这等无知的愚夫"一句来看，处罚应不轻于发往边远充军。[③]

(3)在俵借物资之际，侵欺民人

有的武官还在俵借物资与民之际，科征害民。如青州卫百户王玘在蒙阴县守御期间，"多般去害百姓，将带籽棉花俵与百姓，每二十斤要他布二十四匹；又将黄蜡、香油等物俵与里长甲首，多收价钞"。加之"诈传旨意"、惑乱朝廷等行为，他最后被朱元璋处以杀身之刑。[④]

(4)在对拨军粮之时，措要民财

当然，武官的生事害民行为不止于《大诰武臣》中所载，还存在武官以对拨军粮为由措要民财的行为。洪武二十一年(1388年)，朱元璋为了方便军人粮饷的发放，采取了"对拨军粮"的方法："二十一年五月，上以将校军士给俸粮，仓庾不便，欲将民租定拨，令应天府以今岁民租先对一卫，试行之。便军民则著为令。"[⑤]这次试验效果不错，明廷遂于三年后正式决定实行对拨法。规定：

> 一县之粮以对一卫，或多或少，损其赢补其不足。一户之粮以对一军，多少损益如之。度其道里之远近，有司以勘合号数编定次第。如金吾卫军

---

① 《明太祖实录》卷一九五，洪武二十二年二月壬戌条，第2931－2932页。

② 《大诰武臣》第二十八《生事害民》，第449、450页。

③ 参见《大诰武臣》第十《守门阻当》，第437页。

④ 参见《大诰武臣》第三十《排陷有司》，第450、451页。

⑤ (明)程嗣功、王一化纂修：《(万历)应天府志》卷三《郡纪下》，四库全书存目丛书本，史部地理类，第203册，齐鲁书社1997年版，第322页。

五千，于勘合簿注之，递发军卫收掌。俟人户输粮之际，对号相符，依数收受，即以实收付之以凭查照。若一卫所收俱足，则出通关付有司奏缴。[①]

这一政策初衷是好的，其做法从表面来说也看似合理，但是由于明代卫所编制执行并不严格，卫所超编和军额不足的现象比比皆是。为了适应实际需要，明初经常调整卫所配置，民户的税粮也很难有固定的对应方。加之若一地发生灾害，需要蠲免时，其承担的军粮则需临时从别处调拨，可以说，对拨法的运作成本和难度远远大于旧的支饷方式，于军于民都没有什么好处。[②] 除此之外，在对拨军粮之时，还存在武官借此刁蹬害民的情事。如山西都指挥何诚在对拨军粮之时，"主使属卫提调对粮指挥千百户，务要每石加四加五，又巧立朱钞钱、扇车钱、芦席钱、偏手钱这等名色，掯要民财"。为了消除这一危害，朱元璋颁下榜文道："恁都察院将他（山西都指挥何诚）所犯凌迟情罪，图形榜示，教天下知道。"[③]但是，这一禁令并未有效遏制武官对拨军粮之害，再加之其他一些原因，朱元璋所创建的"对拨军粮"之法没有实行多久便自行废止了。

（二）司法犯罪

从司法方面看，武官的犯罪行为主要集中在打死军人、阻挡告状、挟仇诬告、交结有司以及卖放胡党、教诱作弊等方面。这也是《大诰武臣》的重点惩治内容。

1. 对致死人命、阻挡告状的惩治

（1）打死军人

在军队这一封闭体系之中，武官的地位优越，而作为兵丁的军人则地位卑贱，他们常常受到武官的驱使、凌辱，甚至殴打。朱元璋就说："这等官人，上坏朝廷的法度，下苦小军，略不有些哀念，将那小军每苦楚，也不如猪狗。"[④]其中有些武官，或因公事，或因私愤，甚至将军人殴打致死。

对于因公致死军人者，往往处罚较轻，一般处以徒刑兼杖一百的处罚。《大明律》中对此具体规定道：

若监临之官，因公事于人虚怯去处非法殴打，及自以大杖或金刃手足殴人至折伤以上者，减凡斗伤罪二等。至死者，杖一百，徒三年，追埋葬银一十两。其听使下手之人，各减一等，并罪坐所由。谓情不挟私，非梯己事者，如有司官催征钱粮，鞫问公事，提调造作，监督工程，打所属官吏、夫匠之类；及管军官操练军马、演习武艺，督军征进，修理城池，打总小旗、军人之类。若

---

① 《明太祖实录》卷二〇〇，洪武二十三年二月丙辰条，第 2999 页。

② 参见张金奎：《明代卫所月粮制度浅论》，《明史研究论丛》2007 年第 7 辑。

③ 杨一凡、田涛主编：《中国珍稀法律典籍续编·明代法律文献（上）·洪武永乐榜文》，第 517 页。

④ 《大诰武臣·序》，第 425 页。

于人臂腿受刑去处，依法决打，邂逅致死，及自尽者，各勿论。[①]

但是，武官常常"因些小事儿"，擅拿犯轻罪的军人，动用私刑，将其迫害致死。他们或"为失去官木"，或"为撑驾征北船只"，或"为领军斫竹"，或"为看守船只"，或"为烧砖"，或"为监造营房"等所谓的公事，将军人每每打死。为此，朱元璋在《大诰武臣》中，专门列有"打死军人"条目予以严惩：

> 豹韬卫百户王德甫，为失去官木，打死军人任良；府军前卫百户王斌，为撑驾征北船只，打死军人佴德旺；羽林左卫百户阚秋，为领军斫竹，打死军人周添；镇海卫百户侯保，为看守船只，打死军人乔海秀；天策卫千户陈安，为烧砖，打死军人邬仲真；锦衣卫百户万成，为监造营房，打死力士于青。事发，都教偿命了。[②]

除此之外，武官还有侵欺军人致死以及蓄意杀死军人者。对于这种违法武官的法律制裁，重者死罪，轻者降级。明律中对侵欺军人致死罪规定道："各边管队官员，将各军月粮布花扣除，因而致将军人冻馁身死者，五名以下降一级，六名以下降二级，甚者罢职充军。"[③]"若私使军人出境，因而致死者，杖一百，罢职，发边远充军。至三名者，绞。"[④]对故意杀人罪规定道："凡谋杀人，造意者，斩。从而加功者，绞，不加功者，杖一百，流三千里。"[⑤]另外，《大明律》的"杀死军人"条规定："凡杀死军人者，依律处死，仍将正犯人余丁，抵数充军。"[⑥]

在《大诰武臣》中，朱元璋为了严禁武官肆意凌虐军人以及防止军人被殴打致死，除了专列"打死军人"条目外，还在"千户彭友文等饿死军人"及"邀截实封"条目中对此类行为予以严厉惩处。如对因侵欺行粮饿死军人的千户彭友文、谢成等，让军人将其"乱枪杀死"[⑦]；对逼令军人自缢身死及阻挡军人告状的青州千户孙旺，更是将其"凌迟处死"[⑧]。其处置不可谓不严厉。

(2)阻挡告状

深受折磨的军人，有的选择逃跑，有的则在无奈之下赴京状告。但是，这些状告之事一旦为武官得知，他们便围追堵截，差人赶回。在赶回之后，他们要么将军人收监在牢，要么将其陷害致死。如青州护卫千户孙旺，"逼令军人自缢身

---

① 怀效锋点校：《大明律》卷二八《刑律十一・断狱・决罚不如法》，第 220 页。

② 《大诰武臣》第十四《打死军人》，第 440 页。

③ 黄彰健编：《明代律例汇编》下编，(台北)"中央"研究院历史语言研究所 1994 年景印本，第 552 页。

④ 怀效锋点校：《大明律》卷十四《兵律二・军政・纵放军人歇役》，第 113 页。

⑤ 怀效锋点校：《大明律》卷十九《刑律二・人命・谋杀人》，第 150 页。

⑥ 怀效锋点校：《大明律》卷一《名例律・杀死军人》，第 19 页。

⑦ 《大诰武臣》第五《千户彭友文等饿死军人》，第 433 页。

⑧ 《大诰武臣》第十二《邀截实封》，第 438 页。

死。其余军人赴京申诉，他差人邀截回去，将各军监在牢里，诬赖他通同马四儿作耗，致将军人四名凌迟处死，余军尽发云南”；兖州护卫指挥蔡祥，千户毛和，镇抚梁时、顾信等，“百般苦军，致有军人糟法保赴京告状，行至凤阳浮桥，他差人赶回去，妄启鲁王将军人打死分尸”；平阳梅镇抚，“有被害军人赴京告指挥李源，他替李源邀截回去”；处州卫指挥顾兴、魏辰、屠海、雷震、盛文质、夏庸等，“有军人陆达之等赴京，告张知府收粮作弊，他与有司交结，差人赶回监问”。[①] 这些情形的存在，说明军人的地位十分卑下，武官肆意殴打军人的行为十分常见。对此，朱元璋说道：“守卫管军指挥、千百户、镇抚、旗首人等，如此害军呵……且如在京的管军官吏人等，我每日早朝晚朝，说了无限的劝戒言语，若文若武，于中听从者少，努目不然者多，其心专一害众成家。”[②]

对于武官的“邀截实封”的阻挡告状之罪，朱元璋处置十分严厉，轻者或发金齿充军，或阉割为奴，重者则直接凌迟处死。为了严防武官阻挡军人告状，他又专门颁发峻令道：“今后管军的官人每，休学他这等大胆，若是倚着有功，犯到根前，果实情理重呵，也饶不过。”[③]

2.对挟仇诬告、排陷有司的惩治

在明代，有的武官因与他人有私仇，便想方设法通过司法诉讼途径进行报复。他们或以“不肯出征”为由，或以“交结官吏”为名，或以存“谋反”之嫌为机，总之，利用各种理由来诬告他人。在实际的司法诉讼中，武官为了获取私利或报复私仇，存在肆意教唆词讼的行为。在洪武二十年（1387 年）颁发的《大诰武臣》中就有所记载。如广西都指挥耿良，挟仇妄奏充军官吏不肯出征，“将吏人三十八名废了”；又挟仇妄奏李巡检推瘸不肯出征，张司吏交结官府，“致将李巡检割断腿筋，张司吏枭令了当”。他还挟仇诬告将赦免宰杀牛只民人 18 人，“复拿监问”；将言李指挥不公事的姜子华“杖八十”。另外，他还因贪图钱财，教唆军人诬告南宁王指挥“索要本官玉绦环等物入己”。事发之后，他被处以“斩杀”之刑。[④]在《大诰武臣》的“图财杀人”条中，朱元璋又记载了昌国卫千户傅旺、余亨、包荣、罗金以及镇抚杨忠、王胜等因贪图财利，将云南土官者额诬告陷害致死的情事。对此，朱元璋将他们都“凌迟处死”。具体内容如下：

昌国卫千户傅旺并男傅良，同千户余亨、包荣、罗金，镇抚杨忠、王胜等，贪图财利，将者额杀死。者额是云南的土官，有缘故上，发他全家在昌国住

---

① 《大诰武臣》第十二《邀截实封》，第 438、439 页。
② 《大诰武臣·序》，第 426 页。
③ 《大诰武臣》第十二《邀截实封》，第 439 页。
④ 参见《大诰武臣》第三《耿良肆贪害民》，第 431—432 页。

坐。其千户傅旺等见他有家私，如常去问他借金银。借了几遍了，者额不肯。他因此上怀恨者额，与千户余亨等商量，使令军人杜和、燕帖木告他谋反，领军人刘可观等去他家里，将者额杀死。抢了他四皮箱金子，两皮箱银子，三皮箱钞并一应家私。又拿他八个人，诬赖他为首，将凌迟了，共杀讫八十六人。事发，千户傅旺等都将凌迟处死。[①]

除此之外，有的武官还"诈传旨意"，排陷有司。如青州卫千户王玘，"听奸妇嘱托，诈传旨意，将蒙阴县官拿下拷打，勒要招承害民事理，捏词妄动实封，惑乱朝廷"。事发之后，被处以死刑。[②]《大明律》的"诈传诏旨"条规定：

凡诈传诏旨者，斩；皇后懿旨、皇太子令旨、亲王令旨，绞。若诈传一品、二品衙门官言语，于各衙门分付公事，有所规避者，杖一百，徒三年；三品、四品衙门官言语者，杖一百；五品以下衙门官言语者，杖六十。为从者，各减一等。若得财者，计赃以不枉法；因而动事曲法者，以枉法，各从重论。其当该官司知而听行，各与同罪。不知者，不坐。若各衙门追究钱粮、鞫问刑名公事，当该官吏将奏准合行事理妄称奉旨追问者，斩。[③]

可见，明代对"诈传诏旨"的行为处置十分严厉。除此之外，在《大明律》中还有"奸党""诬告"等条目都对官员诬告排陷罪作了严密规定。但是，武官当中教唆词讼和排陷良善之风并没有消止。在明代中后期，随着诉讼风气的兴起，军民词讼的增加，武官教唆词讼、挟私报仇的行为日渐普遍。

3. 对交结有司、卖放胡党的惩治

朱元璋在《大诰》三编中严厉禁止文官结党营私、说事过钱，在《大诰武臣》中对武官亦是如此。为了严惩武官的这一弊端，他专门列有"说事过钱"一款，以示对交结有司的惩戒。据诰文内容载：

成都前卫千户胡中，四川布政司为盐法事将客人叶惟茂等监问，他与蒋指挥家人蒋均俊通同前去胡参议处，求浼从轻发落，过付钱钞，就内抽减钞三百二十贯、银四十两、纻丝一匹、盐一引入己；又接受客人张潮英等银十两、钞十五贯。着他在外厢守御，他本等的事不整理，却去交结有司，说事过钱。这等不才的，如何不罪他。[④]

另外，《大明律》中的"奸党""上言大臣德政"及"交结近侍官员"等条目对此也有针对性的规定。可以说，朱元璋是严厉禁止武官之间朋党为奸、说事过钱的。

---

① 《大诰武臣》第十三《图财杀人》，第439—440页。

② 参见《大诰武臣》第三十《排陷有司》，第450—451页。

③ 怀效锋点校：《大明律》卷二四《刑律七·诈伪·诈传诏旨》，第192页。

④ 《大诰武臣》第三十二《说事过钱》，第451页。

除了打击武官交结有司外，朱元璋同样禁止武官交结和卖放胡党。自洪武十三年（1380 年）胡惟庸案发生以后，朱元璋一直在肃清其党羽，在缉拿和抄扎胡党时，他都是“差军官军人前去”。为了严惩武官在差拿之际贪财卖放胡党的行为，朱元璋在《大诰武臣》中专门列入“卖放胡党”一条，以示惩戒：

其宁都卫指挥邢旺、汪海，千户严福等接受胡党家人李应名等五名钞八百五十贯、银六十两、金十两，却将各人卖放，着伴当陈彦一送去通济门去讫。水军卫镇抚张龙，接受胡党陈咏等钞五百贯、银二十两，将各人户下口脱放。……这等不知恩的人，若不罪他呵，那撒泼的怎地怕。①

4. 对教人作弊、诅咒军人的惩治

为了严禁教人作弊、诱人犯法，朱元璋在《大明律》中专门列入了“诈教诱人犯法”条目，以示惩戒和防范。具体规定道：“凡诸人，设计、用言教诱人犯法及和同令人犯法，却行捕告，欲求给赏，或令人捕告，或欲陷害人得罪者，皆与犯法之人同罪。”②

在《大诰武臣》中，为了进一步严惩武官的教人作弊行为，朱元璋又专门列入了“教人作弊”条目，以示惩戒。在诰文中，朱元璋严惩了诱引监生偷粮作弊的镇江卫百户黄伯贤、陶义等。③

（三）渎职失职

从行政方面看，武官的职务犯罪主要集中在旷职渎职、擅收军役、失误军机以及勾军作弊等方面。对于武官的失职行为，朱元璋以案说法，在《大诰武臣》中都给予了严厉惩治。

1. 严惩旷职渎职，操练无常

卫所操备官员不行操练军士，守备官员上直不到，都属于失职行为。明初立国以后边关未宁，朱元璋十分重视武官对军士的操练。他认为“军士用操，才不屯种”，要求“但有闲暇，便将军中所用兵器，各随本身所便演习。若兵器缺少，上闻朝廷，以凭开支。屯种之时，苗未出土，那一会可以修城，可以操练。苗既出土，可以耕锄，依时耘锄。既毕，那一时，亦可以修城操练，不可怠慢。应有马步军人，皆要射弓。若官弓数少，入山拣选木植柔软者，以为木弓，权时演习。设若官弓数少，着人诣京关拨弓箭，不可不用心练，此系长兵。刀枪之类，系是短兵，身相近而刀枪相着，方才得人。若弓之攻者，百步杀人，所谓长兵也，不可不用

---

① 《大诰武臣》第十七《卖放胡党》，第 443 页。

② 怀效锋点校：《大明律》卷二四《刑律七·诈伪·诈教诱人犯法》，第 196 页。

③ 参见《大诰武臣》第十一《教人作弊》，第 438 页。

心”。[①] 可见，朱元璋对武备的操练十分重视，甚至要求武官但有闲暇时间都要用心习练。但是，在明初军法尚严的时期，亦存在武官渎职失职、不行操练的行为。如浙江都指挥储杰，在任数年，“专一与布政司官、有司官交结，日日歌唱吃酒，军也绝不操练，海贼也不设法关防，以致沿海百姓常被劫掠”。而且，他还经常“推称风疾，以至歌唱吃酒”，使得浙江都司职事“都废坏了”。[②] 武官除了自身旷职，操练无常外，对于子孙也多不肯教习。朱元璋对此如是说：“如今在外卫所军官，不肯操练军人，又不肯教他儿子演习弓马。为这般有来告替者，将他孩儿比试，马也不会骑，弓也不会射，在家只是吃酒、学唱、下棋、打双陆、蹴圆。又有在街上做买卖，与民争利。”[③]

这些平时不行操练的武官，在遇到敌情或战事之时，往往惊慌失措，想方设法逃避责任。据载，“各边各关及沿海地方将官，中间有等奸顽之辈，平居之时，不以练习韬略，以剥削军士为务。一遇地方有警，仓惶无措，辄便称托患病，营干回京，将所得财物或置买庄田，或起盖房屋，无所不为。及闻边方宁妥安静，又称疾平，送营差操”[④]。历经战阵的朱元璋深知，军士不练、操备不行存在很大隐患，一旦敌军前来攻击，“身家丧亡，有不测者”[⑤]。

针对武官渎职旷职、不行操练的行为，朱元璋在《大明律》中专门列有“不操练军士”一款：

> 凡各处守御官不守纪律、不操练军士及城池不完、衣甲器杖不整者，初犯杖八十，附过还职；再犯，杖一百，指挥使降充同知，同知降充佥事，佥事降充千户，千户降充百户，百户降充总旗，总旗降充小旗，小旗降充军役，并发边远守御。若提备不严，抚驭无方，致有所部军人反叛者，亲管指挥、千户、百户、镇抚，各杖一百，追夺，发边远充军。若弃城而逃者，斩。[⑥]

可见，《大明律》中对不守纪律、不行操备的武官多是处以杖责、降级、调卫等处分，不过对情节严重者则处罚较重，或充军，或斩首。在《大诰武臣》中，朱元璋对此又专门列有“储杰旷职”条目予以严惩，对于旷职的浙江都指挥储杰处以“贬去金齿”的惩罚，冀望其戴罪立功。[⑦] 另外，针对不肯操练军人、教习子孙演练的武

① 刘海年、杨一凡主编：《中国珍稀法律典籍集成》乙编《皇明诏令》卷三《太祖高皇帝下》，第 81 页。

② 《大诰武臣》第六《储杰旷职》，第 434 页。

③ 杨一凡、田涛主编：《中国珍稀法律典籍续编 · 明代法律文献（上）· 洪武永乐榜文》，第 526 页。

④ （明）戴金编：《皇明条法事类纂》附编《禁约患病闲住武职复要管事例》，见刘海年、杨一凡主编：《中国珍稀法律典籍集成》乙编第 6 册，第 131—132 页。

⑤ 刘海年、杨一凡主编：《中国珍稀法律典籍集成》乙编《皇明诏令》卷三《太祖高皇帝下》，第 80 页。

⑥ 怀效锋点校：《大明律》卷十四《兵律二 · 军政 · 不操练军士》，第 110 页。

⑦ 参见《大诰武臣》第六《储杰旷职》，第 434 页。

官,朱元璋在洪武二十二年(1389 年)颁发了更加严厉的教诫榜文:

在京但有军官军人,学唱的割了舌头,下棋打双陆的断手,蹴圆的卸脚,做买卖的发边远充军。府军卫千户虞让男虞端故违,吹箫唱曲,将上唇连鼻尖割了。今后军官舍人,但犯一件,与虞端一般治他。若为父的不好生教子演习弓马,后来赴京告替,比验他弓马不惯熟,一时连父子都发去极边上、生蛮地面里守御,不与俸给,直待他操练成人时,方准他替。及龙江卫指挥伏颙与本卫小旗姚昂保蹴圆,卸了右脚,全家发云南去讫。[①]

为了严督武官操备、教习儿子,朱元璋采取了割舌、断手、卸脚、充军等严厉的酷刑进行恐吓,甚至是以武官父子连坐予以教诫,此法不可谓不严酷,不可谓不严密。

除了严格整饬军伍操练外,朱元璋又在《大诰武臣》中颁发"寄留印信"条目以惩治寄留印信的失职行为。据载,镇南卫百户胡凤"将他掌的印信,寄在小旗方细普家,三日不取"。对此,朱元璋说道:"印信是各关防,军职衙门的更是紧要,必须十分掌得仔细,如何可将寄放在别人家里。百户的印信,干碍一百户的军马,倘或人将去印几纸文书出来呵,好生不便当。这等人,利害也不知,他如何做得那管军的官人,所以将他发去金齿充军了。"[②]从中可见,朱元璋对武官职事的管理十分严格,绝不允许渎职失职行为存在。

2.严惩交结罪人,擅收军役

在明代,"谪发"为军是兵丁的重要来源之一,尤其是用法尚严的明初洪武、永乐朝更是如此。[③]《明史·刑法志》记载道:"明初法严,县以千数,数传之后,以万计矣。"[④]所以,有的地区如辽东"军士多以罪谪戍"[⑤],而陕西的各卫军士亦"多由罪谪"[⑥]。《明史·兵志》谓:"初,太祖沿边设卫,惟土著兵及有罪谪戍者。"[⑦]可见,在沿边地区很多军人都是因事谪发的罪人。对于他们的管束是武官理应承担的责任,但是在《大诰武臣》的"梅义交结安置人"条中,却记载了当地武官与其交结的情形。辽东都指挥梅义、潘彝、叶增等,"纵容为事发充军的人在家,并各官家教学下棋、打双陆、行医、卖卦及令管军数揭贴各城门钥匙",并"教好军替他屯种"。事发之后,朱元璋将梅义"全家发边远住坐";潘彝、叶增,"姑容

---

① 杨一凡、田涛主编:《中国珍稀法律典籍续编·明代法律文献(上)·洪武永乐榜文》,第 526 页。

② 《大诰武臣》第三十一《寄留印信》,第 451 页。

③ 参见王毓铨:《明代的军屯》,第 236 页。

④ (清)张廷玉等撰:《明史》卷九三《刑法志一》,第 2301 页。

⑤ 《明宣宗实录》卷一〇七,宣德八年十二月庚午条,第 2402 页。

⑥ 《明太祖实录》卷二四四,洪武二十九年二月甲午条,第 3544 页。

⑦ (清)张廷玉等撰:《明史》卷九一《兵志三·边防》,第 2242 页。

还职,着他立功赎罪"。[①] 想必这种容留谪充罪人在闲的行为不止辽东一例,所以朱元璋才会在《大诰武臣》中对此专门列有条目,以示惩戒。

除了交结罪人外,武官还存在擅收军役的行为。在明代,统治者多不愿收纳"游食"无藉之徒为军,因为他们"平时虚费粮饷,临事辗转脱逃,实无所用"[②]。其实,除了这些"游食"之辈外,地方上的"罢闲之吏""积年民害"等也是不得擅充为军役的。因为这些人"在乡既害百姓,在卫必然害军"。但是,在《大诰武臣》的"储钦等擅收军役"条中记载了淮安、全州等卫擅收军役的行为:

> 淮安卫指挥储钦,贪受赃钞,将应提积年害民人等二百六名收充军役;全州千户所千户乔义,受银六十四两、钞二十贯,将害民吏宾真等收充军役;温州卫指挥焦益,受银八两,将闲吏林道玉收充军役;太仓卫指挥康鉴、陈铭、卜荣、叶山,受要赃钞,容留皂隶汤回仓、脚夫钱官真等,补充军役。……其储钦发去云南;乔义、焦益发大宁充军;康鉴、陈铭、卜荣、叶山发广西拿象。[③]

对此,朱元璋说道:"朝廷本欲除去这等恶人,着那好百姓每得安,指挥储钦等却俱各贪受赃私,容留在卫,将朝廷法度坏了。这等人容在下面,你怕他有甚么好勾当。他在乡既害百姓,在卫必然害军,官人每也好歹被他连累坏了。"[④]

后来,朱元璋又在洪武二十三年(1390年)十二月为此事专门颁发诏旨进行了再次训诫。具体内容如下:

> 洪武二十三年十二月初七日,为顽民不当差役等事,奉圣旨:已前淮安、永平两卫指挥储钦等不才,听信下人买嘱,将积年在乡交结有司、把持官府、说事过钱、酷害百姓之徒,报作亲丁名,冒给在卫,军不着役,民不当差。事发,都拏来罪了。兵部出榜云,说与都司卫所知道,若是仍前隐占时,那卫所官吏拏来,都废了。[⑤]

可以说,朱元璋严禁武官擅收"积年民害""罢闲之吏"谋充军役的举措,与《大诰》三编中打击吏役危害的行为桴鼓相应,其目的都是"除去这等恶人",以减少其对军对民的危害。

3. 严惩防倭作弊,纵贼出没

为了整顿边防,加强守备,朱元璋在《大诰武臣》中载入了"防倭作弊""纵贼出没"等条目,以严惩和告诫不务关防、不行操练的武官。

---

① 《大诰武臣》第四《梅义交结安置人》,第432、433页。
② 《明世宗实录》卷一三九,嘉靖十一年六月丙申条,第3258页。
③ 《大诰武臣》第七《储钦等擅收军役》,第434—435页。
④ 《大诰武臣》第七《储钦等擅收军役》,第435页。
⑤ 杨一凡、田涛主编:《中国珍稀法律典籍续编·明代法律文献(上)·洪武永乐榜文》,第526页。

(1)防倭作弊

洪武时期,倭寇侵扰中国东部及东南沿海,给明朝国家安全和社会民生构成了严重威胁。洪武二十年(1387 年),倭寇侵扰加剧,明王朝也因此加强了沿海防务。正月,"置定海、盘石、金乡、海门四卫指挥使司于浙江并海之地,以防倭寇"[①];"金山卫于松江之小官场,筑青村及南汇嘴城千户所二,置临山卫于绍兴及三山、沥海、三江等千户所,皆以沿海防御倭寇"[②]。三月,"命江夏候周德兴往福建,以福、兴、漳、泉四府民户,三丁取一,为缘海卫所戍兵,以防倭寇"[③]。五月,又"敕福建都指挥使司备海舟百搜,广东倍之,并具器械粮饷,以九月会浙江,候出占城,捕倭夷"[④]。这些措施的实施进一步加强了边防的建设,增强了备倭御倭能力。另外,在《大诰武臣》中,朱元璋又单独列入了"防倭作弊"一款,以惩治不用心防倭,怠慢职事、贪图钱财的沿海武官。具体内容如下:

> 漳州卫千户李原、谢兴,百户侯义、结良、于德、永福等,不肯用心防备,被倭贼上岸劫掠,杀死军人五名,却做病死报官;千户李琛,百户陈思名、汪福领军防倭,他将军人拨去砍柴,以致贼人上岸杀掠,又行先走。事发,都发去云南充军。福州左卫指挥陈谦、右卫指挥张寿等领军防倭,他都着去煎盐晒鱼,把军人多淹死了。事发,都发十万山拿象。兴化卫千户郭福,将壮大正军卖放了,却把幼小军丁收入队伍,及至出海防倭,众小军儿见贼人,即便退走,郭福就阵被倭杀死。[⑤]

除了通过颁行《大诰武臣》的"防倭作弊"条目来加强海防外,朱元璋又在洪武二十一年(1388 年)六月颁发的"谕武官恤军敕"中,以镇海卫指挥王祯不行关防,导致军情走泄的情事,严厉训诫沿海武官道:"指挥王祯并无这般关防,受了财把打细作的都放了。为这般拿来枷枷着,沿海浙东行至福建、广东,毕日押赴京师典刑,枭首示众。"[⑥]洪武三十一年(1398 年)六月,朱元璋又鉴于守边之将的诸多不法事,再次颁发"宣谕武臣敕"。其中,对失误军机的山东宁海卫指挥赵铭等,处以"分尸示众"的惩罚。此外,又同时颁发谕令道:"今后守海官员人等,常加操练军士,葺理战船,于紧关岛屿湾泊;遇有贼船到来,不许四散调开:或三五十只、或百十只,成耳一处驾驶,并力攻取。如此,则势力壮,而贼易擒矣。"[⑦]

---

① 《明太祖实录》卷一八〇,洪武二十年二月甲辰条,第 2728 页。
② 《明太祖实录》卷一八〇,洪武二十年二月丁未条,第 2729 页。
③ 《明太祖实录》卷一八一,洪武二十年四月戊子条,第 2735 页。
④ 《明太祖实录》卷一八二,洪武二十年闰六月庚申条,第 2752 页。
⑤ 《大诰武臣》第二十《防倭作弊》,第 445 页。
⑥ 刘海年、杨一凡主编:《中国珍稀法律典籍集成》乙编《皇明诏令》卷三《太祖高皇帝下》,第 71 页。
⑦ 刘海年、杨一凡主编:《中国珍稀法律典籍集成》乙编《皇明诏令》卷三《太祖高皇帝下》,第 82 页。

通过这些诰文、军敕的连续发布，可见《大诰武臣》的“防倭作弊”条目的发布是根据当时客观的倭患情形做出的现实应对。

(2)纵贼出没

武官除了在沿海存在“防倭作弊”的情事外，在内地和边关也存在各种舞弊行为，他们有的纵贼出没，有的失误军机。对此，朱元璋都给予了严厉惩治，重者杀身，轻者充军。《大诰武臣》的“纵贼出没”条记载道：

定卫百户张颜，领军缉捕贼人四达子，他骑的马被贼人抢去，却使人将米二石前去与他赎回。宝庆卫千户沈真，他先做长沙卫百户时，有僧人杨云峰，系是前元间国公差来打探消息的人，他明知本僧系是奸细，不行捉拿，却与交结来往。振武卫指挥夏兴、百户朱才，有打猎军人温大等一十名被贼人拿去，他不行领军追赶，纵贼劫掠。……张颜、沈真都将杀了。其指挥夏兴、百户朱才，且饶他死，发去驯象卫充军。[①]

在洪武二十一年(1388年)六月颁发的“戒谕武臣敕”中，朱元璋又以案说法，对武官再次进行了严厉告诫。如对因贪财纵贼出没的江西都指挥戴宗处以“全家发云南充军”的处罚，对赣州卫指挥季宣处以“斩杀”之刑，且均予籍没财产。[②] 这一敕令的发布，进一步加强了对武官的管理，打击了武官的不法、怠惰行为。

4.严惩勾军作弊，监工卖囚

明朝建立以后，朱元璋集前代府兵制与卫所制经验之大成，建立了军户世袭制度和军屯制度。为了保证兵源，使军屯制得以顺利实行，他又针对军户逃匿或自然死亡造成的军伍缺额现象，实施了清军和勾军制度。清军，是根据军黄册籍清核军伍，以防范军伍空虚及军籍的混乱；而勾军，则是指在明代军籍世袭的情况下，针对正军老疾或逃亡，到原籍勾取继丁补役，或以族人顶充，以保证卫所军伍的足额。可以说，清军是勾军的前提，而勾军是清军的最终归宿，二者的最终目的都是达到军伍的充实。对于如何勾补逃军，《明会典》详细记载道：

凡各卫所开报逃故，并老疾勾丁代役军人，先须查对乡贯住址明白，具手本赴内府给批，差人前去，着落有司官吏。逃军根捉正身，如正身未获，先将户丁起解补役，仍根捉正身补替；其故军，勾取户内壮丁补役，如别无壮丁，止有幼小儿男，取官吏保结回报，行移该卫，照勘相同，纪录，候长成勾补；若送回老疾军人，就留原籍住坐将户下壮丁起解替役；如勾无户籍，或住

① 《大诰武臣》第十九《纵贼出没》，第444页。

② 参见刘海年、杨一凡主编：《中国珍稀法律典籍集成》乙编《皇明诏令》卷三《太祖高皇帝下》，第67页。

址差拗名姓不同，或系另籍民户，及有户绝无丁，有司体拗回申到部，行移该卫，照勘在营有无长幼人丁，并着落原管官旗，务要挨究明白回报，定夺勾补。

为了保证清勾政策的实施，防止官吏清勾之弊，明政府又规定道："若卫所官吏，并老疾军人，朦胧妄报，依律问罪。如原勾军数不完，及勾到军人，中途在逃，仍着落原差人员，前去勾捉；若在外迁延违限，送法司问罪。"①但是，在实际当中，负责勾补诸事的卫所武官往往以清勾为由，刁难军户，科敛取财，给勾军地的百姓带来了极大困苦。如永平卫所镇抚冯保，在仁和县勾取逃军沈福七、谢福二时，接受沈福七亲兄沈福六的贿赂银十两、钞四十贯、白绫袄子一件、棉布二匹，"将本军脱放，却拿里长施一代他解官"。另外，又"将百姓谢一打要招做逃军谢福二解官"。事发以后，"贬去金齿充军"。② 清勾制度本是政府为弥补逃兵缺额而推行的一项举措，但是在实行当中，却逐渐成为一种弊政。

为了严惩勾军之弊，朱元璋在《大诰武臣》中专门列有"勾军作弊"条目。在朱元璋的严厉政策下，清勾制度在明初取得了一定成效。以至于顾炎武对此说："明代清理军伍之始，是时兵政修明，无勾扰之弊。"③当然，此说显然有所夸大，因为自清勾制度之始，勾扰之弊就应运而生。虽然总体来看，清勾之弊在明初还不甚严重，但是，随着时间的推移，清勾之法日渐流于形式，以致奸弊丛生，而"勾军之害不可胜举"④矣。

除了勾军作弊外，卫所武官的职事作弊还有"监工卖囚"。对此，朱元璋在《大诰武臣》中专门列有条目以示惩戒。据载：

留守中卫千户郭成，差他监领囚人砌城。他接受囚人舒余庆等钞三百贯，将他卖放回家，却将钞六十一贯，去土工宋官保处买到死尸一个，顶做舒余庆相视埋了。事发，免死发金齿充军。⑤

综上可见，武官的失职行为在明初就表现得多种多样，轻者怠惰享乐，重者失误军机，不仅对军伍建设，而且对社会民生都造成了很大危害。

(四)其他犯罪

1. 道德犯罪

明代注重礼法之治，尊重儒家礼教，对违反伦理道德、危害社会风气的行为，都以犯罪行为进行处置。在道德犯罪中，情节较为严重的是强奸、和奸、强娶类，

---

① (明)申时行等编修:《明会典》卷一五四《军政一》，第785页。

② 《大诰武臣》第二十五《勾军作弊》，第448页。

③ (清)顾炎武撰:《日知录》，中华书局1978年版，第122页。

④ (清)顾炎武撰:《日知录》，第122页。

⑤ 《大诰武臣》第二十六《监工卖囚》，第448—449页。

而这也是武官群体中经常出现的犯罪行为。另外，武官中也存在“以妾为妻”的行为。关于此类情形的犯罪，在《大明律》中已作了十分周密而严格的规定。择其要者，大致有如下几条：

“犯奸”条规定：“凡和奸，杖八十；有夫，杖九十。刁奸，杖一百。强奸者，绞；未成者，杖一百，流三千里。奸幼女十二岁以下者，虽和，同强论。其和奸、刁奸者，男女同罪。”①

“奸部民妻女”条规定：“凡军民官吏，奸所部妻、女者，加凡奸罪二等，各罢职役不叙。妇女以凡奸论。若奸囚妇者，杖一百，徒三年。囚妇止坐原犯罪名。”②

“娶逃走妇女”条规定：“凡娶犯罪逃走妇女为妻、为妾者，知情者，与同罪，至死者，减一等，离异；不知者，不坐。若无夫，会赦免罪者，不离。”③

“强占良家妻女”条规定：“凡豪势之人，强夺良家妻女，奸占为妻、妾者，绞。妇女给亲。配与子孙、弟侄、家人者，罪亦如之。男女不坐。”④

“妻妾失序”条规定：“凡以妻为妾者，杖一百。妻在，以妾为妻者，杖九十，并改正。若有妻更娶妻者，亦杖九十，离异。其民年四十以上无子者，方许娶妾。违者，笞四十。”⑤

虽然明律对这几种道德犯罪作了严密的规定，但是在实际当中仍有很多违反规定的行为发生。在武官群体中，奸宿军妇、挟妓饮酒、强娶良家妇女，甚至因奸杀人的行为并不少见。如：锦衣卫千户王成，“倚着官势，唤军人王和卿、刘信妻小回家奸宿”；金吾前卫指挥冯裕、滁州卫百户刘驴儿，“容藏在逃军妇在家奸宿”；儋州千户王兴，领军收捕贼人，“因而将好百姓家妇人拿回奸宿”⑥；广西都指挥耿良，“强娶韩镇抚姐姐为妾”“强娶军人铁脱思女”，而且还“唤军妇吴四姐在家奸宿”⑦；等等。武官的这些行为不仅严重侵犯了属部军人的利益，而且给地方百姓也带来了一定危害。

为了严惩武官的这些犯罪行为，朱元璋在《大诰武臣》中又专门列入了“奸宿军妇”“以妾为妻”“因奸杀人”等多个条目，冀望以此整饬武官的作风行止。《大明律》中对官员的犯奸行为处置较严，轻者“加凡奸罪二等，各罢职役不叙”，重者则处以绞刑。在《大诰武臣》中，朱元璋对于武官的这些行为，和奸者多予发边远

---

① 怀效锋点校：《大明律》卷二五《刑律八·犯奸》，第197页。

② 怀效锋点校：《大明律》卷二五《刑律八·奸部民妻女》，第199页。

③ 怀效锋点校：《大明律》卷六《户律三·婚姻·娶逃走妇女》，第3页。

④ 怀效锋点校：《大明律》卷六《户律三·婚姻·强占良家妻女》，第63页。

⑤ 怀效锋点校：《大明律》卷六《户律三·婚姻·妻妾失序》，第60页。

⑥ 《大诰武臣》第二十二《奸宿军妇》，第446页。

⑦ 《大诰武臣》第三《耿良肆贪害民》，第431、432页。

充军，强奸者则唯杀是处，强娶者亦是如此。另外，对于“以妾为妻”的祥符卫指挥郭祐，则在事发以后，“贬去云南”。在处置之余，朱元璋又严厉训斥道：“他乙未年娶的结发夫妻，至今三十余年，有儿有女了，且当初离乱时东奔西走，多少艰难，才过活得到至今。而今天下太平了，他做官享俸禄，正好夫妻每受快活，他却将他娘儿每赶出了，一日止与他带糠粟米八升，他二十六口人，如何过？这等无恩义的，也那里是个人。”[①]可以说，朱元璋对武官的这些道德犯罪行为是十分痛恨的。这也是《大诰武臣》中载人多条诰文以惩戒的原因。

除此之外，朱元璋又在《大诰武臣》中专门列入“男女混淆”条目，以严厉打击违反夫妇之道的行为。在古代，“男主外，女主内”是自然的传统观念，也是家庭和睦的基本理念。朱元璋非常重视儒家的“三纲五常”等伦理道德，这也是其治国的基本理念。对于社会中存在的违反伦理道德的举动，他往往以礼入法，重典惩治。在朱元璋看来，“男子、妇人必要有分别。妇人家专一在里面，不可出外来，若露头露脸出外来呵，必然招惹淫乱的事。而今有等愚夫愚妇，好生不守道理，把风俗坏了”。有些武官贪图享乐，竟将己妾与人陪酒纵乐。如曲靖卫指挥牛麟，“他在云南讨一个妇人做妾，每日与同僚官吃酒，便着这妇人出来同座吃酒，因此上被指挥柳英诱引私通，教本妇将毒药毒死牛麟”。[②] 对此，朱元璋不仅将指挥柳英与那妇人“都将杀了”，还专列“男女混淆”条目将该案例载入《大诰武臣》之中。可以说，朱元璋是十分痛恨武官的这种骄纵行为的。该诰文的发布目的是告诫武官要行为检点，不得骄奢淫逸，否则难得善终。

另外，为了加强对武官的管理，朱元璋甚至密切关注武官的一言一行。他在《大诰武臣》中专门列入了“诅咒军人”条目，严厉惩治武官的不当言论。如金吾后卫百户秦仲良在领军出海运粮之时，因怀恨军人不曾与他酒肉，便烧香诅咒他们：“这一只船就太仓河里沉番(翻)了，把这一船的蛮军都淹死了。若是不沉了，到那黑水洋里也教沉了。我爷儿四五个，便做死了我时，我也有儿子出来承袭做官。”朱元璋得知后非常生气，不仅将百户秦仲良“贬去云南屯种”，还以此颁行诰文惩戒其他武官，怒道：“似这等人，他如何去管得那人下？你怕他逃得将去！”[③]

2.功臣骄纵

为了禁止功臣勋贵中的骄纵不法行为，朱元璋在《大诰武臣》中专门列入“常茂不才”条目以示惩戒。诰文内容如下：

郑国公常茂，他是开平王庶出的孩儿。年纪小时，为他是功臣的儿子，

---

① 《大诰武臣》第二十四《以妾为妻》，第448页。

② 《大诰武臣》第二十三《男女混淆》，第447页。

③ 《大诰武臣》第八《诅咒军人》，第435、436页。

又是亲上头，抚恤他，着与诸王同处读书，同处饮食，则望他成人了，出来承袭。及至他长成，着承袭做郑国公，他却交结胡惟庸，讨他母亲封夫人的诰命，又奸宿军妇，及奸父妾，多般不才。今年发他去征北，他又去抢马，抢妇人，将来降人砍伤，几乎误事。他的罪过，说起来是人容他不得。眷恋开平王上头，且饶他性命，则发去广西地面里安置。这等人，你怕他长久得。①

常茂，明朝开国将军常遇春长子，其荫袭父功，继承郑国公爵位。朱元璋命其跟从大将军冯胜征讨纳哈出。因与冯胜为子婿关系，常茂在军营不受约束，且与冯胜多有龃龉。当时纳哈出投降，在酒宴时，因得知纳哈出欲逃跑，常茂上前捉捕，砍伤纳哈出，导致纳哈出部溃散。冯胜因此上奏常茂激变，两人在南京城互相推诿。朱元璋因之收冯胜兵权，并将常茂安置到广西龙州。② 朱元璋将这一事件载入《大诰武臣》之中，其目的是借此告诫功臣勋贵，以加强对他们的管理。另外，朱元璋在《大诰武臣》中列入"梅义交结安置人"条目，除了严惩武官交结罪人的目的外，借此打击功臣勋贵的骄纵气焰也是重要初衷。因为辽东都指挥梅义是汝南侯梅思祖之子③，可谓功臣之后。这些条目的载入，在一定程度上起到了警告和震慑功臣勋贵的作用。

二、武官犯罪的惩治手段

通过对武官犯罪的惩治方式进行分析，可见朱元璋在《大诰武臣》中对武官的惩治与在《大诰》三编中对文官及吏役的惩治有所不同。主要表现为如下三点：

(一)《大诰武臣》主要以充军方式来打击武官犯罪

在明初，朱元璋针对武官的惩治，主要方式是充军，尤其是边远充军。这与《大诰》三编动辄使用凌迟、枭令、刖足、断指、挑筋去膝盖等残酷肉刑不同。吴艳红认为：

> 从明初设定的充军条目来看，充军为军官军人特设的特征十分明显，军官军人是充军的主体。因此，无论是《大明律》还是《大诰》，其中针对军官军人的条目相对更为规范，数量更为集中，受明太祖个人意志与时事的影响相对较少，而针对非军籍人的充军条目，始终处于从属、补充的地位，以条例为主要的规范形式，所受影响更为明显。④

---

① 《大诰武臣》第二《常茂不才》，第430—431页。

② 参见《明太祖实录》卷一八二，洪武二十年六月丁未条，第2748—2750页；《明太祖实录》卷一八四，洪武二十年八月癸酉条，第2771页；《明太祖实录》卷一八五，洪武二十年九月丁酉条，第2782页。

③ 参见《明太祖实录》卷一五五，洪武十六年七月丙寅条，第2421页。

④ 吴艳红：《明代充军研究》，社会科学文献出版社2003年版，第51页。

从《大诰武臣》中所载的处置方式看，以充军作为处置武官犯罪的方式显然占主导地位。在《大诰武臣》的32个条目中，具体记载处置方式的有27个。通过对这27个条目的分析，可见朱元璋对武官的处置方式以充军为主，明确提到发金齿充军或发边远充军的有11例。

兹将《大诰武臣》中的武官处置情形列表如下：

表3-3 《大诰武臣》中的武官量刑处置

《大诰武臣》篇目	武官职名	罪名和案情内容	处置方式
冒支官粮第一	陈州指挥胡琏、颍州指挥陈胜等	冒支官粮	为有军功，发云南出征
常茂不才第二	郑国公常茂	失误军事	“眷恋开平王上头”，发广西龙州安置
耿良肆贪害民第三	广西都指挥耿良	交结有司，科敛害民	“取回他来打杀了”
梅义交结安置人第四	辽东都指挥梅义、潘彝、叶增	纵容为事充军之人，又邀截实封	梅义，“全家发去边远住坐”；潘彝、叶增，姑容还职，立功赎罪
千户彭友文等饿死军人第五	平阳守御千户所千户彭友文、谢成	不支军行粮，饿死一百军人	以“与一百军对枪”方式，将其乱枪杀死
储杰旷职第六	浙江都指挥储杰	旷职	贬去金齿
储钦等擅收军役第七	淮安卫指挥储钦，全州千户所千户乔义，温州卫指挥焦益，太仓卫指挥康鉴、陈铭、卜荣、叶山	贪赃坏法，擅收军役	储钦发去云南；乔义、焦益发大宁充军；康鉴、陈铭、卜荣、叶山发广西拿象
诅咒军人第八	金吾后卫百户秦仲良	诅咒军人	贬去云南屯种

续表

《大诰武臣》篇目	武官职名	罪名和案情内容	处置方式
科敛害军第九	大同前卫百户李隆，镇南卫百户杨厅保、赵忠，叙南卫指挥夏晟，宁海卫千户张麟、潘德，金吾后卫百户于保，金山卫百户张敬，莱州卫百户孙骥，河南卫百户侯显	科敛害军	发去边远充军
教人作弊第十一	镇江卫百户黄伯贤、陶义	“诱引监生偷粮作弊”	“都将废了”
邀截实封第十二	青州护卫千户孙旺；处州卫指挥顾兴、魏辰、屠海、雷震、盛文质、夏庸；平阳梅镇抚；兖州护卫指挥蔡祥，千户毛和，镇抚梁时、顾信；福州左卫千户单友才、百户邵兴	百般害军，又邀截实封	孙旺、蔡祥等凌迟处死，梅镇抚阉割为奴，顾兴、魏辰、屠海、雷震、盛文质、夏庸等免死发金齿充军，单友才、邵兴等发金齿充军
图财杀人第十三	昌国卫千户傅旺并男傅良，同千户佘亨、包荣、罗金，镇抚杨忠、王胜	贪财杀人	凌迟处死
打死军人第十四	豹韬卫百户王德甫，府军前卫百户王斌，羽林左卫百户阚秋，镇海卫百户侯保，锦衣卫百户万成，天策卫千户陈安	打死军人	“都教偿命了”

续表

《大诰武臣》篇目	武官职名	罪名和案情内容	处置方式
冒支官绢第十五	府军右卫千户朱德，府军前卫千户许寿、左弼，龙骧卫千户戴楫、镇抚丘鲁，金吾后卫千户李茂，羽林右卫千户王寅，鹰扬卫百户甄祥、朱寿，府军后卫百户居义，龙虎卫百户周驴，武德卫百户张弘，虎贲左卫镇抚弓显，府军左卫镇抚严整	冒支官绢入己	“戴罪出征”
克落粮盐第十六	襄阳卫千户孙齐、周铭，镇南卫百户周原德，福州左卫百户刘义，台州卫镇抚钱兴，绍兴卫百户王伯当，应天卫百户袁思诚，沂州卫百户王仁美，永州卫百户毛思盟，平阳卫百户何敬，定辽卫百户靳允恭	克落粮盐入己	“都贬去边远充军”
卖放军人第十八	应天卫百户韦真，兴化卫镇抚陈林，太原左卫百户刘云，锦衣卫百户裴兴	卖放军人	“都发去边远充军”
纵贼出没第十九	真定卫百户张颜，宝庆卫千户沈真，振武卫指挥夏兴、百户朱才	纵贼劫掠	张颜、沈真等“都将杀了”；夏兴、朱才，“且饶他死，发去驯象卫充军”

续表

《大诰武臣》篇目	武官职名	罪名和案情内容	处置方式
防倭作弊第二十	漳州卫千户李原、谢兴，百户侯义、结良、于德、永福、李琛、陈思名、汪福；福州左卫指挥陈谦、右卫指挥张寿，兴化卫千户郭福	防倭作弊	李原等“都发去云南充军”，陈谦等“都发十万山拿象”
因奸杀人第二十一	苏州卫千户宗聚	奸宿军妇，因奸杀人	杀
奸宿军妇第二十二	锦衣卫千户王成，金吾前卫指挥冯裕，滁州卫百户刘驴儿，儋州千户王兴，蒲州千户张保	奸宿军妇	“都杀了”
男女混淆第二十三	曲靖卫指挥牛麟	因奸杀人	与妇人，“都将杀了”
以妾为妻第二十四	祥符卫指挥郭祐	以妾为妻	“贬去云南”
勾军作弊第二十五	永平卫所镇抚冯保	勾军作弊	“贬去金齿充军”
监工卖囚第二十六	留守中卫千户郭成	监工卖放囚人	“免死发金齿充军”
生事害民第二十八	杭州右卫指挥陈祥	以批引为名，刁蹬船只，又邀截实封	“贬去金齿充军”
排陷有司第三十	青州卫百户王玘	百般害民，诈传诏旨	杀
寄留印信第三十一	镇南卫百户胡凤	将印信寄在小旗家，三日不取	“发去金齿充军”

在《大诰武臣》中，朱元璋之所以主要使用充军之刑来惩治武官犯罪，主要原因有如下几点：

第一，明代实行军户世袭制，军户子弟是军伍之士的主要来源。在明初确定军户之后，如果通过正常的渠道，明代的军户很难有增加的机会，而军户的数量非常有限。加之明代实行卫所制的镇戍方式，对布防军士数量要求大，这就在兵源上给国家造成了很大压力。为了保存现有的军伍实力，并在军籍人和军户之外增加兵源,充军便成为国家的迫切需求。[①]

第二,在明代,军民单独著籍,两者在统属上是分开的,军人由千户、指挥等军官统属,军官由五军都督府管理;而百姓则由州县各级民官管理,民官则由吏部统属。因为管理部门不同,司法也是分立的。在这种背景下,军官军人与文官百姓的科罪自然也有差异。就徒流罪而言,如果军官军人与文官百姓一体执行,不仅违背军民分治的精神,而且会导致军伍的流失,而以充军代替徒流,就能避免这一弊端。

第三,以充军代替徒流也有"优军"的考虑。《大明律·名例》的"文武官犯私罪"条规定:"若军官有犯私罪……该徒流者,照依地理远近发各卫充军。若建立事功,不次擢用。"因为有"若建立事功,不次擢用"的许诺,对充军的军官的军职军衔的剥夺就带有暂时的性质,一旦军官立下军功,即予恢复甚至提升。在明初特殊的社会背景下,在刑罚上对军官予以优待,也是情理中事。朱元璋曾经明确指出:"将士始从行伍,助朕开创基业,平定天下……虽得一官,艰难甚矣。其有官之后,罔知戒慎,犯法者多。朕复念其勋劳,不忍遽寘于法,但流之边境以抑其非心,今既有年,必怀自新,古人言人惟求旧,岂忍终绝之乎?"[②]所以说,与《大诰》三编对官吏的动辄处以诛杀之刑不同,《大诰武臣》对武官多是处以充军之刑。

(二)《大诰武臣》中的重刑和法外用刑特征并不明显

在《大诰武臣》中,朱元璋除了大量使用充军之刑来惩治武官犯罪外,处置最重的仍是死刑,其中尤其严重者则是凌迟处死。但是,仍有多条处置并不明确。如"教人作弊"条目中,镇江卫百户黄伯贤、陶义等,"都将废了"。另外,在《大诰武臣》中,朱元璋对涉及道德犯罪的武官处置比较严厉,多是处以死刑。总体来看,《大诰武臣》对当时大小武官的处置,多为重罪重刑。但是,这些重罪重刑的"重刑"特征并没有《大诰》三编体现得那么明显。如《大诰武臣》的"科敛害军"条目中,武官科敛的军人钱粮数量非常大,就所科钞贯来说多是七八十贯,另外还有不等的米粮、布匹等,最后他们都被"发去边远充军了"。但是若按《大明律》科断,以"计赃枉法论"的话,其标准是二十贯杖六十徒一年,以五贯为一等递增,至五十贯杖一百流三千里,八十贯绞。可见,其处置较《大明律》为轻。此外,还有多条处置亦是如此。当代学者吴艳红在分析了《大诰武臣》中的充军条目后认为:"以源出《大明律》的部分条目论,量刑上与《大明律》出入并不是很大,个别条

---

① 参见吴艳红:《明代充军研究》,第12页。

② 吴艳红:《明代充军研究》,第30—31页。

目甚至还有减轻处置的案例。”[①]此外，在《大诰武臣》中被处以死刑的武官，很多是在“打死军人”“因奸杀人”“贪财杀人”“诈传诏旨”以及百般科敛害民等情形下被处死的，如果以《大明律》量刑科断的话，他们亦是难逃一死。所以，总体来看，《大诰武臣》中对武官罪刑的处置还是比较均衡的，与《大明律》出入不大，而这是与《大诰》三编不同的地方。

(三)《大诰武臣》警诫的目的强于惩治

朱元璋颁行《大诰武臣》的目的更多的是对武官进行警诫，而不是惩治。这与《大诰》三编惩治的色彩强于警诫是不同的。[②] 这是因为明初用兵比较频繁，而被判充军的军官，其建立事功也比较容易，因此其复职就相对迅速。而且，朱元璋还常常出于对军官的眷顾，使其在未建立事功之时，就召复还职。这一情形在明初比较普遍。仅洪武二十年(1387年)十二月，朱元璋便诏天下卫所指挥千百户镇抚以罪罢免者“一千六十二人”，使其“咸复其职”。[③] 另外，在《大诰武臣·序》中，朱元璋亦说道：“做军三二年、五七年、十数年，才可怜他，召回复职。”[④]在《大诰武臣》的“奸宿军妇”条中，他又说：“锦衣卫千户王成，他先为缺少军人，发去辽东出征。去了几年，在那里生受。可怜他，着取回来复职。”[⑤]所以，以此来看，军官犯罪充军，警诫的目的强于惩治。由于怀有“优军”和让武官将功赎罪的愿望，所以朱元璋对武官犯罪多不动辄处以死刑，而是发配充军使其接受磨炼，给其改过自新的机会，而这与《大诰》三编中动辄处以杀身之刑是不同的。另外，朱元璋也没有像在《大诰》三编中那样在惩治犯罪之余，颁行更加严苛的峻令来预防犯罪，而这也是《大诰武臣》与《大诰》三编不同的地方。

第三节 对武官的训诫教谕

军队是国家用以实现自身意志的重要手段，发挥着攘外安内的巨大作用。但是，如果管理不好，以致军中腐败现象丛生，官欺军、军害民的话，则不仅会降低其战斗力，还会带来一定的社会危害性。元朝末年，不仅在元朝军伍中存在武官“以飞觞为飞炮，酒令为军令，肉阵为军阵，讴歌为凯歌”[⑥]的腐败现象，在起兵

---

① 吴艳红：《明代充军研究》，第42页。

② 参见吴艳红：《明代充军研究》，第212页。

③ 《明太祖实录》卷一八七，洪武二十年十二月庚戌条，第2801页。

④ 《大诰武臣·序》，第426页。

⑤ 《大诰武臣》第二十二《奸宿军妇》，第446页。

⑥ (明)叶子奇撰：《草木子》卷三上《克谨篇》，第48页。

反元的群雄中亦存在将领“纵令其下夺人妻女，掠人财物”[①]的贪暴行为。经历过战阵的朱元璋对此心中十分明了，所以在当上军队首领时，就特别强调“严号令以戢贪暴”，并不止一次地整顿军纪，申明军令。

明朝立国以后，朱元璋并未因天下渐归太平而放松对军队的管理；相反，他经常会利用各种机会加强对武官的训诫，要求他们奉公守法，安享俸禄。洪武三年(1370年)六月，在任命张温为陕西行都督府佥事时，他戒谕道：

> 夫将帅之道，有功不伐，则功益显；恃功骄恣，则名益隳。是故惟仁者不矜其功，而智者克成其名。仁智兼全，所向无敌。若乏仁寡智，虽有勇敢之士百万，不足恃也。古者仁智之将，抚摩安辑，见情达变，坐而制胜，以树勋立。名于当时者，国家莫不倚重之，功名始终万古不朽；其余悍骄恣横者，及其成功之后，即复纵肆以致败亡，此盖勇力有余，而仁智不足故也。传曰：“高而不危，满而不溢。”又曰：“功盖天下，守之以谦。”尔能守此为戒，则可以长保富贵矣。[②]

洪武四年(1371年)十一月，朱元璋在听说京卫将士于闲暇时酣饮纵乐的情形后，将他们招来，教诲道：

> 勤俭为治身之本，奢侈乃丧家之源。近来听说你们沉溺于酒，不知多少钱才能买得一醉。钱财有限，欲望无度，时间长了，怎能不穷？追求奢华久了，就很难再过俭朴的生活，这不是保家之道。自今以后你们要量入为出，裁省妄费。宁可使钱财有富裕，不要使钱财不足。

洪武十五年(1382年)六月，朱元璋又因文武官员存在的诸多贪赃枉法事颁布“戒谕诸司修职敕”。其中朱元璋对武官如是说：

> 士农工商……所纳税粮，专供文武百司官吏俸给，军马月粮草料，使为官者，不养蚕，不耕田，不冒寒暑，有衣穿，有饭吃，快活在公廨底下坐着，与百姓分辨是非。军官、军人当防着，有歹人便去拿了，为民除害。这等的便是舍性命，冒寒暑。……军人肯出气力，也得安乐。……军官若不用心关防，军人又不肯出气力，如何消受这等钱粮，食禄为官！百姓艰苦，我说与你诸有司，各存天理行事，福禄永昌。故兹敕谕。[③]

洪武二十年(1387年)十二月，为了教诲武官，朱元璋又将亲自撰写的《大诰武臣》颁行天下，要求武官本人和其家庭成员都要认真阅读。考虑到武官们多出自行伍，知识水平低下，朱元璋没有使用“吏员话”或是“秀才文”，而是采用当时通

---

① 《明太祖实录》卷二十，丙午年四月庚申条，第285页。

② 《明太祖实录》卷五三，洪武三年六月庚辰条，第1051—1052页。

③ 刘海年、杨一凡主编：《中国珍稀法律典籍集成》乙编《皇明诏令》卷二《太祖高皇帝中》，第57页。

行的白话"直直地说",试图让"大的小的都要知道,贤的愚的都要省得"。在《大诰武臣》中,朱元璋集中惩治和打击了当时军队中暴露出来的各种武官不法事,这充分体现了他严明的治军精神和坚决打击武官犯罪的决心与力度。为了使《大诰武臣》充分起到戒谕武官的作用,他要求武官本人及其家庭成员都必须熟读和诵记,不然就要受到惩罚。他说:"这书与管军的人造福,不是害他的文书。不听不信呵,家里有小孩儿每不记呵,犯法到官,从头儿计较将来,将家下儿男都问过,你记得这文书里几件?若还说不省得,那其间长幼都治以罪。"[①]可以说,朱元璋对《大诰武臣》的实施力度是非常大的,对武官的惩戒是非常严厉的。

然而,《大诰武臣》的颁行对武官的惩戒和警示作用并不明显,武官的违法不端行为仍然比较严重。为了进一步惩治武官犯罪,自此以后,朱元璋不断发布各种诰敕和榜文。根据《皇明诏令》《洪武永乐榜文》以及《明太祖实录》中的记载,笔者将洪武后期朱元璋戒谕武官的诰敕、榜文等列表如下:

表 3-4　洪武后期戒谕武官诰敕及榜文

颁行敕谕时间	敕谕名称	主要内容
洪武二十一年六月	"戒谕武臣敕"	今各处都指挥,不以受命为重,有自己虐害军民者;有愚而无知,被所管部下害及军民,尚无知者;有己不害军民,纵部下为非不禁者。……似这几个都是不知受命守御之道,恣意非为,以致亡了富贵人家。今后守御军官每能以此为戒,依着我的言语呵,做都督封公封侯,有甚么难处。不但保得名爵身家,后来子子孙孙,也必然昌盛。好名儿在世间,如何磨灭得。故敕
洪武二十一年六月	"谕武臣恤军敕"	今后进的、承袭得的及一了不会有军管的,做了管军指挥、千百户、卫所镇抚。有那一等愚蠢,看着他那一个害军的心,并无一点人心。……军有苦呵,应当奏的奏,自家摆布的摆布。你虽无家私赏与他,言里头抚恤,自家兄弟儿女一般爱惜,他一些儿不苦着。……有父母兄弟的,好生教导言语理识。这做官的兄弟、孤儿及娘子每是晓事的呵,好生动一动,休着这般无仁心害人。害人若厉害呵,朝廷也那治得你许多,那得不宥。……这敕出后,全在父母兄弟妻子、知心朋友、邻里晓事者,互相劝诫,守法度,享太平安乐之福

① 《大诰武臣·序》,第 427 页。

续表

颁行敕谕时间	敕谕名称	主要内容
洪武二十一年八月①	“谕武臣敕”	一是，守边之将，务在抚军有道。……诸将不思深入蛮夷之地，众皆卖放军卒……会众前来攻打……其卖军千户、百户，全家被杀如此……凡守边者以此为戒。二是，自古边城，务要深高城池。……方今守边者，不思全家居边，同僚彼此相捱，不以守备为重。……如此谕至，诸守将各宜用心固守、用心操备。三是，武官要抚恤军士，不得害军。今后时至秋，先教军人整顿菴铺暖炕，收拾柴炭，点视各军粮食柴薪，然后才是为官协心处。若是军官致令军人失所，管军之人，全家窜入遐荒不赦。四是，今后守海官员人等，常加操练军士，葺理战船，于紧关岛屿湾泊；遇有贼船到来，不许四散调开；或三五十只、或百十只，成耳一处驾驶，并力攻取
洪武二十一年十月②	“武士训戒录”	以古代的樊哙、张飞、纪信等忠君故事，及古代的钟会、王君廓、仆固怀恩等谋反故事，来告诫武官要忠于君主，不要做谋反背主之事，不然都没有好下场

① 《皇明诏令》一书将这一诰敕的颁行时间写为“洪武三十一年六月”，但是《明太祖实录》中的记载是“洪武二十一年八月”，因此《皇明诏令》记载有误，在此更改。（见《明太祖实录》卷一九三，洪武二十一年八月庚午条，第2901页：“是月，御制《谕武臣敕》，一曰：守边之将，抚军以恩；二曰：边境城隍，务宜高深；三曰：修筑城池，葺理以渐；四曰：操练军士，习于闲暇；五曰：军士顿舍，勤于点视；六曰：体念军士，毋得加害；七曰：事机之会，同僚尽心；八曰：沿海卫所，严于保障。凡八条颁之将士，永为遵守。”）两者记载的内容是一样的，不过《皇明诏令》记载较详，故而择其内容之要者录入表中。

② 《皇明诏令》一书对于这一诰敕的颁布时间记载不详，而且诰敕之名写为“戒谕管军官敕”，而《明太祖实录》中记载的是洪武二十一年十月乙丑颁布，其名称是“武士训戒录”，故在此一并改正。（见《明太祖实录》卷一九四，洪武二十一年十月乙丑条，第2912页：“乙丑，颁《武士训戒录》。时，上以将臣于古者善恶成败之事少所通晓，特命儒臣编集申鸣、钼麑、樊哙、金日磾、张飞、钟会、尉迟敬德、薛仁贵、王君廓、仆固怀恩、刘辟、王彦章等所为善恶为一编，释以直辞，俾莅武职者日亲讲说，使知劝戒。”）可以说两者记载的内容是一样的，不过《皇明诏令》记载较详，故而择其内容之要者录入表中。

续表

颁行敕谕时间	敕谕名称	主要内容
洪武二十一年十一月①	“武臣保身敕”	管军的，别无甚么法儿，则是知军的艰难，便教他安乐。但有些不便当处，疾忙支分便当。不会在家做买卖的，发放做些个，教贴着那一担牢，着养老小。军有病时，勤使去寻医人看。关支冬夏布匹，休要了他的。……我这等言语说出去，若尔支请赏赐、关支月粮，管军人并首领官吏害军，及自家私自使唤者，许被害军人十名、五名或旗首率领拿来。旗首害军，也如此军自拿来，那都有赏。若官吏不害军旗，军旗人等生事排陷，治以重罪。如是管军的头目，每能依我这等言语抚恤军的好，明日都督府官封公、封侯，有甚么难处。故敕
洪武二十二年二月	“禁武臣不得预民事”	先是，命军卫武臣管领所属军马，除军民词讼事重者许约问外，其余不许干预，至是广西都指挥耿良造谯楼，令有司起发民丁科敛财物，青州等卫造军器亦擅科民财违越禁例，于是诏申明其禁：凡在外都司卫所，遇有造作，千户所移文达卫，卫达都指挥使司，都指挥使司达五军都督府，奏准方许兴造，其合用物料并自官给，毋擅取于民，违者治罪
洪武二十三年二月	“武臣子弟不习武事”	庚申，府军左卫军士告千户虞让子端不习武事，惟日以歌曲饮酒为务。上怒，命逮治之。因诏，凡武臣子弟嗜酒博弈，及歌唱词曲不事武艺，或为市赐与民争利者，皆坐以罪，其袭职依前比试不中者，与其父并发边境守御不与俸
洪武二十三年十二月初七日	“为顽民不当差役等事”榜文	已前淮安、永平两卫指挥储钦等不才，听信下人买嘱，将积年在乡交结有司、把持官府、说事过钱、酷害百姓之徒，报作亲丁名，冒给在卫，军不着役，民不当差。事发，都拏来罪了。兵部出榜云，说与都司卫所知道，若是仍前隐占时，那卫所官吏拏来，都废了

① 《皇明诏令》一书对于这一诰敕的颁布时间记载不详，而且诰敕之名写为“御制军人护身敕”，而《明太祖实录》中记载的是洪武二十一年十一月颁布，其名称是“武臣保身敕”，故在此一并改正。（见《明太祖实录》卷一九四，洪武二十一年十一月庚子条，第2917页：“是月，颁赐《武臣保身敕》。时广西都指挥耿良以科敛激变良民，江西都指挥戴宗以收捕山贼贪贿赂致贼人纵逸，皆坐罪。上因述武臣受命守御之方，崇名爵，享富贵，福及子孙之道，为保身敕颁诸武臣，使朝夕览观，知所鉴戒。”）

续表

颁行敕谕时间	敕谕名称	主要内容
洪武二十四年九月初六日	“为军民柴薪事”榜文	我朝公侯人等，虽荒闲田地，皆占为己有，诸杂草木，民不得采取，可若是之贪邪？恁工部出榜张挂：不分江、淮南北，凡有公侯军官人等及民间大家所有山场田地内，天地所生荻苇、蒿草、柴薪、针刺，军民一概采作柴薪。若夏田割麦之后麦秸，秋田收成之后蹈秸之类，割荳之后地内落叶之类，皆许军民采取为柴薪。若公侯百官人等阻挡砍斫，致使军民艰辛；临期若在山场平野外阻挡砍斫者，许令军民帮缚将来。惟坟茔内树、本官住处篱隔内针刺草木、园内果木，不许动，及不许夹带正树株出
洪武二十六年二月十三日	“为蓝玉谋逆事”榜文	今违君逆命之臣，相继叠出。杨宪首作威福，胡、陈继踵阴谋，公侯都督亦有从者。赖天地宗庙社稷之灵，悉皆败露，人各伏诛。今有反贼蓝玉，又复谋逆，几拘大祸，已于洪武二十六年二月初十日俱各伏诛。若不昭示中外，将谓朕不能保全功臣者。尔刑部将各人情词，图形榜示
洪武二十六年三月初一日	“为山西都指挥何诚等对拨俸禄害民事”榜文	山西都指挥何诚，职居方面，全无仁心，不思抚恤军民，故将朝廷立的好法度坏了，主使属卫提调对粮指挥千百户，务要每石加四加五，又巧立朱钞钱、扇车钱、芦席钱、偏手钱这等名色，掯要民财。享这等大俸禄，如此害民，鬼神鉴察，岂能长远。恁都察院他所犯凌迟情罪，图形榜示，教天下知道
洪武二十六年九月初十日	“宥胡蓝党人诏”榜文	朕自甲辰即王位、戊申即帝位，尊居两间，兵偃民息，今三十年矣。时者，朝臣不臣，其无忠义者？李善长等隐与构祸，事觉，人各伏诛。今年蓝贼为乱谋泄，提拿族诛已万五千人矣。余未尽者，已榜赦之。犹虑奸顽无知，尚生疑惑，日不自宁。今特大诰天下，除已犯已拿在官者不赦外，其已犯未拿及未犯者，不分胡党、蓝党，一概赦宥之。
洪武二十七年十月十四日	“为私役屯军事”榜文	东圣右卫百户周成所管屯军，止是一百一十二名，屈指可数，却将屯军二名所书手，二名所伴当使唤，二名在家造酒买卖。这六名田地谁与耕种？一年生理都误了！如此不才小人，只知贪图厚利，害军肥己，将他凌迟处死，传首沿途号令。今后似这等害军的，一体治罪

续表

颁行敕谕时间	敕谕名称	主要内容
洪武二十七年十月二十六日	"为科敛屯军事"榜文	自古朝廷设置军卫,沿边屯守,只是御侮防奸,保安良善,所以近年于便民中抽下,使其自备牛只、农器种子,往边上屯种。若管军头目提调抚绥得好时,数年之后,粮船广有蓄积,军家衣食也都给足,又省得百姓供给,十分便当。今阳和卫百户王麟全不寻思朝廷设置屯并保安良民的意思,只是贪图厚利,害军肥己,斩首,前去本卫枭令。今后但有似这等科敛害军的,与百户王麟一体治罪
洪武二十七年十月二十六日	"为高邮卫百户李成拏军人做贼等事"榜文	设置军卫,专以防奸御侮,保安良善。其管军人员镇守各处者,务在设法守御,几无暇时。倘有草窃,即时扑灭,使一方宁靖。民无军扰,军得民供。如此则忠于朝廷,永无灾祸。奈何近年以来,管军人员内有等不才的,不思全家所食俸禄□
洪武二十七年十月十三日	"为百户张庸卖放军人事"榜文	近年以来,管军官员有等不才的,不知一家大小吃的俸禄是众军士每的功劳,不肯寻思爱惜军士。只如东圣左卫百户张庸,任重庆卫百户之时,所领军人一百一十名,沿途卖放一十六名,饿死四十四名,又复奸顽,一向不肯勾补,致被指挥杨锦奏发,提问处斩了。尔刑部出榜,与管军人员知道,以为鉴戒
洪武三十年二月十三日	"为私买官船事"榜文	如今军卫多有将官用战船私下卖了,工部出榜去各处张挂。但有卖官船的,凌迟处死,家迁一万里,私买者同罪。有曾私买官船,即今船有现在某处,同买者出首告,与免本罪,更赏大银一百两。若傍知者出首,赏银一百五十两
洪武三十年四月	"武官多私役军卒踰法"	上以武官多私役军卒踰法,制命礼部考定其从人额数,于是礼部议指挥及同知六人,佥事及千百户卫所镇抚四人,皆于正军伍内取用,轮番更直,每三日一易,下直则归队伍操练。凡卫所直厅六人,守门二人,守监四人,守库一人,止选老军充役,每月一更直。上以正军占役太多,宜减其数,指挥使至佥事人四人,千户以下人三人,百户以下人二人,每三日一更,余如所议,著为令

资料来源:杨一凡、田涛主编:《中国珍稀法律典籍续编·明代法律文献(上)·洪武永乐榜文》,第509—528页;刘海年、杨一凡主编:《中国珍稀法律典籍集成》乙编《皇明诏令》卷三《太祖高皇帝下》,第66—88页;《明太祖实录》,第2901、2912、2917、3644页。

从上表可见，颁行诰敕、诏令或榜文是朱元璋惩治武官犯罪，加强武官管理的重要形式。在《大诰武臣》颁行之后，朱元璋又颁行了“戒谕武臣敕”“谕武臣恤军敕”“谕武臣敕”“武士训戒录”“武臣保身敕”以及“禁武臣不得预民事”“武臣子弟不习武事”“为顽民不当差役等事”等诏令。这么集中地连续颁布诰文、诰敕以及诏令，体现了朱元璋急于求治的心态，反映了他打击武官犯罪的决心。这些诰敕、诏令等可以说都与《大诰武臣》所反映出来的武官犯罪情形密切相关，在一定程度上是对《大诰武臣》的补充和加强。而且，在这些诰敕、诏令中，朱元璋又根据武官犯罪情形制定了相关法规峻令或是制度规范，这也在一定程度上弥补了《大诰武臣》重案例教诫、轻法令设置的不足。总的来说，二者相辅相成，共同发挥着惩治武官犯罪的作用。当然，除了这些密集颁发的诰敕、诏令外，在洪武后期，朱元璋又因时因事颁发了很多榜文，这些榜文同样是以惩治当时的武官犯罪为目的，发挥着加强武官管理的作用。不过，这些诰敕和榜文的颁行，又在一定程度上反映了《大诰武臣》在惩戒和防范武官犯罪方面并没有达到朱元璋所冀望的“管军人员，毋违我训，毋蹈前非”[①]的目标，明初的武官违法不端行为仍然十分严重。但是，若与元朝及洪武以来相比，武官还是受到了一定约束，军纪也严明多了，而军队也一直保持着较强的战斗力。

① 《大诰武臣·序》，第 427 页。

第四章　明《大诰》对衙门吏役的管理

吏役作为官民交接的枢纽和政府事务的主要承担者、服务者，在地方社会中发挥了重要作用，是中国古代王朝科层组织中不可或缺的基层部分，是国家施政必须依靠的基本力量。不过，其不可或缺性使其获得了某种"庶民之在官者"的姿态和地位。在明初地方社会中，吏役的贪赃违法行为十分突出，特别是在社会秩序整合之际，朝代更迭之时，这一现象表现得更加明显。在《大诰》三编中，朱元璋将对吏役队伍的管理与严明官员职守，严肃驭下之道；赋予民众监督权力，完善约束机制以及进行思想教化等有机结合起来。对于吏役的贪赃违法行为，则进行了重典惩治，甚至不惜使用各种残酷肉刑。这些管理手段的运用，目的是维护基层社会秩序的稳定，巩固皇权政治。

第一节　吏役的设置

在明代各级政府衙门中，除了数量较少的朝廷命官外，大量的日常行政事务是由吏、役来完成的。吏员是由国家任用，在吏部注册，地位低于官的公职人员，他们享受一定的俸禄和优免，主要从事文案工作。而衙役是"因事佥派"，在官府中听差的执事人员，无俸禄、无优免，从事各种勤杂差遣工作，地位比吏低。

一、吏员的设置

明朝建立后，朱元璋虽以"法体汉唐"为立国原则，但在不少行政制度上仍沿袭元代之制。在吏员制度的设置上，就带有浓厚的元代色彩。为了维护国家统治和官僚机构的正常运转，朱元璋不得不利用元代遗留的大量"旧吏"来巩固政权的运转。不过，随着"旧吏"退役、犯罪、逃亡、被处死以及少数升迁为官，"旧吏"的人数逐渐减少，已不能承担日常的事务需要。特别是在洪武十三年(1380

年)罢中书、更六部后,日益增多的行政工作使这种矛盾更加突出。随着“旧吏”的减少,朱元璋认为元代遗留“旧吏”即所谓的“奸贪猾吏”的时期已经过去,需要建立新的选充吏员的办法,来补充血液,提高素质,以满足行政事务的需要。①

(一)吏员的承充、升转及离役

明代吏员的承充,主要有佥充、罚充和告纳三种形式。佥充,即官府从本地百姓中佥派充役。其主要条件是:“凡佥充吏役。例于农民身家无过、年三十以下,能书者选用。”可见,佥充标准是诚实、年轻及拥有书写能力。此外,由于佥充是政府强制性派役,为了防止扰民,还制定了一些限制性措施。如洪武二十八年(1395年),规定:“正军户五丁者,充吏,四丁不许。水马驿站、贴军、杂役、养马等项人户,四丁以上者,充吏,三丁不许。民丁两丁识字,亦许勾充。”在洪武至景泰年间,还陆续颁布了一些补充性规定。如:禁止还俗僧道、隶兵、市民及曾于各衙门主写过文案、攒造过文册的人承充吏职;对“父兄伯叔充吏,杂役未久及犯赃问发充军为民者,弟男子侄”,则“不许充吏”。②罚充,作为佥充的补充形式,是指官员、进士、举人、监生、生员等由于过犯、考试不中等原因罚充为吏。这一形式自洪武时期就已存在,成化以后因效果不佳而渐趋停止。告纳则是指景泰时期为了应付战事、缓解财政危机而实行的吏员求充制。在明中后期,随着吏治的日益腐败,其逐渐取代佥充制,成为主要承充形式。这三种承充形式为明代补充了大量吏员,但是其发展变化也反映了吏治日渐腐败的社会现实,相伴而生的吏员候参与指参问题也愈加明显。③

与官员一样,明代吏员也有一定的考察升转制度。对吏员的考察,先由所在衙门的堂上官对其政绩、品行等作出评语,然后将评语送吏部考功清吏司审查,再定其去留。吏员三年一考叫“役满”,九年三考叫“考满”。吏员只要在考察期间供职勤勉、查无过失,即可升转。其升转方式可分为以下几种:

一是由低品衙门转补高品衙门。“洪武十九年(1386年)更定,在京未入流衙门吏员,充九品衙门司吏。九品衙门司吏,充八品衙门司吏、七品衙门典吏。八品衙门司吏、七品衙门典吏,充七品衙门书吏、司吏,六品衙门典吏。七品衙门书吏,充五品衙门司吏、胥史。六品衙门典吏,充五品衙门典吏、六品衙门司吏。六品衙门司吏、五品衙门典吏,充五品衙门司吏、胥史,四品衙门典吏。五品衙门司吏、胥史,充四品衙门司吏、三品衙门典吏。四品衙门司吏、三品衙门典吏,充三品衙门令史、二品衙门典吏。三品衙门令史、二品衙门典吏,充二品衙门令史、

① 参见李洵:《论明代的吏》,《明史研究》1994年第4辑。

② (明)申时行等编修:《明会典》卷八《吏部七·吏役参拨》,第50页。

③ 参见刘涛:《明代吏员的候参与指参》,《史学月刊》2012年第1期。

一品衙门典吏。二品衙门令史，充一品衙门掾史、二品衙门都吏。都吏，充一品衙门提控。一品衙门典吏，充掾史、提控。”

二是由在外衙门转补在京衙门。“在外各驿递运所河泊闸坝等衙门吏攒，充七品衙门典吏。或有俸九品衙门并有俸未入流衙门吏，充七品衙门司吏。七品衙门典吏，充五品六品衙门典吏。六品衙门典吏，充六品衙门司吏、五品衙门典吏。六品衙门司吏，充五品衙门司吏。五品衙门司吏、四品衙门典吏，充四品衙门司吏、三品衙门典吏。三品衙门典吏，充二品衙门典吏，二品衙门令史、书吏。三品衙门令史、书吏，充二品衙门令史。二品衙门令史，充二品衙门通吏。”

三是由在京衙门转补在外衙门。洪武十七年（1384 年）奏定，“在外二品衙门通吏，于在京从七品出身吏员内升转。令史，于在京正八品出身吏员内升转。在外三品衙门令史、书吏，于在京正九品出身吏员内升转。在外三品衙门典吏、四品衙门司吏，于在京从九品出身吏员内升转。察院磨勘典吏，仍依原定未入流品内出身。五品以下衙门吏，仍依原定资格升转”。在外大小衙门吏员一俟考满，不许擅自升转，给由赴京，听从统一拨用。后改为在外吏员“两考役满，起送到京，参拨各衙门”。[①]

（二）吏员的种类及职责

明代吏员的种类繁多，大致有提控、掾史、都吏、令史、司吏、人吏、胥史、书吏、典吏、狱典、攒典、门吏、闸吏、驿吏等十数种。其中，提控、都吏、令史、司吏属于高级吏职，人吏、胥史、典史、狱典、攒典等属于低级吏职。在各级衙门中，都是高低级吏职相搭配。如在一品衙门中，主要设置提控、典吏；二品衙门中，主要设置都吏、令史、司吏、典吏；三品衙门中，主要设置令史、司吏、典吏；四品衙门中，主要设置司吏、典吏；五品至九品衙门中，主要设置司吏、典吏、承发。当然，这只是大概的设置情况，各个衙门也略有不同。如在十三道，设有书吏；在午门、端门、承天门、西上门、西中门、西安门等，设有门吏；在广源闸、庆丰闸等，设有闸吏；在龙江水马驿、江东马驿、江宁驿、大胜驿等，设有驿吏；在各仓、场、库、局、厂等，设有攒典；在大理寺，设有胥史；在五军都督府、军营和各镇守，设有掾史等。[②] 以上就是明代两京衙门与在外衙门吏员设置的概况。不过，与基层联系最为密切的府州县地方行政机构，其吏员又多被笼统地称为“六房书吏”。他们分别处理与其特定办公相关的事务及公文。除六房之外，州县衙门里可能还另有一些负责特别事务的书吏，如取供房书手、库吏书、承发房吏书、架阁库吏书、铺长司吏书、马科吏书等。此外还有为官员雇募的一些书吏协助人员（被称为

---

① （明）申时行等编修：《明会典》卷八《吏部七·吏役参拨》，第 51 页。

② 参见（明）申时行等编修：《明会典》卷七《吏部六·吏员》，第 35—50 页。

“帮差”“贴写”“清书”“经书”或“书办”）以及一些只在衙门挂名而不在衙门工作的“挂名书吏”等。

吏员作为各级政府机构中的具体行政工作人员，主要担负着文案挪移、册籍书号、钱粮征收、消息传出、库存出纳等具体业务工作。从地方州县六房书吏来看，吏房书吏主要掌管各类人事档案，对地方所属印信衙门和乡绅情况要记录在案，对地方人才的检举、吏员的取送也要加以考察。户房书吏主要掌管辖区内的户口、田粮、仓储、税课和赋役，钱粮的征收与分派，黄册及鱼鳞图册的绘造都要由其负责。礼房书吏主要掌管辖区内神祠的祭祀、养济院孤老的存恤、孝子顺孙义夫节妇的旌表、书生儒者的科举起复、耆宿的乡饮酒礼、制书榜文的奉到以及新官上任的迎接和官员过境的迎来送往等事项。兵房书吏主要掌握本衙门的弓兵、祇候、禁子等吏役的情况，及辖区内的水马驿、递运所、巡检司、急递铺等的情况。另外，对辖区内军人的勾解、马夫的佥补、力士的选取，亦是其职责。刑房书吏主要掌管见禁罪囚的情况、案件的诉讼情况，对辖区内警迹的人数、起灭词讼之人、为官犯法被刑罢闲在家之人、断发他所工役迁徙安置之人、犯死罪家小见存之人、民人犯法被诛之人等情况要掌握和了解。另外，刑房监房上宿、承行吏书缉捕强盗、取供房招供口词、书写断案审语、管理监狱等也是其职责。工房书吏主要掌握公厅间数、公用什物、岁造段疋、输班人匠、打铺户、铁冶处等情况。此外，官员房屋、墙垣、铺舍、门户的修葺，沟渠水道的疏通，床、帐、卓、椅等公用什物的齐备，取杠、取绳、取大竹轿杆之类的置办等，亦是其重要职责。①

（三）吏员的数量

关于政府中吏员的数量，因“各衙门事体繁简不同”“多寡不一”，《明会典》“俱不开载”，再加上大部分地方志对此阙而不载，故很难了解。现代学者李洵由京县宛平县有吏员38名推算一般县有吏员12－13名。② 笔者对此不敢苟同。根据《大明令·吏令》的记载：“凡有司合设司吏，每名下许保贴书二名。……各州以秋粮为额。一十万石之上，一十名。五万石之上，八名。五万石之下，六名。各县不拘粮额，并设六名。”③这里规定一般州县有司吏6名。在《明会典》的记载中，顺天府所属宛平县有司吏13名，典吏25名；大兴县同样也有司吏13名，典吏25名，典吏的数量约是司吏的2倍。与此类似，南京应天府所属的上元县有司吏14名，典吏26名；江宁县有司吏14名，典吏28名，典吏的数量也差不多

① 详情可参见（明）申时行等编修：《明会典》卷九《关给须知·到任须知二》，第54－63页；另可参见刘涛：《明代的州县胥吏犯罪及其司法实践——以〈盟水斋存牍〉为考察中心》，西南大学硕士学位论文，2010年。

② 参见李洵：《论明代的吏》，《明史研究》1994年第4辑。

③ 怀效锋点校：《大明律》附录《大明令》，第238页。

是司吏的 2 倍。[①] 如果以制度设置的规范来推断，一般州县的典吏的数量也大致是司吏的 2 倍。而一般州县有司吏 6 名，则典吏应为 11－12 名，这样则一般州县之吏应为 17－18 名。各县再因事务的繁简略有增减。永乐《乐清县志》记载，乐清县洪武二十四年（1391 年）秋粮 11330 石，永乐十年（1412 年）秋粮 15689 石，都是 5 万石以下。该县所属六房都是 1 名司吏，2 名典吏，在此基础上又添设司吏 1 名，典吏 2 名。不过该县还设有勘合科司吏 1 名，典吏 1 名；承发典吏 1 名，架阁库典吏 1 名，另外还有铺长 1 名，共 26 名。[②] 现代学者柏桦根据一些地方志史料得出上县有 30 名左右，中县有 20 余名，一般的县有 15 名以上，最少的县也有 10 名左右吏员的结论。[③] 笔者对此亦表示认同。

二、衙役的设置

在中央和地方衙门中，除了各类吏员外，还有各种各样的衙役，他们承担着官府需要的各项劳务。因其"因事编佥"，种类繁多，故又被称为"杂役"。

（一）衙役的佥派

明初按不同的户等标准佥派不同种类的衙役。户等的标准是所纳税粮的多少。"均工夫役"的佥派标准是："田　顷出丁夫一人，不及顷者以他田足之。"[④] 祗候、禁子、弓兵的佥派标准是："凡府、州、县额设祗候、禁子、弓兵，于该纳税粮三石之下、二石之上人户内差点，除纳税粮外，与免杂泛差役，毋得将粮多人户差占。"[⑤]出供马匹的驿夫的佥派标准是："马有上中下三等，验民田粮出备，大率马一匹，粮一百石，中马八十石，下马六十石。如一户粮数不及百石者，许众户合粮并为一夫。"水驿夫的佥派标准是："粮五石之上，十石之下者充之。不足者，众户合粮并为一夫，余如马站之例。"递运所水夫的佥派标准是："粮五石以下者充之。"车夫的佥派标准是："粮十石者充之。如不足者，众户合粮并为一夫。"递运所铺兵的佥派标准是："于附近民有丁力，田粮一石五斗之上，二石之下者充之，必上壮正身。"[⑥]洪武十八年（1385 年），"命天下府州县官，第其民户上中下三等为赋役册，贮于厅事。凡遇徭役，则发册验其轻重而役之，以革吏弊。"[⑦]洪武二十四年（1391 年），在重造黄册时，户等内容被纳入黄册之中。此后，衙役的佥派

---

① 参见（明）申时行等编修：《明会典》卷七《吏员》，第 39、44 页。

② 参见永乐《乐清县志》卷三《税粮》、卷四《解舍》，见《天一阁藏明代方志选刊》。

③ 参见柏桦：《明代州县官吏设置与州县政治体制》，《史学集刊》2002 年 7 月，第 18 页。

④ （清）张廷玉等撰：《明史》卷七八《食货志二》，第 1904 页。

⑤ 怀效锋点校：《大明律》附录《大明令・兵令》，第 255 页。

⑥ 《明太祖实录》卷二九，洪武元年正月庚子条，第 500－503 页。

⑦ 《明太祖实录》卷一七〇，洪武十八年正月己卯条，第 2585 页。

改为以黄册按丁、田所划分的户等为依据。[①] 洪武二十六年(1393 年),定"凡各处有司,十年一造黄册,分豁上中下三等人户,仍开军民灶匠等籍,除排年里甲以此充当外,其大小杂泛差役,各照所分上中下三等人户点差"[②]。此外,有些衙役按规定只佥派给一些特定人户,如狱卒在佥派时,必须"于相应惯熟人内,点差应役。令人代替者,笞四十"[③]。而对于各税课司巡栏,洪武二十一年(1388 年)规定:"止取市民殷实户应当,不许佥点农民。"[④]

总体来说,明初衙役的佥派皆"临期量力差遣",没有一定的定额,每年的应役人数也是不相等的,亦不像里甲正役那样有一定的轮役次序。后来,随着徭役负担的加重,出现了负担不均的状况。正统以后,各地陆续推行了均徭法改革,原先的由里长根据户等分派本里差役,改为全县统一编制《均徭文册》向百姓派役。明人蒋廷璧《璞山蒋公政训·审均徭》载:"审编均徭,着令各图里老备造丁粮小册,带领人户赴官清审,定为上中下三等。内除例该优免外,其余实在丁粮通融扣算,攒造虎头蛇尾文册,截去名字定作二分。上户者二分编重差,一分轻差;中户半重;下分俱编轻差。"[⑤]在弘治至正德时期,均徭出现了力差、银差之分。自嘉靖至万历年间推行一条鞭法改革以后,差役开始统一折银征收,由政府出银雇募,其关系也从身份走向契约。

(二)衙役的种类及职责

明代衙役的种类繁多,除了经常性和普遍性的事务用役外,还有很多临时性和地域性的事务用役。在这些衙役中,最具普遍性的是皂隶、民壮和快手,他们是衙役的主体,在地方上又被笼统地称为"三班衙役"。皂隶,分为随从皂隶和公使皂隶,前者负责伺候官员个人,后者负责在各衙门执差,主要承担着站堂执勤、仪仗护卫等工作。在公使皂隶中,于六部、都察院、通政司、大理寺、布政使司等高级衙门执役的,叫"直堂皂隶";于部、院等所属各司、道等较低级衙门中执役的,叫"直厅皂隶";于府、州、县等衙门中执役的,叫"府堂""州堂""县堂皂隶"。民壮[⑥],按照职责的不同,又可分为巡捕民壮、巡盐民壮、盐捕民壮、常随民壮

---

① 参见刘志伟:《关于明初徭役制度的两点商榷》,《北京师范学院学报》(社会科学版)1982 年第 4 期。

② (明)申时行等编修:《明会典》卷二十《户部七·赋役》,第 133 页。

③ 怀效锋点校:《大明律》卷四《点差狱卒》,第 50 页。

④ (明)申时行等编修:《明会典》卷二十《户部七·赋役》,第 133 页。

⑤ (明)蒋廷璧:《璞山蒋公政训·审均徭》,《官箴书集成本》第 2 册,黄山书社 1997 年版,第 11 页。

⑥ 明代在军籍之外,又有民壮,"有司佥点,以备警急,即古之民兵之遗意"。洪武初,"立民兵万户府,简民间武勇之人编成队伍,以时操练,有事用以征战,事平复还为民,有功者一体升赏"。正统十四年(1449 年),"令各处召募民壮","民壮"之名始见。[参见(明)申时行等编修:《明会典》卷一三七《兵部二十·佥充民壮》,第 702 页]

等，主要负责治安和防卫。快手，分为马快手和步快手，主要负责缉捕。不过其分工并不十分明确，具体的工作是以本州县长官所发出的牌票为基准。此外，在衙门中还有其他的衙役人员，如看管仓库、粮仓守支的库子、斗级，看守监狱的禁子、牢子、狱卒，看护公署、学校的门子，看守坛庙的坛户、庙夫，催征课税的巡阑，守卫衙门、把守关津渡口、维持治安的弓兵、弓手，巡逻和递送公文的铺兵等。可以说在地方衙门里有数十种衙役供守令驱使，如果加上各地自设的特殊夫役，则更是不胜枚举。总之，只要是各衙门需要人手的地方，都会佥派杂役。

(三)衙役的数量

衙役的数量在明代是有一定名额限制的。《大诰续编》的"滥设吏卒"条规定："诸司衙门官吏、弓兵、皂隶、祇候，已有定额，常律有规，滥设不许。"①在洪武初年，各衙门官员随从皂隶(时称"仪从")，一品 15 人，从一品 13 人；正从二品 9 人，三品 7 人，四品 5 人，五品 4 人，六、七品 2 人，八、九品 1 人。除此之外，各衙门的公使皂隶在明初也有定额。洪武元年(1368 年)规定："应天府祇候二十名，禁子三十名。各府以秋粮为额，二十万石之上，祇候二十名，禁子一十五名；一十万石之上，祇候一十八名，禁子十三名；一十万石之下，祇候一十五名，禁子一十名。各州县以秋粮为额，一十万石之上，祇候一十五名，禁子一十名，弓兵三十名；五万石之上，祇候一十三名，禁子八名，弓兵三十名；五万石之下，祇候一十名，禁子七名，弓兵三十名。"②另外，其他衙役的人数在明初也有一定的要求，在此不一一指出。当然，这只是制度上的额定编制，在地方上往往根据实际需要设置。

现代学者柏桦先生通过检阅大量地方志得出如下结论：在明代，皂隶"一般大县多者 40 余名，小县 10 名左右"；快手"一般有 20 名左右，多者达百余名"；民壮，各州县人数不等，地处要冲、治安不好的县多达千余人，地处偏安的则可以不设，一般的有一二百名。③ 笔者通过翻检嘉靖时期的《河间府志》，对其中主要衙门杂役的设置做了更具体的罗列，以求获知其实际的概貌。在河间府所属的二州十六县中，县堂(州堂)皂隶一般设置为 30 名，其中宁津县达 50 名，最少的兴济县、庆云县则为 20 名，另外还有数额不等的接递皂隶、各官皂隶、屯田皂隶等。民壮则人数不等，如景州 280 名，宁津县 274 名，河间县 109 名，肃宁县 70 名，献县则未设。快手，一般设置为 20 名，但也有 10 名、15 名者。除了三班衙役的设置外，在州县中还均设有看监禁子 6 名，儒学门子 2—4 名，儒学库子 2 名，儒学

---

① 《御制大诰续编》第十六《滥设吏卒》，第 275 页。

② (明)申时行等编修：《明会典》卷一五七《兵部四十·皂隶》，第 808 页。

③ 参见柏桦：《明代州县官吏设置与州县政治体制》，《史学月刊》2002 年第 3 期。

斗级3—4名，县堂门子2名，州堂门子3—4名，库子2名，急递铺司兵25—96名不等。另外，在部分州县设有风云雷雨山川社稷邑厉三坛坛户3名，义仓、预备仓斗级2—7名，府馆门子1—2名。设有税课局的献县、宁津县则均有巡阑4名，设有巡检司的献县有弓手30名，交河县有弓兵60名，青县有弓兵18名。当然，还有一些打扫夫、庙夫、看坟夫、沿河浅夫、递运所防夫、钟楼鼓夫等的设置。除沿河浅夫、递运所防夫数额不等外，其余几类基本都为1名。[①]

第二节　对吏役犯罪的惩治

洪武时期的吏役中不乏秉公办事之人，但由于受官场积习的浸染，吏役的犯罪危害十分突出。特别是在元末明初社会秩序整合之际，这种危害更加明显。目前，对于明代吏役贪赃犯罪问题学术界已有一定的探讨[②]，但是注重于明初这一时段的专门研究较少，特别是从《大诰》三编的角度来研究的更少。在《大诰》三编中，吏役犯罪危害涉及税粮征收、司法刑狱、执事承差等各个方面。对此，朱元璋都是予以严刑重惩，施以酷典。

一、吏役犯罪的危害

由于承担职事的不同，吏役犯罪的表现形式也各有差异。为了更直观、更具体地揭露吏、役的犯罪手段，在分析时，依次分开进行阐述。

（一）吏员的危害

吏员在各级衙门中主要掌管文案挪移、册籍书号、钱粮征收、消息传出、库存出纳等具体业务工作。其危害主要是借助于这些公权力进行权钱交易和营私舞弊。

在协助官员征解钱粮之际，吏员最易舞弊。他们或将税粮飞走洒派，或故意收粮违限科敛民财。这一点在朱元璋颁行的《大诰》三编中有充分的体现。在征解钱粮时，吏员往往借机作弊，下乡扰民。如常熟县吏黄通，“一得承行文书”，便“结党下乡虐民，得钱多少，拆字戏云。其云：且如得钱一万，乃呼一方；得钞一

---

① 参见嘉靖《河间府志》卷八《徭役》，见《天一阁藏明代方志选刊》。

② 参见邓嗣禹：《明大诰与明初之政治社会》，《燕京学报》1936年12月第20期；赵世瑜：《明代府县吏典社会危害初探》，《中国社会经济史研究》1988年第4期；徐林：《明吏为政心态与吏治腐败》，《东北师范大学报》（哲学社会科学版）2012年第3期；陈小葵：《论明清时期的“胥吏之害”》，《青海师范大学学报》2008年第1期；刘文瑞：《试论明代的州县吏治》，《西北大学学报》（哲学社会科学版）2001年第2期；等等。

千，更称一撇”。[①] 有的吏员甚至为了得到这种好差使，买批下乡。如嘉定县闲吏陆昌宗复入衙门后，“以秋粮为由买批下乡，骗诈小民”[②]。更甚者，有的吏员“以黄冠符篆印作县印，用使批文，下乡骗民”。如余姚县吏叶彦彬就是如此，由于他狡猾机灵，被乡里呼曰“小疾灵”。[③] 这些吏员下乡以后，百般刁难农民，行为似虎如狼。他们巧立各种名色，榨取民财。在科征税粮时，他们接受“奸顽富豪之家”赃私，“作包荒名色征纳小民”，而“将田洒派，移丘换段，作诡寄名色，以此靠损小民”。[④] 有的则与官员勾结，“专以征税为奸计，麦方吊旗，而催夏税；秋税，谷秧方节，早催秋税。窘民于青黄不接之时，逼民于结实未坚之际，频于箠楚，得赃缓矣”。在“粮成期至”可以上仓之时，则又故意迁延、“刁蹬留难”，使小民不得“便于上仓”，“直待有益于己而后已”。[⑤]

钱粮无论征解、起运存留，必经仓库，因此库吏作弊，危害甚巨。在纳粮人户交纳税粮之际，他们经常接受各种钱物，“虚出实收”[⑥]。在全国各地解运物品上交国库之时，他们经常与“解物人”私通受贿。如湖广衡州府桂阳县在交纳桐油之时，丁字库官攒唐颜等接受贿赂 150 贯，为其虚买实收 584 斤。江西九江府赤湖河泊所在交纳鱼油、香油时，丁字库官攒纪麟等接受贿赂 310 贯，为其虚买实收 550 斤。[⑦] 有的官攒在接受税物时，为了牟取私利，甚至不顾所交之粮是否掺水，以致满仓皆坏。朱元璋在破获郭桓盗粮案后，“仓拆廒移，平基毁墙”，发现官攒人等将成百上千石的米、豆、稻“尽行埋瘗于地下，一概毁烂，其数不少”。[⑧]

除此之外，管理仓库的攒典还勾结官员盗卖仓粮，偷盗入己。如龙江卫仓官攒人等，通同户部官郭桓等盗卖仓粮。事发后，其被墨面文身、挑筋去膝盖，仍留本仓守支，但在进士到仓放粮时仍发现有“偷出官筹，转卖与一般刑余攒典费祐，盗支仓粮”[⑨]的情形。又如广济库官攒通同江西布政使冯睿，将在库诸色课程、赃罚等项，偷盗分受入己。[⑩]

当然，吏员在征解钱粮、解运物品、管理仓廒时的危害行为还远不止于此。在解运贡品进献时，他们甚至敢于偷食“岁进野味”。在岁进之时，有时吏员也会

① 《御制大诰续编》第七十三《容留滥设》，第 325 页。
② 《御制大诰续编》第七十三《容留滥设》，第 326 页。
③ 《御制大诰初编》第三十三《奸吏建言》，第 223 页。
④ 《御制大诰续编》第四十五《洒派包荒》，第 298 页。
⑤ 《御制大诰初编》第六十六《征收不时》，第 245、246 页。
⑥ 《御制大诰初编》第三十四《仓库虚出实收》，第 225 页。
⑦ 参见《御制大诰续编》第五十五《民拿经该不解物》，第 312 页。
⑧ 《御制大诰初编》第五十三《纳豆入水》，第 235 页。
⑨ 《御制大诰初编》第六十九《刑余攒典盗粮》，第 248 页。
⑩ 参见《御制大诰续编》第五十四《江西解课》，第 310—311 页。

和解差一同解运贡品进京，在解运路途中，他们会想尽办法偷食贡品。如常州府工房吏杨仲和猎夫孙华一等解运五枚香狸进贡，在运送中“甲首先食其一，该吏又食其一，所存者三。及其进也，死者又一，止有二焉”[①]。

在司法活动中，吏员也经常违法贪赃。他们经常借承办刑名案件之机舞文弄法，说事过钱，教唆词讼。如高邮州“已经造罪，黥刺回家”的吏员顾仲可仍然利用衙门里的关系于州“教唆词讼，结揽写发，扰害良民”。[②] 如果被告向吏员行贿的话，他们会故意将原告拟作“虚告”，甚至将原告讼状隐匿。如司吏施德庄等于洪武十九年(1386 年)四月初四日在查问“泉州卫指挥张杰私下蓄事”时，接受张杰等银 470 两、钞 530 贯，将原告百户范源拟作虚告，“朦胧奏问”。[③] 苏州府吏杨复在接受被告粮长陆和仲的财物后，故意将原告沈庆童的三番讼状隐匿不行。以致陆和仲以 1000 贯买原告沈庆童等不语，又钞 1600 贯买和劝人陆观保等。[④] 其实，在受理词讼官司时，吏员的贪赃行径还不止于此，所谓“有先行勒要财物而与施行者，有受贿收词而灭迹、无从追究者，有无钱而经月不行者，以致民之理直者衔冤无诉，理曲口为得志”[⑤]。甚至有的因罪系狱的吏员为了贪赃，仍然于狱所代人书写词状，并借讼案吓诈被告以取财，可谓狡诈至极。[⑥]

案件审结判罚以后，被判有罪的人要被监押看管。而在看管狱囚时，一部分吏员、狱卒甚或官员为了牟取钱财，贪赃犯法。他们“教囚番异，接受赃私，纵囚自在，走泄狱情，纵囚在逃，令服毒药，狱杀囚徒”[⑦]，可谓手段百出。明初以来，“非罪而死者多矣，有罪而非法死者亦多矣”。如果狱囚不给贿赂，他们就百般折磨，使其冬受寒冷之苦、夏受炎暑之蒸，饿则不给饮食，病则不给医药，很多人“不待律法定，而人已亡矣”。[⑧] 为了牟取私利，他们恣意受财，纵囚代办公务、书写文案。有的甚至借“在禁死囚”尸体作三尸相验，来出有罪之人，达到贪财受贿的目的。[⑨] 有的则借掌管囚徒册之机，故更囚名，以贪赃私。在更改囚名时，他们“顺音”而改，如将丁洪生作工洪生、马伴舅作马道四、朱宅保作朱哲保、余关住作

---

① 《御制大诰续编》第六十八《岁进野味》，第 321 页。

② 《御制大诰续编》第七十三《容留滥设》，第 326 页。

③ 参见《御制大诰续编》第四十四《追问下蓄》，第 297、298 页。

④ 参见《御制大诰三编》第八《陆和仲胡党》，第 383－384 页。

⑤ (明)戴金:《皇明条法事类纂》卷三八《刑部类・置簿查考词状以革吏弊》，见刘海年、杨一凡主编:《中国珍稀法律典籍集成》乙编第 5 册，科学出版社 1994 年版，第 530 页。

⑥ 参见《御制大诰初编》第三十三《奸吏建言》，第 224 页。

⑦ 《御制大诰续编》第四十《刑狱》，第 294 页。

⑧ 《御制大诰续编》第四十一《再造刑狱》，第 294、295 页。

⑨ 参见《御制大诰续编》第四十二《相验囚尸不实》，第 295－296 页。

王太僧、祖复奴作蒋均禄、郑守真作郑寿真、朱友常作朱友恒等[①]，可谓狡猾至极。有的吏员则在承差押解罪囚赴京途中，卖放囚徒，以贪赃私。[②]

吏员的危害行为主要表现在以上这几个方面，它们也是朱元璋在《大诰》三编中打击的重点。不过，除此之外，吏员的贪赃行为还表现在很多方面。如吏员在协助官员征解徭役之时，卖放均工夫役。《大诰三编》中的"戴刑肆贪"条就提到：应天府吏任毅和丹徒县丞等 6 人在征解徭役时，先后受赃 575 贯，卖放均工夫役 1265 名。在案发以后，朱元璋让其戴刑勾补所卖人役，他们却借勾补之机"反将应免夫役铺兵、弓兵、生员、军户周善等数百余家，一概遍乡勾拿动扰，意在搪塞，于内又复受财作弊"[③]。此中府吏和县丞虽受"各断十指"之刑，但为求赃私，不惜铤而走险，可见其贪赃的胆大妄为。

在这些吏员中，既有"在役之吏"，也有"罢闲之吏"。而"罢闲之吏"主要是指那些任职期满被罢免或等待拨历的人员。他们通过贿赂官员继续在衙门潜充为吏。如河南新安县老吏甄仪等不行起发，用钞 150 贯贿赂主簿宋玘，继续留在县衙"书写害民"[④]。又如绍兴余姚县吏叶彦斌之父（在闲之吏），在朝廷起取之时，即"推风疾不起"[⑤]。朱元璋非常痛恨这些"闲吏"，说他们是"积年害民老吏"，屡次下令起取他们赴京以除民害。他曾对李善长说："湖广、江西、直隶府州县六房，有主文老先生、书手，积年把持官府，蠹政害民。尔行文书，尽起赴京，发云南五开卫充军。"[⑥]洪武二十三年（1390 年），朱元璋下令："天下有司吏典役满三年，悉迁赴京，毋擅迁补。"[⑦]但是，擅自投充的行为在整个明代一直存在，随着吏治的日益腐败，这种现象也日益凸显。

除了"罢闲之吏"外，还有很多"黥刺之吏""在逃之吏"，他们为了贪财谋利纷纷贿赂官府，更名投充其间。在朱元璋看来，苏、松、嘉、湖四府这种现象最为严重，仅《大诰续编》中的"逃吏更名"条就记有"逃吏更名复充吏"者 9 人，而且还有一人多次更名投充的情况。[⑧] 另外，《大诰续编》的"常熟县官乱政"条记载：常熟知县成蕡奇到任未久，就"从奸则听苏州府知府张亨分付，参逃囚逃吏黄通等各各更名为吏。自己所用，尽收市乡无藉之徒，掌行文案，明知不可，略无畏惧，恣

---

① 参见《御制大诰续编》第四十三《故更囚名》，第 296－297 页。

② 参见《御制大诰三编》第十九《官吏长押卖囚》，第 396 页。

③ 《御制大诰三编》第三十八《戴刑肆贪》，第 413 页。

④ 《御制大诰三编》第十四《妄举有司》，第 391 页。

⑤ 《御制大诰初编》第三十三《奸吏建言》，第 224 页。

⑥ （明）邓士龙辑，许大龄、王天有点校：《国朝典故》卷四《国初事迹》，第 97 页。

⑦ 《明太祖实录》卷二〇三，洪武二十三年八月癸亥条，第 3042 页。

⑧ 参见《御制大诰续编》第四十八《逃吏更名》，第 300－301 页。

肆妄为。未及周岁,动止满面,皆是小人"[1]。又如高邮州"已经造罪,黥刺回家"的吏员顾仲可等与13名书手仍然在州教唆词讼,结揽写发,扰害良民。[2] 从中可见逃吏、逃囚更名复充为吏的情况非常严重,而这在一定程度上是官吏夤缘为奸的结果。

(二)衙役的危害

衙役像吏员一样在各级衙门中也存在各种各样的危害行为。其危害主要是借助于承担官府各项执事之时上下其手,伺机贪赃。按照其差使的不同,其贪赃的手段也各异。负责看管仓库、收粮入仓的库子、斗级在征解钱粮时,他们经常与官吏经常虚出实收,接受纳户人的各种钱物。[3] 在折收秋粮时,他们经常与官员一样巧立名色,取要各种常例,如勒索纳户人"辩验钱一百文,蒲篓钱一百文,竹篓钱一百文,沿江神佛钱一百文"[4]。另外,在监管税粮入库时,他们经常通同仓官接受纳户人的贿赂,使纳户人"入水上仓",导致满仓尽行腐坏,而对此他们却漠不关心。[5]

税粮课程征解以后,各地有司派遣解差押运赴京交纳,其中也存在解差通同官吏舞弊易卖、侵欺入己的行为。在解运时,各地有司通同起解者,将所运物资"并不公同缄封,惟是散盛解行,却乃广用印信封皮,令解物人于身藏带。于所解之物,无所关防,沿途或以微抵巨,或以贱易贵。……其印信封皮悬带在身,至京方用"[6]。物资解运至京以后,这些解差窥探朝廷动静,不行交纳,"有周年不纳,虚买实收而归者有之,有使讫一半,而原本不足而来者有之。及其稽也,原来本足"[7]。如安庆府解差徐应隆等,在解运洪武十七年(1384年)冬季鱼课钞时,于京师聚宝门河下,觇视动静,"自十八年三月至十九年三月,计一年之上,不行进纳,通同前户部侍郎张易,意在埋没,侵欺入己"。在案发以后,自己已用钞1123贯。[8] 又如江西九江府赤湖河泊所解差钱福六、湖广衡州府桂阳县解差翟用等在交纳时分别贿赂丁字库官攒钞310贯、150贯,使其分别虚买实收鱼油、香油550斤和桐油584斤。[9] 这些解差主要是由无职杂役、无藉顽民和无底业者组成,他们的舞弊和贪赃行为还不止于此。在进纳贡物时,他们擅食贡品的行为多

---

① 《御制大诰续编》第四十九《常熟县官乱政》,第301—302页。
② 参见《御制大诰续编》第七十三《容留滥设》,第326页。
③ 参见《御制大诰初编》第三十四《仓库虚出实收》,第225页。
④ 《御制大诰初编》第四十一《折粮科敛》,第227页。
⑤ 参见《御制大诰初编》第五十二《纳粮入水》,第234—235页。
⑥ 《御制大诰续编》第五十二《解物封记》,第309页。
⑦ 《御制大诰续编》第五十三《经解该物》,第310页。
⑧ 参见《御制大诰三编》第二十三《安庆解课》,第399页。
⑨ 参见《御制大诰续编》第五十五《民拿经该不解物》,第312页。

有存在。“物有活者，则途中宰食之，存皮以进。又以死易活进，以肥易瘦，以微抵巨。”如龙江河泊所进鲟鱼于光禄寺作鲊，“其所进之人将鲟鱼去首去尾以为己用，所进者不过中身一块尔”。①

催促课税的巡阑由于直接与商贾打交道，容易借机诈财，被地方上视为肥缺，因此谋充者很多。《大诰三编》的“巡阑害民”条记载：“歙县民吴庆夫，买求本县官吏，充作巡阑。”其充作巡阑以后，与“父子兄弟”一起科敛民财。如乡民程保在买牛时，被他们索要税钱 26 贯；在用自己山场的木材盖房时，又被逼要税钱 80 贯。对走街串巷的来往小贩，他们随意课征商税，如向卖干鱼的小商客索要税钱，“准干鱼三十斤”，相当于货物的 1/3。另外，对“遍处乡村，不问有无门店，一概科要门摊”。② 在明朝立国前的甲辰年(1364 年)四月，朱元璋就曾下令：“凡商税三十税一，过取者以违令论。”③但是，这一政策在贯彻时，并不能被很好地实施。如上面所提乡民程保家所买耕牛“系是客商处买来，已有入官文契”，巡阑吴庆夫等“又行著要二十六贯”，可谓是“重叠再取”。对鱼客小贩勒要 1/3 的税物，更是额外滥征，不按税制标准征收。

负责盘查过往和缉捕盗贼的弓兵在关隘巡逻之时，经常会通同巡检将越关逃军逃囚受财卖放。即使所逃之囚黥面文身，清晰可认，也一概受财，纵令逃去。④ 即使拿住盗贼，也“不行火速解官”，却让其教唆诬指平民。如果拿获走私贩盐的商贩，则“尤其骗诈民甚”。⑤ 更有甚者，他们有的竟敢于借把守关隘之机阻挡耆民赴京告状。如洪武十九年(1386 年)三月二十九日，嘉定县耆民郭玄二等手执《大诰》赴京状告本县首领弓兵杨凤春等害民，就被巡检何添观刁难，并被弓兵马德旺索要钞贯，说什么“差人送赴京来”⑥。

在司法活动中，除了六房书吏有教唆词讼贪赃的问题，为其所雇募处理日常政务的书手也常涉足其间。如高邮州的 13 名书手，“已经造罪，黥刺回家”，却仍然在州“教唆词讼，结揽写发，扰害良民”。⑦ 监管监狱的狱卒也经常会协助官吏残害囚徒，诈取赃私。在押运囚徒时，弓兵、皂隶、狱卒也存在卖放囚徒的情形。这些都在吏员分析中有所提及，在此不展开论述。

另外，在地方衙门中，在官员身边伺候和执差的皂隶由于接近官长，不仅获

① 《御制大诰续编》第六十八《岁进野味》，第 321 页。
② 《御制大诰三编》第二十《巡阑害民》，第 396、397 页。
③ 《明太祖实录》卷十四，甲辰年四月己酉条，第 193 页。
④ 参见《御制大诰续编》第六十六《纵囚越关》，第 320 页。
⑤ 《御制大诰续编》第六十五《关隘骗民》，第 319 页。
⑥ 《御制大诰续编》第六十七《阻当耆民赴京》，第 320 页。
⑦ 《御制大诰续编》第七十三《容留滥设》，第 326 页。

得了贪赃机会，而且获得了倚恃官威的地位，以致“京民多有求充皂隶者”①。溧阳县潘富在承充皂隶以后，教唆官长贪赃坏法，挟势弄权。他为了拉拢官员李皋，专门为其在苏州购买了一名女子，与其为妻，让其幽会，诱其为非。最后，他竟然自己“占吝此女，不与本官，自行收要”，而官员则无可奈何。这在一定程度上反映了皂隶在庸懦、贪官面前，由于握有官员的把柄，敢于藐视官长。除了挟势揽权之外，潘富还怂恿官员李皋向所属乡民“著科荆杖”，科敛民财。② 更甚者，有的皂隶竟然不听县官约束，殴打钦差旗军。如苏州府昆山县皂隶朱升一等，就是如此。③ 在朱元璋看来，皂隶不过是诸司衙门的“执鞭、绡镫、驱使勾摄公事之人”。但是，他们“往往承差于所属衙门，干办公务或勾罪人，径入公廨，据公座而坐者有之，当道直行者有之，从正门入者有之”。如洪武十八年(1385 年)秋九月，扬州府为水灾事差皂隶宋重八下高邮州传递事务，其高邮州同知刘牧辄令本卒入正门，驰当道，坐公座，而自己则“跪与执结”。兴化县知县敖德真在皂隶宋重八到县时，“亦欲如此”。这在一定程度上反映了下层官吏对上级有司所属差役的奉承和阿从，也在一定程度上助长了皂隶的嚣张气焰。

职事不同的吏役的危害行为略有不同，但他们彼此之间往往夤缘为奸，结党害民。这一点在上文中已有所论述。又如连江县“土著猾吏郑世环等三十二名，在乡结党害民，致使本县以状来闻”④。此外，很多吏役都与官员同流合污，共同害政。朱元璋就曾说：“曩者所任之官，皆是不才无稽之徒，一到任后，即与吏员、皂隶、不才耆宿及一切顽恶泼皮，夤缘作弊，害吾良民多矣。”⑤不仅如此，吏役常与地方上的顽民、逸夫等相勾连，共谋为恶。如洪武十九年(1386 年)，“松江府吏卒有犯，都察院询问害民之由。其所供也，止松江一府，其不务生理者，专于衙门阿附役吏皂隶，夤缘害民。吏，其名曰正吏，曰主文，曰写发。皂隶，其名曰正皂隶，曰小弓兵，曰直司。牢子，其名曰正牢子，曰小牢子，曰野牢子。此三等牢子，除正牢子合应正役外，余有小牢子、野牢子九百余名，皆不务生理，纷然于城市乡村扰害吾民”⑥。有的吏役甚至还与地方上的不才耆宿相串通，同恶相济。《大诰续编》的“耆宿”条就记载道：“盖吏贪而捏巧，耆宿不才以同谋，皆系无藉小人。苟延寿至于高年，是等有昔为皂隶者，有为簿书者，有屡犯过恶者，有弓兵

① 《明太祖实录》卷一五六，洪武十六年八月戊子条，第 2426 页。

② 参见《御制大诰三编》第十八《递送潘富》，第 394—395 页。

③ 参见《御制大诰初编》第十七《皂隶殴旗军》，第 212 页。

④ 《御制大诰续编》第七十三《容留滥设》，第 326 页。

⑤ 《御制大诰三编》第三十四《民拿害民该吏》，第 408 页。

⑥ 《御制大诰续编》第二《松江逸民为害》，第 263—264 页。

者，有说事过钱者，皆为今之耆宿。”[①]可见，在洪武朝，吏役除了与官员狼狈为奸外，还与地方上的不法势力相勾连，共同营私舞弊。

以上就是《大诰》三编中所提及的吏役违法犯罪行为，可以说涉及了都吏、司吏、人吏、典吏、攒典等高低级吏职。不过主要还是指地方中的六房书吏、书算、书手、“在闲之吏”“黥刺之吏”“更名复充之吏”以及皂隶、祗候、弓兵、巡阑、斗级、库子、狱卒、正牢子、解差、承差等衙役。对其贪赃行为的梳理，有利于我们对当时社会中的主要吏役危害有清晰的认识。

二、吏役犯罪的原因

造成明初吏役危害的原因很多，既有制度方面的原因，也有社会方面的原因。从其客观情形来看，主要有如下几个方面：

（一）经济待遇差，社会地位低

在明初，吏员的俸禄微薄，靠其养活自身都有问题，更何况要养活一家人。在洪武一朝，关于吏员的俸禄，朱元璋多有调整。如洪武七年（1374 年）规定：各府州县“土著”典吏，“免本户夫役，不给米，其田役不免”；“南人在北，北人在南，去乡远者”的非“土著”典吏，“月给米五斗，冬衣给棉布二匹，夏衣给麻布一匹，苧布一匹”。[②] 可见，其时各地府州县中只有“远方之人”的典吏才有俸米，且仅有 5 斗。洪武十三年（1380 年），朱元璋正式规定了中央和地方各级衙门中吏员的月俸：“一品、二品衙门提控、都吏，月俸二石五斗，掾史、令史二石二斗，知印、承差典吏一石二斗；三品、四品衙门，令史、书吏、司吏二石，承差典吏一石；五品衙门司吏一石二斗，典吏八斗；六品至杂职司吏一石；光禄司等典吏六斗。”后又奏定：“在京二品以下衙门典吏月俸一石，六品以下衙门典吏六斗。”[③]但是，并不是所有衙门的吏员都有俸禄。如“在外仓库攒典、各处税课司局吏攒、各处递运所批验所司吏并闸坝驿吏、理刑所典吏、各都司断事司典吏、在外府州县典吏”，则“不与俸并食米”。[④] 此后，虽有多次变动，但大趋势是减少，不是增加。明代“官吏制禄之薄，亦前代所未有”[⑤]。衙役作为国家佥派的职役，是贫苦农民理应承担的义务，当然不会有俸米，也不会有薪酬。在明初，农民在应役时主要还是亲身应当，但也存在雇役的因素。如均工夫役的征发，洪武三年（1370 年）规定：“田多丁少者以佃人充夫，其田户出米一石资其费用，非佃人而计亩出夫者，其资费

---

① 《御制大诰续编》第八《耆宿》，第 270 页。

② 《明太祖实录》卷九一，洪武七年七月丙戌条，第 1598 页。

③ （明）申时行等编修：《明会典》卷三九《户部二十六・廪禄二》，第 279 页。

④ （明）张卤：《皇明制书》卷七《洪武礼制》，续修四库全书本，第 788 册，史部政书类，第 338 页。

⑤ 钱穆：《国史大纲》下册，商务印书馆 1994 年版，第 703 页。

则每田一亩出米二升五合，百亩出米二石五斗。”[①]可见洪武时期存在着以米雇募他人代役的方式。这些均工夫在每年的农隙时间赴京供役30天，然后遣归。据此推断，佃人的月资费是1石。如果既不亲身应役，也不佃人应役，则要按“计亩出夫”交纳资费，以便朝廷雇人应役。除了均工夫可佃人代替或出资另雇外，皂隶之役也是可以的。朱元璋在《大诰续编》的“吏卒额榜”条中就说：“凡有当佥应役皂隶，或亲身，或代替，或佣他人。”[②]如果以被佃均工夫的月资费1石推算，官府所雇杂役的月资费也应与此类似。可见，明初衙役的经济待遇和吏员一样都非常差，再加之繁重的劳务和官员的种种勒索，这种负担将更加沉重。如《大诰续编》中的“科取巡阑”一条，就记载了巡阑为了应付官吏勒索，诈取商贾肉以进献的事情。[③] 另外，《大诰续编》的“吉州科敛”条记载：知州游尚志以“巡阑为由，多差人户卖放，少点应当进纳商税课程”[④]。这在一定程度上加重了巡阑的负担，也进一步促使了巡阑的贪赃枉法。

除了经济待遇差之外，吏役的社会地位也非常低。就吏员来说，按规定，在参充时，只有身家无过的农民才能充当，但是一些无藉顽民、市井无赖、逃军、逃囚等营充其间，致使吏员队伍素质大大降低。而罚充为吏的制度则使充吏成为一种惩罚措施，也进一步造成吏员社会地位和名声的下降，无怪乎“时人以狗吏呼之，贱之也”[⑤]。朱元璋也鄙夷地称呼他们为“猾吏”“赃吏”“酷吏”等。这些吏员在明代很难出仕为官，他们既不能参加科举[⑥]，也很难通过升转制度考拨为官。在明代，吏员要每三年一次参加巡按御史的考试，“三年役满谓之一考，又送巡按御史如前考试，中者升参，不中者降参。及收参着役三年谓之二考，又送巡按御史考试，不称者黜退，称者起送吏部拨各衙门办事十八个月。吏部堂上官考称者依本等升参，不称者长行各等一二三年之上，挨参府部院寺各卫所等衙门当差。又三年役满到部谓之三考，本部堂上又行考试招移，中者照本等品级出身，不中者杂职随大选赴御前叩头，给与冠带。又分拨各衙门办事，谓之官办，半年满日给引省祭，或二十年，或十五六年，行取到京，又经守部半年或一年，过期者又压选等例。先考中本等者，本部覆考中者，照本等品级选用”[⑦]。这样，吏员要出仕为官，必须经过三考、办事、省祭等过程，而这往往需要二三十年时间，所以

① 《明太祖实录》卷五四，洪武三年七月辛卯条，第1060页。

② 《御制大诰续编》第十四《吏卒额榜》，第274－275页。

③ 参见《御制大诰续编》第二十九《科取巡阑》，第286页。

④ 《御制大诰续编》第五十七《吉州科敛》，第314－315页。

⑤ 陈义钟编校：《海瑞集》上编《兴革条例》，中华书局1962年版，第56页。

⑥ 参见(明)谈迁著，张宗祥校点：《国榷》卷四，太祖洪武四年条，第452页。

⑦ (明)陈子龙等选辑：《明经世文编》卷一三七《许文简公奏疏》，第1370页。

明代吏员对出仕为官根本不抱希望。在仕途受阻，升迁无望的情况下，寻求利益的满足成为吏员实现自身平衡的一种途径。就衙役来说，其地位和吏员一样都非常低。在明初，衙役的佥派虽然主要是由农民亲自应当，但也有很多逸夫、顽民投充其间，这些人俗称“帮虎”“帮差”“野牢子”“小牢子”等，他们贿赂官长在衙中“帮闲”，倚恃害民，其行为很不得人心，为人们所痛恨。此外，皂隶之人在古代原由有罪之人充当，为人所鄙视。即使改为良民充当以后，这种根深蒂固的传统认识仍然存在。[①] 连朱元璋也认为这些人不过是官府中的“执鞭、缒镫、驱使勾摄公事之人”而已，对其非常鄙视。

在一定程度上，吏役谋求常例、贪赃受贿是被官吏所允许和纵容的，因为他们清楚，仅靠可怜的俸米或食米是无法满足其生计的。无论是投充其间的吏，还是役，还是帮差，其目的都在于额外的贪赃收入。

(二)监管不到位，官员多纵容

元朝末年“官府文移、案牍最为繁冗，非积岁莫能通晓，欲习其业，必以故吏为师。凡案牍出入，维故吏之言是听”。在明朝建立以后，这种情况“犹未尽革”，以至于朱元璋都感叹道：“繁冗如此，吏焉得不为奸弊，而害吾民也。”[②]而且，在明代，官员主要出身于科举，专习于四书五经，对律令案牍多不熟悉。他们在任官时，也是异地为官。洪武十三年(1380 年)，定南北更调之法，“南人官北，北人官南。其后官制渐定，自学官外，不得官本省，亦不限南北也”[③]。这些儒官既不熟悉法律案牍，又不了解民间情伪，所以多仰赖于出身乡里、熟悉事务的吏员来辅助工作。这就在一定程度上使官员的权利转移到吏员手里，吏员倚恃官威，为非作歹也就在所难免。

官员除了处理日常事务，也具有监管吏役的职责，但是这种监管并不到位。吏役由于扎根于乡里，且沟通于上层吏役，彼此之间形成了复杂的关系网，地方官员对此也是敬让三分。对他们的越礼犯分行为，官员多是缄默不言，无可奈何。此外，明朝虽然建立了吏员的考察制度，即三年一次的巡按御史组织的升转考试，但是这种考察并不到位。在考察时，吏员多“考满不给由、丁忧服满不起、得代不赴京、因事赴京不着役”[④]，以故意违背考察升转制度，达到继续潜充吏职的目的，这也就是有这么多“罢闲之吏”的原因。

当然，潜充衙门的并不仅仅是“罢闲之吏”，还有很多“黥刺之吏”“逃军”“逃

---

① 参见(清)沈家本撰，邓经元、骈宇骞点校：《刑法分考》卷十一《隶》，见《历代刑法考》第 1 册，第 353 页。

② 《明太祖实录》卷一二六，洪武十二年八月戊寅条，第 2010 页。

③ (清)张廷玉：《明史》卷七十《选举志三》，第 1716 页。

④ 《明太宗实录》卷二五〇，永乐二十年八月壬寅条，第 2344—2345 页。

囚”“顽民”“逸夫”等。这些人多是无底业之人，其投充衙门的主要目的就是贪财谋利。在明初，这种投充衙门的人很多。朱元璋曾感慨地说：“今所在有司，故违法律，滥设无藉之徒。”他们投充以后，捏巧害民，“擅称的当、干办、管干名色，出入市村，虐民甚如虎狼”。[①] 可以说，他们在一定程度上成为吏役“滥设”的主体，形成了独特的吏役群体。明代吏役的贪赃行为与其有密切的联系。而对此，官员为了贪赂求充之费也多有纵容，更别提监管了。

其实，造成官员监管不力的原因还有一个，就是明初法律近于严苛，使很多官员胆战心惊，认为“屯田工役为必获之罪”“鞭笞箠楚为寻常之辱”。在“未仕之时，则修身畏慎动遵律法。一人于官，则以禁网严密，朝不谋夕，遂弃廉耻，或事掊克”。[②] 这种为官的失衡心态，也使他们认为为官“善未必蒙福，而恶未必蒙祸也”；“或朝赏而暮戮，或忽罪而忽赦，施不测之辱则有之矣”。[③] 官员自身都失去廉耻之心，视生死为草芥，还会监管吏役吗？因此，官吏相与为奸也就顺其自然了。

（三）元末之遗风，影响其习气

元朝末年，官吏贪污成风，“上下贿赂，公行如市”，“其问人讨钱，各有名目。所属始参曰拜见钱，无事白要曰撒花钱，逢节曰追节钱，生辰曰生日钱，管事而索曰常例钱，送迎曰人情钱，句追曰赍发钱，论诉曰公事钱，觅得钱多曰得手，除得州美曰好地方，补得职近曰好窠窟，漫不知忠君爱民为何事”。[④] 这就造成很多事情必须通过贿赂才能成功，即使是参充为吏役也是如此。“元末政弊，仕进者多赂遗权要，邀买名爵，下至州县簿书小吏，非财赂亦莫得而进。及至临事，辄蠹政鬻狱大为民害。”[⑤]除了贪污腐败风气的影响外，元代施政时以吏为源、以吏为谋的办事作风也影响到明初的官吏行为。朱元璋就曾感叹道：“今所任之人，不才者众，往往蹈袭胡元之弊，临政之时，袖手高坐，谋有吏出，并不周知，纵是文章之士，不异胡人。”另外，在明初，有大量的元代遗留“旧吏”为新朝所用，而这些“旧吏”多少都带有以往的积习积恶，普遍成为民害。明初的很多“在役之吏”“在闲之吏”“黥刺之吏”可能就是“旧吏”。这种元朝遗留的弊病，在一定程度上影响了明初的吏役行为。就连朱元璋也感叹道：“胡元之治，天下风移俗变，九十三年矣。无志之徒，窃效而为之，虽朕竭语言，尽心力，终岁不能化矣！”[⑥]

---

① 《御制大诰续编》第十六《滥设吏卒》，第 275、276 页。

② （明）陈子龙等选辑：《明经世文编》卷八《叶居升奏疏》，第 54、55 页。

③ （明）陈子龙等选辑：《明经世文编》卷十一《解学士文集》，第 74 页。

④ （明）叶子奇撰：《草木子》卷四《杂俎篇》，第 81、82 页。

⑤ 《明太祖实录》卷六九，洪武四年十一月庚申条，第 1288 页。

⑥ 《御制大诰初编》第三《胡元制治》，第 205 页。

三、吏役犯罪的惩治手段

在《大诰》三编中，朱元璋为了整治吏役危害，使用了大量残酷肉刑来惩治其犯罪，并颁行了很多严苛峻令以防范其违法。

（一）使用酷刑，严惩吏役犯罪

针对明初吏役的贪赃枉法、渎职舞弊和不尊礼法的行为，朱元璋重典治吏、律外用刑，使用了族诛、凌迟、极刑、枭令、死刑、墨面文身挑筋去指、墨面文身挑筋去膝盖、刖足、断手、杖断流入云南等十余种酷刑，冀望以此来惩戒吏役，达到“杀一儆百”的目的。

通过对《大诰》三编进行穷尽式的搜检，可以发现涉及吏役犯罪的案例共25起，其中明确载有处罚措施的为18起。兹将这18起案例中关于吏役犯罪的具体处罚情况列表如下。

表4-1　《大诰》三编中涉案吏役量刑处置

大诰篇目	罪名和案情内容	处刑	比照当时行用的明律相近条款应量刑
续编55	湖广黄州府、衡州府、苏州府以及江西九江府等处的解差人，在解物赴京之际贿赂官攒虚买实收	族诛	依律计赃以监守自盗论
三编20	歙县巡阑吴庆夫，借巡阑为由，与父子兄弟科敛害民，苛征商税	凌迟	依律应计赃科罪
初编17	苏州昆山县皂隶朱升一等不听县官约束殴打钦差旗军	极刑	依律“殴制使及本管长官”条，杖一百，徒三年
三编13	苏州人材姚叔闰、王谔，结交官吏，暗作主文老先生，不行赴京，匿于本郡	枭令、籍没其家	依律“滥设官吏”条，杖八十，规避者，从重论
三编38	应天府吏任毅等先受赃卖放均工夫，被各断十指，著勾赴工，又受财枉法，一概遍乡勾扰	先犯断十指，后犯枭令	依律计赃以枉法科罪论绞
续编67	淳化镇弓兵马德旺等索要赴京陈告者钞贯	枭令	依律计赃科罪

续表

大诰篇目	罪名和案情内容	处刑	比照当时行用的明律相近条款应量刑
续编 27	镇南等 21 卫 56 吏，结交近侍、关支月粮	死罪	依律“交结近侍官员”条，(止)妻子流二千里安置
续编 44	前军断事官、提控案牍司吏施德状等在审理泉州卫指挥张杰等私下蕃事时，接受赃私，将原告拟作虚告，朦胧奏问	死罪	依律计赃以枉法从重论
续编 48	苏州府、长州县、常熟县等 9 名吏员因事在逃后，故更姓名复充为吏	死罪	依律“举用有过官吏”条，杖一百，罢职役不叙
续编 66	苏州府管下七县地方，捉获逃囚、逃吏、逃军共 63 名，涉及受财卖放弓兵 15 名	死罪	依律计赃以枉法从重论
三编 23	安庆府解差徐应隆等，在解物赴京之际，通同前户部侍郎张易，意在埋没，侵欺入己	死罪	依律计赃以监守自盗论
续编 28	五军都督府首领官掾吏陈仔等，凡有书写，多令典吏、囚人起稿立意；结交近侍，支出征官军盘缠，滥行赏赐，妄出钞锭数十万	死罪	律无正条，依律“滥设官吏”条、“擅离职役”条，无死罪
初编 33	绍兴府余姚县吏叶彦彬，用使批文，下乡骗民，被弓兵史敬德发露，后以吏役起赴京师，建言报复史敬德，被获后于狱所仍代写词状，冀图贪赃	死罪	依律“诬告”条，其被诬之人，诈冒不实，反诬犯人者，亦抵所诬告之罪
初编 33	在“奸吏建言”案中，叶彦彬父系在闲之吏，朝廷起取，推风疾不起。在其子赴京之时，与子俱至，但在其子被获后，偷偷潜归，肆意扰乱吏员起取制度	死罪	依律“滥设官吏”条，杖八十，规避者，从重论
初编 33	在“奸吏建言”案中，御史王式文为叶彦彬徇情出妄告之罪，并因此发露其他不公，被墨面文身，挑筋去指，书吏梁仲真亦然	墨面文身，挑筋去指	依律“官司出入人罪”条，凡官司故出入人罪，全出全入者，以全罪论

续表

大诰篇目	罪名和案情内容	处刑	比照当时行用的明律相近条款应量刑
初编 69	龙江卫官攒人等盗卖仓粮	墨面文身，挑筋去膝盖	依律计赃以监守自盗论
初编 18	金华府县官故纵皂隶王讨孙等殴打舍人	断手	依律“殴制使及本管长官”条，杖一百，徒三年
续编 42	刑部子部、总部司门二部，郎中员外郎主事都吏等官吏胡宁、童伯俊等，恣肆受财，纵囚代办公务，书写文案	箠楚无数，刖其足	依律“擅离职役”条，凡官吏无故擅离职役者，笞四十；依律计赃以枉法从重论
续编 43	刑部比部主事吏员王进、阮贞故更囚名，一切书案尽皆囚成	断足	依律“擅离职役”条，凡官吏无故擅离职役者，笞四十；依律计赃以枉法从重论
初编 56	扬州府皂隶朱重八下高邮州传递事务，入正门，驰当道，坐公座	杖断流入云南	依律“公差人员欺凌长官”，杖八十

注：表中所比照的“明律”是在洪武十八九年行用的《大明律》，此律见于何广所著《律解辩疑》一书中。

从表中可以看出，朱元璋加大了对吏役犯罪的惩处力度，不仅不拘“笞、杖、徒、流、死”五刑常宪，而且大量使用了“墨面文身挑筋去指”“墨面文身挑筋去膝盖”“刖足”“断手”“剁指”等残酷肉刑，其量刑处置的情况远非《大明律》所能比。在这些肉刑中，“挑筋去指”不是古代肉刑，为朱元璋所糅合独创。所谓挑筋，系挑手筋，非脚筋；去膝盖，即古之去膑。[①] 关于挑筋、去指、剁指、断手之刑，晋时“刘颂有盗者截手之议，然历代无行之者”[②]。其刖足之刑，虽是古代肉刑，但也不为历代所行用。就是这些不为人熟知的刑罚，成了朱元璋打击吏役犯罪常用的刑典。另外，在施刑时，枭令、凌迟、极刑、死罪等处罚，也是朱元璋经常使用的刑措。枭令者，“斩首示众，明律无此名，《问刑条例》乃有之，是当日亦因事用之，

① 参见(清)沈家本撰，邓经元、骈宇骞点校：《刑法分考》卷六《断脚筋》，见《历代刑法考》第 1 册，第 205 页；《明大诰峻令考》，见《历代刑法考》第 4 册，第 1930—1931 页。

② (清)沈家本撰，邓经元、骈宇骞点校：《刑法分考》卷六《断腕》，见《历代刑法考》第 1 册，第 205 页。

初不以此为死罪之等差”[1]。而“族诛”在明律中主要适用于“谋反大逆”罪；“凌迟”在明律中也只限于“谋反大逆”“故杀期亲尊长”“妻妾杀夫”“奴婢杀家长”“杀一家三人”“采生拆割人”等几类。朱元璋为了严惩吏役犯罪，根本不顾明律的规定，任意扩大它们的适用范围，仅就以上案例来看，已经扩大到了虚买实收、卖富差贫、起解官物、巡阑害民等几个方面。如果再加上“刑以凌迟为极”[2]的极刑，皂隶殴旗军也会被涵盖在内。这种置明律确定的刑罚原则于不顾的随意量刑，把许多本应处以轻刑者处以重刑，把不属于死罪者处以死罪。

(二)观摩受刑，警诫其他吏役

在施刑时，朱元璋也会特意组织官吏进行观摩。如对刑部总部、司门部官吏胡宁、童伯俊等刖足鞭背之时，就“特令五军断事官、大理、刑部、都察院、十二道会视刑之”。其残忍的程度，连朱元璋自己都为之“悚然”。而他也正是希望以此来震慑官员，达到“无再犯者”的目的。[3] 在行刑以后，朱元璋还将犯罪人员安排在原任职所来警示他人。如胡宁、童伯俊等在被刖足鞭背以后，被“发于本部昭示无罪者”。又如刑部比部主事吏员王进、阮贞等，在事觉以后，被“断足于部”[4]；龙江卫仓官攒人等，“已行墨面文身，挑筋去膝盖，仍留本仓守支”。朱元璋就是借助这些刑余之人的警诫作用，来使“见者寒心”，不敢罹法。[5]

(三)颁行峻令，防范吏役违法

朱元璋在用严刑惩处吏役犯罪的同时，还颁行了很多苛刻的峻令来加强对吏役的控制和管理。这些峻令，有的单独成条，有的则杂陈于所断案例或所颁训诫之中。主要有：

1. 严禁滥设吏役，不许市民充当为吏

朱元璋鉴于“今所在有司，故违法律，滥设无藉之徒”的情况，规定：

> 今后十二布政司、府、州、县诸司衙门，凡有当佥应役皂隶，或亲身，或代替，或佣他人，在任之官将额设名数，明出榜文，告之于民，本衙门皂隶某，当房掌文案吏某，各各定名若干，余无滥设、容留不明之人。其榜之辞曰：除榜上有名外，余有假以衙门名色，称皂隶、称簿书者，诸人擒拿赴京。[6]

在点选吏员时，要求所在有司“揭黄册，照丁数典选”，不许将“有丁力之家广选”

---

① (清)沈家本撰，邓经元、骈宇骞点校：《明制总考》卷四《明》，见《历代刑法考》第1册，第64页。

② (清)沈家本撰，邓经元、骈宇骞点校：《明大诰峻令考·极刑》，见《历代刑法考》第4册，第1908页。

③ 参见《御制大诰续编》第四十四《追问下蕃》，第297页；第四十二《相验囚尸不实》，第296页。

④ 《御制大诰续编》第四十三《故更囚名》，第296页。

⑤ 参见《御制大诰初编》第六十九《刑余攒典盗粮》，第248页。

⑥ 《御制大诰续编》第十四《吏卒额榜》，第274—275页。

以求贿赂,否则将受到严惩。[①] 对于“滥设无藉之徒……的当人、管干人、干办人,并有司官吏,族诛”[②]。

市井之民由于“多无田产”,且“不知农业艰难”,被朱元璋认为不适宜充当吏役。他认为:

> 其良善者将本求利,或开铺面于市中,或作行商出入,此市中之良者也。有等无藉之徒,村无恒产,市无铺面,绝无本作行商。其心不善,日生奸诈,岂止一端,惟务构结官府,妄言民之是非。此等之徒,设若官府差为吏卒,其害民之心那有厌足。所以良民受害不已者,为市井无藉之徒,为簿书之吏,为祗禁狱卒等,其毒甚如蝮蛇。

所以他规定:“今后诸处有司衙门皂隶、吏员、狱卒,不许用市井之民。”有司若“仍前用此”,治以死罪;市井之徒“若仍前擅应此役及暗构为是,皆死”。[③] 在洪武三十年(1397 年)初制定的《工役终身》条例中,朱元璋又将《大诰》中的“市民不许为吏卒”条目引入其中,从而进一步加强了对吏役危害的防范。[④]

2.严禁官吏下乡,建立遣牌唤民制度

对于官吏、皂隶不时下乡扰民的行为,朱元璋非常痛恨,多次下令禁止,但是“有等贪婪之徒,往往不畏死罪,违旨下乡,动扰于民”。为此,朱元璋规定:“今后敢有如此,许民间高年有德耆者,率精壮拿赴京来。”[⑤]同时,他建立了遣牌唤民制度,规定:“十二布政司、府、州、县,凡有临民公务,遣牌下乡,指乡村,坐地名下姓氏,遣牌呼唤。民至,抚绥发落。有司不如命者,民赴京诉。若牌至民所,三呼而民不至,方遣皂隶诣所在勾拿。”[⑥]在明代,“凡府州县置立信牌,量地远近,定立程限,随事销缴”[⑦]。信牌又称“牌票”“票”“硃票”,为纸质,上面用墨笔写明所办事情,限定日期,用朱笔签押,并盖官印。信牌作为替官府办差的凭证,可发与差役,也可以发给在县听差的值年里甲,使之勾摄公事,“承符呼唤”。朱元璋为了避免官吏下乡生事害民,要求地方有司在传唤乡民时差里长勾办,而不是径自差遣吏役下乡。

3.设立严刑峻法,惩治吏役危害行为

朱元璋对官吏、衙役在勾解罪人时卖放正身、解发同姓良善的行为非常痛

---

① 参见《御制大诰三编》第二十八《揭籍点吏》,第 402—403 页。

② 《御制大诰续编》第十六《滥设吏卒》,第 275—276 页。

③ 《御制大诰续编》第七十五《市民不许为吏卒》,第 327、328 页。

④ 参见(明)申时行等编修:《明会典》卷一七三《刑部十五・罪名一》,第 883 页。

⑤ 《御制大诰续编》第十八《民拿下乡官吏》,第 277 页。

⑥ 《御制大诰续编》第十五《遣牌唤民》,第 275 页。

⑦ 怀效锋点校:《大明律》卷三《信牌》,第 44 页。

恨，他在三编《大诰》中均设有严苛峻令，表现了他对此的重视程度。《大诰初编》的“冒解罪人”条规定：“今后若此，该吏处以重刑。”①《大诰续编》的“关隘骗民”条规定：各处关隘把截去处，巡检、弓兵，在《诰》布之后，仍前卖放逃军、逃囚，骗诈民财者，“治以重罪”。②《大诰三编》的“官吏长押卖囚”条规定：“各处为事囚徒，有司或差吏员，或弓兵，或皂隶，或长押人等，管解赴京。此等之徒，不知利害，惟务贪赃，中途卖放者有之，就于本处狱内卖放者有之。……此《诰》一出，敢有仍前卖放囚徒者，本身处以极刑，籍没家产，人口迁于化外。”③对于巡阑借催征课税之机逼索商税、科要门摊的行为，朱元璋在《大诰三编》的“巡阑害民”条规定：今后为巡阑者，依恃官威、剥尽民财，命法司差人押发原籍，本人凌迟；若有其弟及男同恶相济者，皆枭令示众。④ 对于官吏以庆节为由“和买民物”“不还民钱”的行为，朱元璋在《大诰续编》的“庆节和买”条规定：“《诰》出，敢有如此者，许被扰之民，或千、或百、或十，将该吏拿赴京来，斩首以除民患。”⑤对于官吏借朝廷诸色造作之机科要民物的行为，朱元璋在《大诰续编》的“造作买办”条规定：“朝廷凡有诸色造作，文书明下有司，止许官钞买办，毋得指名要物，实不与价。果有违吾令者，许被科之民，或千、或百、或十，赍《大诰》拿该吏赴京，物照时估给钞，将该吏斩首。”⑥

4. 整肃纪纲法度，严禁违礼越分行为

朱元璋严格整顿官场习气，整肃纪纲法度，在加强官员职守的同时，对吏役中违礼越分的行为进行了重典惩治。在《大诰初编》中，他专门颁布了“差使人越礼犯分”条目，以加强对吏役的管理。规定：今后皂隶等承差人员，敢有于所属衙门“入正门、驰当道、坐公座，有乖治体”的话，“全家迁入云南”；其“当该”官员，如果在差遣之时“不行省会毋得犯分”的话，则要被杖责一百以示惩戒；而所属衙门官吏若对此容忍隐报，“不行举觉”的话，则“杖一百，流云南”。这就从法令的层面既严格约束了官员行为，也加强了对吏役承差行为的监管，使其严格限定在礼制的规范之内。为了进一步减少吏役承差时的违礼越分行为，朱元璋又下令：“今后除朝廷差委各处要招打断外，其布政司、都司、按察司、盐运司、府、州、县，毋得辄差吏员、承差、皂隶人等，于各衙门要招打断。敢有如此者，罪亦如之。”⑦

① 《御制大诰初编》第四十《冒解罪人》，第 227 页。

② 参见《御制大诰续编》第六十五《关隘骗民》，第 319 页。

③ 《御制大诰三编》第十九《官吏长押卖囚》，第 396 页。

④ 参见《御制大诰三编》第二十《巡阑害民》，第 397 页。

⑤ 《御制大诰续编》第七十六《庆节和买》，第 328 页。

⑥ 《御制大诰续编》第七十七《造作买办》，第 328 页。

⑦ 《御制大诰初编》第五十六《差使人越礼犯分》，第 237、238 页。

(四)引入条例,加大惩戒力度

朱元璋自明朝建立以来就非常重视法令的制定,不仅多次修订《大明律》,而且还亲自编纂了《大诰》,此外又制定和颁行了《充军》《真犯杂犯死罪》《应合抄扎》《决不待时》《秋后处决》《工役终身》等条例和《大明律诰》以及各种应时榜文等。在这些条例和榜文中,有很多条目与《大诰》有关,或是直接援引,或是补充和发展,总之都深刻烙下了《大诰》印记。其中,关于吏役管理的条目和内容被大批沿存和留用,对洪武后期的吏役管理产生了较大影响。

洪武二十六年(1393 年)制定的《充军》条例,共 22 条,内有 13 条源于《大诰》篇名或诰文。在这 13 条中涉及吏役管理的条目就有 6 条,其中"积年民害官吏"条是对《大诰》篇目的改动,"闲吏""主文""直司""野牢子"和"帮虎"5 条则源于《大诰》中提到的吏役名称。这 6 条共占《大诰》条目引用总数的 46%。①

洪武二十六年制定的《真犯杂犯死罪》条例,共 78 条,内有 28 条源于《大诰》篇目。在这 28 条中涉及吏役管理的条目就有 15 条,这些条目都属于"真犯死罪"中的"大诰"部分。主要有"冒解罪人""滥设吏卒""擅立干办等项名色""官吏下乡""官吏长解卖囚""乡民除患""耆民赴京面奏事务阻当者""闲民同恶""经该不解物""关隘骗民""市民为吏卒""庆节和买""阻当耆民赴京""造作买办不与价"和"逸夫"等,占《大诰》条目引用总数的 54%。②

洪武二十六年制定的《应合抄扎》条例,共 16 条,内有 10 条源于《大诰》篇目。在这 10 条中涉及吏役管理的条目有 3 条——"民人经该不解物""黥刺在逃"和"官吏长解卖囚",占《大诰》条目引用总数的 30%。③

洪武三十年(1397 年)初制定的《秋后处决》《工役终身》条例,共 94 条,内有 22 条源于《大诰》篇目。在《秋后处决》的 3 条中,涉及吏役管理的条目有 1 条——"阻当耆民赴京",占《大诰》条目引用总数的 33%。在《工役终身》的 19 条中,涉及吏役管理的条目有 13 条——"逸夫""官吏下乡""乡民除患""冒解罪人""关隘骗人""市民为吏卒""妄立干办等名""造作买办不与价""经该不解物""长解卖囚""滥设吏卒""庆节和买""闲民同恶",占《大诰》条目引用总数的 68%。④

洪武三十年五月制定的《大明律诰》条例,共 147 条,内有 36 条源于《大诰》篇目。在这 36 条中涉及吏役管理的条目有 13 条,其中"不准赎死罪"有 3

---

① 参见(明)申时行等编修:《明会典》卷一七五《刑部十七・充军》,第 891 页。

② 参见(明)申时行等编修:《明会典》卷一七三《刑部十五・罪名一》,第 882 页。

③ 参见(明)申时行等编修:《明会典》卷一七九《刑部二十・抄扎》,第 907 页。

④ 参见(明)申时行等编修:《明会典》卷一七三《刑部十五・罪名一》,第 883 页。

条——“阻当耆民赴京”“戴刑肆贪”“妄立干办等名”,“准赎死罪”有 10 条——“官吏下乡”“庆节和买”“滥设吏卒”“市民为卒吏”“经该不解物”“长解卖囚”“关隘骗民”“冒解罪人”“阻当乡民除患”和“闲民同恶”。二者一共占《大诰》条目引用总数的 36%。①

在明人曹栋撰写的《南京刑部志》中共收录洪武、永乐榜文 69 榜,涉及《大诰》篇目或内容的有 11 榜。在这 11 榜中与吏役管理条目相关者有 7 榜,涉及了“仓库虚出实收”“民拿下乡官吏”“刑狱”“容留滥设”“罪除滥设”“闲民同恶”和“民拿害民该吏”等内容。

在这些榜文中,有的是对《大诰》相关内容的重申。如洪武二十七年(1394 年)四月十二日发布的榜文:“但有为事充军的奸儒猾吏及犯法顽民,钻刺营充卫所吏典,甚至潜入有司衙门结揽写发,乱政害民者,许诸人指实陈告,正犯人处以极刑。当该官吏不即发遣,一体处治。”②该榜文实际是对《大诰续编》中“闲民同恶”的再次强调。又如洪武二十八年(1395 年)五月初五日榜文:“迩来诸司官有等不谙道理,往往非法用刑,凌虐良善、贪图贿赂。……尔刑部将合用刑具,依法较定,发与诸司遵守。敢有仍前不遵者,就用非法刑具处治。皂隶祗禁,辄便听从行使者,一体处死。”③该榜文不仅重申了《大诰续编》中的“刑狱”篇目,而且对官吏具体量刑处治作了规定。再如洪武十九年(1386 年)四月初四日榜文:“差人前去苏州在城将积年帮闲害民直司、主文、小官、野牢子、小牢子一名,务要坊厢拏报到官,以除良民之患。故行隐匿,不行拏获,其坊厢里甲,同罪不赦。”④该榜文实际是对《大诰续编》中的“松江逸民为害”和“再明游食”的重申。

有的榜文则是在原有《大诰》内容基础上的继承和发展。如洪武二十七年(1394 年)三月初六日榜文。该榜文借用《大诰》中的“谕官生身之恩”条中教谕官员不忘父母养育之恩的动情言语来训诫贪赃谋私、不行守制的不孝卫吏何得时。⑤

除了与《大诰》管理吏役条目相关的那 7 榜外,在洪武、永乐的 69 榜中还有 3 榜涉及吏役管理。这些管理吏役的榜文,都传承和发展了《大诰》重典治吏的特点。如洪武二十三年(1390 年)三月初三日颁布的“为诸司官吏弃毁簿书黄册

---

① 参见(明)张楷:《律条疏议》附《律诰该载》,见杨一凡编:《中国律学文献》第 1 辑第 3 册,第 715—718 页。

② 杨一凡、田涛主编:《中国珍稀法律典籍续编·明代法律文献(上)·洪武永乐榜文》,第 513 页。

③ 杨一凡、田涛主编:《中国珍稀法律典籍续编·明代法律文献(上)·洪武永乐榜文》,第 516 页。

④ 杨一凡、田涛主编:《中国珍稀法律典籍续编·明代法律文献(上)·洪武永乐榜文》,第 517 页。

⑤ 参见杨一凡、田涛主编:《中国珍稀法律典籍续编·明代法律文献(上)·洪武永乐榜文》,第 518 页。

等项及不立卷宗事”的榜文，就涉及 15 起案例，重刑、处斩和凌迟了府县吏员 200 余人。其中，“安福县吏刘如冈等六十八名，与一般吏王京等五十八名，计文卷，并不立案，节次烧毁，处斩”；“福州府刑房吏沈叔平等三十六名，不救失火，烧毁卷宗……俱各处斩”。[①] 这些刑杀吏役的举措与《大诰》中的酷刑峻令手段可谓一脉相承。

第三节 对吏役的监督管理

为了加强对吏役的监督管理，朱元璋一方面要求官员严明职守，严肃驭下之道；另一方面又建立“民拿害民该吏制度”，赋予民众擒拿举奏的权力。这些措施的实施，加强了对吏役的监管。

一、严明职守，严肃驭下之道

朱元璋在《大诰初编》的“官亲起稿”条教谕官员：在处理政事时，要以古代贤人、君子为楷模，于“受任方隅，所任之事，各必躬亲理之”，要“视吏卒如奴仆，待首领官若今之参谋，善者礼之，不善者奏闻黜之”；在施行诸事时，要亲行草稿，役吏精书之后，乃“书押印行”。[②] 在《大诰初编》的“谕官之任”条，他又训诫官员不要以吏为谋、“坐视民患”，要勤政廉洁，不贪“贿赂之财”，不蹈前人之非。[③] 在《大诰三编》的“农吏”条，他再一次强调：“今后诸衙门官，凡有公事，能书者，务必唤首领官于前，或亲口声说，首领官著笔，或亲笔自稿，照行移格式为之，然后农吏誊真，署押发放。吏本粘连卷宗，点检新旧，验看迟速，知数目之精，未尝公事主谋在乎吏。”如果官员仍然“凭吏立意，施行其事”，则往往被处以“杀身”之刑。在办理事务之时，“若吏无赃私，一切字样差讹，与稿不同，及吏誊真之罪。设若与稿相同，主意乖违，罪坐官长，吏并不干”。[④]

另外，朱元璋要求官员严肃驭下之道，加强对吏役的监管。对于治下有方的官员，他常常予以表彰。如洪武九年(1376 年)，朱元璋因福建参政魏鉴、瞿庄笞一奸吏致死，而赐玺书加以慰劳：

① 杨一凡、田涛主编：《中国珍稀法律典籍续编·明代法律文献(上)·洪武永乐榜文》，第 511 页。

② 参见《御制大诰初编》第二《官亲起稿》，第 204 页。

③ 参见《御制大诰初编》第五《谕官之任》，第 206—207 页。

④ 《御制大诰三编》第二十七《农吏》，第 402 页。

朕观自古天下之治乱在于君臣能驭不能驭耳。若君能驭臣以礼法，臣能驭吏以体上，故治由此始。若君不能以驭臣，臣无以驭吏，则乱亦由此始。或云胥吏小人，何预治乱？是大不然。吏诈则蠹政，政既堕矣，民何由安？朕所以命著为令者，正欲使上官驭吏，动必以礼而严之以法。若吏卒背理违法，绳以死无论，此令行久矣。奈何贪官动为下人所持，任其纵横，莫敢谁何，所以政无施而民受枉。……今丞相奏福建两参政致极刑于一奸吏，朕闻兹事当哉，惟仁人能好人、能恶之，果然矣。故往渝之。尔尚慎终如始乃能其官。①

洪武十九年(1386 年)，常熟县令成茧奇怒苏州府吏"径由中道入公堂"，而执之以法。对此，朱元璋"命以酒劳之"，并赐以敕书说：

先王制礼，所以辨上下，定民志，秩然而不紊，历世因之，不敢违越，诚以纪纲法度，维持治道之具。然立法者君也，奉法者臣也，君能立法而臣不能守之，则亦末如之何矣。朕自即位以来，稽古立法，设置诸司，以贵君子、禄贤人，使与朕共守此道，以安养吾民。奈何其间或匪志人，自堕礼法，吏胥之徒，故得凭上司之势而凌侮之，彼乃奔走顺承，非惟不能自重，盖亦有伤大体，如是而欲安享尊荣，其可得韵哉？尔常熟县成曳奇，乃能不畏威势，执越礼之吏胥，以正纪纲，而绝民害，此有司之超群者也。法司以闻，朕甚嘉焉，故特遣使赍醴往劳，尔其享之。呜呼！益谨初心，恪遵宪度，则岂不为自重之君子，流芳百世，耿耿而不磨，尔其懋之。②

像这样的例子在明初还有很多，其体现了朱元璋严以驭吏，加强吏役监管的治政特点。

二、建立"民拿害民该吏制度"

为了加强对吏役的监管，朱元璋建立了"民拿害民该吏制度"，赋予民众直接羁拿和押解为害吏役的权力。在《大诰》三编中，关于这一制度的记载有很多处，这在一定程度上反映了朱元璋的重视程度，也表明了他冀望借此监督吏役的目的。

在《大诰初编》中，朱元璋规定：

今后布政司、府、州、县在役之吏，在闲之吏，城市乡村老奸巨猾顽民，专一起灭词讼，教唆陷人，通同官吏害及州里之间者，许城市乡村贤良方正、豪杰之士，有能为民除患者，会议城市乡村，将老奸巨猾及在役之吏，在闲之

---

① 《明太祖实录》卷一〇八，洪武九年九月己卯条，第 1806—1807 页。

② 《明太祖实录》卷一七七，洪武十九年二月丁未条，第 2679 页。

> 吏，帮缚赴京，罪除民患，以安良民。敢有邀截阻当者，枭令。拿赴京之时，关津渡口毋得阻当。①

如果民众在赴京呈告奏事之时没有行路文引，“同行人众，或三五十名，或百十名，至于三五百名”，所在关隘官吏要“即时放行，毋得阻当。阻者，论如邀截实封罪”。② 这就在法律层面上保障了“民拿害民该吏制度”的有效实施。

对于那些为事潜逃的“积年民害官吏”，朱元璋要求其“两邻亲戚即当速首，拿赴上司，毋得容隐在乡，以为民害”。如果“两邻亲戚”知而不举、隐而不报，亦许四邻首告。对容隐者，则要判处“同其罪而迁发之，以本家产业给赏其首者”的惩罚。③

在《大诰续编》中的巡检何添观、弓兵马德旺阻挡嘉定县民郭玄二等赴京呈告弓兵违法的案例中，朱元璋惩治了阻挡的官吏，弓兵马德旺“依前《大诰》行诛，枭令示众”，巡检何添观则被“刖足枷令”。同时，朱元璋颁行峻令：“今后敢有如此者，罪亦如之。”④对于巡阑刁蹬客商、多取客货的行为，朱元璋亦许客商将为害巡阑拿赴京来。⑤

针对地方中的官吏危害，朱元璋在《大诰三编》中进一步规范了“民拿害民该吏制度”，确定了责任追究制。如所在有司官吏“若将刑名以是为非，以非为是”，许“被冤枉者告及四邻，旁入公门，将刑房该吏拿赴京来”；“若私下和买诸物，将礼房该吏拿来”；“若赋役不均，差贫卖富，将户房该吏拿来”；“若举保人材，扰害于民，将吏房该吏拿来”；“若勾补逃军力士，卖放正身，拿解同姓名者，邻里众证明白，助被害之家将兵房该吏拿来”；“若造作科敛，若起解轮班人匠卖放，将工房该吏拿来。……其正官、首领官及一切人等，敢有阻当者，其家族诛”。可以说其比较具体地论述了“民拿害民该吏制度”对民众如何拿赴害民该吏作了具体规定，对阻挡民众赴京呈告的行为也作了更加严厉的规定。朱元璋之所以要这么做，主要是官吏的夤缘作弊、为非多端使然。正如他所说“若靠有司辨民曲直，十九年来未见其人。”在朱元璋看来，如果这一措施得以有效实施的话，则“不一年之间，贪官污吏尽化为贤矣”。⑥ 由此可见，朱元璋的“民拿害民该吏”思想是建立在对官吏极不信任的基础之上的，是一种借助民众监督官吏、强化吏治的手段。

---

① 《御制大诰初编》第五十九《乡民除患》，第 239 页。

② 《御制大诰初编》第四十六《文引》，第 231 页。

③ 参见《御制大诰初编》第五十五《积年民害逃回》，第 236－237 页。

④ 《御制大诰续编》第六十七《阻当耆民赴京》，第 320 页。

⑤ 参见《御制大诰续编》第八十二《牙行》，第 332 页。

⑥ 《御制大诰三编》第三十四《民拿害民该吏》，第 408、409 页。

从《大诰》中案例的记载看，这一制度得到一定程度的实施。另外，朱元璋对擒拿害民该吏有功的民众也给予了很高的奖赏。如对常熟县民陈寿六等"赏钞二十锭，三人衣各三件。……免杂泛差役三年，敢有罗织生事扰害者，族诛。……设有捏词诬陷陈寿六者，亦族诛。陈寿六倘有过失，不许擅勾，以状来闻，然后京师差人宣至，朕亲问其由"。对于这种褒奖和赏赐，连朱元璋自己都感叹道："其陈寿六其不伟欤！"①

第四节 对吏役的道德教谕

朱元璋对吏役的管理，除了采用残酷肉刑、严苛峻令、官员监管和民众监督等手段外，还注重对其思想的劝善教化。这种思想的劝善教化，主要是从吏役最亲近的亲属入手，通过对亲属的劝诫来促成吏役的向善。在朱元璋看来，如果亲属能劝诫为善，则能减少吏役的危害；如果亲属与吏役"同恶相济"，则会"致令身家"之祸。所以他独条特谕吏役之父母、兄弟、妻子曰："呜呼！戒之哉，毋为民害。良心发于父母，嘉言起于妻子，善行询于弟兄。凡走卒簿书之家，有此三戒，害民者鲜矣。为人父母妻子兄弟者，善听吾言，戒哉，戒哉！"②

对于刑禁中的吏役虐害囚徒、走泄狱情的行为，朱元璋也在《大诰续编》的"再诰刑禁"条中说：

> 凡主典刑禁之人，父母妻子、亲戚朋友当以朕言诫之。行朕之道，其阴骘之理，恻隐之心，以为常道，行之于岁月日时。将后阴骘博披于狱囚，虽释道处身于五外，傍灯侣影苦行于终身，何若此修之速疾也。呜呼！凡人父母妻子、亲戚朋友，必以朕言诫勉之。

在此，所谓的"朕言"，即朱元璋对吏役的劝勉之言。他要求他们在管理狱囚时，"不分囚之轻重，常以善言以妥之，苦寒则置温之，炎署则置凉之，饮食则节之，病则医之"。而且戒谕他们不要"走泄狱情"，不要与"闲人知会"，不要与囚徒易知罪之轻重等。③ 朱元璋希望通过对吏役亲属的规劝来达到劝导吏役为善，减少刑禁之害的目的。

---

① 《御制大诰续编》第十《如诰擒恶受赏》，第 272 页。

② 《御制大诰续编》第十三《戒吏卒亲属》，第 274 页。

③ 参见《御制大诰续编》第四十一《再诰刑狱》，第 294—295 页。

第五章　明《大诰》对粮长、耆宿的管理

明朝建立以后，朱元璋陆续建立了粮长、耆宿制度，冀望以此来协助政府征纳税粮、教化民众以及管理基层事务等。但是，充当粮长和耆宿的人员很多都是地方上的豪强地主或劣绅，他们倚恃害民，给基层社会带来了很大危害。为此，朱元璋不断加大惩治力度，以加强对粮长及耆宿的管理。

第一节　对粮长的管理

粮长作为国家佥点的保障田赋征收的职役，其重要性不言而喻。为了规范粮长行为，朱元璋在洪武十八年(1385 年)复设粮长以后，一方面，加大对粮长危害的惩处力度；另一方面，又不断完善和规范其制度，赋予其更多的职责和权力。这种既拉拢又打击的双手策略，体现了朱元璋高明的粮长管理手段。

一、粮长的设置

明朝建立之初，社会经济一片凋零，为了巩固新生政权和保证国家的财赋收入，朱元璋于洪武四年(1371 年)首先在江浙一带建立了粮长制度。《明太祖实录》卷六十八记载粮长制初建时说：

> 洪武四年九月丁丑，上以郡县吏每遇征收赋税，辄侵渔于民，乃命户部令有司料民土田，以万石为率，其中田土多者为粮长，督其乡之赋税，且谓廷臣曰："此以良民治良民，必无侵渔之患矣。[①]

---

① 《明太祖实录》卷六八，洪武四年九月丁丑条，第 1279 页。据梁方仲先生考证，"首先应诏设置粮长的仅浙江及南直隶的苏、松等处"，而不似诏令中所说的"全国府县奉行"。(参见梁方仲：《明代粮长制度》，中华书局 2008 年版，第 14 页)

在这里朱元璋所说的"以良民治良民",第一个"良民"不过就是治人的粮长大户,论其性质来说属于大地主阶层,往往是地方的土豪劣绅;第二个"良民"则是被治的农民小户,论其性质来说属于一般农户,主要是地方的普通百姓。朱元璋这种"以良民治良民"的思想,除了免除吏胥侵吞的目的外,还有"便于有司""便于良民"的考虑。[①] 朱元璋在《大诰续编》的"粮长金仲芳等科敛"条中就说:

> 粮长之设,本便于有司,便于细民。所以便于有司,且如一县粮该十万,止设粮长十人,正副不过二十人,以期办足,勤劳在乎粮长,有司不过议差部粮官一员,赴某处交纳,甚是不劳心力。……便于细民之说,粮长就乡聚粮,其升合斗勺,数石数十石之家,比亲赴府、州、县所在交纳,其便甚矣。[②]

在《大诰续编》的"水灾不及赈济"条中亦说:"往为有司征收税粮不便,所以复设[③]粮长,教田多的大户,管着粮少的小户。想这等大户,肯顾自家田产,必推仁心,利济小民。"[④]

如果从征收税粮的角度看,粮长制的施行确实可以省去官员的很多麻烦,因此"便于有司"应该不大成问题,但是"便于细民"则未必可能。其实,在朱元璋看来"便于有司"是处于首位的。他曾说:"粮长之设,首便于有司,次便于良民,所以设立之时,定殷实之家。"[⑤]朱元璋以大地主组成的粮长来管理农民小户,负责税粮征收等事务,仅从阶级本性来说也不可能不存在剥削小民的情事,加之粮长又是一种无俸禄无报酬的职役,为了应付各种开销,那就更难让其"利济小民"了。而且粮长的组成除了大地主等土豪劣绅外,还有一些隐匿"逃囚""胡党"等承充其间。如苏州府吴县粮长于友"本系胡党,数曾犯法,面刺死囚'隐送同罪'……发凤阳屯种",但后来"本人将'隐送同罪'四字起去,还乡复业,充洪武十八年(1385 年)粮长"。[⑥] 又如苏州府吴江县洪武十八年粮长陆和仲亦是"胡党",而且其胡党的身份也为苏州府吏所知,但是却被隐匿不报,这一点可以从苏州府吏杨复罪情发露后搜出的三张状纸获知,"原告沈庆童等三名告党陆和仲,三番告

---

① 参见梁方仲:《明代粮长制度》,第 14—22 页。

② 《御制大诰初编》第六十五《设立粮长》,第 244—245 页。

③ 按:洪武十四年里甲制确立以后,朱元璋曾于洪武十五年四月诏令道:"粮长害民,已行革去。明年钱粮,照依黄册,里甲人等催办,毋得那移作弊。违者,断没其家,迁徙远方。"(《皇明诏令》卷二,洪武十五年四月赐直隶江浙河南山东等处租粮诏条,载刘海年、杨一凡主编:《中国珍稀法律典籍集成》乙编第 3 册,第 55 页)洪武十八年,又复设粮长,"以民户粮多者为之"(《明太祖实录》,洪武十八年七月癸丑条,第 2653 页)。

④ 《御制大诰续编》第八十五《水灾不及赈济》,第 335 页。

⑤ 《御制大诰续编》第二十一《粮长金仲芳等科敛》,第 278 页。

⑥ 《御制大诰三编》第一《臣民倚法为奸》,第 353 页。

党，皆被此吏受财匿状不行”。[①] 推想开来，类似于于友、陆和仲这样的作奸犯科之人承充地方粮长的例子应该还有不少。据梁方仲先生的论断，“粮长的产生方式，在明初主要由乡里推选，再由州县政府加以委任”[②]。如果此论确切的话，笔者猜想粮长在“乡里推选”时，很容易被熟悉乡里的吏胥所左右，那么一些无藉之辈夤缘其间也就在所难免了。另外，胡铁球先生认为，梁方仲先生的论断“确实有大量的史料支撑，但多出现在有关粮长的墓志铭、家谱、行状等史料之中，不免有‘溢美’之嫌”，因此他提出“在其他史料中，则有‘点充’、‘签充’、‘提充’之说”。[③] 这一观点在《大诰三编》的“王子信害民”条就有所反映：“洪武四年验户，点充粮长。”[④]即使是点充粮长，官员在编签之时，也常常“不择良善”，甚至不按“巨室”标准来点充，而这种情况在洪武时期就有。[⑤] 如洪武十八年(1385 年)，常熟知县成奇“交结无藉粮长沈玠等，违朕旨意，将地方犬牙相制”[⑥]。可见承充粮长之人，很多并非善类。因此，粮长制度在建立之初，其弊害就不可避免地存在。为此，朱元璋一方面严惩粮长之害，另一方面又不断加强和完善对粮长的管理。

二、粮长犯罪的惩治

在《大诰》三编中，涉及的粮长犯罪包括科敛害民、滥用职权、虚买实收、团局造册、妄告水灾等方面。对此，朱元璋都进行了严厉惩治。

(一)粮长的犯罪危害

关于明初粮长舞弊行为的记载非常多。在粮长刚刚设立的一两年中，苏州府粮长便纷纷以舞弊虐民著称。[⑦] 我们从《大诰》三编的记载中即可得知明初粮长的罪恶行径相较于后来是“毫不逊色”的。

1. 征纳税粮，科敛名色

征纳税粮是粮长的首要任务。在征纳时，粮长具有自征、自收、自解、自纳的权力。这一权力使粮长在赋税的经收、解运等方面可以不经过地方政府之手，从

---

① 《御制大诰三编》第八《陆和仲胡党》，第 383－384 页。

② 梁方仲：《明代粮长制度》，第 71 页。

③ 胡铁球：《粮长权力体系构建及其与地方官吏的权力冲突》，《宁夏大学学报》(人文社会科学版)2011 年第 1 期。

④ 《御制大诰三编》第二十五《王子信害民》，第 401 页。

⑤ 参见胡铁球：《粮长权力体系构建及其与地方官吏的权力冲突》，《宁夏大学学报》(人文社会科学版)2011 年第 1 期。

⑥ 《御制大诰续编》第四十九《常熟县官乱政》，第 302 页。

⑦ 明宋濂撰《宋学士文集》卷六四《芝园续集四・故岐宁卫经历熊府君墓铭》载：“(洪武六年)命之苏州，核粮长罪状。君至，择其尤虐民者，杖之凤阳。”(商务印书馆 1936 年版，第 1040 页)

而始终其事、总揽其成。[①] 权力越大,越容易滋生腐败,因此,粮长在征纳税粮时的舞弊贪赃行为也最为突出。关于这一点,在《大诰》三编中有充分的反映。

在洪武十八年(1385 年)《大诰初编》的"设立粮长"条中,朱元璋就说:"有等粮长,贪婪无厌,将自己合纳二税,尽为众户所包。"[②]在洪武十九年(1386 年)《大诰续编》中,关于粮长在征收之际科敛害民的情事多达 4 条。《大诰续编》对粮长如何科敛、科敛的名色种类等都有详细的记载,详列如下:

"粮长妄告叔舅"条记载道:

> 吴江县正粮长张镠孙……副粮长朱太奴……倚恃官威,多科吾良民多矣。其钱一万贯,米六千石,更除包纳本户外。……其科也,一斛面粮三斗,一使用粮三斗,一水脚船钱、神福钱一万贯。[③]

"粮长金仲芳等科敛"条记载道:

> 所在粮长,不遵《大诰》,仍前非为,虐吾民者多矣。且如嘉定县粮长金仲芳等三名,巧立名色凡一十有八:一定船钱,一包纳运头米,一临运钱,一造册钱,一车脚钱,一使用钱,一络麻钱,一铁炭钱,一申明旌善亭钱,一认役钱,一黄粮钱,一修墩钱,一盐票钱,一出由子钱。[④]

"粮长瞿仲亮害民"条记载道:

> (粮长瞿仲亮)淋尖跌斛外,更科使用神福钱一万贯……[⑤]

"粮长郝阿仍害民"条记载道:

> 粮长郝阿仍,自朕命有司召粮长面听宣谕,其郝阿仍坐视不出,令徐添长代替赴京,本人在家,朋党谭理、徐付六、周伯贤、谭真五、张二、徐付三、庄寿二、胡付四起立名色,科扰粮户。其扰民之计,立名曰船水脚米,斛面米,装粮饭米,车脚钱,脱夫米,造册钱,粮局知房钱,看米样中米,灯油钱,运黄粮脱夫米,均需钱,棕软篾钱,一十二色,通计敛米三万七千石,钞一万一千一百贯。正米止该一万,便做加五收受,尚余二万二千石。钞一万一千一百贯,民无可纳者,以房屋准之者有之,揭屋瓦准者有之,变卖牲口准者有之,衣服、缎匹、布帛之类准者亦有之,其锅灶、水车、农具尽皆准折。[⑥]

通过《大诰》中的记载,可见粮长在洪武十八年复设之初就存在很多征纳舞

---

① 参见胡铁球:《粮长权力体系构建及其与地方官吏的权力冲突》,《宁夏大学学报》(人文社会科学版)2011 年第 1 期。

② 《御制大诰初编》第六十五《设立粮长》,第 245 页。

③ 《御制大诰续编》第二十《粮长妄告叔舅》,第 277—278 页。

④ 《御制大诰续编》第二十一《粮长金仲芳等科敛》,第 278 页。

⑤ 《御制大诰续编》第二十二《粮长瞿仲亮害民》,第 279 页。

⑥ 《御制大诰续编》第四十七《粮长郝阿仍害民》,第 300 页。

弊行径。这些粮长不仅让纳粮户包纳自己的税粮，而且还巧立各种名色来科敛粮户。有的纳粮户甚至被科敛到不得不变卖牲口、物品来抵折的程度。粮长的舞弊虐民情形于此可见一斑。

2. 刑罚追比，滥用职权

粮长在催征税粮时，具有一定的刑罚追比的权力。朱元璋之所以赋予粮长这种权力，是为了对故行不纳的顽民有所惩戒，从而使征纳任务得以顺利完成。但是，早在洪武时期，粮长就滥用此权。这一点在《大诰》中也有所反映。如《大诰初编》的"设立粮长"条就记载："有等粮长，贪婪无厌，将自己合纳二税，尽为众户所包，少有不从，倚官挟势，临门吊打。"[①]又如《大诰续编》的"粮长瞿仲亮害民"条记载："上海县粮长瞿仲亮……拘收纳户各人路引，刁蹬不放回家为农。"[②]这样的例子，在明初还有很多。

3. 迁延不纳，虚买实收

粮长在征收税粮以后，存在迁延不纳、虚买实收的行为。这一点，朱元璋在《大诰三编》的"拖欠秋粮"条有比较清晰的描述：

> 设置粮长，惟在催征本区内一万石税粮。其税粮俱系各户自行办纳，本非难办之事，自合依期纳足。其粮长人等，却将各各人户税粮征收入己，故意抵顽，迁延不纳。直至下年秋熟，方才将下年秋粮补纳上年欠数。盖是奸臣胡、陈并郭桓等在时，仓廒不明，粮数不精，粮长人等惯于虚买实收，妄称足备，自以为得计。……粮长张时杰等一百六十名，身亡家破。[③]

另外，在《大诰三编》的"陆和仲胡党"条亦记载了粮长托故少交税粮的行为："验陆和仲所纳粮。其粮一万石，上仓止该七百石，尚有九千三百余石恃顽托故不行上仓，意欲侵欺入己。"[④]

4. 编造册籍，团局造册

洪武十八年(1385 年)至二十年(1387 年)间，朱元璋又先后规定粮长须参加赋役黄册与鱼鳞图册的编制工作。[⑤] 但是，粮长在编造册籍时，往往会以此为由向民户科敛"造册钱"，这一点在《大诰续编》中有一定的反映。如嘉定县粮长金仲芳等 3 人的科敛名色中就有"造册钱"一类[⑥]，此外粮长郏阿仍亦是如此[⑦]。

---

① 《御制大诰初编》第六十五《设立粮长》，第 245 页。

② 《御制大诰续编》第二十二《粮长瞿仲亮害民》，第 279 页。

③ 《御制大诰三编》第四十一《拖欠秋粮》，第 418－419 页。

④ 《御制大诰三编》第八《陆和仲胡党》，第 384 页。

⑤ 参见梁方仲：《明代粮长制度》，第 50 页。

⑥ 参见《御制大诰续编》第二十一《粮长金仲芳等科敛》，第 278 页。

⑦ 参见《御制大诰续编》第四十七《粮长郏阿仍害民》，第 300 页。

对于粮长如何编造册籍，在《明太祖实录》洪武二十年(1387 年)二月戊子条有一定的反映，该条记载了浙江布政司与苏州等府县编造及进呈鱼鳞图册的情节：

先是，上命户部核实天下田土，而两浙富民畏避徭役，往往以田产诡托亲邻佃仆，谓之铁脚诡寄，久之相习成风，乡里欺州县，州县欺府，奸弊百出，名为通天诡寄，于是富者愈富，而贫者愈贫。上闻之，遣国子生武淳等往各处，随其税粮多寡，定为几区。每区设粮长四人(按即一正三副)，使集里甲、耆民，躬履田亩以量度之。图其田之方圆，次其字号，悉书主名及田之丈尺、四至编为册，其法甚备，以图所绘，状若鱼鳞然，故号鱼鳞图册。①

可见，里甲、耆民都是在粮长的领导下开展丈量和制图工作的。在制造赋役册籍时，有的粮长存在“团局造册”的情事，所谓“团局造册”是指粮长把编造册籍的事情控制起来包办，并按照自己的利益随意增减和变动册籍内容。《大诰续编》的“粮长妄告叔舅”条记载：粮长张镠孙等“各各侵欺入己，复回乡里团局造册，每户复科三斗”②。朱元璋把制定科则的任务交给粮长办理，使其不仅有征收之权，还有造册之权，无异于又对其敞开一扇舞弊大门，加重了对纳粮户的科敛。

5. 通同刁顽，妄告水灾

在洪武十八年(1385 年)复设粮长时，朱元璋扩大了其职责权限，不仅赋予其征纳税粮、编造册籍的权力，而且赋予其规范土地买卖及上奏之权，另外还有呈报灾情及赈济之权等。可以说，粮长的权力日益加大。但是，随着权力的增大，其腐败的触角也不断延伸。关于粮长妄告水灾、不及赈济的舞弊谋私行为在《大诰》中有一定的反映。其中有 3 条对此有详细的论述，依次归列如下：

《大诰续编》的“水灾不及赈济”条记载道：

各各粮长目击耳闻前去，一至本乡，巧立名色，其弊多端，剥削吾良民，不可胜言。地方依旧犬牙相制，民间洒派、包荒、不过割的，俱不来奏闻，却通同刁猾顽民，妄告水灾。本灾一分，告灾十分。及至差人诣所在查踏，却乃多方设计，贿赂所差进士、行人、监生，扶同准灾，捏合回奏。③

《大诰续编》的“粮长妄奏水灾”条记载道：

洪武十八年水灾，粮长唐谦等拨置不良之户，以灾一分，具告十分，中间以荒作熟，以熟作荒，以灾作熟，以熟作灾。其状首已被拘拿，本人暗中使钞买嘱官吏，亦用钱物买嘱该收粮卫分，不行具奏。本人粮未至，朦胧直待农

① 《明太祖实录》卷一八〇，洪武二十年二月戊子条，第 2726 页。

② 《御制大诰续编》第二十《粮长妄告叔舅》，第 278 页。

③ 《御制大诰续编》第八十五《水灾不及赈济》，第 336 页。

忙，见将吴江县粮长葛德润准灾，又顾常、陆仲和准灾，唐谦等才方出奏。[①]

《大诰三编》的“陆和仲胡党”条记载道：

苏州府吴江县粮长陆和仲，当十八年粮长。其年水灾民田，朕谓诸粮长曰：“今年水为民患，低下之田必伤。尔等归，明白查踏，亲自回奏。熟者输纳税粮，灾者以凭赈济。设有包荒、洒派、移丘换段，不行推收过割并积荒田地，以凭开除，以凭正收作数。”凡所听者，粮长人等不下数百余名。人各不听朕命，归则邪谋设计，将无藉之民妄为状首，申诉水灾。粮长竟不出名，亦不亲诣灾所，故行以一分灾伤作十分报官，其中以熟作荒者多，以荒作熟者少。比比皆然，未有无者。及至差进士、监生人等亲诣查踏，其粮长豪猾之民，各备资财、缎匹、靴袜、冠帽、衣服、金银、钞锭，说诱进士、监生人等，朦胧作灾来闻。准其奏，待灾民来赈，久而不至。行下有司催并，其催并之词，命户部谓有司曰：“有产之家不赈，无产之家佃户人等领赴京来。”其有司通同作弊，乃敢回文曰：“据各户所申，人各有田不多，皆非无田之户。系是有产之家，不敢受赈。”[②]

这三条内容主要反映了粮长在上报灾情和赈济灾民时的舞弊谋私行为。为了谋取赃私，他们在灾情发生时常常“妄告水灾”，“以灾一分，具告十分”，“以荒作熟，以熟作荒，以灾作熟，以熟作灾”。在朝廷派遣进士、行人、监生等承差前去查踏之时，则又故行奸计，贿赂钱财，以使其“朦胧奏灾”“混淆是非”。如果这一伎俩得逞的话，粮长和顽民们便得以侵欺赈济银，中饱私囊，但是真正需要救济的贫苦灾民却仍处于生死线上。

另外，朱元璋所希望的粮长能使富农“买田不过割，教过割了；田多洒派的，教收在本户自身里；移丘换段的，各归本主，诡寄的如之，不从的来奏”[③]似乎也未能如愿，这点从上文第一条的叙述中可以看出。如此多的危害和不职行为，让朱元璋非常愤恨。以至于他说：“朕设粮长，本欲便于细民，不期此等之徒，奸贪无厌，身家不顾，实为民患。”[④]

（二）粮长危害的惩治

对于粮长的危害行为，朱元璋进行了严厉惩治。洪武六年（1373 年），他特派政府要员前往苏州，“核粮长罪状”，“择其尤虐者，杖徙之凤阳”。[⑤] 在《大诰》中，朱元璋对舞弊营私的粮长处置更加严厉。如吴江县正粮长张镠孙、副粮长朱

---

① 《御制大诰续编》第四十六《粮长妄奏水灾》，第 299 页。

② 《御制大诰三编》第八《陆和仲胡党》，第 383 页。

③ 《御制大诰续编》第四十六《粮长妄奏水灾》，第 299 页。

④ 《御制大诰续编》第八十五《水灾不及赈济》，第 336 页。

⑤ （明）宋濂撰：《宋学士文集》卷六四《芝园续集四・故岐宁卫经历熊府君墓铭》，第 1040 页。

太奴等"妄告叔舅"，"绝灭纲常"，并"多科良民"，被处以"枭令之刑"。[①] 苏州府吴县粮长于友，"胡党"事发，"党弊昭然"，被"发回本贯枭令示众，籍没其家"。[②] 其他被处以死罪的还有上海县粮长瞿仲亮[③]、苏州府吴江县粮长陆和仲[④]以及粮长郏阿仍[⑤]、张时杰等160人[⑥]。另外，被"罪发云南"的有粮长唐谦等。[⑦]

朱元璋在严惩粮长贪赃案的同时，亦不忘用恐吓之语来警诫其他粮长。针对粮长与富民勾结舞弊，导致土地不清、靠损小民的情况，朱元璋警告粮长说："粮长依说办了的是良民，不依是顽民。"[⑧]针对征纳税粮时存在的科敛害民情形，朱元璋又警告说："若科粮之时，民有顽者故不依期，刁顽不纳，粮长备书姓名，赴京面奏。拿与粮长对问，非是粮长排陷，实是顽民故违，阖家迁于化外。粮长捏词朦胧奏闻，罪如之。"[⑨]针对粮长"故意抵顽"，拖欠秋粮的行为，他又警告说："今后粮长务要依期纳足，如是仍蹈前非者，一体治罪不赦。"[⑩]

可以说，朱元璋对粮长的舞弊营私行为的打击力度是非常大的，但是对"杂犯"之罪则允许"纳款赎罪"。《明太祖实录》卷一〇二云：

> 洪武八年十二月癸巳，上谕御史台臣曰："比设粮长，令其掌收民租，以总输纳，免有司科扰之弊，于民甚便。自今粮长有杂犯死罪及流、徒者，止杖之，免其输作，使仍掌税粮。"御史台臣言："粮长有犯，许纳钞赎罪。"制可。[⑪]

在这里，所谓"杂犯"，似乎指的是所犯为与执行职务无关之罪。[⑫] 朱元璋之所以如此，也是为了使税收不致受到影响。如果粮长存在舞弊营私行为的话，当然还是"罪在不赦"。

三、粮长制度的规范

朱元璋在洪武十八年(1385年)粮长复设以后，日益加强对粮长的管理。除了严厉打击粮长的危害行为之外，也日益规范和完善粮长制度，并不断扩大粮长的权力及职责。

---

① 《御制大诰续编》第二十《粮长妄告叔舅》，第277、278页。
② 《御制大诰三编》第一《臣民倚法为奸》，第353页。
③ 参见《御制大诰续编》第二十二《粮长瞿仲亮害民》，第279页。
④ 参见《御制大诰三编》第八《陆和仲胡党》，第383—384页。
⑤ 参见《御制大诰续编》第四十七《粮长郏阿仍害民》，第300页。
⑥ 参见《御制大诰三编》第四十一《拖欠秋粮》，第418—419页；
⑦ 参见《御制大诰续编》第四十六《粮长妄奏水灾》，第299页。
⑧ 《御制大诰初编》第六十二《开谕粮长》，第243页。
⑨ 《御制大诰续编》第七十八《议让纳粮》，第329页。
⑩ 《御制大诰三编》第四十一《拖欠秋粮》，第419页。
⑪ 《明太祖实录》卷一〇二，洪武八年十二月癸巳条，第1724—1725页。
⑫ 参见梁方仲：《明代粮长制度》，第56页。

(一)完善制度,规范粮长行为

洪武四年(1371年)粮长初设时,朱元璋规定粮长"督其乡之赋税",但对如何征收却没有明说。洪武十八年(1385年)粮长复设时,朱元璋作了原则性指示,规定:"特令赴京面听朕言,关领勘合。不许地方犬牙相制,只教管着周围附近的人户,易催易办。"①在这里,朱元璋对关领勘合和催办税粮作了几点指示。对于小额粮户如何交纳税粮,朱元璋在《大诰续编》的"议让纳粮"条中具体论述道:

> 催粮之时,其纳户人等粮少者,或百户,或十户,或三五户,自备盘缠,水觅船只,旱觅车辆,于中议让几人总领,跟随粮长赴合该仓分交纳,就乡里加三起程,其粮长并不许起立诸等名色,取要钱物。其议让领粮交纳人既是加三领行,毋得破调不敷。②

可见,小额粮户在交纳税粮时为了方便起见,采取多户合伙凑钱方式,各付出十分加三的款子,以为运费,并公推"总领"数名跟随粮长赴仓交纳。这种方式既节省了小户的费用,又省却了很多时间。而大粮户的交纳办法,据梁方仲先生推测"想来应可以完全归自己单独料理,毋须采取集款方式,但必须随同粮长一起交纳"③。

洪武二十六年(1393年),朱元璋进一步制定了一套详细完备的关领勘合、征纳税粮规章。据《明会典》卷二九《征收》诸条记载:

> 该设粮长去处,委官一员,率领该设粮长正身,务要齐足,定限七月二十日以里,赴京面听宣谕,关领勘合,回还办理。
>
> 该办税粮,粮长督并里长,里长督并甲首,甲首催督人户,装载粮米,粮长点看见数,率领里长并运粮人户起运。若系"对拨"者,运赴所指卫分,照军交收;"存留"者,运赴该仓收贮;"起运""折收"者,照依定拨各该仓库交纳,取获通关奏缴,本部委官于内府户科,领出立案,附卷存照,以凭稽考。
>
> 凡粮长关领勘合,回还催办秋粮,务要依期送纳,毕日,赴各该仓库,将纳过数目,于勘合内填写,用印钤盖。其粮长将填完勘合,具本亲赍进缴,仍赴部明白销注。如是查出粮有拖欠,勘合不完,明白究问道理。④

制度的日益完善,在一定程度上约束和规范了粮长的征纳行为。根据规章,粮长必须于七月二十日以前赴京领取勘合。粮长向内府户科领取勘合后,必须

---

① 《御制大诰续编》第八十五《水灾不及赈济》,第335—336页。

② 《御制大诰续编》第七十八《议让纳粮》,第329页。

③ 梁方仲:《明代粮长制度》,第33页。

④ (明)申时行等编修:《明会典》卷二九《户部十六·征收》,第216页。

回乡率领里甲等催办秋粮,并按期完成交纳任务。在赴京各仓交纳时,要“将纳过数目,于勘合内填写,用印钤盖”,并将填完勘合,赴户科明白销注。如果查出“粮有拖欠,勘合不完”等情事,粮长将会被追究责任。而且,地方官员对粮长还有监督之权,这一点不仅表现在点充粮长之时,还表现在关领勘合、催办秋粮和赴仓交纳等各个环节,这在一定程度上对粮长形成了监管。另外,朱元璋在洪武四年(1371 年)就令“御制规戒录一本,给与粮长,令其遵守。量地仓分远近,分豁官民田亩收纳”[①]。这样就使粮长受制于“规戒”和粮官的约束之下。

(二)加重责任,增大权力功能

洪武十八年(1385 年)复设粮长以后,粮长的责任日益加重,其权力功能也日渐增大。这一点在上文已有所论及,在此进行具体论述以明晰粮长权力的变化情况。

第一,在洪武十八年以前,粮长最主要的职能是管理秋粮的征收与仓库解库的收纳;在洪武十八年复设粮长以后,其职责“不单单是秋粮,而是包括夏税在内的整个税粮”[②]。如《大诰三编》的“臣民倚法为奸”条就说:“本以大户为粮长,掌管本都乡村人民秋夏税粮。”[③]在此,朱元璋对粮长应掌管的夏税与秋粮作了明确的规定。

第二,在洪武十八年复设粮长以后,粮长的职责不仅是征收税粮,而且还掌管赋役科派册籍的编造及具体的科派事宜。这一点从《大诰续编》中粮长科敛名色中的“造册钱”一目就可看出。另外,为了避免这一科敛名色对小民的迫害,朱元璋于洪武十九年(1386 年)六月给粮长造册之费。据《明太祖实录》洪武十九年六月癸丑条载:“给各处粮长所造赋役籍册之费。凡籍有五千户者,钞五锭,随其户之多寡而加损焉。”[④]又据《明太祖实录》洪武十八年正月己卯条载:“命天下府州县官,第其民户上中下三等为赋役册,贮于厅事。凡遇徭役则发册,验其轻重而役之,以革吏弊。”[⑤]可见,粮长所造的赋役册籍,就是这里所说的赋役册。据日本学者小山正明的研究可以得出如下结论:粮长对徭役科派册籍的编造,在

---

① 《南京户部志》卷十八《事例》。(转引自洪沼:《明初的迁徙富户与粮长制》,《中国社会经济史研究》1984 年第 1 期)

② [日]小山正明:《明代的粮长》,见刘俊文主编,栾成显、南炳文译:《日本学者研究中国史论著选译》第 6 卷《明清》,中华书局 1993 年版,第 167 页。

③ 《御制大诰三编》第一《臣民倚法为奸》,第 346 页。

④ 《明太祖实录》卷一七八,洪武十九年六月癸丑条,第 2697 页。

⑤ 《明太祖实录》卷一七〇,洪武十八年正月己卯条,第 2585 页。

洪武十八年粮长制度复设以后是贯串整个明代，几乎一直进行着的。[①]

第三，粮长除了征纳税粮、编造籍册、科派徭役的职责外，还担负着对百姓的教化劝导之责。在洪武十八年(1385年)《大诰初编》的“开谕粮长”条中，朱元璋教谕粮长说：

> 如今教你每户家做粮长，民有事务，粮长除纳粮外，闲中会乡里一万石粮内长者、壮者，与他说，各处府、州、县从古设社稷坛场，官长每祭祀。春谓之祈风雨以时，五谷丰登，秋谓之报成也。古先哲王所奉之社，五土之神；稷，五谷之神。五土发生五谷，立人性命。……所以春祈、秋报，为民造福。[②]

朱元璋要求粮长在闲暇时间，会集乡里的“长者”“壮者”，向他们解说京师以至府州县所设立的社稷坛场、春秋祭祀，无非是为了“为民造福”。

第四，劝导富农地主不得“交结有司，不当正差”。在《大诰初编》的“开谕粮长”条中，朱元璋开谕道：

> 今民有数千亩、万亩或百亩，数十顷、数十亩者，每每交结有司，不当正差。此等之家……于差靠损小民，于粮税洒派他人；买田不过割，中间恃势移丘换段，诡寄他人；又包荒不便，亦是细民艰辛。你众粮长会此等之人，使复为正，毋害下民，了毕画图贴说。果有荒田，奏知明白除豁。粮长依说办了的是良民，不依是顽民。民有不遵者，具陈其所以。[③]

对于“靠损小民”的富农豪强，粮长要做到使其诡寄之田得以“复正”，抛荒之田得以“除豁”，并“画图贴说”，以避免损害小民。如果粮长不能依此办理，将会按照“顽民”进行处置。

在《大诰续编》的“粮长妄奏水灾”条中，朱元璋亦教谕粮长说：

> 今勘合上，不许将地方犬牙相制，易为催办。其中户多有买田不过割的，教过割了；田多洒派了的，教收在本户自身里；移丘换段的，各归本主，诡寄的如之，不从的来奏。若区内果有积年荒田，有司不行除豁，其刁顽之徒借此名色包荒虐吾民者，尔粮长从实具奏，以凭除豁积荒，召民佃种。[④]

第五，上报灾情及赈济灾民也是粮长的职责。朱元璋规定：“凡有水旱灾伤，

---

① 参见[日]小山正明：《明代的粮长》，见刘俊文主编，栾成显、南炳文译：《日本学者研究中国史论著选译》第6卷《明清》，第169页。

② 《御制大诰初编》第六十二《开谕粮长》，第242页。

③ 《御制大诰初编》第六十二《开谕粮长》，第242—243页。

④ 《御制大诰续编》第四十六《粮长妄奏水灾》，第299页。

将所灾顷亩人户姓名，从实报官，凭此赈济。”①

除了《大诰》中所论及的这些外，粮长的职责权力还有很多。根据梁方仲、小山正明等学者的研究可以发现，在宣德以前，粮长还有民事诉讼处理之权、刑罚追比之权、劝农兴农之权、举办水利之权、检举不法官吏和“顽民”之权等。以至于梁方仲先生认为：“在初期有些粮长几乎可以与地方官吏分庭抗礼，俨然成为皇帝维护中央集权统治与封建社会秩序的有力的助手——而选用‘来自民间’的粮长以监督地方官吏和豪强，正是明太祖建立这一制度的目的之一。”②小山正明先生认为：“粮长不单单是在其区内征收税粮，而且‘掌乡政’，即几乎全面执掌区内的乡村行政；所谓明代乡村统治是有其实质内容、确实存在的。”③另外，在洪武时期，朱元璋令正副粮长在开征秋粮以前至京师，面听圣谕，领取征粮勘合。如果依期征纳秋粮至京的话，往往“得召见”；若应答投契的话，“辄蒙擢用”。④

综上所述，朱元璋一方面用制度来规范和约束粮长的行为，对存在的舞弊营私之举利用严刑峻法进行坚决打击和惩治；另一方面又赋予粮长大量权力，加重其职责，并给予其升官机会。这种既拉拢利用又防范打击的做法，体现了朱元璋高明的统治策略。究其原因和目的来说，主要有以下几个方面：(1)粮长在征收赋税时，不经过地方政府之手，采取的是乡民粮长各仓的交纳路线，这种设计自然有防止“官吏侵渔”的目的，但亦不能排除朱元璋借此防止地方割据势力成长的可能。地方不能掌控财赋，自然难以形成地方势力。为此明政府赋予粮长相对充分的赋税征纳权及其他权力。(2)为了抑制豪强，明政府又给予地方官员提督粮长的权力，并在制度安排上让粮长承担更重的差役，这一方面加重了粮长的负担，另一方面又使粮长处处受到官府的掣肘。这样就使官员和粮长从一开始就处于矛盾与权力的冲突之中，形成了某种深层的“权力制衡”。⑤ (3)建立粮长制度，给予粮长一定的权力和优越地位，其结果有利于瓦解富户豪民之间的联盟，使其彼此相互牵制，从而加深了富民之间的矛盾。(4)实行粮长制度，把政府最棘手的赋税征收难题交给粮长大户，利用其地方权势和对乡民的控制为政府经办税粮，既有利于征纳税粮，又转嫁了原来政府与农民的矛盾，使之变成富民与富民、富民与农民的矛盾。

---

① 《御制大诰续编》第四十六《粮长妄奏水灾》，第299页。

② 梁方仲：《明代粮长制度》，第50页。

③ [日]小山正明：《明代的粮长》，见刘俊文主编，栾成显、南炳文译：《日本学者研究中国史论著选译》第6卷《明清》，第176页。

④ (清)张廷玉等撰：《明史》卷七八《食货志二》，第1899页。

⑤ 参见胡铁球：《粮长权力体系构建及其与地方官吏的权力冲突》，《宁夏大学学报》(人文社会科学版)2011年第1期。

第二节 对耆宿的管理

耆宿的设置是国家加强基层社会管理的重要举措。朱元璋非常重视对其人员的择选，一旦发现不才之徒夤充其间，就予以严厉惩戒；对其违法不端、倚恃害民及勾结官吏、妄举有司的行为，则更是严刑重惩。在惩治和打击之余，朱元璋亦试图不断完善和规范其制度，并逐渐赋予其更多的职责和权力。洪武末年，最终建立了"里老制"以代替"耆宿制"，使之成为行之于天下的正规制度。

一、"耆宿"的概念

为了加强对基层社会的管理，朱元璋效法古代，大量选用"年高德劭"的老人参与乡政，掌理乡村事务。在洪武中期，他建立了耆宿制度。据《明太祖实录》洪武二十一年(1388 年)八月壬子条记载："初令天下郡县选民间年高有德行者，里置一人，谓之耆宿，俾质正里中是非，岁久更代。"[①]从这里可以看出，朱元璋选用耆宿的标准是"年高有德行"，其目的是让其调解乡里纠纷，"质正里中是非"。

在朱元璋看来，承充耆宿的老人不仅要"德行超群，市村称善"，而且还要"历事也多，听记也广，其善恶、易难之事，无不周知，以其决事也必当"。朱元璋希望利用这些熟悉乡里、了解民情的乡间耆宿来辅助地方政府管理乡村秩序，维护基层稳定。但是在实际当中，所设耆宿的情况却十分复杂，不少人并非年高有德者。在《大诰续编》的"耆宿"条中，朱元璋就说："盖谓充耆宿者，皆系无藉小人。苟延寿至于高年，是等有昔为皂隶者，有为簿书者，有屡犯过恶者，有弓兵者，有说事过钱者，皆为今之耆宿。"[②]这种人夤缘承充耆宿后，其危害乡里、虐害良民的行为也就不可避免地存在了。

二、耆宿犯罪的惩治

《大诰》三编中涉及的耆宿犯罪主要包括勾结官吏，倚恃害民及不听《诰》令，妄行举保官吏等方面。对此，朱元璋并不因耆宿年高而稍有宽宥，亦以严刑峻法进行重典惩治。

---

① 《明太祖实录》卷一九三，洪武二十一年八月壬子条，第 2894 页。根据目前史料的记载还无法断定"耆宿制"始于何时，但是从材料中的"里置一人"可以断定"耆宿制"的设置时间至晚在洪武十四年(1381 年)里甲制建立之后。

② 《御制大诰续编》第八《耆宿》，第 270 页。

(一)耆宿的犯罪危害

关于不才耆宿的危害行为,在《大诰》中有一定的反映。如嘉定县民蒲辛四在承充耆宿以后,"时常骗要里民周祥二钱物",在《大诰》颁行后,因害怕事发,他又"将周祥二帮缚家内,用油浸纸捻插于周祥二左足大指二指两间,逼令招为害民弓兵"。[①] 镇江丹徒县耆宿韦栋则"上惑朕听,归则把持官府,下虐良民",并日渐成为"一郡之殃"。[②] 嘉定县耆宿曹贵五则在县民将害民里长绑缚赴京之时,劝和免息,使得害民里长顾匡"就行脱放",而绑缚之人则私收钱物息事宁人。而且,后来为了掩饰前情,他又百般设计,故行奸顽。[③] 河南新安县耆宿刘汶兴等对于作恶官员不但不擒拿,反而受其教唆后"听从妄奏",赴京奏保害民之官。[④] 可见,朱元璋所冀望的利用耆民监督地方官员的初衷,在实践当中并不能很好地实现。这种监督往往多受掣肘,甚至成为地方官员摆脱罪名利用的工具,从而使得耆民"举奏锄奸"变成"妄奏保奸"了。以至于朱元璋在《大诰三编》的"有司逼民奏保"条如是说:

> 曩为天下有司众多,其贤否朝廷一时不能尽知,所以前颁二《诰》,凡所在有司有能宣布条章,抚吾民有方者,特许阖境高年有德耆民会议,连名赴京奏保,使朕知贤。今胶州官夏达可,长子县官赵才,新安县官宋玘,建昌县官徐颐等,在任不以生民为意,恣肆为恶,惟务贪赃害民。事觉,法司差人提取,却乃公然会集耆民,逼令赴京妄行奏保。且与耆民捏词书记,教其熟读,用此面奏,肆为欺罔。其各各耆民,自合忿此奸贪害民之徒,即时擒拿赴京,陈其奸状,以凭赏劳,却不合听受教唆,即与同恶,赴京面奏。[⑤]

虽然耆民被法律赋予了擒拿和面奏害民之官的权力,但是在地方官员害民之事暴露以后,这些为恶之官总会想到办法恐吓耆民,"逼令赴京妄行奏保",从而继续逍遥法外,为恶地方。耆民也就变成了与官吏"同恶相济"的同谋。对于官、吏、不才"耆宿"、地痞相互勾结为恶地方的行为,朱元璋可谓有一个清晰的认识。在《大诰三编》的"民拿害民该吏"条中,他就说道:"曩者所任之官,皆是不才无藉之徒,一到任后,即与吏员、皂隶、不才耆宿及一切顽恶泼皮,夤缘作弊,害吾

---

① 《御制大诰三编》第一《臣民倚法为奸》,第 350 页。

② 《御制大诰三编》第六《违诰纵恶》,第 381 页。按:之所以说韦栋是乡间耆宿,是因为《明太祖实录》卷一七四载:"镇江丹徒知县胡孟通、县丞郭伯高以事当就逮,耆民韦栋等数十人诣阙疏其抚民有方,举留之。"(洪武十八年七月乙丑条,第 2645 页)

③ 参见《御制大诰三编》第一《臣民倚法为奸》,第 351 页。

④ 参见《御制大诰三编》第十四《妄奏有司》,第 391—392 页。

⑤ 《御制大诰三编》第三十三《有司逼民奏保》,第 407—408 页。

良民多矣。"[①]在《大诰续编》的"耆宿"条中,他又如是说:"盖吏贪而捏巧,耆宿不才以同谋,虐民之祸,由是而蜂起。"[②]

除了《大诰》外,在《明会典》卷九《关给须知》条中也有对不才耆宿的危害行为的记载:

> 设耆宿以其年高有德、谙知土俗,习闻典故,凡民之疾苦,事之易难,皆可访问。但中间多有年纪虽高,德行实缺,买求耆宿名色,交结官府,或蔽自己差徭,或说他人方便,蠹政害民。[③]

针对不才耆宿的危害行为,户部郎中刘九皋在洪武二十一年(1388 年)八月上奏朱元璋说:"耆宿颇非其人,因而蠹蚀乡里,民反被其害。"基于此,明政府不得不"罢府州县耆宿"。[④] 从这些论述中可以看出在耆宿制度建立之初,其危害就已经存在,而且这种危害还比较严重。耆宿制度罢弃以后,由其分管的"质正里中是非"事务,一律交由里长处理。这虽然消除了不才耆宿的弊端,但也产生了很多新问题。各地不时出现的民事纠纷、越诉狱讼等给京师和地方政府带来了很大压力。鉴于乡村繁杂的社会事务,朱元璋等总结了置废耆宿的经验教训,并权衡其利弊得失,于洪武二十七年(1394 年)恢复其制,"命有司择民间耆民公正可任事者,俾听其乡诉讼,若户婚、田宅、斗殴者,则会里胥决之,事涉重者始白于官,且给教民榜使守而行之"[⑤]。从此,里老制度得以建立,并成为定制,行于全国各地。而究其实质,则是对"耆宿制"的恢复和重建。

(二)耆宿危害的惩治

对不才害民的耆宿,朱元璋常法外用刑,处以重罪。如嘉定县耆宿蒲辛四害民之事发露以后,被"枭令示众,籍没其家"[⑥];曹贵五因劝和脱放害民里长及设谋行奸等,亦被"枭令示众,籍没身家"[⑦]。新安县耆宿刘汶兴等听从官员教唆妄奏有司,被处以"徒流之罪"[⑧]。其实,如果按《大明律》的规定,乡里老人犯罪受到的处罚是微不足道的。《大明律》中的"老小废疾收赎"条载:"凡年七十以上,……犯流罪以下,收赎";"八十以上……及笃疾,犯杀人应死者,议拟奏闻,取自上裁。盗及伤人者,亦收赎";"九十以上……虽有死罪,不加刑"。[⑨]《大明律》中

---

① 《御制大诰三编》第三十四《民拿害民该吏》,第 408 页。

② 《御制大诰续编》第八《耆宿》,第 270 页。

③ (明)申时行等编修:《明会典》卷九《关给须知·到任须知一》,第 55 页。

④ 《明太祖实录》卷一九三,洪武二十一年八月壬子条,第 2894 页。

⑤ 《明太祖实录》卷二三二,洪武二十七年四月壬午条,第 3396 页。

⑥ 参见《御制大诰三编》第一《臣民倚法为奸》,第 350 页。

⑦ 参见《御制大诰三编》第一《臣民倚法为奸》,第 351 页。

⑧ 参见《御制大诰三编》第十四《妄奏有司》,第 391—392 页。

⑨ 怀效锋点校:《大明律》卷一《名例律·老小废疾收赎》,第 11 页。

的“老幼不拷讯”条载：“年七十以上……若废疾者，并不合拷讯，皆据众证定罪。违者，以故失入人罪论。”①

可见，《大诰》中对不才耆宿的一般犯罪行为处以枭令、徒流等重刑，远远超过了律文的规定。

除此之外，朱元璋为了惩治耆宿危害，防止无藉之徒夤充耆宿，在《大诰续编》的“耆宿”条中颁行峻令道：

> 无藉之徒见此，即早退去。若或年高不能生理，居家格非，抚儿孙以善己，得终天年，岂不智哉。设若不奉朕命，仍复在官应当耆宿，运不良之谋，陷有德之官，害天民之善者，非有天灾，又必假手于法司，身亡家破有日矣。②

另外，针对地方中存在的“有司逼民奏保”的情事，他又在《大诰三编》的“有司逼民奏保”条中训诫耆宿道：

> 今后各处有司，若有奸贪徒平日害民，及至事觉，逼令耆民奏保者，尔耆民即便拿来，一则除尔良民之害，二则尔耆民无同恶之罪，且受重赏，岂不伟哉！其果有善政实绩可言者，尔耆民自当如《诰》，会集阖郡高年有德者，一同赴京奏保，庶几循良者显名，奸贪者敛迹。尔耆民其敬听朕言，毋忽！③

朱元璋冀望通过对不才耆宿的惩治来警诫耆宿，使其遵守王命，辅助王纲，真正起到“质正里中是非”、教化基层民众、监督官吏违法的作用。

三、耆宿制度的规范

耆宿制度在其初创时期，由于存在很大的临时性和盲目性，各项管理政策并不健全，甚至还略显粗糙。随着实践的深入和耆宿危害的暴露，朱元璋日益加强对耆宿的管理，这一点在《大诰》三编中已有所体现。但是，这一调整并未走向深入，以致耆宿制度不得不被暂时革弃。后来，随着里老制度的建立，里老的职责也日趋扩大，而其管理政策则渐趋规范和完善。

（一）加强审查，防范小人夤充

鉴于“无藉小人”夤充耆宿的行为和其造成的社会危害，朱元璋日益加强对耆宿的审查选任。在《大诰续编》的“耆宿”条中，他说：

> 《诰》至，所在有司，务必崇尚德人，上助朕躬，下福生民。……《诰》至，所在高年有德者，一闻有司礼请，速出赞襄，广吾求治之道，以安生民。不言

---

① 怀效锋点校：《大明律》卷二八《刑律十一·断狱·老幼不拷讯》，第 215 页。

② 《御制大诰续编》第八《耆宿》，第 270 页。

③ 《御制大诰三编》第三十三《有司逼民奏保》，第 408 页。

天佑之，阴骘既行，岂有不昌耶。[①]

在随后颁行的官员《到任须知》中，他又要求先任之官必须为新任之官开报地方耆宿的具体情况，如数量的多少、表现的贤否等。据《到任须知一·耆宿几何贤否若干各开》条中记载："（官员）到任之初，必先知其贤否，明注姓名，则善者知所劝，恶者知所戒，自不敢作前弊矣。"[②]在开报时，朱元璋要求详细注明耆宿的姓名、年龄、籍贯等信息，以便新任之官有所劝惩。据《到任须知二·耆宿几名》条中记载，我们可知其所列范式如下："年高有德，可以访问民情者几名。一名陈期，年六十几岁，某都隅民籍，有无公私过犯。"[③]这些信息的开报实际上是对耆宿年龄、籍贯、操行以及任期的检验，这种检验在一定程度上加强了对耆宿的审查，有利于防范不符合要求的"无藉之人"冒充耆宿。

（二）增加职责，扩大职能权力

在耆宿制度建立之初，其主要职责是"质正里中是非"，调解民事纠纷，还没有奏状和擒拿害民官吏的权力。但是，在《大诰》颁行后，耆宿的这种权力随着"民拿害民该吏"制度的建立日益加强。

在《大诰初编》的"民陈有司贤否"条中，朱元璋赋予耆宿奏状官吏贤否的权力。规定：

> 自布政司至于府、州、县官吏，若非朝廷号令，私下巧立名色，害民取财，许境内诸耆宿人等，遍处乡村市井连名赴京状奏，备陈有司不才，明指实迹，以凭议罪，更贤育民。及所在布政司、府、州、县官吏，有能清廉直干，抚吾民有方，使各得遂其生者，许境内耆宿老人，遍处乡村市井士君子人等，连名赴京状奏，使朕知贤。

对于如何奏状，条中又具体规定道：

> 凡奏是奏非，不许三五人、十余人奏。且如府官善政，概府所属耆老，各县皆列姓名具状。其律内不许上言大臣美政，系干禁止在京官吏人等毋得徇私党比，紊乱朝政。在外诸司，不拘此律。[④]

在这里，朱元璋为了使耆宿有效行使监督官吏之权，对律文中的相关规定作了变通，并且为了保证奏状的可靠性，规定必须多人连名具奏，不得少数几人径奏。

在《大诰初编》的"耆民奏有司善恶"条中，朱元璋赋予耆宿面奏保贤和备陈有司善恶的权力。规定：

---

① 《御制大诰续编》第八《耆宿》，第 270 页。

② （明）申时行等编修：《明会典》卷九《关给须知·到任须知一》，第 55 页。

③ （明）申时行等编修：《明会典》卷九《关给须知·到任须知二》，第 60 页。

④ 《御制大诰初编》第三十六《民陈有司贤否》，第 226 页。

> 今后所在布政司、府、州、县，若有廉能官吏，切切为民造福者，所在人民必深知其详。若被不才官吏、同寮人等，捏词排陷，一时不能明其公心，远在数千里，情不能上达，许本处城市乡村耆宿赴京面奏，以凭保全。自今以后，若欲尽除民间祸患，无若乡里年高有德等，或百人，或五六十人，或三五百人，或千余人，岁终议赴京师面奏，本境为民患者几人，造民福者几人。朕必凭其奏，善者旌之，恶者移之，甚者罪之。①

通过耆民等的举奏，朝廷对地方有司官吏“善者旌之，恶者移之，甚者罪之”，这就在一定程度上起到了监督和约束官吏的作用。而且，在奏状时，为了保障耆民权力的有效行使，又规定：“凡布政司、府、州、县耆民人等，赴京面奏事务者，虽无文引，同行人众，或三五十名，或百十名，至于三五百名，所在关津把隘去处，问知面奏，即时放行，毋得阻当。阻者，论如邀截实封罪。”②

朱元璋除了赋予耆宿奏状之权，在《大诰续编》中又赋予其擒拿下乡官吏、无藉吏卒等的权力。《大诰续编》的“民拿下乡官吏”条规定：

> 十二布政司及府、州、县，朕尝禁止官吏、皂隶，不许下乡扰民，其禁已有年矣。有等贪婪之徒，往往不畏死罪，违旨下乡，动扰于民。今后敢有如此，许民间高年有德耆者，率精壮拿赴京来。③

“滥设吏卒”条规定：

> 今再《诰》一出，敢有仍前为非者，的当人、管干人、干办人，并有司官吏，族诛。《诰》不虚示。设若《诰》不能止其弊，所在乡村吾良民豪杰者、高年者，共议擒此之徒，赴京受赏。若擒的当人一名，干办人一名，见一名赏钞二十锭，的不虚示。④

“民拿经该不解物”条规定：

> 此《诰》一出，凡在官之物起解之际，须差监临主守者。若是布政司、府、州、县不差监临主守，故差市乡良民起解诸物，因而卖富差贫，许市乡年高耆宿、非耆宿老人及英壮豪杰之士，将首领官并该吏帮缚赴京。若或深知在闲某人，或刁狡好闲民人教此官吏，一发帮赴京来。⑤

另外，《大诰续编》的“市民不许为吏卒”条又规定：如果耆民等发现市民充当吏卒的行为，应该率领“少壮者”擒拿赴京，“以凭区处”。⑥

---

① 《御制大诰初编》第四十五《耆民奏有司善恶》，第230页。
② 《御制大诰初编》第四十六《文引》，第231页。
③ 《御制大诰续编》第十八《民拿下乡官吏》，第277页。
④ 《御制大诰续编》第十六《滥设吏卒》，第276页。
⑤ 《御制大诰续编》第五十五《民拿经该不解物》，第311—312页。
⑥ 参见《御制大诰续编》第七十五《市民不许为吏卒》，第327—328页。

为了警诫两邻、里甲等隐藏影射逃军和官吏受嘱卖放的行为，在《大诰续编》的"逃军"条中，朱元璋还赋予耆宿擒拿"隐藏逃军之家全家"的权力。这对维护地方秩序和监控社会的不稳定因素，具有一定的作用。该条规定：

两邻、里甲见了《大诰》，毋得隐藏逃军，虽是至亲必须首告，免致乡村良民被捉拿逃军连累受苦。敢有违朕之言，仍有勾逃军官吏生事搅扰良民，其良民中豪杰之士、耆宿老人会议捉拿赴京，见一名赏钞五锭。如是仍前影射，被人告发或挨勾得出，两邻并影射之家尽行拿充军役。……次《诰》出后，仍前故违，许令邻里耆宿并豪杰之士，会议将隐藏逃军之家全家拿赴京来，迁居化外，家私就赏捉拿之人，免致捉拿同名同姓，逼抑异姓良民。朕言至此，耆民豪杰之士必从朕命，方乃是安。此患不除，终无宁息。智人见之，毋视寻常。

除了《大诰》中所赋予的这些权力外，耆宿还有报勘灾伤的权力，这一点在《明会典·灾伤》条中有所体现。据载："凡报勘灾伤，洪武十八年，令灾伤去处，有司不奏，许本处耆宿联名申诉，有司极刑不饶。"①

综上可见，在洪武十八年(1385年)至十九年(1386年)间，朱元璋赋予了耆宿更大的权力。然而，随着权力的增大，其带来的社会危害也日益凸显，以至于朱元璋不得不调整和加强对耆宿的管理。但是，由于不才耆宿危害的严重性和制度的临时性与盲目性，耆宿制度到洪武二十一年(1388年)还是被废止了。

(三)建立里老，规范制度条例

洪武二十七年(1394年)，朱元璋在乡村建立了里老制度，其名称虽不同于耆宿制度，但其实质与耆宿制度基本相同。为了规范对里老的管理和明确其职责，朱元璋于洪武三十一年(1398年)又钦定颁行了《教民榜文》。该榜文共41条，内容涉及基层社会的理讼、教化、治安、兴学等各个方面，不过其核心内容是确立了以里老为主体的乡里制度。通过对其内容的研读和分析，可以发现《大诰》中关于耆宿的记载，在一定程度上成为它建立的基础。在《教民榜文》中，明政府对里老的选任、理讼的程序、判决的执行以及里老的法律责任等都作出了明确规定。这些规定使里老制度不再像耆宿制度那样存在盲目性和临时性，而是成为行于天下的正规制度。

首先，从选任方式看，主要是乡民推荐，再由官府批准。"其老人，须令本里众人推举平日公直，人所敬服者，或三名五名十名，报名在官。"②

---

① (明)申时行等编修：《明会典》卷十七《户部四·灾伤》，第117页。

② (明)张卤辑：《皇明制书》卷九《教民榜文》第三则，续修四库全书本，第788册，史部政书类，第353页。

其次，从职责权限看，主要包括：(1)理断民讼，仲裁是非。规定：申明亭为本里裁断之所；户婚田土等细故由里老、里甲会议从公断决；奸盗诈伪等刑名案件，若乡民含忍，亦可从中调理；事关别里，则会该里老人、里甲公同剖决；裁断时可用竹篦、荆条量情决打，但不得监禁。(2)引导风俗，劝民为善。规定：理讼的关键是移风易俗，其目的是少讼、息讼，若本人含忍不愿呈告，则不得风闻生事；除了理讼外，还要劝民为善，“其本乡本里之人，务要见丁著业。凡有出入，互相周知，《大诰》内已有条款，务要申明遵守，违者论罪”[①]；里老要告诫本里之人，劝其不要因细微之事告诉，对于邻里遇到难事，要互相赒给。(3)劝课农桑，兴修水利。规定：里老劝督农作，“每村置鼓一面，凡遇农种时月，五更擂鼓，众人闻鼓下田。该管老人点闸，若有懒惰不下田者，许老人责决，务要严切督并，见丁著业，毋容惰夫游食”[②]；对于地方水利修建、河道疏通，里老亦要会集踏看，书图帖赴京奏告，以便为民兴利除害。(4)缉捕盗贼，维持治安。规定：“一里之中，若有强劫盗贼逃军逃囚及生事恶人，一人不能缉捕，里甲老人即须会集多人擒拿赴官，违者罪之。”[③]“本乡本里，但有无藉泼皮，平日刁顽、为非作歹，不受教训，动辄把持挟制……众老人严加惩治，如是仍前不改，拿送有司，解赴京来。”[④](5)上情下达，下情上达。规定：里老须经常走访宣讲上谕，劝谕教化，如“本里有递年犯法官吏人等，或工役，或充军逃回者、有别处逃来者，老人须要家至户到，叮咛告诫里内人民毋得隐藏”[⑤]；另外，里老对于乡里的孝子、顺孙、义夫、节妇等之类“善迹”要“一闻朝廷，一申上司，转闻于朝”[⑥]。(6)上书奏事，指陈有司。规定：对于地方有司官员中公勤廉洁、为民造福，或被人陷害者，“许里老人等依《大诰》内多人奏保以凭办理”；对于贪赃害民之官，“亦许照依先降牌内事例，再三劝诫，如果不从指陈实迹，帮缚赴京，以除民害”。同时，要求在奏保或绑缚之时，必须“众皆称善”或“众知其恶”，且“务在多人”方可，不得以“人情偏向”“妄行帮缚”“妄行奏

① (明)张卤辑：《皇明制书》卷九《教民榜文》第十六则，续修四库全书本，第788册，史部政书类，第355页。

② (明)张卤辑：《皇明制书》卷九《教民榜文》第二十四则，续修四库全书本，第788册，史部政书类，第357页。

③ (明)张卤辑：《皇明制书》卷九《教民榜文》第十五则，续修四库全书本，第788册，史部政书类，第355页。

④ (明)张卤辑：《皇明制书》卷九《教民榜文》第十八则，续修四库全书本，第788册，史部政书类，第355页。

⑤ (明)张卤辑：《皇明制书》卷九《教民榜文》第二十一则，续修四库全书本，第788册，史部政书类，第356页。

⑥ (明)张卤辑：《皇明制书》卷九《教民榜文》第十七则，续修四库全书本，第788册，史部政书类，第355页。

保”，否则将以“乱政坏法”治罪。[①] 这几个方面，使里老的职能逐渐扩展到乡村社会的各个方面，而里老制度也成为日益完善的乡村管理制度，

再次，从管理条例看，对里老不职及其危害等作了一定约束和惩戒。如在理讼时，“若里甲老人徇情作弊，颠倒是非者，依出入人罪论”[②]；若故行监禁，则“治以重罪”；若风闻生事，则“杖六十”，有赃者以赃论[③]。对于老人“以断决为由，挟制里甲，把持官府，不当本等差役”的行为，则处以“家迁化外”之罚。[④] 对于老人犯罪，则“许众老人里甲公同会议审察……轻者就便剖决，再不许与众老人同列理讼。若有所犯重者，亦须会审明白，具由送所在有司解送京来，不许有司擅自拿问”[⑤]。如果老人不肯劝督农作，使得“农人穷窘为非，犯法到官”的话，则会治“本乡老人有罪”。[⑥] 若老人不能“如常提督点视”人民“栽种叶株枣柿棉花”的话，则处以“家迁化外”之罚。[⑦] 这些举措，在一定程度上约束和规范了里老的行为。

总之，里老制度在经历了耆宿制度的草创及实践后，日渐完备和规范。明初，里老制度在基层社会得到了较好的执行，并取得了明显的成效，初步达到了朱元璋所预期的效果，成为基层社会管理的一个有利补充。

---

① 参见（明）张卤辑：《皇明制书》卷九《教民榜文》第二十二则，续修四库全书本，第 788 册，史部政书类，第 356 页。

② （明）张卤辑：《皇明制书》卷九《教民榜文》第二则，续修四库全书本，第 788 册，史部政书类，第 352 页。

③ 参见（明）张卤辑：《皇明制书》卷九《教民榜文》第十三、十四则，续修四库全书本，第 788 册，史部政书类，第 356 页。

④ 参见（明）张卤辑：《皇明制书》卷九《教民榜文》第九则，续修四库全书本，第 788 册，史部政书类，第 354 页。

⑤ （明）张卤辑：《皇明制书》卷九《教民榜文》第七则，续修四库全书本，第 788 册，史部政书类，第 353 页。

⑥ （明）张卤辑：《皇明制书》卷九《教民榜文》第二十四则，续修四库全书本，第 788 册，史部政书类，第 357 页。

⑦ 参见（明）张卤辑：《皇明制书》卷九《教民榜文》第二十九则，续修四库全书本，第 788 册，史部政书类，第 358 页。

第六章　明《大诰》对富民地主的管理

富民作为地主阶级是封建专制政权统治的基础，朱元璋自然极力保护他们的利益。但是，他们当中很多都是豪强地主，是封建社会最腐朽的政治势力，是社会生产力最野蛮的摧残者。在经历了元末农民大起义之后，很多豪强地主受到了沉重打击，但是"百足之虫，死而不僵"，豪强地主的作恶危害仍然大量存在。朱元璋对此有深刻的认识，他说："富民多豪强，故元时，此辈欺凌小民，武断乡曲，人受其害。"[①]这些豪强地主在明朝建立以后，一方面依然如故地肆行奸贪，压榨小民；另一方面又竞相采用"洒派""包荒""诡寄""移坵换段"等手段来隐瞒土地、逃避赋税和规避差役。洪武十七年(1384 年)九月，朱元璋对户部大臣们说："民有田则有租，有身则有役，历代相承，皆循其旧。今愚民无知，乃诡名欺隐以避差徭，互相仿效，为弊益甚。"[②]

对于富民地主的这些危害行为，朱元璋主要采取了限制和打击的政策。[③]这一政策在《大诰》三编中也有充分的反映。在《大诰》三编中，朱元璋为了打击和限制富民危害，主要采取了如下措施。

---

① 《明太祖实录》卷四九，洪武三年二月庚午条，第 966 页。

② 《明太祖实录》卷一六五，洪武十七年九月己未条，第 2524 页。

③ 朱元璋的富民管理政策曾引起人们广泛的注视和讨论。明代时，就有人认为朱元璋"择而官之"，"若为富不仁者，则固别又所处矣"。近代关于这一问题的讨论亦非常多。如：吴晗先生认为朱元璋"对地主的政策，双管齐下，一是任为官吏或粮长，一是迁到京师"；而梁方仲先生则认为，朱元璋打击富民的对象仅是以"前元故吏，张士诚的心腹，和最大的豪强地主其财力威势足以威胁皇权的巩固者为限；至于一般地主，甚至上层地主中之乐为己用者，则加以多方笼络，使他们好好地为王朝服务。而粮长就是属于这一类型的人物"。[以上论点分别见于(明)陈建编辑，沈国元订：《皇明从信录》卷五，洪武三年三月条，明万历刻本；吴晗：《明初社会生产力的发展》，《历史研究》1955 年第 3 期；梁方仲：《明代粮长制度》，第 125—126 页]

第一节　对富民犯罪的惩治

在《大诰初编》中，朱元璋将臣民分为“富豪之家”“中等之家”和“下等之家”，认为“富者田多诡寄，粮税洒派他人；中者奸颇少同；下者因无可恃，岁被靠损者有之”①。对于富民的逃避赋税、规避差役及其他违法害民等情事，朱元璋往往进行严厉惩治。在《大明律》中，就专门列有“赋役不均”“隐蔽差役”“欺隐田粮”等主要针对富民的条款。从这些律文内容看，其规定较《唐律》更加严密，而且科罪也更趋严苛。在《大诰》三编中，朱元璋又加大了对富民，特别是豪强地主的惩治力度。其惩治的重点主要表现在如下几个方面：

一、对诡寄洒派、逃避赋税的惩治

《大明律》的“欺隐田粮”条规定：

凡欺隐田粮脱漏版籍者，一亩至五亩，笞四十，每五亩加一等，罪止杖一百。其田入官，所隐税粮，依数征纳。若将田土移坵换段，那移等则，以高作下，减瞒粮额，及诡寄田粮，影射差役，并受寄者，罪亦如之。其田改正，收科当差。里长知而不举，与犯人同罪。②

从中可见，在国家法律中是严厉禁止“诡寄田粮”“移坵换段”等行为的。但是，在明初，有些富民豪强为了逃避赋税，常常与官吏勾结，将自己应负担的粮税洒派在小民身上。朱元璋就说：

民间洒派、包荒、诡寄、移丘换段，这等俱是奸顽豪富之家，将次没福受用财赋田产，以自己科差，洒派细民。境内本无积年荒田，此等豪猾买嘱贪官污吏及造册书算人等，其贪官污吏受豪猾之财，当科粮之际，作包荒名色征纳小民，书算手受财，将田洒派，移丘换段，作诡寄名色，以此靠损小民。③

对于富民这种危害，朱元璋在《大诰初编》中就已颁行“诡寄田粮”条目进行惩戒，规定道：“将自己田地移丘换段，诡寄他人，及洒派等项，事发到官，全家抄没。若不如此，靠损小民。”④在《大诰续编》的“洒派包荒”条，朱元璋又规定道：“此《诰》续出，所在富家当体朕意，将田归于己名，照例当差。倘不体朕意，所在

---

① 《御制大诰初编》第四十七《民知报获福》，第231—232页。

② 怀效锋点校：《大明律》卷五《户律二·田宅·欺隐田粮》，第53页。

③ 《御制大诰续编》第四十五《洒派包荒》，第298页。

④ 《御制大诰初编》第三十九《诡寄田粮》，第226页。

被害人民及乡间鲠直豪杰，会议将倚恃豪杰之家，捉拿赴京，连家迁发化外，将前项田土给赏被扰群民，的不虚示。”[①]从诰文规定看，朱元璋对富民的逃避赋税行为往往施以“全家抄没”“连家迁发化外”的重刑进行惩处。另外，还允许受害民人及乡间豪杰绑缚捉拿富民豪强赴京，可谓处置与防范十分严厉。

二、对买嘱官吏，规避差役的惩治

《大明律》的“隐蔽差役”条规定：

> 凡豪民令子孙弟侄跟随官员，隐蔽差役者，家长杖一百。官员容隐者，与同罪。受财者，计赃以枉法从重论。跟随之人，免罪充军。其功臣容隐者，初犯免罪，附过。再犯，住支俸给一半。三犯，全不支给。四犯，依律论罪。[②]

“赋役不均”条规定：

> 凡有司科征税粮，及杂泛差役，各验籍内户口田粮，定立等第科差。若放富差贫，那移作弊者，许被害贫民，赴拘该上司，自下而上陈告。当该官吏，各杖一百。若上司不为受理者，杖八十。受财者，计赃以枉法从重论。[③]

这些律文的颁行意在打击富民规避差役、官吏卖富差贫。不过，在明初，有些富民豪强在官府征发差役之时，仍然敢于“买嘱官吏，不当正差”。以至于朱元璋说：“方今九州之民，有田连数万亩者，有千亩之下至于百十亩者，甘于利其利，而不知其报者多矣。……所以破家资，不过贿赂有司，君差不当，小民靠损，所以不知其报在此也。”

对于富民的这种“不知报”行为，朱元璋用严刑进行处置，并颁行峻令警告道：“今之顽民，罔知立命之由，妄破家资，买嘱官吏，故犯宪章，身亡家破，由人神之监见也。百祥百殃，信矣哉。”[④]

在《大诰续编》的“民间差发”条，朱元璋针对“官府一应差发，皆是细民应当。正是富家，却好不曾正当官差”的情形，又颁行诰令道：

> 此《诰》一出，豪富之家闻有差发，随即应当，不许出钱买免。尔若出钱买免，官吏贪污，心无厌足，其差故叠叠至门。不买官吏，著实应当，其官吏无可奈何。今后一体朕意，倘有官吏刁蹬百端，尔勿贿赂；少加窘逼，缚吏赴京来奏。所在良民，必依朕言，官吏自清，民无横害。不依朕言，诱引官吏贪

① 《御制大诰续编》第四十五《洒派包荒》，第298页。

② 怀效锋点校：《大明律》卷四《户律一·户役·隐蔽差役》，第49页。

③ 怀效锋点校：《大明律》卷四《户律一·户役·赋役不均》，第48页。

④ 《御制大诰初编》第三十一《民不知报》，第221、222页。

污，事发，全家迁于化外，不许与良民同于中国，的不虚示。[①]

这一条例的颁行，赋予富民绑缚为害官吏的权力，其出发点是为了使富民正当官差，不敢逃避差役。

三、对安保过付，说事过钱的惩治

在地方社会中，一些富强豪户充作牙保，替有不正当行为的人说事过钱。他们"皆以口舌利便说诱，是致君子一时被其昏愚，陷入宪章"。对此，朱元璋在《大诰初编》中颁行"安保过付"条目予以严厉惩戒，规定："今后敢有如此者，处以重刑，籍没家产。"[②]后来，该条例又被引入洪武二十六年(1393 年)制定的《应合抄扎》条例中，从而进一步加大了对这一行为的打击力度。[③]

四、对勾结官吏，冒告灾害的惩治

在地方遭受水旱灾害时，朝廷有时会拨给粮、布、钱等进行赈济，但是在赈济之时，有些豪猾之户经常会通同官吏，冒告灾害，以骗取朝廷赈济。在《大诰续编》中的"官吏下乡"条，朱元璋就说：

湖州府官吏、乌程县官吏易子仁、张彦祥，不将被水灾人户赴京赈济，通同豪猾，当告水灾之时，以熟作荒，以荒作熟；以多作少，以少作多。以多作少者，为其善人被灾本多，当报之际，减灾报数。以少作多者，为与富豪交结，将少作多。以荒作熟亦如之。以熟作荒亦如之。[④]

为了打击这种"冒告水灾"的行为，朱元璋在《大明律》的"检踏灾伤田粮"条规定："若人户将成熟田地，移坵换段，冒告灾伤者，一亩至五亩，笞四十，每五亩加一等，罪止杖一百。合纳税粮，依数追征入官。"[⑤]在《大诰初编》中的"妄告水灾"条，朱元璋对镇江丹徒县富民曹定等妄告水灾，"以熟作荒者六十八顷九十八亩。本家田万亩有奇，以熟作荒者七十三亩"的行为，以"着修城一百五杖"进行处置。[⑥]

五、对欺压良善，顽不听教的惩治

富民豪强除了逃避赋役、压榨小民等情形外，在地方乡里还存在横行作恶、

---

① 《御制大诰续编》第五十九《民间差发》，第 315－316 页。

② 《御制大诰初编》第三十八《安保过付》，第 226 页。

③ 参见(明)申时行等编修：《明会典》卷一七九《刑部二十 · 抄扎》，第 907 页。

④ 《御制大诰续编》第十七《官吏下乡》，第 276 页。

⑤ 怀效锋点校：《大明律》卷五《户律二 · 田宅 · 检踏灾伤田粮》，第 54 页。

⑥ 参见《御制大诰初编》第六十三《妄告水灾》，第 243 页。

欺压百姓的行为。如松江土豪王子信,“本人田地广有,佃户极多。若将一年分受私租,本分自用,计其人口,丰衣美食,十年不能用尽”。但是,他的作恶行为却不止一端。详述如下:

> 洪武四年验户,(王子信)点充粮长,为事免死刺发西河州充军。至卫,就于本卫交结官吏。后诈计多端,私逃还家。又行交结官吏,称为军身,常率佃户四五十名,军容妆扮,扰害乡民,欺压良善。事觉,朝廷遣人勾捉王子信。本人却将钱物累次买求拿捉人,多端破调,急不至京。及至勾至法司,问间,奸伪无所逃。又乃设计,以家人作亲侄,击登闻鼓妄诉,又令妻妄诉,数番令人顶名到官,其诡诈非一。①

对于这种“无所不为,顽不听教,执迷不化”的行为,朱元璋加以重典惩治,如对松江王子信处以“本贯枭令,家财入官,田产籍没,人口流移”的处罚。朱元璋冀望以此来警诫那些刁顽难化的富民豪强。在《大诰三编》的“李茂实胡党”条,朱元璋又对“把持官府,欺压良善”,勾结胡惟庸乱逆的镇江新港富民李茂实处以诛杀之刑。他还在条文内容中,以富民李茂实为例,告诫其他富民不要“不守己分,乐天之乐”,要能“报天地阴骘之恩”。②

另外,洪武年间,朱元璋在通过兴办大案集中打击贪官污吏的同时,对富民豪强也进行了集中打击。如洪武十八年(1385 年)“郭桓案”发露,朱元璋对交通官府、隐漏税粮的富民豪强进行了严厉处置,使得“民中豪以上皆破家”③。

第二节 对富民的道德教谕

鉴于“富民多豪强”,常有武断乡曲、鱼肉贫民的行为,朱元璋在建国之初就特意将各地的富民召至京城,进行告诫。洪武三年(1370 年)二月,他对富民说道:

> 汝等居田里安享富税者,汝知之乎?古人有言:民生有欲,无主乃乱。使天下一日无主,则强凌弱,众暴寡,富者不得自安,贫者不能自存矣。今朕为尔主,立法定制,使富者得以保其富,贫者得以全其生,尔等当循分守法,能守法则能保身矣。毋凌弱、毋吞贫、毋虐小、毋欺老,孝敬父兄,和睦亲族,

① 《御制大诰三编》第二十五《王子信害民》,第 401 页。
② 参见《御制大诰三编》第七《李茂实胡党》,第 382 页。
③ (明)谈迁著,张宗祥校点:《国榷》卷八,太祖洪武十八年条,第 653 页。

周给贫乏，逊顺乡里，如此则为良民。若效昔之所为，非良民矣。[①]

洪武三年(1370 年)六月，他又对诣阙的江南富民大户训谕道：

凡天地、阴阳、性命、仁义，古今治乱盛衰、纪纲法度、赋税供给、风俗、政治得失之故，谆谆焉累数千百言。又恐其或遗忘而不能详也，则刻而为数，以摹本分赐之。[②]

在《大诰续编》的“民不知报”条中，朱元璋针对富民“恬然享福，绝无感激之心”“甘于利其利”“靠损小民”、买嘱官吏的行为，警告道：

凡良民造理者，居一方一隅，食土之利，不拘多少，其心日欲报之。其诚何施，以其社稷立命之恩大，比犹父母，虽报无极。良民有此念者，家道不兴鲜矣。方今九州之民，有田连数万亩者，有千亩之下至于百十亩者，甘于利其利，而不知其报者多矣。然而未尝不为富破其家资以保其富。呜呼！至此之际，怒贯神人，天灾人祸由是。所以破家资，不过贿赂有司，君差不当，小民靠损，所以不知其报在此也。若欲展诚以报社稷，为君之民，君一有令，其趋事赴功，一应差税，无不应当。若此之诚，食地之利，立命之恩，斯报矣。[③]

在《大诰续编》的“民知报获福”条中，朱元璋又劝谕他们要知“报之道”“感激之理”，并警告他们只有如此才能避免“造罪陷身”“倾家覆产”。他说：

方今富豪之家，中等之家，下等之家，富者富安，中者中安，下者下安。去古既远，教法不明，不知其报，反造罪以陷身。富者田多诡寄，粮税洒派他人；中者奸颇少同；下者因无可恃，岁被靠损者有之。上中数犯罪责者有之，有倾家覆产者有之，盖由不知其报而致然耶。若使知报之道，知感激之理，则于闲中起居饮食，不时举手加额，乃曰：税粮供矣，夫差役矣，今得安闲，上奉父母于堂，下抚妻子于室。虽笃废残疾，富有家资，除依差税外，余广家资。[④]

朱元璋希望通过告诫劝谕使豪强富民改邪归正，安分守己，遵纪守法，按时交纳赋税、正当差役，不再诡寄洒派、欺隐钱粮，不再横行乡里、鱼肉贫民，从而使强不凌弱，富不吞贫，贫富各安乡里。

---

① 《明太祖实录》卷四九，洪武三年二月庚午条，第 966 页。

② (明)陈子龙等选辑：《明经世文编》卷四《王忠文公集》，第 27 页。

③ 《御制大诰初编》第三十一《民不知报》，第 221－222 页。

④ 《御制大诰初编》第四十七《民知报获福》，第 231－232 页。

第三节　对富民的打击限制

洪武十八年(1385 年)粮长复设之后,朱元璋针对富民豪强“每每交结有司,不当正差……其家食其利以安生,往往不应正役,于差靠损小民,于粮税洒派他人;买田不过割,中间恃势移丘换段,诡寄他人”的行为,开谕粮长要加强对富民的限制与管理。朱元璋说:

> 如今教你每户家做粮长,民有事务,粮长除纳粮外,闲中会乡里一万石粮内长者、壮者,与他说,各处府、州、县从古设社稷坛场,官长每祭祀。春谓之祈风雨以时,五谷丰登,秋谓之报成也。古先哲王所奉之社,五土之神;稷,五谷之神。五土发生五谷,立人性命。王者不能遍祭,所以所在食其利者,令有司设坛以祀报之。又于京内皇城之外,阙之右,立太社、太稷,以对宗庙而祀之,特亲之也。所以春祈、秋报,为民造福。……你众粮长会此等之人,使复为正,毋害下民,了毕画图贴说。果有荒田,奏知明白除豁。粮长依说办了的是良民,不依是顽民。民有不遵者,具陈其所以。①

在《大诰续编》的“粮长妄奏水灾”条中,朱元璋亦教谕粮长道:

> 今勘合上,不许将地方犬牙相制,易为催办。其中户多有买田不过割的,教过割了;田多洒派了的,教收在本户自身里;移丘换段的,各归本主,诡寄的如之,不从的来奏。若区内果有积年荒田,有司不行除豁,其刁顽之徒借此名色包荒虐吾民者,尔粮长从实具奏,以凭除豁积荒,召民佃种。②

可以说,粮长制度的重新建立,不仅是朱元璋避免官吏侵渔的重要手段,也是加强对富民豪强管理的重要举措。这一点在上文的“对粮长的管理”部分已有详细论述,在此不赘。

除了《大诰》三编中所载的这些打击和限制富民的政策外,朱元璋还采取了如下几个方面的措施以加强对富民的管理:(1)采取强制迁徙的办法,将富户迁至临濠、应天等地。吴元年(1367 年)十月乙巳,“徙苏州富民实濠州”③;洪武十三年(1380 年),“起取苏、浙等处上户四万五千余家,填实京师”④;洪武十四年

---

① 《御制大诰初编》第六十二《开谕粮长》,第 242 页。

② 《御制大诰续编》第四十六《粮长妄奏水灾》,第 299 页。

③ 《明太祖实录》卷二六,吴元年十月乙巳条,第 383 页。

④ (清)顾炎武撰,黄坤等校点:《天下郡国利病书》第 2 册《江宁府·坊厢赋役》,上海古籍出版社 2012 年版,第 889 页。

(1381年),“徙江南富民十四万田濠州”[①];洪武二十四年(1391年)七月庚子,“徙天下富民至(京师)者凡五千三百户”[②]。迁徙政策使富民豪强脱离了原来的土地,割断了与原来地方势力的联系,从而无法再横行乡里,鱼肉百姓。(2)籍没富民豪族田产。如“苏、松、嘉、湖,怒其为张士诚守,乃籍诸豪族及富民田以为官田,按私租簿为税额”[③]。(3)责令富室借贷钱谷资养贫民。如洪武五年(1372年),朱元璋诏令:“今州县城市乡村,或有冻馁不能自存者,令里中富室假贷钱谷以资养之,工商农业皆听其故,候有余赡,然后偿还。”[④](4)兵乱平定以后,回乡复业富户,“若有丁力少而旧田多,不许依然占护,止许尽力耕种到顷亩,以为己业。……敢有以为己业,多余占护者,论罪如律”[⑤]。

明朝建立之初,朱元璋之所以采取限制和打击富民豪强的政策,主要有如下几个方面的原因:

第一,微贱的出身与经历使他深刻认识到富民豪强的社会危害,而对农民的艰辛,他则是“备细知道”的。对于过去,朱元璋不仅不避讳,还在《御制皇陵碑》中“泪笔以述难”。对于富民豪强,朱元璋是没有多少好感的,因为其前半生就是生活在他们的压迫之下。正如朱元璋自己所说:“田主德不我顾,呼叱昂昂。既不与地,邻里惆怅。”[⑥]所以,朱元璋在心底是十分痛恨富民豪强的。即位以后,其一再声称“朕起布衣,深知民间疾苦”,“朕起农业,深知稼穑艰难”,并告诫子孙及臣僚要“念农之劳,取之有制,用之有节,使之不至于饥寒”。[⑦] 可以说,朱元璋是深知富民豪强对农民进行压榨迫害的严重后果的。明朝建立以后,为了恢复社会秩序,重新把农民纳入封建主义秩序,必须对富民豪强加以管束,特别是限制其随着战争平息而日益膨胀的地主阶级的贪欲。为了调解和缓和尖锐的阶级矛盾,朱元璋非常重视民心的作用,并逐渐形成了其“为民”“爱民”“敬民”“安民”“富民”“忧民”的思想主张。在他看来,“君天下者,所以为民也”[⑧];“牧民之任,当爱其民”[⑨];“致天下长久者”,当“敬民之事”[⑩];“保国之道,藏富于民,民富则

① (清)张廷玉等撰:《明史》卷一二七《李善长传》,第3771页。

② 《明太祖实录》卷二一〇,洪武二十四年七月庚子条,第3128页。

③ (清)张廷玉等撰:《明史》卷七八《食货志二》,第1896页。

④ 《明太祖实录》卷七三,洪武五年五月戊辰条,第1352页。

⑤ 刘海年、杨一凡主编:《中国珍稀法律典籍集成》乙编《皇明诏令》卷二《太祖高皇帝中》,第38—39页。

⑥ 张德信、毛佩琦主编:《洪武御制全书·御制文集》卷十六《皇陵碑》,第189页。

⑦ 《明太祖实录》卷二七,吴元年十一月甲午条,第415页。

⑧ 张德信、毛佩琦主编:《洪武御制全书·御制文集》卷二《存恤诏》,第40页。

⑨ 《明太祖实录》卷三二,洪武元年七月丙子条,第571页。

⑩ 《明太祖实录》卷一四六,洪武十五年七月庚戌条,第2290页。

亲，民贫则离，民之贫富，国家休戚系焉”[①]。这些观点使朱元璋“以民为本”的思想体系十分丰富和深刻。正是这种民本思想体系的存在，使其在处理富民豪强与普通百姓的关系上，更加注重后者。打击和限制富民豪强的害民行为，是朱元璋“阜民之财，而息民之力”[②]的重要环节之一。这一举措不仅扩大了承担赋税和徭役的范围，而且也在一定程度上减轻了富民豪强对农民的剥削和奴役。

第二，富民豪强的危害行为，不仅加重了农民的额外负担，而且有损于统治集团的根本利益，违背了朱元璋的治国原则。就对农民的迫害来说，这些富民豪强采取“洒派”“诡寄”“买嘱官吏”等非法手段，把本应由其承担的赋税、徭役转嫁给贫苦小民，使其承受更多的压力与痛苦，而自己却置身于外。他们的这种行为是与朱元璋扶植小农经济发展，实现“贫者得以全其生”的治国方略相违背的。在农民阶级尚未举行大规模反抗斗争的明初，富民豪强残害小民是矛盾的主要方面。就对统治集团利益的损害来说，这些富民豪强采取“合法的”和“非法的”手段，把从农民那里剥削来的利益完全占为己有而不报效封建王朝，这既不利于封建政府的赋役征发，又有损于皇室统治集团的利益，是与朱元璋“家天下”的原则相违背的。

第三，富民豪强对国家赋税制度的破坏，严重影响了政府的经济收入；其具有的经济与地方势力，也在一定程度上对国家政权的稳固构成了威胁。从经济控制角度看，富民豪强特别是江南地区的豪强大地主的危害行为严重影响了国家对经济的控制权。这些富民豪强，平素多“威逼徭役，大率以田产寄他户，谓之铁脚诡寄”[③]。他们通过各种手段逃避国家赋税和徭役，这就在一定程度上形成了对“皇权”的威胁，构成了对国家赋税征收的一股蚀空和阻挠力量，最终不利于国家在经济领域的集权。富民豪强除了在经济领域危害国家的根本利益外，在政治领域亦是如此。富民豪强往往与贪官污吏相勾结，通同为恶，这就在一定程度上影响了吏治的澄清和国家机器的正常运转。而利用党祸来诛杀大批勾结官吏的富民豪强，是朱元璋减轻皇权所受威胁和压力的一种政治策略，其本身带有复杂的政治深意。尤其在明初的江南地区，很多富民豪强除了掌握一定的经济控制权外，还掌控着一定的地方武装，具有相当的权势和号召力。朱元璋采取迁徙和籍没等措施，可谓既切断了其经济命脉，又斩断了其势力勾连，是具有一定政治考量的。

除了这几个方面的原因之外，原陈友谅及张士诚统治下的一些富民豪强对

---

① 《明太祖实录》卷一七六，洪武十八年十一月己未条，第2669页。

② 《明太祖实录》卷二九，洪武元年正月乙酉条，第496页。

③ (清)张廷玉等撰：《明史》卷七七《食货志一》，第1881页。

朱元璋的行动不予配合，也是他采取这一政策的重要因素之一。另外，有的学者从心理学角度分析朱元璋的贫富世界观，认为幼年的悲惨生活“影响了他的贫富世界观”，而且在其心灵深处种植了一种天然的“仇富心理”。所以，当他有了权力之后，“排挤官制乃至打击豪富，也就成为一种潜在的自然行为”。[①] 这一观点不无道理，因为“人是一种多维的存在，在人的身上不仅凝结着自然界长期进化并通过遗传代代相传的生理学上的、生物学上的特性，而且还凝结着人类社会长期的历史发展所沉淀下来的种种历史文化传统”[②]。

---

① 王伟凯：《明〈大诰〉三编研究》，第 242 页。

② 章士嵘编著：《心理学哲学》，社会科学文献出版社 1993 年版，第 21 页。

第七章　明《大诰》对普通民众的管理

作为普通百姓的民人阶层，是处于特权阶层之下和贱民阶层之上的中间阶层，涵盖了庶民地主、自耕农、佃农、商人、军户、站户、工匠、阴阳户等层级。在户籍上，他们被称为“民籍”“民户”“民甲”。他们是社会结构的主体，是相对于官绅等级的庶民等级。在民人阶层中，由自耕农和佃农组成的农民层级是社会的主要组成人员，约占人口总数的80%。在《大诰》三编中，朱元璋重典治吏的最终落脚点和归宿还是更好地治民。他通过对官僚队伍的整饬，使其各项治民政策得以顺利的贯彻和执行，从而为实现其所冀望的“三代之治”铺平道路。在上文中，笔者已对民人阶层中的粮长、耆宿、富民等庶民地主的危害行为作了一定分析，下面则主要是对一般庶民中存在的违礼不法行为进行分析，以窥探朱元璋的治民政策。

明初，由于社会秩序处于整合之际，社会规范处于再建之时，在社会生活中还存有很多违礼不法的行为。加之元代胡风遗俗的影响以及元明鼎革之际的社会形势，这一问题表现得更加明显。朱元璋立国以后，虽在治国安民等方面做了很多努力，但社会中仍存在一些不符合儒家伦理规范、不遵守大明律令的行为。在《大诰》三编中，朱元璋择取当时社会中关乎国家经济利益、社会治安、礼仪规范的数种违礼不法事，编载其中，以警诫民人，从而加强和规范对社会的控制与管理。

第一节　文化上的管理

朱元璋非常重视礼治教化的作用，申明礼制、宣扬教化是其治理天下的重要举措。在立国以后，他把礼作为治理国家的首务和根本纪纲，对社会中不遵礼法的行为加以严厉惩戒，并为此颁行了很多榜文诏令。在《大诰》三编中，朱元璋又对事关人民日常生活的行为举止、言语称呼、婚姻习俗等进行约束和规范，试图以此为导引，使民人日趋向化，从而构建一个礼制规范的社会。

一、明定礼制，严禁居处僭分

明朝建立伊始，朱元璋就着手制定各项礼仪制度，以“辨贵贱”“明等威”“正名分”，不许“以贱加贵，以卑蹂尊”。在他看来，人民日常生活中的穿着服饰、用物等第都是辨别贵贱、明识尊卑的象征符号，通过这种象征符号不仅可以传达其价值标准，还可以引导社会走向，规范社会的等级秩序。但是，在社会生活当中还存在很多越礼犯分、僭礼败度的行为。洪武三年（1370 年）八月，朱元璋在教谕廷臣时说：“近世风俗相承流于僭侈，闾里之民服食居处与公卿无异，而奴仆贱隶往往肆侈于乡曲，贵贱无等，僭礼败度，此元之失政也。”[①]洪武八年（1375 年）四月，礼部官员上奏言：“近者官民渐生奢侈，逾踰越定制，恐习以成风有乖上下之分。”[②]在《大诰续编》中，朱元璋说：“民有不安分者，僭用居处器皿、服色、首饰之类。”[③]

为了明定礼制，确立服饰、居处、用物等第，朱元璋在洪武元年（1368 年）颁行的《大明令》中要求：“凡官民服色、冠带、房舍、鞍马贵贱，各有等第。上可以兼下，下不可以僭上。”对于庶民所居的堂舍，规定“不过三间五架，不用斗拱彩色雕饰”；对于庶民男女所穿的衣服，规定“不得僭用金绣，许用纻丝、绫罗、细绢、素纱，金首饰一件，金耳环一对，余止用银翠；帽顶、帽珠，并不得用金玉、珊瑚、琥珀；靴不得制造花样金线装饰”；对于庶民所用的帐幔，规定“用纱绢罗”；对于庶民所用的伞盖，规定“不得用罗绢凉伞，许用油纸雨伞”；对于庶民所用的鞍辔，规定“不得描金，惟用铜、铁装饰”；对于庶民所用的器皿，规定“惟酒盏用银，余并禁止”。[④] 洪武三年，鉴于社会上存在的僭侈之风，又颁行禁令于天下，并对庶民服饰作了更严格的限定，要求庶民男女衣服“并不得用金绣、锦绮、纻丝、绫罗，只用细绢素纱。首饰钏镯，不得用金玉珠翠。止用银靴，不得裁制花样金线装饰，违者罪之”[⑤]。洪武五年（1372 年），诏令庶民妇女袍衫，“止以紫、绿、桃、红及诸浅淡颜色，其大红、鸦青、黄色，悉禁勿用。带以蓝绢布为之”[⑥]。洪武十七年（1384 年），朱元璋又诏定官民居室器用之制，要求“庶民所居堂舍不过三间五架，不许

---

① 《明太祖实录》卷五五，洪武三年八月庚申条，第 1076 页。

② 《明太祖实录》卷八一，洪武六年四月癸巳条，第 1463 页。

③ 《御制大诰续编》第七十《居处僭分》，第 322 页。

④ 参见怀效锋点校：《大明律》附录《大明令·礼令》，第 250—252 页。

⑤ 《明太祖实录》卷五五，洪武三年八月庚申条，第 1076 页。

⑥ 《明太祖实录》卷七三，洪武五年三月乙卯条，第 1337 页。

斗拱彩色雕饰，酒注用锡，酒盏用银，余用磁漆”[①]。可以说，朱元璋自立国以来一直没有停止过对人民服饰、用物等第的厘定和申禁。

在《大诰续编》的“居处僭分”条中，朱元璋针对社会中存在的居处僭分行为，又严颁禁令道：

> 《诰》至，一切臣民所用居处器皿、服色、首饰之类，毋得僭分。敢有违者，用银而用金，本用布绢而用绫、锦、纻丝、纱、罗；房舍栋梁，不应彩色而彩色，不应金饰而金饰；民之寝床船只，不应彩色而彩色，不应金饰而金饰；民床毋敢有暖阁而雕镂者，违《诰》而违之，事发到官，工技之人与物主各各坐以重罪。[②]

在洪武二十六年(1393年)、三十年(1397年)，朱元璋又分别把“居处僭分”名目引入《真犯死罪》和《大明律诰·准赎死罪》条例中，以扩大其影响。[③] 可以说，朱元璋冀望用以礼入法的手段，严惩违礼越分、僭礼败度的行为，以辨别贵贱、明定身份等级，建立一个尊卑有序的社会。

二、规范称谓，严禁民擅官称

众所周知，由于受到封建专制制度中的“官本位”思想的影响，很多人都有崇“官”、恋“官”情节。在明初的城乡社会生活中，就有很多本无官职，亦无祖宗荫袭，但却往往以官相称的市井之民。这种“擅自官称”的情况似是一种普遍现象，以至于朱元璋说：“朕自驭宇以来，民有无官称者，往往皆然。”甚至对此叹息道：“久矣。市乡多如此。”其实，对平民百姓来说，这或许只是为了满足心理虚荣而彼此“相敬”的一种习惯称谓，但是在注重礼制的朱元璋看来，这却与礼不合，与尊卑等第之制相违。对于这种情形，朱元璋感叹道：“噫！圣人之教远矣。朕申明未周，至民无礼。狂民越礼犯分，岂无祸焉！《书》不云乎：‘臣无有作威作福。’作威作福，凶焉。”[④]

针对明初社会中存在的“民擅官称”行为，朱元璋在《大诰初编》中颁行“民擅官称”条目以严禁人民以官相称：

> 尔庶民擅官称，擅官称且无赧，岂不由是而根祸？朕谕之后，乡民有曾充粮里甲者，则以粮里甲称。非粮里甲，则以字称。若遇耆民，长其父者则称伯，下其父者则称叔。长于己者则称兄，下于己者则称弟，岁如父者亦称

---

① 《明太祖实录》卷一六九，洪武十七年十二月乙未条，第2574页。

② 《御制大诰续编》第七十《居处僭分》，第322页。

③ 参见(明)申时行等编修：《明会典》卷一七三《刑部十五·罪名一》，第882页；(明)张楷：《律条疏议》附《律诰该载》，见杨一凡编：《中国律学文献》第1辑第3册，第717页。

④ 《御制大诰续编》第六九《民擅官称》，第321、322页。

> 伯。本朝曾官者则以官称，兄弟皆官称，子孙舍人称，虽一人终考而无疵。再无为官者，子孙同朝称舍人，兄弟称官，随朝世世称官称舍人。无官者毋敢擅称，称者、受者，各以罪罪之。果顽而违令，迁于遐荒，永为边卒。是其禁也，听戒之，毋犯。[①]

在朱元璋看来，"贫富贵贱""天尊地卑"是理之势然，不能"越礼犯分"。这一禁令的颁行反映了封建官僚政治的本质，也反映了乡里农民恋官的深层心理。同时，也反映出在明初的基层社会中，粮长、里长、甲长等的地位比普通百姓高，他们在一定程度上为国家法律所认可，并在基层社会中享有"乡官"的特殊待遇。

除此之外，朱元璋又在洪武二十六年(1393 年)颁行榜文，以进一步规范人们的称谓行为。其主要内容是：

> 洪武二十六年十二月十五日，为禁约事。照得各处军民人等，多有将太祖、圣孙、龙孙、黄孙、王孙、太叔、太兄、太弟、太师、太傅、太保、大夫、待诏、博士、太医、太监、大官、郎中字样，以为名字称呼，有乖名分，理合出榜晓谕改正。敢有仍前违犯，治以重罪。……医人止许称医士、医人、医者。不许称太医、大夫、郎中。梳头人止许称梳篦人，或称整容，不许称待诏。官员之家火者，止许称阍者，不许称太监。[②]

可以说，朱元璋对民间称谓的申禁，目的还是划分等级尊卑，确定名分地位，以构建礼治尊卑的等级社会。为此，他不惜用颁行峻令的方式来钳制人民彼此"相敬"或习以为常的称谓。

三、厘定婚俗，严禁婚姻之讼

朱元璋立国以后，力求革除元代遗俗，表现在婚姻习俗上就是禁止"同姓、两姨姑舅为婚"，禁止"弟收兄妻，子承父妾"。不过，对于在元时已成婚者则不再予以追究。然而在社会生活中，有些奸顽之徒歪曲律意，勾结官府，将在元成婚者妄行告讦，使得"数十年婚姻，无钱者尽皆离异，有钱者得以完全"。[③] 这种婚姻之讼在江西、两浙一带尤多。明初人朱善言就说："今江西两浙此弊尤甚，以致狱讼繁兴，贿赂公行，风俗凋敝。"造成民间多婚姻之讼的原因，主要是一些"不当为婚"者为"仇家所讼"。这种婚姻之讼危害性极大，造成很多为婚者"或已聘而见绝，或既婚而复离，或成婚有年儿女成行，有司逼而夺之，使夫妇生离，子母永隔，

---

① 《御制大诰续编》第六十九《民擅官称》，第 322 页。

② 杨一凡、田涛主编：《中国珍稀法律典籍续编·明代法律文献(上)·洪武永乐榜文》，第 524 页。

③ 《御制大诰初编》第二十二《婚姻》，第 214—215 页。

冤愤抑郁，无所控诉，悲号于道路，亲戚为之感伤，行人为之嗟叹”①。

对于明初遗留的元代婚姻陋俗，如受继婚、中表婚、同姓婚和尊卑婚等，朱元璋在《大明律》《大诰》中都颁布了相应律令进行禁止。如针对元代遗留的“弟收兄妻”“子承父妾”陋俗，他在《大明律》中的“娶亲属妻妾”条中规定：“若收父祖妾及伯叔母者，各斩。若兄亡收嫂，弟亡收弟妇者，各绞。妾各减二等。”②针对社会中存在的表兄妹为婚、两姨姑舅为婚的行为，他在《大明律》中的“尊卑为婚”条规定：

凡外姻、有服、尊属、卑幼，共为婚姻，及娶同母异父姊妹，若妻前夫之女者，各以奸论。其父母之姑、舅，两姨姊妹及姨，若堂姨、母之姑、堂姑、己之堂姨及再从姨、堂外甥女，若女婿及子孙妇之姊妹，并不得为婚姻。违者，各杖一百。若娶己之姑舅两姨姊妹者，杖八十。并离异。③

针对同姓为婚的民间流俗，他又在《大明律》中的“同姓为婚”条中规定：“凡同姓为婚者，各杖六十，离异。”④

另外，为了进一步禁止元代遗留的这些近亲习俗，并严厉打击社会中存在的假借婚姻律令“通同官吏，妄行告讦”，拆人家庭的行为，朱元璋在《大诰初编》中专门颁布了“婚姻”条目。诰令内容如下：

同姓、两姨姑舅为婚，弟收兄妻，子承父妾，此前元之胡俗。朕平定之后，除元时已成婚者勿论。自朕统一，申明我中国先王之旧章，务必父子有亲，君臣有义，夫妇有别，长幼有序，朋友有信，方十八年矣。有等刁顽之徒，假朕令律，将在元成婚者，儿女已成行列，其无籍之徒，通同贪官污吏，妄行告讦，致使数十年婚姻，无钱者尽皆离异，有钱者得以完全。此等之徒，异日一犯，身亡家破，悔之晚矣。胡人之俗，岂止如此而已。兄收弟妇，弟收兄妻，子承父妾，有一妇事于父生子一，父亡之后，其妾事于正妻之子，亦生子一，所以夫妇无别，纲常大坏，与我中国圣人之教何如哉。设理旧事，难为者多矣，所以元氏之事不理，为此也。今后若有犯先王之教，罪不容诛。⑤

其实，明代的婚姻之禁，并不止于“近亲为婚”，它已延伸和扩大到了与亲属关系无关的其他婚姻。如禁止蒙古人、色目人之间的同族成婚，禁止良贱之间成婚，禁止官吏与部民女成婚，禁止僧道成婚，禁止官吏娶娼等。⑥ 可以说，在明代，关于婚姻的禁制已经规定得比较完备。

---

① 《明太祖实录》卷六九，洪武十七年十二月壬寅条，第 2575 页。

② 参见怀效锋点校：《大明律》卷六《户律三・婚姻・娶亲属妻妾》，第 62 页。

③ 怀效锋点校：《大明律》卷六《户律三・婚姻・尊卑为婚》，第 62 页。

④ 怀效锋点校：《大明律》卷六《户律三・婚姻・同姓为婚》，第 62 页。

⑤ 《御制大诰初编》第二十二《婚姻》，第 214—215 页。

⑥ 参见怀效锋点校：《大明律》卷六《户律三・婚姻》，第 62—64 页。

四、申明乡饮，严禁越礼犯分

为了宣扬封建尊卑等级观念，加强对基层社会的控制与管理，朱元璋在洪武十八年(1385年)颁行的《大诰初编》中又专门列入“乡饮酒礼”条目，以教化和规范民人的日常行为。其主要内容如下：

> 乡饮酒礼。朕本不才，不过申明古先哲王教令而已。所以乡饮酒礼，叙长幼，论贤良，别奸顽，异罪人。其坐席间，年高有德者居于上，高年淳笃者并之，以次序齿而列。其有曾违条犯法之人，列于外坐，同类者成席，不许干于善良之席。主者若不分别，致使贵贱混淆，察知，或坐中人发觉，主者罪以违制。奸顽不由其主，紊乱正席，全家移出化外，的不虚示。①

朱元璋希望通过这种“以礼入法”的形式来申明“乡饮酒礼”条式，其目的是以此教化乡民，使其去恶为善，遵守礼法，从而各安乡里，各守己分。在他看来，“兴者，乡里安，邻里和，长幼序，无穷之乐”②。洪武二十二年(1389年)，朱元璋又重定《乡饮酒礼图式》，规定：“凡良民中，年高有德、无公私过犯者，自为一席，坐于上等。有因户役差税迟误，及曾犯公杖私笞招犯在官者，又为一席，序坐中门之外。其曾犯奸盗诈伪、说事过钱、起灭词讼、蠹政害民、排陷官长，及一应私杖徒流重罪者，又为一席，序坐于东门之内。”要求坐席之时“务要分别三等坐次，善恶不许混淆”，对“不遵图序坐，及有过之人不行赴饮者”也要以违制论处。③ 可以说，自洪武五年(1372年)朱元璋初行“乡饮酒礼”之时起，对“乡饮酒礼”图式的规定就愈加严密，对民人的尊卑等级、行为惩戒的要求等就更加具体。这种带有乡里自治性质的教化和国家干预，在一定程度上加强了对基层社会的管理。后来，《大诰初编》中颁行的“乡饮酒礼”条目又被列入正德及万历时期修订的《明会典》中，继续发挥其教化训诫的作用。④

五、申明“五常”，倡行为孝之道

“五常”即仁、义、礼、智、信，是我国传统儒家文化的核心内容，是用以调整、规范君臣、父子、兄弟、夫妇、朋友等人伦关系的行为准则，一直以来被历代统治者视为治国安民的“常宪”，对于朱元璋来说亦是如此。在《大诰续编》中，他专门

---

① 《御制大诰初编》第五十八《乡饮酒礼》，第239页。

② 《御制大诰初编》第五十八《乡饮酒礼》，第239页。

③ 参见(明)申时行等编修：《明会典》卷七九《礼部三十七・乡饮酒礼》，第456页。

④ 参见(明)徐溥等撰，李东阳等重修：《明会典》卷七八《乡饮酒礼・大诰》，文渊阁四库全书景印本，第617册，史部政书类，第748页；(明)申时行等编修：《明会典》卷七九《礼部三十七・乡饮酒礼》，第456页。

列入“申明五常”一条对其思想进行重申。为了使“五常”得以有效遵行，他在颁行的诰令中，又以礼入法，对于不听教化、不遵礼法者，要求“乡里高年并年壮豪杰者”进行戒训；对于屡教不改者，则要求他们“拿赴有司，如律治之”。诰令内容如下：

> 今再《诰》一出，臣民之家，务要父子有亲；率土之民，要知君臣之义，务要夫妇有别；邻里亲戚，必然长幼有序，朋友有信。众尊有德，不拘年之壮幼，不序长幼之分，此古人之大礼也。此《诰》也，朕本非能，不过申明先王之旧章，而民从之，家和户宁，吉哉！倘有不如朕言者，父子不亲，罔知君臣之义，夫妇无别，卑凌尊，朋友失信，乡里高年并年壮豪杰者，会议而戒训之。凡此三而至五，加至七次，不循教者，高年英豪壮者拿赴有司，如律治之。有司不受状者，具在律条。惧之哉，而民从之。①

除了申明“五常”外，他又在《大诰续编》中颁布“明孝”条目，以劝谕天下人民行孝道。在他看来，“孝子之节，非止一端”。具体来说，包括：(1)孝敬父母：对父母要嘘寒问暖，要早晚启安，要精洁奉食，要尊其命守其业；对父母乖礼法之行为，要再三哀告，不致“父母有殃”；对父母未成之业，要“竭其力以成之，不致父母窘于衣食”。(2)忠节事君：对君主要知无不言，要心无奸邪，要“上补于君”“下有益于民”。(3)夫妇有别：对家庭要保持和睦，尊男女之别，不得有“禽兽”之行。(4)长幼有序：对伯叔兄弟要有长幼之分，对邻里高年要有尊敬之情。(5)朋友有信：对朋友要“择可交者与交”，不可不择而致“善交之怨，恶交之陷”。(6)居处端庄：自身举止要威仪有肃，使人“望而敬之，不敢亵狎”。(7)莅官以敬：对为官者要“持己以敬”，不致“陷身于罪戾”。(8)战阵勇敢：居行伍者，当战阵之时，要奋勇争先；成功则“荣膺名爵”，殁身则“忠义旌显，垂于千古”。(9)不犯国法：对国家法度要谨守，不遭罪责，以免伤“父母之遗体”。(10)不损肌肤：对自我身体要爱护有加，不使其“被人揉辱”。(11)闲中不致人骂詈：在闲静之时，要“谨言以保其身”，不要“放肆妄诞，取人骂詈”。(12)朝出则告往谋方，暮归则告事已成未成：在出门之时，要告知父母去处，不使父母有“犹豫之忧”；在归家之时，要告知父母行事成与不成，使父母“知其善与不善”。② 以上 12 条，都是朱元璋所谓的孝行，基本涵盖了忠君、孝亲、伦理、纲常、法度等各个方面。这些孝行的提出对规范人们的行为、改善社会风俗具有一定作用。对此，明初人周是修评论道：“钦惟天朝以孝治天下，《大诰》三编申明五常、彰善瘅恶，天下之士不以孝悌力田举，则以孝廉征，使天下之为人子者，观感兴起莫不一笃于孝，移以事君莫不一竭于

---

① 《御制大诰续编》第一《申明五常》，第 263 页。

② 参见《御制大诰续编》第七《明孝》，第 267—269 页。

忠焉。”[①]

日本学者酒井忠夫据此认为：“很明显，这不单单是将五常或孝作为道德来进行教化，也是将其作为民众政治的重要项目加以具体推行的。将五常或孝体现在政治中，这在立足于儒教的中国帝王政治中屡见不鲜。”[②]可以说，无论是申明“五常”，还是宣扬孝道，朱元璋的目的都是倡行儒家传统道德，从而规范人民行为，稳定社会秩序，构建一个尊卑有序、邻里和睦、简朴淳厚的封建礼治社会。

六、实行木铎，宣政令于民间

洪武三十年（1397 年）九月辛亥，朱元璋法古为治，倡行木铎之制[③]，使木铎宣教之声得以再现于后世。他下令：“每乡里各置木铎一，内选年老或瞽者，每月六次持铎徇于道路，曰：孝顺父母、尊敬长上、和睦乡里、教训子孙、各安生理、毋作非为。”[④]这就是所谓的“圣谕六言”或“太祖六谕”。短短的 6 句话，涵盖了儒家伦理规范和百姓应遵守的行为准则，成为教化民众的行为纲领，对严整社会秩序发挥了重要作用。其实，以木铎来宣扬教化本是上古时代的一种传统，源于夏商，盛于春秋。在《尚书·正义》中就有“每岁孟春，遒人以木铎徇于路”[⑤]的记载，其中的“遒人”是传政令于民间的宣令官。朱元璋为了构建其理想社会，达教化于乡村，对之加以损益，以里老人代行“遒人”之责，使木铎宣教之声响彻乡村里巷。

在洪武三十一年（1398 年）颁行的《教民榜文》中，朱元璋对木铎之制作了更具体的申明：

> 每乡每里各置木铎一个，于本里内选取，俱令直言叫唤，使众闻知，劝其为善，毋犯刑宪，其词曰：孝顺父母、尊敬长上、和睦乡里、教训子孙、各安生理、毋作非为。如此者，每月六次，其持铎之人，秋成之时，本乡本里内众人随其多寡资助粮食，如乡村人民住居，四散窎远，每一甲内置木铎一个，易为传晓。

---

① （明）周是修撰：《刍荛集》卷五《终慕堂诗序》，文渊阁四库全书景印本，第 1236 册，集部别集类，第 65—66 页。

② ［日］酒井忠夫著，刘岳兵、何英莺译：《中国善书研究》，江苏人民出版社 2010 年版，第 49 页。

③ 木铎是铎的一种。“铎”大约起源于夏商，是一种以金属为框的响器，也可以说就是一种铜质的铃铛，形如铙、钲，体腔内有舌可摇击发声。舌分铜制与木制两种，铜舌者为金铎，木舌者即为木铎。关于木铎的论文，可参见郗文倩：《古代的木铎及其想象》，《文史博览》（理论）2010 年第 9 期；赵克生：《从循道宣诵到乡约会讲：明代地方社会的圣谕宣讲》，《史学月刊》2012 年第 1 期；等等。

④ 《明太祖实录》卷二五五，洪武三十年九月辛亥条，第 3677 页。

⑤ 《尚书·正义》卷十九，十三经注疏本，第 879 页。

木铎式:以铜为之,中悬木舌。[①]

另外,木铎老人在持铎宣讲时,除了讲读"圣谕六言"、《教民榜文》外,《大诰》三编亦是其重要内容。据明人叶春及的《惠安政书》载:"老人持铎出徇于路,必□赞读诰律。"[②]木铎之制不同于乡饮酒礼和申明亭制度,是一种纯粹实行于乡村的教化制度,这一制度的实施使明初自上而下的教化系统更加完备和严密,对明初教化的施行和基层社会的管理起到了积极作用。

第二节 经济上的管理

明朝初年,百废待兴,如何有效恢复经济发展,保障国家财赋收入以及稳定社会市场秩序成为执政者需要重点考虑的问题。为此,朱元璋从皇权统治的根本利益着手,既打击和限制富民豪强的科敛害民,又惩戒普通民人的纳粮舞弊及抗租抗役。另外,朱元璋积极整顿市场秩序,对私充牙行、伪造宝钞等扰乱经济的行为予以重典惩治。

一、严禁纳粮舞弊及抗租抗役

明代以农立国,农业在国民经济中占据主导地位,而农民所交赋税则是国家财政的主要来源。在朱元璋看来,交纳赋税、承当差役是农民的"本分"与"义务","宽赋"是相对的,而征税则是绝对的,正所谓"有身则有役,有土则有赋"[③]。但是,在明初社会中,有的民人在纳粮、当差之际存在各种舞弊行为。在《大诰初编》的"纳粮入水"条中,朱元璋说:有等"奸顽无藉之民,但知己之图利……通同仓官人等,入水上仓,比所纳者,止是一千入于万石之中,一蒸之后,满廒尽坏。所纳甚少,所坏甚多,天灾人祸岂有不至者耶"[④]。在《大诰初编》的"纳豆入水"条中,朱元璋又说:有等民人"通同仓官人等拌水祥豆,以增斛面"。而纳豆入水的后果,则是"弊同乎米,米坏尚有可食者,豆坏六畜不食……因一户奸顽掺水交纳,湿热一蒸,盈廒皆坏,如此者多矣"[⑤]。可见,这一危害还是十分巨大的。另外,民人在交纳税粮时,也存在故意刁蹬粮长,拖欠不纳的行为。对此,朱元璋分

---

① (明)张卤:《皇明制书》卷九《教民榜文》第十九则,续修四库全书本,第788册,史部政书类,第355页。

② (明)叶春及撰:《惠安政书》卷九《乡约篇》,第342页。

③ (明)汪天赐辑:《官箴集要》卷下《平赋役》,《官箴书集成本》第1册,第290页。

④ 《御制大诰初编》第五十二《纳粮入水》,第235页。

⑤ 《御制大诰初编》第五十三《纳豆入水》,第235页。

析道："有等粮长，心怀仁德，性体柔懦，上不倚官，下不挟势，并不令细民包纳本户二税，从实催征。民情不然，欺侮懦弱，故行过期不足，反累善良。"①有的农民则拖欠地主租税，不交纳粮米。如：安吉县民人金方，佃种了同县潘俊二的一亩六分田地，不仅不交租税，还在潘俊二前来取讨之时，"反行嗔怪发狠，将潘俊二作害民豪户帮缚，骗要本人黄牛一只，猪一口，宰请众人饮吃。又行虚勒要潘俊二已收田租并不曾骗要牛只文书三纸，然后将潘俊二帮缚前来"②；归安县民戴兴四等，"为恃顽不纳秋粮，里长陈胜佑雇倩农民丘华一前到伊家催取。其戴兴四等嗔怪本人到家取索，却将丘华一作帮虎拿来，致被通政司审出前情"③。除了拖欠税粮、抵顽不纳外，公侯之家的佃户，还存在逃避差役的情事。据《大诰三编》的"公侯佃户"条载："公侯世禄佃田人户，往往比不肯与民一例当差。"④

对于社会中存在的这些逃税、抗税及规避徭役的行为，朱元璋像打击富民豪强一样给予严厉打击。洪武十五年(1382 年)十一月，他榜谕两浙、江西之民曰：

> 为吾民者，当知其分，田赋力役出以供上者乃其分也。能安其分，则保父母妻子家昌身裕，斯为仁义忠孝之民，刑罚何由而及哉。近来两浙江西之民，多好争讼，不遵法度，有田而不输租，有丁而不应役，累其身以及有司，其愚亦甚矣。曷不观中原之民，奉法守分，不妄兴词讼，不代人陈诉，惟知应役输租，无负官府，是以上下相安，风俗淳美，共享太平之福，以此较彼，善恶昭然。今特谕尔等宜速改过从善为吾良民，苟或不悛，则不但国法不容，天道亦不容矣。⑤

洪武十七年(1384 年)，他又诏谕户部官员说：

> 民有田则有租，有身则有役，历代相承皆循其旧。今民愚无知，乃诡名欺隐以避差徭，互相仿效为弊益甚。自今有犯者，则入其田于官，能自实者免罪。⑥

在《大诰》三编中，朱元璋为了整顿社会中存在的"纳粮入水""纳豆入水""虚出实收"及抗租、抗役等行为，又颁行了多个条目峻令。《大诰初编》的"仓库虚出实收"条规定：

> 天下仓廒并库藏等处，官攒斗级人等有犯赃私，问赃自何而得，必供虚出实收与纳户某人，接受钱物若干。当此之际，凭招勾纳户到官，加倍追陪。

---

① 《御制大诰初编》第六十五《设立粮长》，第 245 页。
② 《御制大诰三编》第一《臣民倚法为奸》，第 352 页。
③ 《御制大诰三编》第一《臣民倚法为奸》，第 353 页。
④ 《御制大诰三编》第三《公侯佃户》，第 379 页。
⑤ 《明太祖实录》卷一五〇，洪武十五年十一月丁卯条，第 2362 页。
⑥ 《明太祖实录》卷一六五，洪武十七年九月己未条，第 2545 页。

当该法司不行如敕究问追征，罪如犯者。①

在《大诰初编》的“纳粮入水”条中，朱元璋认为舞弊的“纳粮人户及收粮仓官、斗级人等，身亡家破，皆自招也”②。在《大诰初编》的“纳豆入水”条中，他则认为用“极刑”来处置贪赃的仓库官攒，则不是“刑酷”。③ 另外，朱元璋又在《大诰续编》的“议让纳粮”条中诰令粮长要加强对税粮征收的监管，允许他们将“故不依期，刁顽不纳”的税户姓名举报朝廷，若属实的话则处以“阖家迁于化外”的重刑。④ 朱元璋试图通过对征税官吏、纳粮税户的惩戒，严把税粮征收关，从而减少和避免赋税征收中的舞弊行为，保障国家赋税的顺利征收。

朱元璋在严厉打击害民地主的同时，对农民或佃户不纳地租的行为也是严厉镇压。在他看来，农民或佃户按规定纳粮就是顺民，不然则是顽民，要与害民地主一样受到严厉打击。如：朱元璋对安吉县佃户金方恃顽不交田租及以“害民豪户”为由绑缚地主潘俊二赴京的行为加以严惩，处以“枭令示众”的酷刑；对戴安县农民戴兴四恃顽不纳秋粮，以“帮虎”为由绑缚里长所雇催粮民丘华一的行为，则处以“免死发广西拿象，全家抄扎，人口迁于化外”的处罚。⑤ 其用刑不可谓不重。因此，用“重典治农”来概括实不为过。仅从这两例来看，农民或佃户以“害民豪户”或“帮虎”赴京陈告实是《大诰》中赋予的权力，其抗纳地租虽有过失，但所绑缚的地主等人亦不见得就是所谓“良民”。对此，朱元璋似乎并未明说。即使是“良民”，其惩处也明显太过了。

对于公侯佃户逃避差役，朱元璋也在《大诰三编》的“公侯佃户”条中予以严加禁止：

公侯世禄佃田人户，往往不肯与民一例当差。此《诰》一出，今后一切杂泛差役，一体应当。敢有不当者，全家迁发化外。管庄人阻当，管庄人处斩。有司听从嘱托分付，一体处斩。且公侯佃田人户，秋夏二税办纳之际，比之众民甚是易办。凡收粮之时，各府遣人诣庄所催督，众户送赴交纳，并无刁蹬留难，淋尖、跌斛及上仓、芦席、脚钱诸等使用并无，比之众民减轻多矣。若再不与众民一体当差，定迁化外。其管庄人倚恃公侯之家，上谩朝廷，下谩本官，假以各官佃户为由，擅隐当差人民入己者处斩，的不虚示。⑥

明初，公侯、勋贵等享有一定的田土受赐权，而这些受赐的“公田”，并不报入官

① 《御制大诰初编》第三十四《仓库虚出实收》，第225页。

② 《御制大诰初编》第五十二《纳粮入水》，第234页。

③ 参见《御制大诰初编》第五十三《纳豆入水》，第235页。

④ 参见《御制大诰续编》第七十八《议让纳粮》，第329页。

⑤ 参见《御制大诰三编》第一《臣民倚法为奸》，第352—353页。

⑥ 《御制大诰三编》第三《公侯佃户》，第379页。

籍，享有免除税粮和差役的特权。但是，这些勋贵往往利用自身的权势广置"私田"，佃人耕种。这些"私田"在法律规定上应与"齐民一体当差"，但是却很难执行。因此，朱元璋在《大诰》中列有专条，以严禁公侯佃户逃避差役。

针对农民逃避差役的行为，朱元璋又在后来专门颁布榜文。其内容如下：

> □，奉圣旨：天台县顽民裘宜翁等四百一十八名，行至中途，纠合在逃，不肯趋事赴工，非我中国之民。若不罪他，使其余仿效，朝廷号令如何得行，事务如何能办？各发宁夏充军。今后敢有不听号令顽民，一体迁发。①

可见，朱元璋打击农民逃避差役的力度亦非常大。

二、严禁私充牙行及刁难客商

牙行作为经营中介业务的商行，古已有之，其组织人员称为"牙人""牙侩""牙郎""牙子""牙纪"等。按其性质，又可分为官牙和私牙两类。牙行是商品经济发展到一定阶段的产物，对推动商品经济的发展具有不可低估的作用。然而，牙行也具有一定的消极影响，其中一些利欲熏心者，阿私附势，坑骗百姓，给客商和普通小生产者造成很大的威胁和损害。元末明初，社会动荡，许多不法牙人操控物价，扰乱市场秩序。如朱元璋初到南京时，"军民居室皆官所给，比舍无隙地。商货至，或止于舟，或贮城外，驵侩上下其价，商人病之"②。为此，朱元璋于洪武初年就规定："京城置塌房及畜物，停积客商货物及猪羊等畜，听其两平交易，革罢官私牙行，但收免牙钱一分。"③洪武十九年(1386 年)，又进一步规定道：

> 天下府、州、县、镇店去处，不许有官牙、私牙。一切客商应有货物，照例投税之后，听从发卖。敢有称系官牙、私牙，许邻里坊厢拿获赴京，以凭迁徙化外。若系官牙，其该吏全家迁徙。敢有为官牙、私牙，两邻不首，罪同。④

但是，由于牙行在商品交易中不可或缺的作用，这些条款并未有效执行，牙行骗民以及私充牙行的行为在各地仍多有存在。针对牙行的危害，朱元璋在《大诰三编》的"私牙骗民"条中说：

> 天下府、州、县及人烟辏集村店、马头去处，客商人等贩卖物货，多被官私牙行等高抬低估，刁蹬留难，使客商不得其便。商有强者，本利无亏。才有淳良者，皆被牙行所制，本利俱伤，亦且留难迟滞。所以《续诰》颁行，明彰禁治。

---

① 杨一凡、田涛主编：《中国珍稀法律典籍续编・明代法律文献(上)・洪武永乐榜文》，第 527 页。

② (清)张廷玉等撰：《明史》卷八一《食货志五》，第 1975 页。

③ (明)徐溥等撰，李东阳等重修：《明会典》卷三二《户部十七・金科・库藏一・课程・事例》，文渊阁四库全书景印本，第 617 册，史部政书类，第 339 页。

④ 《御制大诰续编》第八十二《牙行》，第 331—332 页。

对于私牙骗民，刁难客商的行为，朱元璋在《大诰三编》的"私牙骗民"条中再次申明严禁。对于当时应天府上元、江宁两县民人刘二和军丁王九二等 14 人"暗出京师百里，地名边湖，称为牙行，恃强阻客"的行为，朱元璋进行了严厉处置，分别拿缚京师，"常枷号令，至死而后已，家迁化外"。并且告诫天下说："此《诰》一出，所在人民，观此以为自戒。倘不奉命，罪同刘二等。"[1]朱元璋希望通过对这一案件的严肃处理来警诫天下民人不得私充牙行，刁难商民。

针对明初牙行扰乱市场秩序的行为，朱元璋在《大诰》中颁行"牙行"条目以禁止"官牙""私牙"，但这只是一种加大打击力度的权宜之计，因为在明代的法律规定中虽不允许"私牙"的存在，但却允许"官设牙行"的存在。无论是洪武十七八年(1384—1385 年)的行用《大明律》，还是洪武三十一年(1398 年)的《大明律》，都规定："凡城市乡村，诸色牙行，及船埠头，并选有抵业人户充应。官给印信文簿，附写客商船户，住贯姓名，路引字号，物货数目，每月赴官查照。"[2]可见，在《大诰续编》中颁行的"不许有官牙、私牙"的规定虽有打击"私牙骗民""官牙害民"的目的，但是其自身已与《大明律》的规定相抵触，而且在市场交易日渐发展和活跃的客观情势下，牙行已不可或缺，这也就注定了诰文的难以实行。不过，其打击"牙行之害"及"私充牙行"的威慑力仍然存在，在社会中发挥了一些告诫效应。以至于在正德年间编修的《明会典》又将《大诰续编》中的"牙行"条目及《大诰三编》中的"私牙骗民"条目完全载入其中，以借此警告和告诫民人不得"私充牙行"，为非作歹。[3] 总之，打击"牙行之害"一直为有明一代所重视，而《大诰》中关于"牙行"的诸条目也得以在典章制度中单独保留，从而发挥着潜移默化的训诰作用。

三、严禁伪造宝钞及扰乱市场

洪武八年(1375 年)，朱元璋"令中书省，造大明宝钞"，实行以宝钞为主，钞、钱并行的货币流通制度。并规定："凡商税课，钱钞兼收。钱，十之三；钞，十之七。一百文以下，则止用铜钱"；"禁民间不得以金银物货交易，违者治罪；告发者，就以其物给赏。若有以金银易钞者听"。[4] 从而保障了宝钞的法定地位。然而，随着宝钞的通行天下，社会中伪造宝钞的行为也随之出现。据《大诰初编》的

---

① 《御制大诰三编》第二十六《私牙骗民》，第 401、402 页。

② 怀效锋点校：《大明律》卷十《户律七・私充牙行》，第 84 页；何广：《律解辩疑》，《中国珍惜法律典籍续编・明代法律文献(下)》，第 126 页。

③ 参见(明)徐溥等撰，李东阳等重修：《明会典》卷三二《户部十七・金科・库藏一・课程・大诰》，文渊阁四库全书景印本，第 617 册，史部政书类，第 339 页。

④ (明)申时行等编修：《明会典》卷三一《户部十八・库藏二・钞法》，第 224 页。

“伪钞”条记载，这种情况在经济发达的两浙、江东西地区最为明显：

> 宝钞通行天下，便可交易。其两浙、江东西，民有伪造者甚，惟句容县。杨馒头本人起意，县民合谋者数多，银匠密修锡板，文理分明；印纸马之户，同谋刷印。①

其实，在元代时期，民间印刷技术已取得了长足进步，伪造钞票的行为泛滥成灾，即使朝廷实行严刑峻法也是无法遏止。在明朝立国之初，统治者鉴于元末钞法混乱的情形暂未施行宝钞，而是以铜钱为法定货币。不过，在洪武八年（1375 年）以后，由于铸造铜币缺乏铜料，政府“责民出铜，民毁器皿输官”②，搞得民怨沸腾，社会矛盾尖锐；加之铸钱笨重、价值低廉、不便贸易等弊端，始行“大明宝钞”。而宝钞一行，民间伪造宝钞的行为日益增多。

为了严禁民间伪造宝钞，朱元璋在洪武八年宝钞初行之时，就颁布了严苛诏令，规定：“伪造者斩，告捕者赏银二百五十两，仍给犯人财产。”③后来，朱元璋又在《大明律》和《大诰》中颁行了更加严密、更加严苛的律令条例。在《大明律》的“伪造宝钞”条中，朱元璋规定道：

> 凡伪造宝钞，不分首从，及窝主若知情行使者，皆斩。财产并入官。告捕者，官给赏银二百五十两，仍给犯人财产。里长知而不首者，杖一百；不知者，不坐。其巡捕、守把官军，知情故纵者，与同罪。若搜集伪钞，隐匿入己，不解官者，杖一百，流三千里。失于巡捕，及透漏者，杖八十；仍依强盗，责限跟捕。若将宝钞挑剜、补辏、描改，以真作伪者，杖一百，流三千里。为从及知情行使者，杖一百，徒三年。其同情伪造人，有能悔过，捕获同伴首告者，与免本罪，亦依常人一体给赏。④

在《大诰初编》的“伪钞”条中，朱元璋对民人伪造宝钞的行为进行了更加严厉的处置。对于两浙、江东西之民的伪造宝钞行为，朱元璋大开杀戒，以至于“自京至于句容，其途九十里，所枭之尸相望”。连朱元璋都说：“其刑甚矣哉。”朱元璋冀望以重刑甚至屠杀来禁止民间伪造宝钞，但是伪造宝钞的行为却仍然在一些地区秘密进行。以至于朱元璋叹道：“若此奸顽，将何治耶！”⑤

---

① 《御制大诰初编》第四十八《伪钞》，第 232 页。

② （清）张廷玉等撰：《明史》卷八一《食货志五》，第 1962 页。

③ （明）申时行等编修：《明会典》卷三一《刑部十八・库藏二・钞法》，第 224 页。

④ 怀效锋点校：《大明律》卷二四《刑律七・伪造宝钞》，第 193 页。

⑤ 《御制大诰初编》第四十八《伪钞》，第 232、233 页。

第三节 政治上的管理

为了维护统治秩序，保障国家安全，朱元璋严禁普通百姓交结官吏，勾结罪人；对参与秘密宗教，引诱煽惑造反的行为，则加以严刑重惩。对于民人违抗"诰文"坐视"民患"、代人告状、诡名告状等教唆词讼的行为亦是重典惩治。另外，对于民人不听政府行使、违抗信牌的行为，朱元璋同样是严厉教谕。这些措施加大了对民人不端行为的惩治力度，加强了国家对政治的控制与管理。

一、严禁交结官吏、交结罪人

在《大诰初编》的"京民同乐"条中，朱元璋记载道："曩者愚民奔走门下，纷然竞起，构作马前之卒，为奇谋、为吏役之道。"[①]这主要是指居于坊厢之间的市井之民。在朱元璋看来，这些人"其良善者将本求利，或开铺面于市中，或作行商出入，此市中之良者也。有等无藉之徒，村无恒产，市无铺面，绝无本作行商。其心不善，日生奸诈，岂止一端，惟务构结官府，妄言民之是非"[②]。他们不仅平时勾结官吏，而且还在官员犯法之后替其隐匿赃物，以致朱元璋说："今者诸司犯法，赃在坊厢，其坊厢村店人等，不奉朕命，固替奸贪隐匿，直至身亡家破而后已。"[③]而事实也确实如此。如沈溍（洪武十八年进士，二十年任试兵部侍郎）就自杭州赴京向朱元璋奏报说："市民子弟不务生理，美丽衣服，出入公门，结交官吏，说事过钱，坏法害民。"对此，朱元璋非常生气，下令将"浙江等处及直隶府、州市民，着他见丁出钱买马，往北方当驿夫"。[④] 这件事在《明太祖实录》中也有记载："命兵部遣使籍杭、湖、严、衢、金华、绍兴、宁波及直隶、徽州等府市民富实者，出资市马，充凤阳、宿州，抵河南郑州驿马户。"[⑤]这种处置方法让这些市民背井离乡，去北方充当驿夫，似有充军意味。另外，在社会中还有一些犯法之民在案发以后，为了逃脱罪责，往往贿赂官员"买重作轻，买轻诬重，或尽行买免"[⑥]。对于这些交结官吏之害，朱元璋是十分洞悉和痛恨的。

除此之外，在社会中还有一些不良之民与被安置的罪人相互勾结，通同为

---

① 《御制大诰初编》第二十八《京民同乐》，第 220 页。

② 《御制大诰续编》第七十五《市民不许为吏卒》，第 327 页。

③ 《御制大诰初编》第二十八《京民同乐》，第 220 页。

④ （明）刘辰：《国初事迹》，见（明）邓士龙辑，许大龄、王天有点校：《国朝典故》卷四，第 100 页。

⑤ 《明太祖实录》卷一八六，洪武二十年十月乙丑条，第 2788—2789 页。

⑥ 《御制大诰初编》第二十九《官民犯罪》，第 220 页。

恶。在《大诰续编》的“交结安置人”中，朱元璋说：

昔先王之治，人有罪而非甚者，则屏于化外，使不得与良民同于中国。维时民良，见有罪者，则羞与之齿，心身疾之，所以教化流行，人民大安。朕尝慕此，法古为治，罪奸制顽，欲惩一而戒百。奈何今之人心不然，见善则远而不从，见恶则趋而党比。

举例来说，当时有犯罪安置之人李子中等9人，他们于福建沙县的安置之地仍然“怙恶不悛，构非日甚，复入衙门，交结官吏，顽民汪澄、林均泽等”。在朱元璋看来，汪澄、林均泽等“不以子中得罪与朝廷，辄与交友”是朋党构非之举。对此，他痛恨地称之为“顽民”。[①] 洪武三十年(1397年)五月，朱元璋把《大诰》中的“交结安置人”条目引入制定的《大明律诰·准赎死罪》条例中，从而扩大了诰文的影响，强化了其打击力度。不过量刑略有减轻，不再动辄处死，而是准赎死罪。[②]

为了严禁民人交结官吏，朱元璋在《大诰初编》的“京民同乐”条中告诫天下民人道：“今后天下内外城市乡村，凡我良民，无得交结官吏。设若家道生受，误用官吏赃私钱物，才闻官吏发露，即于所在官司首告，与免交结之罪。”[③]针对贿赂官员，逃脱罪责的行为，朱元璋又在《大诰初编》的“官民犯罪”条中告诫道：

今后官民有犯罪责者，若不顺受其犯，买重作轻，买轻诬重，或尽行买免，除死罪坐死勿论，余者徒、流、迁徙、笞、杖等罪贿赂出入，致令冤者不伸，枉者不理，虽笞亦坐以死。法司罪同犯者。此犯不分赃之巨微，除失错公罪不坐，凡私的决，并不虚示。[④]

洪武十八年(1385年)六月二十七日，朱元璋又颁行了“禁戒诸司纳贿”诏令，并在其中规定道：“今后凡有良民，毋得交结官吏，引惹罪愆。设若不遵朕训，故违实犯，家长极刑，眷属迁于化外。”[⑤]从而用“极刑”来严禁民人交结官吏。洪武二十六年(1393年)，朱元璋又把《大诰初编》中的“官民犯罪”条目引入《杂犯死罪》条目中，以进一步加强对“买重作轻或尽行买免”的打击力度。[⑥]

另外，对于民人交结罪人的行为，朱元璋也是严厉处置。如上文提到的顽民汪澄、林均泽等，就因交结李子中等“怙恶不悛”之人，而被朱元璋处以“杀身之

---

① 参见《御制大诰续编》第八十《交结安置人》，第330页。

② 参见(明)张楷：《律条疏议》附《律诰该载》，见杨一凡编：《中国律学文献》第1辑第3册，第717页。

③ 《御制大诰初编》第二十八《京民同乐》，第220页。

④ 《御制大诰初编》第二十九《官民犯罪》，第220—221页。

⑤ 刘海年、杨一凡主编：《中国珍稀法律典籍集成》乙编《皇明诏令》卷三《太祖高皇帝下》，第60页。

⑥ 参见(明)申时行等编修：《明会典》卷一七三《刑部十五·罪名一》，第882页。

罪”。[①] 在洪武三十年(1397 年)初制定的《工役终身》条例中,朱元璋又将《大诰》中的“交结安置”条目引入其中,从而进一步加强了对民人交结罪人行为的防范与惩治。[②]

二、严禁造言倡乱、反抗朝廷

明朝建立以后,社会总体归于安稳,但是仍潜藏着农民起义反抗的暗流。元末利用白莲教组织和发动的农民起义虽然失败了,但白莲教徒的活动并没有归于沉寂。在日益沉重的压迫面前,有些农民铤而走险,走上反抗之路,部分人则以秘密宗教的形式与新朝抗衡。对于曾经是白莲教徒和红巾军头目的朱元璋来说,他是深知秘密宗教在民间的潜在力量的。所以,在立国以后,他就下令严禁白莲教、明尊教及白云宗的活动。[③] 在《大明律》中的“禁止师巫邪术”条,他又明确规定:

> 凡师巫假降邪神,书符咒水,扶鸾祷圣,自号端公、太保、师婆及妄称弥勒佛、白莲社、明尊教、白云宗等会,一应左道乱正之术,或隐藏图像,烧香集众,夜聚晓散,佯修善事,煽惑人民,为首者,绞;为从者,各杖一百,流三千里。[④]

但是,社会当中仍有好乱者以此为名,借助“弥勒佛下生”的言论,煽惑民众,聚众造反。据统计,明代前期利用秘密宗教进行的反抗活动及武装起义有 31 次之多。[⑤] 例如,洪武十九年(1386 年),江西新淦县民彭玉琳,“自号弥勒佛祖师,烧香聚众作白莲会”煽惑县民杨文德、曾尚敬等造反,并自称晋王,设置官属,建元天定。[⑥] 而“天定”是元末红巾军领袖徐寿辉所建立的年号,因此,彭玉琳起义带有一定的继承徐寿辉未竟事业的意思。洪武二十年(1387 年),袁州府宜春县民李某“妄称弥勒佛,发九十九等纸号”,聚众谋反。[⑦] 在《大诰三编》的“造言好乱”条中,朱元璋针对元末红巾军策源地江西存在的白莲教蛊惑情形,说:“今江西有等愚民,妻不谏夫,夫不戒前人所失,夫妇愚于家,反教子孙一概念诵‘南无弥勒尊佛’以为六字,又欲造祸以殃乡里。呜呼!设若鼓倡计行,其良民被胁从而被诖误者,甚不少矣。”对于这种以妄称弥勒佛惑乱民众以及相机造反的情

---

① 参见《御制大诰续编》第八十《交结安置人》,第 330 页。
② 参见(明)申时行等编修:《明会典》卷一七三《刑部十五·罪名一》,第 883 页。
③ 参见《明太祖实录》卷五三,洪武三年六月甲子条,第 1037 页。
④ 怀效锋点校:《大明律》卷十一《礼律一·祭祀·禁止师巫邪术》,第 89 页。
⑤ 参见沈定平:《明代前期阶级斗争述论》,《明史研究论丛》1985 年第 3 辑。
⑥ 参见《明太祖实录》卷一七八,洪武十九年五月戊辰条,第 2692 页。
⑦ 参见《明太祖实录》卷一八二,洪武二十年六月丁酉条,第 2746 页。

事，朱元璋以诛杀进行惩处。对于江西新淦县民彭玉琳以弥勒佛造言起事的行为，朱元璋在《大诰三编》的“造言好乱”条中说：

> 前者元朝驴儿，差僧一名，诡名彭玉琳，又曰无用。其新淦等县愚民杨文德等相从为之，比及缉捕尽绝，同恶之徒被生擒者数百名，所在杀死者又若干，眷属流移他处中途死者又若干。吁！诡名彭玉琳、无用，乃元细作。其新淦等县人民杨文德等轻同恶而相济，累及良民，难于分豁者多矣，至于死地。以此观之，岂不全家诛戮者也。

可见，朱元璋对造言好乱的情事打击力度非常大，甚至是不分首从一概屠杀。另外，他还把彭玉琳说成是元朝“细作”。为了防止民人被蛊惑，特别是被弥勒箴言等引诱，他又颁行峻令说：“今后良民，凡有六字者，即时烧毁，毋存毋奉，永保己安，良民戒之哉。”①

三、严禁肆奸玩法、绑缚良民

在《大诰》中，朱元璋赋予民人一定的羁拿、绑缚“积年民害”赴京奏状的权力。这一政策在实行之初确实得到了一定程度的有效实施，不过也存在“诬诳绑缚”“伺机奸诈”的行为。在绑缚时，部分民人或以“害民豪户”，或以“害民甲首”，或以“帮虎”，或以“豪民”等名色，捉拿“良民”赴京。在《大诰三编》的“臣民倚法为奸”条中，关于这一方面的记载共有 6 条，说明这一问题在当时还比较突出。下面依次归列如下：

(1)作害民豪户绑缚，不交田租

“安吉县民金方，佃种本县民潘俊二一亩六分，两年田租，不行交还。其潘俊二赴金方家取讨，本人反行嗔怪发狠，将潘俊二作害民豪户帮缚，骗要本人黄牛一只，猪一口，宰请众人饮吃。又行虚勒要潘俊二已收田租并不曾骗要牛只文书三纸，然后将潘俊二帮缚前来。”

(2)作害民甲首绑缚，不听牌勾

“崇德县民李付一等，见充本县里甲。为起夫于沿海地面筑城防倭，扰民生理，二次牌勾，故意抗拒不答，俱各在逃。本县批差甲首王辛三勾唤，李付一称说：‘待我宰羊赛愿，同你赴县办事。’因设计诈请王辛三饮酒，醉后将本人作害民甲首帮缚赴京，言称‘王辛三骗我羊酒饮吃’。”

(3)作豪民绑缚，不还借米

“乌程县民余仁三等二十九名，系本县富民游茂玉佃户。游茂玉为见水灾，余仁三等各各缺食，将自己粮米俵借各人食用。其余仁三等不行备办交还，却嗔

① 《御制大诰三编》第十二《造言好乱》，第 390 页。

游茂玉取讨,因结构顽民一百余人至游茂玉家,将本人房屋门户俱各打碎。游茂玉为见凶顽,潜躲他处。余仁三等于游茂玉家搜出原借米文约,其粮长闵益亦在其中,同恶相济,将原借米文约唱名俵还各户。又于游茂玉家箱笼内抢出银四十五两,钞七十五贯,首告买免。又将游茂玉家山羊二只宰杀赛神,却将游茂玉作豪民帮缚赴京。"

(4)作帮虎绑缚,吓诈民财

"归安县民慎右三等,明知本都民人许福三、张胜四系是民害,自合即拿赴京,却不合指以帮缚民害为由,恐吓许福三等财物,致被福三等逃躲。因将许福三房屋门户毁坏,鸡鹅羊酒,私宰群饮,诣神祈卜,然后将许福三等拿来。行至上元县土桥,又行设计,逼令本人虚写借米四十七石文约一纸与我,我只将你作帮虎名色拿去,免致枭令抄扎。行至通济门,又行设计,将所拿二人分作二起妄告,冒请赏给,以致被拿人告发。"

(5)作害民绑缚,吓诈民财

"归安县杨旺二,明知本都里长攒造文册,雇倩良民阿华在家书写,甲首盛秀二助劳,系是办集公事,并无科敛害民情由,却乃奸贪恣恶,将文阿华、盛秀二帮缚拿至安吉县地面,私自监禁一月,百般欺诈银钞等物,脱放各人。为无人保领还家,心恐事发,仍将各人拿来。"

(6)作害民里长绑缚,受财脱放

"嘉定县民沈显二,诈称鱼湖头目,与邻人周官二将积年害民里长顾匡帮缚赴京。行至苏州阊门,耆宿曹贵五劝和,沈显二接受钞一十五贯,绸一匹,银钗银镯等物,就行脱放。顾匡畏惧再后事发,亲自府京出首。耆宿曹贵五闻知本人欲首:'我系劝和人,必相连累。'随与一同赴京出首。其民人周官二一闻此事,畏惧首发,亦行赴京出首。其沈显二闻此三人赴京,星夜赶至淳化镇,意在一同出首。其周官二、曹贵五、顾匡设计,却将沈显二帮缚面奏。至通政司,沈显二杻脱在逃。周官二、曹贵五又行设计,却将原拿里长顾匡仍前帮缚赴通政司告。通政司审问:'顾匡系你同伴拿人的人,你如何拿他?'周官二言说:'顾匡本是我每原拿的人,沈显二受财脱放,我等各人畏惧事发,一同赴京出首。不期沈显二续后赶来,我等一见沈显二到,却将沈显二作骗人财物帮缚前来,故意隐下前情。今沈显二杻脱在逃,我等又将原拿顾匡帮缚首告。'"①

从以上这几例可以看出,民人绑缚"积年民害"的原因,基本上是以抗纳地主租税、违抗牌勾之令以及肆机恐吓取财为主。不过其中亦反映了某种程度的"租佃纠纷"和农民对地主的抗租斗争。另外,在第6个例子中,则又存在民人在绑

① 《御制大诰三编》第一《臣民倚法为奸》,第351—353页。

缚之时,私下接受耆宿劝和、受财卖放以及故意隐匿实情的设谋之举。

对于民人肆奸玩法,绑缚"良民"的行为,朱元璋多以"枭令示众,籍没其家""凌迟示众"等严苛之刑进行严厉惩治。如安吉县民金方,因不交佃租,且以"害民豪户"绑赴潘俊二赴京,而被"枭令示众"。崇德县民李付一等,因抗拒牌勾,且以"害民甲首"绑赴王辛三赴京,而被"凌迟示众"。乌程县民余仁三等29人,因拖欠富民游茂玉食米,且以"豪民帮赴"京师,其中凶顽者3人被"枭令示众",其余则被"发化外充军,家下人口,迁发化外"。归安县民慎右三等人,则"不合指以帮缚民害为由,恐吓许福三等财物",且又起意妄告,"冒请赏给",被"发广西拿象,人口迁于化外"。另外,归安县民杨旺二以害民情由,绑缚文阿华、盛秀二至安吉县"私自监禁一月,百般欺诈银钞等物,脱放各人",被"枭令示众"。[①] 通过这些惩处案例,可见朱元璋对民人擅自绑缚害民行为的处置是极其严厉的。但是,客观来说,这种处置明显过于严苛,因为民人绑缚"积年民害"是《大诰》赋予的权力,而且,这些被绑缚之人也未必是良善之人。如此惩处似有些矫枉过正。

四、严禁代人告状、诡名扰法

在明代,告状之时,状子要由本人投递;本人若不能自往,则由家中之壮丁代为投递。而且,必须是"干己"之事方许,否则不许。朱元璋在洪武二十年(1387年)颁行的学规中对此规定道:

> 民凡有冤抑干于自己,及官吏卖富差贫、重科厚敛、巧取民财等事,许受害之人将实情自下而上陈告,毋得越诉。非干自己者,不许。[②]

另外,对于诬告,历代均加以禁止,并反坐诬告者所诬之罪。而明代则进一步加大了惩处力度,规定诬告者加所诬罪二至三等。《大明律》中的"诉讼"条规定:

> 凡诬告人笞罪者,加所诬罪二等;流徒、杖罪,加所诬罪三等;各罪止杖一百,流三千里。……若告二事以上,重事告实,轻事招虚,及数事罪等,但一事告实者,皆免罪。若告二事以上,轻事告实,重事招虚,或告一事,诬轻为重者,皆反坐所剩。若已论决,全抵剩罪;未论决,笞、杖收赎,徒、流止杖一百,余罪亦听收赎。……其告二人以上,但有一人不实者,罪虽轻,犹以诬告论。[③]

《大明律》中的"教唆词讼"条规定:

---

① 参见《御制大诰三编》第一《臣民倚法为奸》,第352—353页。

② (明)张卤:《皇明制书》卷十一《学校格式》,续修四库全书本,第788册,史部政书类,第385页。

③ 怀效锋点校:《大明律》卷二二《刑律五·诉讼·诬告》,第176页。

> 凡教唆词讼及为人作词状增减情罪诬告人者，与犯人同罪。若受雇诬告人者，与自诬告同。受财者，计赃以枉法从重论。[1]

《大明律》中的“诬告充军及迁徙”条又规定：

> 凡诬告充军者，民告，抵充军役；军告发边远充军。……若诬告人说事过钱者，于迁徙比流减半，准徒二年上加所诬罪三等，并入所得笞、杖通论。[2]

但是，在社会中还是存在违背法令的代人告状及诬告行为。在《大诰三编》的“代人告状”条中，朱元璋说：“天下十三布政司良民极广，其刁顽者虽有，惟江西有等顽民，奸顽到至极之处，变作痴愚。”这里的“至极之处”就是指“代人告状”的情形。如当时有一个民人郭和卿代周继奴状告王迪渊等 45 人都是害民皂隶和豪民，最后经审查发现，其中有 18 人系虚告。对于这种情况，朱元璋非常痛恨。他说：“似此痴愚，上侮朝廷，下虐良民，为害深重，莫甚此徒。”对于代人告状，朱元璋经常是处以枭令杀身之刑。正如他针对郭和卿代人告状案所说：

> 十三布政司内除江西代人告状，如此愚民，已行枭令处决数次。今郭和卿不以前犯为惧，公然代人告状，以致杀身亡家。其余布政司刁民虽有，未见如此者。[3]

针对江西等地存在的“代人告状”情形，朱元璋又在洪武二十年（1387 年）专门颁布榜文于天下，以警诫天下民人。他说：“江西两浙江东人民多有事不干己，代人陈告者。今后如有此等之人治以重罪。若果邻近亲戚人民全家被人残害，无人申诉者，方许。”[4]

除了严厉打击“代人告状”情事外，对诡名告状、诬陷良善的行为，朱元璋亦是严厉打击。在《大诰三编》的“诡名告状”条中，他说：

> 自古民之诉讼者，本为被人冤抑苦楚，气不能伸，所以不得已诉之于官，以求辩其曲直，明其是非，使冤伸而枉理，未尝有无冤妄诉，故乱法度而烦官府者。今忝民中有等顽民，其奸其诈，不可胜言。如处州松阳县民杨均育，本与叶惟宗冤仇，不行明白具状来告，却将叶惟宗姓名写状，告其兄叶允名系积年老吏，弟叶允槐系逃军。

对于这种诡名告状、嫁祸报仇的行为，朱元璋往往施以重刑。如对松阳县民人杨均育就在问招明白之后，处以凌迟之刑。[5] 后来，朱元璋又把《大诰》中的“代人

---

① 怀效锋点校：《大明律》卷二二《刑律五・诉讼・教唆词讼》，第 180 页。
② 怀效锋点校：《大明律》卷二二《刑律五・诉讼・诬告充军及迁徙》，第 185 页。
③ 《御制大诰三编》第三十一《代人告状》，第 406 页。
④ （明）张卤：《皇明制书》卷十一《学校格式》，续修四库全书本，第 788 册，史部政书类，第 385 页。
⑤ 参见《御制大诰三编》第三十二《诡名告状》，第 406－407 页。

告状”“诡名告状”条例引入洪武三十年(1397 年)制定的《大明律诰·死罪》条例中,以扩大其影响,加大其惩治力度。[①]

可以说,无论是“代人告状”还是“诡名告状”,在朱元璋看来都是扰乱法度的恶劣之举。朱元璋对妄讼、诬告的严厉打击,是出于防止冤抑、打击豪强、保护良善的目的,实质上起到了加强社会控制、稳定统治秩序的作用。另外,诬告之人往往以对方为积年民害、猾吏、皂隶、豪民、逃军等为诉讼借口。而造成这一现象的原因,主要是这几类人都是当时政府重点打击的对象,以此为借口比较容易实现打击报复。

五、严禁违抗信牌、不听行使

明朝建立以后,朱元璋为了防止官吏下乡扰害良民,建立了“遣牌唤民制度”。“信牌”,又称“牌票”“票”“硃票”,为纸质,上面用墨笔写明所办事情,限定日期,用硃笔签押,并盖官印。信牌作为替官府办差的凭证,可发与差役,也可以发给在县听差的值年里甲,使之勾摄公事,“承符呼唤”。不过,朱元璋要求各地有司在传唤乡民时应差里长勾办,而不是径自差遣吏役下乡。“凡府州县置立信牌,量地远近,定立程限,随事销缴。”[②]

《大诰续编》的“遣牌唤民”条规定:

> 十二布政司、府、州、县,凡有临民公务,遣牌下乡,指乡村,坐地名下姓氏,遣牌呼唤。民至,抚绥发落。有司不如命者,民赴京诉。若牌至民所,三呼而民不至,方遣皂隶诣所在勾拿。民至,必询不至之由。所以询者为何?恐民单夫只妻,为生理而远出,或近处急事有妨。果如是,非民得罪也。若加以罪,实有司故虐吾民。设若有辞,有司之罪,巨微不释。戒之哉。[③]

然而,诰令颁行之后,地方有司虽有遵奉,但在社会中有等顽民“乘禁侮慢官长”,违抗牌勾之令,不听行使。如民人余永延等“故行抗拒,不服牌唤”,以致“三牌不至者二百五十一户,有司以状来闻者数矣”。其中更有甚者,如民人刘以能,“不止三牌不行,倒将承差人帮缚赴京”。对于违抗信牌的行为,朱元璋也是严惩不贷,正如他所说:“得罪甚不轻矣。”[④]又如崇德县民李付一等,因“扰民生理”被县衙牌勾两次,“故意抗拒不答,俱各在逃”,并诬诳绑缚承差之人,最后被朱元璋分别处以“凌迟示众”之刑。[⑤] 为了加强对民人的管理,使民人遵守信牌唤民之命,

---

① 参见(明)张楷:《律条疏议》附《律诰该载》,见杨一凡编:《中国律学文献》第 1 辑第 3 册,第 716 页。

② 怀效锋点校:《大明律》卷三《吏律二·公式·信牌》,第 44 页。

③ 《御制大诰续编》第十五《遣牌唤民》,第 275 页。

④ 《御制大诰三编》第三十六《民违信牌》,第 410、411 页。

⑤ 参见《御制大诰三编》第一《臣民倚法为奸》,第 352 页。

朱元璋又颁行了如下诏令：

今后凡吾良民，但凡有司牌至，不问为何事务，随牌速赴衙门。倘或官吏着令办事，诸等科差，推派不均，自合当官哀告，以诉实情。实情既诉，若官吏不准，生事留难，或收入禁中，或散羁在外，不令还家，致使有妨生理，彼时赴京申诉，必罪有所归。今后良民钦遵朕命，毋蹈恶人之非。[①]

六、严禁违背诰文、容隐民害

在洪武十八年(1385年)《大诰初编》颁行之时，朱元璋就赋予民人捉拿"积年民害"的权力，要求两邻亲戚"毋得容隐在乡，以为民害"。但是，在实际当中，仍存在民人因顾忌害怕而"束手不擒"的情况。如镇江坊甲邻里人等，"坐视容纵韦栋等一十八名，上惑朕听，归则把持官府，下虐良民，养恶为一郡之殃，束手不擒"[②]。另外，在《大诰三编》的"递送潘富"条中，则记载了一些民人暗助害民皂隶潘富潜逃的情事：

(溧阳县皂隶)潘富在逃，境内民蒋士鲁等一十三户，不思潘富害民之首，自溧阳节次递至广德。蒋士鲁系儒士，引导前行。至建平县，拈踪追捕，建平民王海三等，潜递复回溧阳。溧阳民朱子荣等，暗递至宜兴。宜兴民杭思鼎等，暗递至安吉。安吉民潘海，私递至长兴。长兴民钱弘真等，递至归安。归安民吴清甫等，递至德清，拈踪追及，德清民赵罕仁暗递至崇德。崇德豪民赵真、胜奴，家盈数万赀财，日集无藉之徒五十余人在家，常川贩卖私盐，邻里相朋者二百余人。潘富遁于此家，追者至，本户将潘富递入千乘乡僧寺。僧澄寂、周原善却将追捕者，率领二百余丁终宵困逼，致被追者杀讫一名，杀伤一名，后天明而解去。[③]

在这一案件中，溧阳县潘富在拒捕潜逃之时，经过了溧阳、广德、建平、宜兴、安吉、长兴、归安、德清、崇德9县，其中匿藏递送者107户。而且，在崇德县时，还存在僧人澄寂等率领200余人围困追捕者的情事。这种情事的存在是与朱元璋所冀望的"民拿害民该吏"的初衷背道而驰的。可见，无论"民拿积年民害"制度还是"民拿害民该吏"制度，在实行当中都不易贯彻。

对于民人坐视民患的行为，朱元璋进行了严厉惩戒，甚至是处以杀身之刑。如镇江坊甲邻里民人因坐视民患害民，而被"尽行责罚搬石砌城"，以至于造成"其费有空其家者有之，有不能存活者有之，有不及搬运石块而逃死者有之"的惨状。对于此事，朱元璋在严惩之余，亦不忘颁行严苛峻令以警诫民人：

① 《御制大诰三编》第三十六《民违信牌》，第411页。
② 《御制大诰三编》第六《违诰纵恶》，第381页。
③ 《御制大诰三编》第十八《递送潘富》，第394—395页。

> 呜呼！比若是而得罪，何不依《大诰》擒恶赴京，一则受赏，二则立良民之名于一郡，使有司畏惧，不敢轻易虐害而频科扰，且去同恶相济之声。其坊甲邻里，姑息坐视者有之，同恶相济者亦有之，以致耗财之役不免。所在城市乡村，见此为戒之，依朕命而行之，太平矣。[①]

可见，如果民人不遵诰命，不捉拿民患的话，也会被处以充军乃至杀身之刑。洪武十九年（1386 年）七月十一日，朱元璋又专门为此事颁下榜文教谕天下民人，再次申明要求民人捉拿害民官吏："奉圣旨：天下臣民敢有不遵五教，陷害官长，数为民患者，许所在耆老少壮，或百或数百，拏赴京来，使良善得安。"[②]

而对于民人违诰递送民害的行为，朱元璋更是严惩不贷，唯刑杀是威。从上文中的民人"递送潘富"之事来看，在最后的处罚中，朱元璋将"豪民赵真、胜奴并二百余家尽行抄没，持杖者尽皆诛戮。沿途节次递送者一百七户尽行枭令，抄没其家"。在刑杀之余，朱元璋仍然恨意未消，说道："呜呼！见恶不拿，意在同恶相济，以致事发，身亡家破，又何恨欤！所在良民，推此以戒狂心，听朕言以擒奸恶，不但去除民害，身家无患矣。"[③]

朱元璋无任何原则的量刑处置，以酷刑去刑、以滥刑杜绝"犯罪"的惩治风格，在这两个事件中得到了淋漓尽致的反映。

第四节　基层社会的管理

明朝建立以后，经济凋敝，人口离散，社会动荡不安，为此，朱元璋采取了一系列措施来安定百姓，恢复社会秩序。朱元璋希望通过努力使农民重新安于田亩，使士、农、工、商各守其业。在其实行的众多措施中，既有对一般民人的管理，亦有对流民和游民等特殊群体的管理。如洪武三年（1370 年）推行的户帖制度[④]，洪武十四年（1381 年）推行的里甲制度以及与之相应的黄册制度等[⑤]。这

---

① 《御制大诰三编》第六《违诰纵恶》，第 382 页。

② 杨一凡、田涛主编：《中国珍稀法律典籍续编・明代法律文献（上）・洪武永乐榜文》，第 517 页。

③ 《御制大诰三编》第十八《递送潘富》，第 394－395 页。

④ 参见《明太祖实录》卷五八，洪武三年十一月辛亥条，第 1143 页。户帖制度规定："户帖各书其户之乡贯、丁口、名岁。合籍与帖，以字号编为勘合，识以部印。籍藏于部，帖给之民。仍令有司岁计其户口之登耗，类为籍册以进。"

⑤ 参见《明太祖实录》卷一三五，洪武十四年正月丙辰条，第 2143－2144 页。黄册制度规定："以一百一十户为里，一里之中推丁粮多者十人为之长，余百户为十甲，甲凡十人，岁役里长一人，甲首十人，管摄一里之事。城中曰坊，近城曰厢，乡都曰里。凡十年一周，先后则各以丁粮多寡为次。每里编为一册，册之首总为一图。其里中鳏、寡、孤、独不任役者，则管带于百一十户之外，而列于图后，名曰畸零。册成为四本，一以进户部，其三则布政司、府、县各留其一焉。"

些制度的实施，既有利于国家掌握民户的基本情况，亦有利于保障国家的赋役征收，而且对监控和防止民人流动也有一定的作用。而巡检司的设置①，路引制度②、店历制度③的实行等，更是有利于监控民人的流动，加强了对民人的控制与管理。洪武十八年(1385 年)以后，朱元璋日益加强对社会的控制与管理。为了实现其“士农工商，皆专其业”“国无游民，人安物阜”④的治国理想，朱元璋于洪武十八年(1385 年)九月“申明天下四民，各守其业，不许游食”⑤。洪武十九年(1386 年)五月又“申明游民之禁”，并命户部“板刻训辞，互相传递，以示警戒”。⑥洪武二十四年(1391 年)三月，又诏令道：“若有不务耕种，专事末作者，是为游民，则逮捕之。”⑦朱元璋之所以加强对游民的控制与管理，主要还是为了减少其带来的社会危害，从而稳定社会秩序，维护政权的统治。在朱元璋看来，“若有不务耕种，专事末作者，是为游民”⑧。游民的主要特征是“不务生理”“不守本业”，从属特征是随意的地理流动。基于游民的特征及可能带来的社会危害，历代封建统治者对游民问题都非常重视，认为这一群体不仅干扰了社会秩序的正常运转，而且也影响到社会的稳定及政权的统治。明初，国家经过战乱之后，土地荒芜，人口离散，其中一些失去土地的不良农民成为游民，他们时常在城市乡村纵游闲荡，甚至为非作歹。朱元璋称之为“逸夫”“逸民”“惰民”或“无藉之徒”等。对于游民的社会危害性，朱元璋是有深刻认识的，因为他当过游丐和游方和尚，自身就曾是一个典型的游民。所以，在朱元璋的社会控制思想中，如何限制民人流动，如何监控民人行为，如何防止游民产生以及如何减少游民所带来的社会危害是其控制的重点。

---

① 根据学者王伟凯的研究，巡检司早在明朝建立前的吴元年(1367)便在一些地区有所设置，而不像一般史书认为的始于洪武二年。其分布设置与地区的安定与否以及经济的发达程度密切相关，并不是机械地每县必设，也不是每个关津必有。其主要职责是“盘诘往来奸细及贩卖私盐犯人、逃军、逃囚、无引面生可疑之人”等。(参见王伟凯:《试论明代的巡检司》,《史学月刊》2006 年第 3 期)

② “路引”，或称“文引”，是指一种通过关津时必须要用的通行凭证。在秦汉时称“传”，即符传；唐宋律称“过所”；至元时已有“文引”“路引”之称。如《元典章・兵部三・驿站・船桥》中说：“今后回任官员就便出给文引，开写见授品级人马数目。”又如元代施惠剧本《幽闺记・文武同盟》中的戏词曰：“你去渡关津，怕有人盘问，又没个官司文凭路引，此行何处能安顿?”[分别见《元典章》，海王邨古籍丛刊本，中国书店 1990 年版，第 551 页；(元)施惠:《幽闺记》卷一《文武同盟》，武进涉园景印本，第 30 页]

③ 洪武初，朱元璋为了掌握行商的动态，规定凡住店客栈都必须备有官府署发的“店历”：“凡客店，每月置店历一扇，在内赴兵马司，在外赴有司署押讫，逐日附写到店客商姓名、人数、起程月日，月终各赴所司查照。”[详见(明)申时行等编修:《明会典》卷三五《课程四・商税》，第 255 页]

④ 《明太祖实录》卷一七七，洪武十九年四月壬寅条，第 2687 条。

⑤ 《明太祖实录》卷一七五，洪武十八年九月戊子条，第 2663 页。

⑥ 《明太祖实录》卷一七八，洪武十九年五月丙辰条，第 2691 页。

⑦ 《明太祖实录》卷二〇八，洪武二十四年三月癸亥条，第 3099 页。

⑧ 《明太祖实录》卷二〇八，洪武二十四年三月癸亥条，第 3099 页。

一、里甲之内，实行知丁之法

洪武十九年(1386 年)，朱元璋在原有里甲制的基础上实行“知丁之法”，要求一里之内，百姓之间，相互了解，相互监督。

在《大诰续编》的“互知丁业”条，朱元璋对如何“知丁”作了详细规定：

(1)“知士之法”：“进学之时，师友某氏，习有所在。非社学则入县学，非县必州府之学，此其所以知士丁之所在。已成之士，为未成士之师。邻里必知生徒之所在，庶几出入可验，无异为也。”

(2)“知农之法”：“农业者，不出一里之间，朝出暮入，作息之道，互知焉。”

(3)“知工之法”：“专工之业，远行则引明所在。用工州里，往必知方。巨细作为，邻里采知。巨者归迟，微者归疾。工之出入，有不难见也。”

(4)“知商之法”：“商，本有巨微，货有重轻。所趋远迩，水陆明于引间。归期难限其业，邻里务必周知。若或经年无信，二载不归，邻里当觉之，询故本户。若或托商在外非为，邻里勿干。”①

通过“知丁之法”可知，民人如果务农，就应该“不出一里之间，朝出暮入”；如果做工，一般也以就近为宜。朱元璋之所以实行“知丁之法”，其目的是减少民人的流动，消除社会的不稳定因素，从而维护社会秩序的安定。正如他在《大诰续编》的“俏家”条所说：“若不互知丁业，其顽民无藉者多，游食者广，良善何当？朕将焉治？”②

在提倡人们互相监督的同时，朱元璋还赋予民众捉拿乡里“逸夫”的权力。但是，若在《大诰》颁行之后，仍然存有“四民”之外的“逸夫”，那么里甲四邻就会受到连坐之责：

> 凡有夫丁，除公占外，余皆四业，必然有效。若或不遵朕教，或顽民丁多，及单丁不务生理，捏巧于公私，以构患民之祸，许邻里亲戚诸人等拘拿赴京，以凭罪责。若一里之间，百户之内，见《诰》仍有逸夫，里甲坐视，邻里亲戚不拿，其逸夫者，或于公门中，或在市闾里，有犯非为，捕获到官，逸夫处死；里甲四邻，化外之迁，的不虚示。③

洪武二十七年(1394 年)三月初二日，朱元璋在颁发的榜文中再一次申明和强调了这一要求：

> 洪武二十七年三月初二日，为强贼劫杀人民事，钦奉圣旨：今后里甲邻

---

① 《御制大诰续编》第三《互知丁业》，第 264、265 页。

② 《御制大诰续编》第二十三《俏家》，第 280 页。

③ 《御制大诰续编》第三《互知丁业》，第 264、265 页。

人老人所管人户，务要见丁著业，互相觉察。有出外，要知本人下落，作何生理，干何事务。若是不知下落，及日久不回，老人邻人不行赴官首告者，一体迁发充军。[①]

从这一规定可见朱元璋对游民及老百姓控制手段的严酷性。为了监控民人行为，减少游民流动带来的社会危害，朱元璋不惜实行“连坐”之法，试图从源头上消除游民危害。

二、辨验丁引，加强出行盘查

为了维护社会安定，明代实行路引制度，规定人们外出远行必须持有官府发给的路引。若“军民出百里之外，不给引者，军以逃军论，民以私渡关津论”[②]。而要取得路引，必须由外出者向官府提出申请，并说明理由及去向，由官府酌情审批。经审查同意后，就发给路引，并在路引上注明外出者的姓名、乡贯、去向、外出原因及其体貌特征等，以备沿途关卡和旅店查验。万历时期的地方大员吕坤在其《实政录》一书中就拟定了一个《远行丁引》的式样：

某州县为远行。照得本州县某里卫所某百户某人，年若干岁，身长几尺，无须、微须、多须，方面、长面、瓜子面，白色、黑色、紫棠色，有无麻疤。今由某处某处，前至某处。何项生理，家有父某人，母某氏，妻某氏，子某人某人，兄某人，弟某人。如无丁引，或有引而脚色不对者，所至店家邻佑，或在官各色人等，拿赴所在衙门，即以奸盗解回原籍查究，此引回日缴还原发衙门。须至丁引者：

右给付某处某人准

州押印

县押印[③]

官府在辨验路引时，务必“引目相符”。对于无引或引目不符、持假引者，官府都将逮捕治罪。《明会典》中规定：“凡军民人等往来，但出百里者即验文引。……凡军民无文引及内官内使来历不明，有藏匿寺观者必须擒拿送官。仍许诸人首告，得实者赏，纵容者同罪。”此外，朱元璋在“凡天下要冲去处，设立巡检司，专一盘诘往来奸细及贩卖私盐犯人、逃军、逃囚、无引面生可疑之人，须要常加提

① 杨一凡、田涛主编：《中国珍稀法律典籍续编·明代法律文献(上)·洪武永乐榜文》，第513页。

② 怀效锋点校：《大明律》卷十五《兵律三·关津·诈冒给路引》，第118页。

③ (明)吕坤：《实政录》卷四《民务·查归流民》，见《吕坤全集》(中)，中华书局2008年版，第1046页。

督”。[1] 如洪武六年(1373 年),常州府吕城巡检司“盘获民无路引者,送法司论罪”[2]。虽然后来朱元璋得知此人系因祖母病笃而远出求医,特令释放了他,但是,由此可以看出,明初盘验路引是非常严格的。

在《大诰续编》的“辨验丁引”条中,朱元璋要求官府在盘验路引时要认真仔细,要能辨别真伪,即使“引目相符”,也要能识别其“轻重不伦”,发现其可能隐藏的“暗有他业”之类等。其中记载道:

> 此《诰》一出,自京为始,遍布天下。一切臣民,朝出暮入,务必从容验丁。市村人民,舍客之际,辨人生理,验人引目。生理是其本业,引目相符而无异。然犹恐托业为名,暗有他业,虽然业与引合,又识重轻、巨微、贵贱,倘有轻重不伦,所赍微细,必假此而他故也。良民察焉。[3]

类似的规定在《明会典》中也有记载:

> (洪武)十九年,令各处民凡成丁者,务各守本业,出入邻里,必欲互知,其有游民,及称商贾,虽有引,若钱不盈万文,钞不及十贯,俱送所在官司,迁发化外。[4]

从以上这些规定可以看出,洪武十九年(1386 年)以后朱元璋加大了对路引的盘查力度。就笔者看来,其目的不仅仅是控制民人流动,更重要的是防止百姓“假此而他故”。朱元璋曾经明确表示过流民、逃民这些流动之民并不是问题,在他看来,“逃移之民不出吾疆域之外,但使有田可耕,足以自赡,是亦国家之民也”[5]。因此,对于朱元璋来说,如何减少民人流动所带来的社会危害是其首先要考虑的问题。而加强出行盘查及监管,是解决这一问题的较为可靠的途径。

三、见丁著业,严禁游惰闲食

为了使民“见丁著业”“各守本业”,朱元璋于洪武十九年四月榜谕天下曰:“四民务在各守本业,医卜者、土著不得远游。凡出入作息,乡邻必互知之。其有不事生业而游惰者,及舍匿他境游民者,皆迁之远方。”[6]另外,朱元璋还告诫地方有司、里甲及乡里之民务要彼此监督,相互劝告,不要游食闲惰。在《大诰续编》的“再明游食”条中,朱元璋规定:

> 此《诰》一出,所在有司、邻人、里甲,有不务生理者,告诫训诲,作急各著

---

① (明)申时行等编修:《明会典》卷一三九《兵部二十二·关津二》,第 722 页。

② 《明太祖实录》卷八三,洪武六年七月癸卯条,第 1489 页。

③ 《御制大诰续编》第四《辨验丁引》,第 266 页。

④ (明)申时行等编修:《明会典》卷十九《户口一·户口总数》,第 129 页。

⑤ 《明太祖实录》卷二〇八,洪武二十四年三月癸亥条,第 3099 页。

⑥ 《明太祖实录》卷一七七,洪武十九年四月壬寅条,第 2687、2689 页。

> 生理。除官役占有名外，余有不生理者，里甲邻人著限游食者父母兄弟妻子等。一月之间，仍前不务生理，四邻里甲拿赴有司。有司不理，送赴京来，以除当所、当方之民患。……是《诰》一出，四邻里甲不能拘拿赴官赴京，此人或为盗，或帮闲为吏、为皂隶，所为不善，犯之日，四邻里甲同坐其罪，的不虚示。

可见，在朱元璋的“见丁著业”规定中，里甲之内、四邻之间形成了彼此关联、相互影响的关系。此外，如果官员推行“见丁著业”号令不力，或阻滞政策推行，也要受到处罚，甚至会被处以杀身之刑。如应天府上元县知县吕贞“将民王七所告见丁著业事内事，尽行受财阻滞”[①]，被处以死罪。

另外，朱元璋在洪武二十一年(1388 年)又出诏令，规定：

> 此后止是各该里分老人勤督，每村置鼓一面。凡遇农种时月，五更擂鼓，众人闻鼓下田。该管老人点闸，若有懒惰不下田者，许老人责决，务要严切，督并见丁著业，毋容惰夫游食。若是老人不肯勤督，农民穷窘为非，犯法到官，本乡老人有罪。[②]

这就把“见丁著业”的任务分配给了乡里老人，如果老人不肯“勤督”，造成乡里“农民穷窘为非，犯法到官”的话，亦要承担连带责任。洪武二十七年(1394 年)三月初二日，朱元璋又因“强贼劫杀人民事”发下榜文：“今后里甲邻人老人所管人户，务要见丁著业，互相觉察。有出外，要知本人下落，作何生理，干何事务。若是不知下落，及日久不回，老人邻人不行赴官首告者，一体迁发充军。”[③]

朱元璋为了使“见丁著业”政策得以推行，可谓是绞尽脑汁。他所建立的地方有司一里甲一老人一邻里等的繁密的关系网，将“见丁著业”的任务分配给其中的每一个人，使他们都必须参与其中，不然随之而来的就是“同坐其罪”的处罚。这种严密的控制，其目的是使民人牢固地附着于土地之上，减少游民产生可能带来的社会危害，从而构建朱元璋所渴望的“小农经济”社会。

另外，为了打击市闾间的游食闲惰之辈，朱元璋专门在南京淮清桥以北建造了一座逍遥楼，将不务本业及逐末、博弈、局戏之人全部禁锢于内，美其名曰“逍遥牢”。[④] 这种管制方法虽属有效，但取名却显得有点阴损，充分体现了他对游

---

① 《御制大诰三编》第二十一《著业牌》，第 397 页。

② (明)申时行等编修：《明会典》卷十七《户部四・农桑》，第 116 页。

③ 杨一凡、田涛主编：《中国珍稀法律典籍续编・明代法律文献(上)・洪武永乐榜文》，第 513 页。

④ 参见(明)顾起元撰，谭棣华、陈家禾点校：《客座赘语》卷十《逍遥牢》，中华书局 1987 年版，第 348 页。明人谈迁在《国榷》一书中对此亦有记载：“造淮清楼，令校尉下瞰城内，有吹弹鞠蹴赌博无作务者，捕置楼中，仅许水饮。”[(明)谈迁著，张宗祥校点：《国榷》卷八，太祖洪武十八年条，第 658 页]

惰之民的厌恶。有一次，他甚至因为自己对游手好闲之徒的厌恶，差点将和州一名“指甲长尺余”的“游手者”加刑斩杀。①

四、严刑峻法，重惩游民之害

在《大诰》三编中，朱元璋着重记载了游民交结官府、夤缘害民的行为。在朱元璋看来，游民“异四业而外乎其事”的最大危害就是：“非帮闲在官，则于闲中为盗。帮闲在官，教唆官吏，残害于民，不然为贼乡里。”学者吴艳红认为：

> 从《大诰》的描述看来，朱元璋对这些游民关注的重心和惩治的原因似并不在于他们不事生产，无所事事，甚至不在于他们脱漏户籍和逃避差役，而主要在于他们从事其他非法行为的可能性。在可能的种种非法行为中，最主要的是已经成为或者可能成为不法官吏的帮闲，为害地方，即“上假官府之威，下虐吾在野之民”。②

可以说，这一论断是有一定道理的。尤其是在当时的社会背景下，重典治吏成为重要的司法主题，而朱元璋对游民的关注和打击是与这一主题相吻合的。朱元璋很好地将之融入到对贪官污吏的惩治之中，使之成为其澄清吏治举措的一个重要组成部分。

（一）游民的危害行为

在《大诰》三编中，关于游民危害行为的记载大概有 12 条，其中有 8 条是揭露游民如何交结官府和夤缘害民的，其余的 4 条则对社会中几种突出的游民骗诈伎俩作了交代。③

1. 帮衬公门，夤缘害民

在明代，衙门中的吏役主要有正吏、主文、写发三种。皂隶分为正皂隶、小弓兵、直司三种。牢子也有正牢子、小牢子、野牢子三种。一般说来，吏役、皂隶和牢子都是衙门的常设服务人员。但是，在牢子中，只有正牢子才算正役，余下的

---

① 参见（清）姚之骃撰：《元明事类钞》卷二八《指甲尺余》，文渊阁四库全书景印本，第 884 册，子部杂家类，第 456 页。

② 吴艳红：《明代法律领域中的游民》，《南京大学学报》（哲学·人文科学·社会科学版）2012 年第 2 期。

③ 在这 12 条中，涉及交结官府、夤缘害民的条目有 8 条：《御制大诰续编》第二《松江逸民为害》，第 263 页；第三《互知丁业》，第 264 页；第六《再明游食》，第 266 页；第十二《妄立干办等名》，第 273 页；第十六《滥设吏卒》，第 275 页；第六十二《闲民同恶》，第 318 页；第七十四《罪除滥设》，第 326 页；第七十五《市民不许为吏卒》，第 327 页。涉及其他骗诈行为的条目有 4 条：《御制大诰初编》第十九《揽纳户虚买实收》，第 213 页；第三十七《籍没揽纳户》，第 226 页；《御制大诰续编》第二十三《倘家》，第 279 页；第七十九《断指诽谤》，第 329 页。

小牢子、野牢子等都是一些投充其间的不务生理之徒，他们“专于衙门阿附役吏皂隶，夤缘害民”。据记载，洪武十九年(1386 年)，仅松江一府，就有小牢子、野牢子 900 余名；如果加上其他游逸之民，总数可达 1350 名。而苏州坊厢这类人则更多，有 1521 名。他们帮闲在官，“生事下乡，搅扰农业”。如芒种之时，借农忙之际，“赍执批文抵农所在，或就水库上锁人下车者有之，或就手内去其秧苗锁人出田者有之”。以至于朱元璋说：“其徒四业不务，惟务交结官府，捏巧害民，擅称的当、干办、管干名色，出入市村，虐民甚如虎狼。”①

2. 闲中为盗，为害乡里

朱元璋认为，这些不务生理之徒，“非帮闲在官，则于闲中为盗。帮闲在官，教唆官吏，残害于民，不然为贼乡里”②。可见，游民是盗匪的重要来源。明初，由于朱元璋的严密控制，这种现象还不甚突出。但是，明中期以后，由于社会控制的松弛、社会流动的加剧以及土地兼并的愈加严重，失去土地的游民“闲中为盗”的现象渐趋增多。以至于各级官吏对此议论纷纷，有的直接指出“野有游民，盗之资也”，是“无形之寇”。③

3. 专干非为，骗诈百姓

这些不务生理的游民出仕无门，又不愿务农，而经商也多不在行，只好在市闾乡间闲逛，做些坑蒙拐骗之事，成为社会治安的一大祸害。他们有的充当揽纳户，赚钱骗财。在明代，田赋的征收大致还是以米麦实物为主。穷苦小民在交纳税粮时，哪怕是升斗小额之税也要亲自赴仓交纳，可谓非常不便。为了方便起见，他们经常把税粮交给一些揽纳户进行包纳。这些揽纳户很多都是地方上的逸夫游民，甚至是地痞流氓。在揽纳时，他们经常“揽到人户诸色物件粮米等项，不行赴各该仓库纳足，隐匿入己”④。有的还诈充催粮者，骗诈粮船。如嘉兴府有不教逸民徐戬等 7 人，“虚造印匣”，诈充催粮者，在河道沿岸“点视盘诘”，刁难粮船“以取钞贯”。⑤ 甚至有的奸顽之徒“断指诽谤”，设谋骗民。如洪武十九年(1386 年)，福建沙县民罗辅等 13 人，“不务生理，专一在乡构非为恶”。他们做尽坏事以后，害怕事情败露，于是就“朋奸诽谤”，故意玩弄断指的苦肉计，说什么

---

① 《御制大诰续编》第二《松江逸民为害》，第 263、264 页；第十六《滥设吏卒》，第 275、276 页；第七十四《罪除滥设》，第 326、327 页。

② 《御制大诰续编》第六《再明游食》，第 267 页。

③ (明)许国撰，叶向高等辑：《许文穆公集》卷四《条上弭盗方略》，四库禁毁书丛刊本，北京出版社 2000 年版，集部第 40 册，第 434 页。

④ 《御制大诰初编》第三十七《籍没揽纳户》，第 226 页。

⑤ 《御制大诰续编》第二十三《俏家》，第 279、280 页。

"朝廷法度好生利害,我每各断了手指,便没用了"。[1] 如此设谋,煽惑良善,可谓居心叵测。

(二)游民危害的惩治

为了打击游民之害,朱元璋刑用重典,不仅颁布了很多严苛峻令,而且还用重刑惩治了很多无藉之民。针对他们勾结官府,擅称的当、干办、管干等吏役名色,危害乡里的行为,朱元璋在《大诰续编》中颁布了很多严苛峻令。如在《大诰续编》的"妄立干办等名"条中规定:

> 非朝廷立法,闲民擅当的当名色、干办名色。……官擅与立名,民擅承之,岂不知乱政坏法之律,罪当处斩,公然为之。异日拿至京师,官民皆枭于市,又何怨耶! 此令一出,仍蹈前非,必罪有所归。[2]

在《大诰续编》的"滥设吏卒"条中,又规定:

> 今再《诰》一出,敢有仍前为非者,的当人、管干人、干办人,并有司官吏,族诛。《诰》不虚示。设若《诰》不能止其弊,所在乡村吾良民豪杰者、高年者,共议擒此之徒,赴京受赏。若擒的当人一名,干办人一名,见一名赏钞二十锭,的不虚示。[3]

在《大诰续编》的"闲民同恶"条中,亦有类似规定:

> 今后敢有一切闲民,信从有司,非是朝廷设立应当官役名色,而于私下擅称名色,与不才官吏同恶相济,虐害吾民者,族诛。若被害告发,就将犯人家财给与首告人,有司凌迟处死。[4]

从以上数条可见,朱元璋是非常痛恨无藉游民勾结官府,妄称直司、主文、小官、帮虎、野牢子、小牢子等名色夤缘害民的。为此,他不惜用枭令、族诛、凌迟等来进行严厉处置。对此,朱元璋是有自己的解释的。他说:"刑此等之徒,人以为君暴。宽此等之徒,法坏而纲弛,人以为君昏。具在方册,掌中可见,其为君者,不亦艰哉!"[5]可见,虽然他已认识到这些重典做法可能会被人们认为是"君暴"之举,但他为自己辩解说这是无奈之举。

洪武十九年(1386 年)四月,他又因"祛除民害事"专门颁发榜文:

> 差人前去苏州在城将积年帮闲害民直司、主文、小官、野牢子、小牢子一名,务要坊厢拿报到官,以除良民之患。故行隐匿,不行拿获,其坊厢里甲,

---

① 《御制大诰续编》第七十九《断指诽谤》,第 329 页。
② 《御制大诰续编》第十二《妄立干办等名》,第 274 页。
③ 《御制大诰续编》第十六《滥设吏卒》,第 276 页。
④ 《御制大诰续编》第六十二《闲民同恶》,第 318 页。
⑤ 《御制大诰续编》第七十四《罪除滥设》,第 327 页。

同罪不赦。[①]

除了打击无藉游民勾结官府、夤缘害民的行为外，对于游民的其他违法骗诈行为，朱元璋也是给予沉重打击。如对充当揽纳户，隐匿税粮、赚钱骗财的行为，动辄处以死刑，籍没家产；对诈充催粮者，虚造印匣、骗诈粮船的行为，也是严惩不贷；对构非为恶、诽谤朝廷的行为，更是处以“枭令于市，阖家成丁者诛之，妇女迁于化外”的严酷刑罚。[②]

以上这些针对游民危害的惩治都为《大诰》三编所记载，并为洪武二十六年(1393 年)颁行的《诸司职掌》所收录。其中《刑部》目下收录的“合编充军”22 款中有 11 款(即“无藉户”“揽纳户”“不务生理”“游食”“断指诽谤”“小书生”“主文”“野牢子”“帮虎”“伴当”“直司”)为《大诰》所载。可见，惩治游民危害在洪武一朝一直都是重中之重。

除此之外，朱元璋对其他常见的偷盗、骗诈行为，也是严加治理，并不稍有宽贷。如洪武二十七年(1394 年)，朱元璋为“禁约事”专门颁发榜文：

> 洪武二十七年十月三十日，为禁约事，奉圣旨：京都人烟辐辏，有等奸顽无藉之徒，不务本等生理，往往犯奸做贼。若不律外处治，难以禁止。所以在京犯奸的奸夫奸妇，俱各处斩。做贼的、掏摸的、骗诈人的，不问所得赃物多少，俱各枭令。已令出榜晓谕，犯者至今不已。刑部再出榜申明，务要家至户到，男子妇人大的小的都要知道。
>
> 枭令犯人十起：沈付二等六起，俱偷盗；薛二等三起，俱诈骗；王军儿、陈神保一起，升斗作弊骗人。
>
> 处斩犯人三起：杜丑驴、金氏等三起，俱通奸。[③]

朱元璋这种雷厉风行的整治措施，确实在一定程度上打击了游民之害，并在一定层面上惩治了吏治腐败，从而使打击游民与惩治贪腐有效地结合在了一起。

五、贬抑游民，进行廉耻教育

对于地方上存在的不务正业、游手好闲之人，朱元璋将他们划入破落户，“不与齐民列”，使之遭受乡民舆论的谴责和歧视。乡里之民甚至可以随意地对他们进行骂詈和挞伐，而他们则不敢计较，因为一旦计较，官府会以“良贱相殴”论处。《大明律》的“良贱相殴”条规定：“凡奴婢殴良人者，加凡人一等。至笃疾者，绞；

---

① 杨一凡、田涛主编：《中国珍稀法律典籍续编·明代法律文献(上)·洪武永乐榜文》，第 517 页。

② 参见《御制大诰续编》第七十九《断指诽谤》，第 329—330 页。

③ 杨一凡、田涛主编：《中国珍稀法律典籍续编·明代法律文献(上)·洪武永乐榜文》，第 515 页。

死者，斩。其良人殴伤杀他人奴婢者，减凡人一等。"[①]所以，若以"良贱相殴"论的话，这些游手好闲、不务正业之人会受到更重的处罚和惩治。可见，其地位十分低下。另外，在婚姻嫁娶之时，他们会受到各种限制，哪怕是家有千金，也无法与四民之人缔结为婚。据明人王士性《广志绎》的记载，在明初的浙江绍兴一带，这样的逸夫惰民应有不少。另外，作者还对其身份处境进行了细致描述：

> 绍兴惰民，谓是胜国勋戚，国初降下之，使不与齐民列。其人非不有身手长大、眉目姣好与产业殷富者，然家虽千金，闾里亦不与之缔婚，此种自相为嫁娶，将及万人，即乞人亦凌虐之，谓我贫民非似尔惰民也。余天台官堂亦有此种，四民诸生皆得役而詈之，挞之不敢较，较则为良贱相殴。[②]

朱元璋希望通过乡民的舆论谴责和歧视，使这些不务正业、游手游食之人内心遭受凌辱，从而使其有所觉悟，并以此警示他人要以之为戒，安分守业。

另外，朱元璋还要求官员在赴任之初就详细了解地方无藉之人的具体情况，并将其附于民籍，以示惩戒。其具体做法如下："民有常产，则有常心。士农工商，各居一业，则自不为非。或有游手好闲、不务生理，及行邪术左道，以惑人视听，扶鸾祷圣，烧香结会，夜聚晓散，并不孝不弟、好饮赌博、不遵先贤之教者，须采访姓名，注于簿藉，以示惩戒。其人畏惧更改，则止。若仍前不悛，则治之以法，毋得纵令吏典人等，指此为名，遍行取勘，以致扰民。"[③]

除了以上这些措施外，朱元璋还采取移民措施来使无地或少地的农民重归田亩，以免游食。如洪武二十二年(1389 年)四月，"命杭、湖、温、台、苏、松诸郡民无田者，许令往淮河迆南滁和等处就耕，官给钞户三十锭，使备农具，免其赋役三年"[④]；洪武二十八年(1395 年)，又将青州、兖州、济南、登州、莱州五府之民"五丁以上，田不及一顷；十丁以上，田不及二顷；十五丁，田不及三顷，并小民无田耕者"，迁移东昌开垦闲田。在朱元璋看来，将农民从"民稠地狭"之地迁移到"地广民稀"之所，是使"国无游民，地无旷土，而民食可足"[⑤]的可为之举。

综上所述，朱元璋之所以加强对民人的社会控制与管理，并以打击游民为重点，主要原因有如下几点：(1)游民出身的朱元璋深知摆脱了社会控制的游民会给社会带来怎样的危害，深知游民身上带有的主动进击精神会给其他阶层的人们带来什么样的"负面"影响。所以，他对民人进行了极其严格的限制，以求维护

---

① 怀效锋点校：《大明律》卷二十《刑律三·斗殴·良贱相殴》，第 164 页。

② (明)王士性著，吕景琳点校：《广志绎》卷四《江南诸省》，中华书局 1981 年版，第 72 页。

③ (明)申时行等编修：《明会典》卷九《吏部八·关给须知》，第 55 页。

④ 《明太祖实录》卷一九六，洪武二十二年四月己亥条，第 2941 页。

⑤ 《明太祖实录》卷二三六，洪武二十八年二月戊辰条，第 3451 页。

社会的稳定和政权的稳固。(2)朱元璋之所以在洪武十八年(1385 年)之后加强了对民人特别是游民的治理,除了社会治安等方面的考虑外,也有将其有效融入到整肃吏治的司法主题的考虑。特别是在当时的社会背景下,很多无藉游食之辈四业不务,唯务勾结官府、夤缘害民,而这是与整肃吏治、严打贪腐相违背的。因此,将二者结合在一起,可谓一箭双雕。(3)在朱元璋的心目中,恢复古代的“三代之治”,建立士、农、工、商各守其业的小农经济社会是其追求的目标。在他看来,堵住了游民、流民这个缺口就可以不流失小农,而以小农为主体的社会是最稳固的,可以长治久安。因此,其禁止末作,限制流动,整理天下田契图籍,把农民牢牢“钉”在土地之上的做法,与其治国的大政方针是一致的。

第八章　明《大诰》对其他阶层的管理

明朝建立之初，朱元璋继承元代遗留的职业户计制度，实行全民服役制度。这种全民皆差户的统治策略深刻影响了明清两代对社会的控制与管理。在《大诰》中，这一统治策略除了表现在对官吏、庶民地主、普通百姓等阶层的统治上，也表现在对其他阶层的统治上。对这些阶层进行教化训诫，甚至加以重典惩治，其目的是保证大明王朝的长治久安以及皇权统治的历久巩固。

第一节　对文人的管理

明初立国以后，朱元璋在一定程度上沿袭了元代户籍分等的传统，保留了“儒户”的户籍类别。所以洪武年间，儒籍进士很多。不过，后来儒籍进士日益减少，因为明朝新兴的儒士不再归入儒籍。“儒户”这一户籍类别的被继承，本身就反映了文人的皇权依附地位，体现了明承元制中的“君尊臣奴”意识。洪武二十年（1387 年），朱元璋又因“明初文人多不仕”颁布了“寰中士夫不为君用”之法，从而使君臣关系的主奴化趋势日益加重。

一、“明初文人多不仕”现象

读书做官历来是中国古代文人实现自身人生价值的最佳价值抉择，所谓“学而优而仕，仕而优则学”。他们把出仕为官、登入庙堂作为人生努力的最高梦想。然而，在明初却出现了“文人多不仕”的现象。明初人叶伯巨曾上书朱元璋说：“古之为士者，以登仕为荣，以罢职为辱。今之为士者，以溷迹无闻为福，以受玷不录为幸。以屯田工役为必获之罪，以鞭笞箠楚为寻常之辱。”[①]清朝人赵翼则

① （清）张廷玉等撰：《明史》卷一三九《叶伯巨传》，第 3991 页。

在《廿二史札记》卷三二“明初文人多不仕”条中，列举了许多文人不仕的例子。[①]根据学者王军福的研究，“明初文人多不仕”的现象大体可以分为三类，一是不愿入仕类，二是被迫入仕类，三是辞官归田类，并分别举了很多例子作为论证。[②]王士勇进行分析研究后，亦把明初文人不仕现象分为三类，不过与王军福的观点略有不同。他所分的三类为：一是“热情讴歌新朝，受事不受官”类，以杨维桢为代表；二是“积极入仕，对新王朝由希望到绝望，旋即因惧祸而退隐”类，以高启为代表；三是“忠于元室，甘为遗民，拒不与朱明合作”类，以戴良、丁鹤年为代表。同时，他认为“选择不仕的文人主要生活在江浙一带，他们在明初士人群体中并不占主导地位”。[③] 这里，笔者主要从明初诗文入手揭示其时文人不愿入仕的心态。明初袁凯在赴召时，在其诗作《新除监察御史辞贯泾别业》中表达了自己的心情：

侧席念贤俊，旁求逮凡鄙。谬当南宫荐，重此柏台委。命严孰敢后，中夜去田里。邻友赠予道，切切语未已。妻孥独无言，挥泪但相视。于时十月交，悲风日夜起。轻舟溯极浦，瑟瑟响枯苇。謦凫乱沙曲，孤兽嗥荒市。回首望旧庐，烟雾空迤逦。抚膺独长叹，胡为乃至此。[④]

诗文描写了他被招入仕时的悲凉场景。征命到日，不敢一日延息，连夜赶路，如捕重囚。与邻友辞别，依依不舍。妻儿伤心无言，挥泪而视。时值十月，秋风瑟瑟，一片凄凉，袁凯由景生情，内心十分悲痛，禁不住抚膺长叹。全诗反映了他无比痛苦的心情。袁凯被逼做官实属无奈，但是在严刑峻法之下却又别无选择。

明初文人不愿出仕的现象不在少数，究其原因，朱元璋的以猛治国、刑用重典的策略应该是最主要的一个方面。吕毖在《明朝小史》中说：“帝新定天下，以重法绳臣下，士不乐仕，人文散逸，诏求贤才悉集京师，甚至家有好学之子，恐为郡县所知，反督耕于田亩。”另外，他又在该书的“诛戮官员”条记载道：

帝在位十八年，凡臣下稍有过失者，尽行诛戮，其事见于《任萧安石子孙敕命》中。其词曰：“朕自即位以来，法古命官，列布华夷，岂期擢用之时，并效忠贞。任用既久，俱系奸贪，朕乃明以宪章，而刑责有不可恕，以至内外官僚，守职惟艰，善能终是者寡，身家诛戮者多。”[⑤]

可见，朱元璋自己也承认在严刑峻法之下很多官员都身遭刑戮，身首异处，少有

① 参见(清)赵翼著，王树民校证：《廿二史札记》卷三二，“明初文人多不仕”条，第 741 页。

② 参见王军福：《述论明初“文人多不仕”现象》，《理论导刊》2007 年第 9 期。

③ 吴士勇：《也谈“明初文人多不仕”》，《淮阴师范学院学报》(哲学社会科学版)2009 年第 3 期。

④ (明)袁凯撰：《海叟集》卷二《五言古诗》，文渊阁四库全书景印本，第 1233 册，集部别集类，第 180 页。

⑤ (明)吕毖辑：《明朝小史》卷二，“诛戮官员”条，四库禁毁丛刊本，史部第 19 册，第 478 页。

完者。除此之外，官员俸禄微薄、大兴文字狱、部分士人的恋元情节以及历经丧乱后的避世心态等都是影响文人出仕的重要因素。

二、"寰中士夫不为君用"之法

面对明初文人多不愿出仕的现象，朱元璋不从自身找原因，而是颁行了"寰中士夫不为君用"之法，以严惩不为所用的文人，从而强制文人出仕为官。关于此法，朱元璋在《大诰三编》的"苏州人材"条中说："'率土之滨，莫非王臣'成说，其来远矣。寰中士夫不为君用，是外其教者，诛其身而没其家，不为之过。"① 在洪武二十六年(1393 年)制定的《真犯死罪》《应合抄扎》及洪武三十年(1397 年)制定的《大明律诰·死罪》条例中，朱元璋又将这一法令载入其中，从而加大了其实施力度及影响。② 可以说在他看来，为君所用，听其役使，是文人的本分；不为君所用，不听其役使，则是不遵教化之道，就要受到诛杀之罚。这种顺之者昌、逆之者亡的做法，自古以来可谓少见。文人因不愿出仕被杀的例子很多，在《大诰三编》中就有多处记载。如苏州人材姚叔闰、王谔在被朝廷擢用之后，暗于本府做主文老先生，"因循破调，不行赴京"，最终被诛杀。③ 又如广信府贵溪县儒士夏伯启叔侄二人，因各截去左手大指以示不仕新朝，而被处以枭令之刑，并"籍没其家"。④ 后来，《大诰》中的"秀才断指诽谤"条又被引入洪武三十年制定的《大明律诰·死罪》条例中，从而扩大了其影响，进一步加大了对断指诽谤罪的打击力度。⑤

关于"寰中士夫不为君用"科法的评论，自明代以来就不绝于书。明初人解缙评论说：

> 建不为君用之法，所谓取之尽锱铢；置朋奸倚法之条，所谓用之如泥沙。监生、进士，经明行修而多困于州县，屈于下僚；孝廉人材，冥蹈瞽趋而或布于朝省，骤历清华。椎埋嚚悍之夫，阘茸下愚之辈，朝捐刀镊，暮拥冠裳。左弃筐箧，右绾组符，剔履之贱，衮绣巍峨。负贩之佣，舆马赫奕，虽曰立贤无方，亦盍忱恂有德。是故，贤者羞为之等列，庸人悉习其风流，以贪婪苟免为

---

① 《御制大诰三编》第十三《苏州人材》，第 391 页。

② 参见(明)申时行等编修：《明会典》卷一七三《刑部十五・罪名一》，第 882 页；(明)申时行等编修：《明会典》卷一七九《刑部二十・抄扎》，第 907 页；(明)张楷：《律条疏议》附《律诰该载》，见杨一凡编：《中国律学文献》第 1 辑第 3 册，第 716 页。

③ 参见《御制大诰三编》第十三《苏州人材》，第 390—391 页。

④ 参见《御制大诰三编》第十《秀才剁指》，第 385—387 页。

⑤ 参见(明)张楷：《律条疏议》附《律诰该载》，见杨一凡编：《中国律学文献》第 1 辑第 3 册，第 716 页。

得计，以廉洁受刑为饰辞，故有无钱工役无盘缠之俚谚，胡膀官人没商量之童谣。出于吏部者，无贤否之分；入于刑部者，无枉直之判。黜陟无章，举错乖方，八议之条虚设，五刑之律无常。①

“取之尽锱铢”与“用之如泥沙”两语，充分体现了朱元璋的用士态度。在朱元璋看来，文人士大夫只是他治理国家的工具和手段。这种态度的形成，在一定程度上受到元朝政治的影响。吴晗先生在《皇权与绅权》一书中就说：

蒙古皇朝以马上得天下，也以马上治天下啊，军中将帅就是朝廷的官僚，军法施于朝堂，朝官一有过错，一顿棍子板子鞭子，挨不了被打死，侥幸活着照样作官。明太祖革了元朝的命，学会了这一套，殿廷杖责臣僚，叫作“廷杖”，在历史上大大有名。光打还不够，有现任官。镣足办事的，有戴斩罪办事的。不但礼貌谈不上，连生命都时刻在死亡的威胁中。皇帝越威风，士大夫越下贱，要不作官吧，有官法硬给绑出去，非作不可，再不干，便违反了皇帝，“士不为君用”，得杀头。君臣的关系一变而为主奴，说是主奴吧，连起码的主子对奴才的照顾也不存在的。②

现代学者李治安也对明初的君臣关系评论道：

朱元璋竟对不为所用的士大夫大开杀戒，在他心目中，臣下不仅是奴隶，而且是任意摧折的草芥。此与赵宋不杀士大夫文臣的政策，确是天壤之别。朱元璋滥杀功臣，好像是学汉高祖刘邦，但从体制上则应该是承袭元制。廷杖成为明朝国制，一直打到明末亡国。追寻其根源，同样可以上溯到元朝的君臣主奴化。③

明初如此严峻的政治环境使很多文人士大夫既不能养望林下，游离于政治之外安享自由，又不能通过入仕为官坐拥尊崇之位，实践其政治理想。“寰中士夫不为君用”科条的设置，就反映了明初文人躲避政治场的价值取向以及在这种取向下朝廷逼迫文人入仕的无奈之举。余英时在谈到明初政治生态时也说：

一方面设“寰中士夫不为君用科”，强迫被征召之“士”不得抗拒，另一方面则对既已入仕之“士”毫不尊重，稍有差错，不是“屯田工役”（按：相当于今天所谓“劳动改造”），便是诛死。“士”至于“断指不仕”和“以受玷不录为幸”。乃至被迫上道，则又“如捕重囚”。这种遭遇是宋代的“士”所无法想象的。④

---

① （明）解缙撰：《文毅集》卷一《大庖西封事》，文渊阁四库全书景印本，第1236册，集部别集类，第601页。

② 吴晗：《论绅权》，载吴晗、费孝通：《皇权与绅权》，上海：观察社，1948年，第54页。

③ 李治安：《元代及明前期社会变动初探》，《中国史研究》2005年第S1期。

④ 余英时：《宋明理学与政治文化》，吉林出版集团有限责任公司2008年版，第161页。

可以说，朱元璋这种对文人的奴化倾向和求全责备之举以及绝少关注文人士大夫内心存在的政权认知和主体认知的行为是“明初文人多不仕”的根本原因。而那些被迫出仕者，很多则“诈死佯狂，求解职事”，与新朝的统治者始终貌合神离。[①] 他们出仕以后，深为朱元璋所猜忌、怀疑。朱元璋认为他们不能尽心为自己效力，因此唯有用严刑峻法等手段才能使其服从效命。朱元璋的“寰中士夫不为君用”之法，不仅大行于洪武一朝，而且其影响波及整个明代。清人谷应泰在其著作《明史纪事本末》中就记载道：

> （正德四年四月）以王云凤为国子祭酒，尚书张采以人望起之。始被命，欲坚辞，及有遗书，言：“执政者诵太祖‘寰中士夫不为吾用者，当杀身灭家’语。”云凤父大司徒佐曰：“吾老矣，汝置我何处死耶？”云凤泣就道。

可见，朱元璋在《大诰三编》中所颁布的“寰中士夫不为君用”之法，在100多年之后仍发挥着巨大作用。朱元璋曾经对茹太素说：“金杯同汝饮，白刃不相饶。”[②] 这句话可谓在一定程度上反映了明代士大夫的境遇。

第二节　对僧道的管理

朱元璋曾在元末入寺为僧，也曾参与明教组织的起义，并借此以成帝业，可谓切身体会到了宗教的力量。此外，元朝统治大厦倾覆的前车之鉴，也是朱元璋加强对宗教的控制的重要原因。明朝建立以后，为了加强对僧道的管理，朱元璋不仅将其纳入世俗的行政体系，还创设了大量法律条例以规范其行为。

一、建立僧道官制体系

朱元璋登基伊始，即下诏令“立善世院，以僧慧云领释教事；立玄教院，以道士经善悦为真人，领道教事”[③]。二院虽被笼统委以管教之责，但并未有相配套的规章和机构。洪武四年（1371年），朱元璋诏令“革僧道善世、玄教二院”[④]。洪武十五年（1382年），朱元璋对善世、玄教二院进行了彻底改组，正式建立起僧道官机构体系。在京设置僧录司和道录司，以掌天下僧道；在外各府州县设置僧纲、道纪等司，以分掌其事，要求必须“俱选精通经典戒行端洁者为之”。其中，僧

① 参见（明）何乔远编：《名山藏》卷四七《刑法记》，北京大学图书馆藏善本藏书影印，北京大学出版社1993年版，第2697页；（明）谈迁著，张宗祥校点：《国榷》卷八，太祖洪武十八年条，第658页。

② （清）张廷玉等撰：《明史》卷一三九《茹太素传》，第3987页。

③ 《明太祖实录》卷二九，洪武元年正月庚子条，第500页。

④ 《明太祖实录》卷七十，洪武四年十二月戊申条，第1312页。

录司设“左右善世二人正六品，左右阐教二人从六品，左右讲经二人正八品，左右觉义二人从八品”；道录司设“左右正一二人正六品，左右演法二人从六品，左右至灵二人正八品，左右玄义二人从八品”。在地方各府中，设“僧纲司，掌本府僧教，都纲一人从九品，副纲一人未入流；道纪司，掌本府道教，都纪一人从九品，副纪一人未入流”。各州中，设“僧正司，僧正一人；道正司，道正一人”。各县中，设“僧会司，僧会一人；道会司，道会一人，俱未入流”。

其僧道二司的职责是：“凡天下府州县寺观僧道名数从僧录、道录二司核实而书于册。其官，一依宋制，不支俸给，吏牍以僧道为之，仍以佃户充从者。凡各寺观住持有缺，从僧道官举有戒行通经典者，送僧录、道录司考中具申礼部奏闻，方许。州县僧道未有度牒者，亦从本司官申送如前考试，礼部类奏出给。凡内外僧道二司，专一检束天下僧道恪守戒律清规，违者从本司理之，有司不得与焉。若犯与军民相干者，方许有司惩治。”[①]

僧道官体系的建立，基本是世俗衙门化的，既有品阶、伞盖的明文规定，又有考试、职责的约束规范。这种官僚体制，把僧道管理纳入世俗的行政体系，在一定程度上加强了对僧道的管理。

二、控制僧道整体规模

为了有效控制僧道的整体规模，朱元璋于洪武五年（1372 年）“给僧道度牒”，“时天下僧尼、道士、女冠，凡五万七千二百余人，皆给度牒以防伪滥”。[②] 洪武六年（1373 年），又给度“天下僧尼道士凡九万六千三百二十八人”[③]。洪武十五年（1382 年）至十七年（1384 年），又给度天下僧道“二万九百五十四人”。僧道人数的逐渐增多引起了统治者的不安，而且“今来者益多，其实假此以避有司差役”。为此，朱元璋在洪武十七年加强了度牒的管理，规定：“三年一次出给度牒，且严加考试。”[④]在给度年龄上，朱元璋也作了严格限制。洪武六年，规定：“女子为尼姑、女冠，自今年四十以上者听，未及者不许。”[⑤]洪武二十年（1387 年），又诏令：“民年二十以上者不许落发为僧，年二十以下来请度牒者，俱令于在京诸寺试事三年，考其廉洁无过者，始度为僧。”[⑥]另外，朱元璋鉴于“近代崇尚太过，徒众日盛，安坐而食，蠹财害民”的情况，又“令府州县止存大寺观一所，并其徒而处

---

① 《明太祖实录》卷一四四，洪武十五年四月辛巳条，第 2263 页。
② 《明太祖实录》卷七七，洪武五年十二月己亥条，第 1416 页。
③ 《明太祖实录》卷八四，洪武六年八月戊子条，第 1501 页。
④ 《明太祖实录》卷一六七，洪武十七年闰十月癸亥条，第 2563 页。
⑤ 《明太祖实录》卷八六，洪武六年十二月戊戌条，第 1537 页。
⑥ 《明太祖实录》卷一八四，洪武二十年八月壬申条，第 2771 页。

之，择有戒行者领其事。若请给度牒，必考试精通经典者方许。”[①]可以说，朱元璋在僧道的准入上，无论在年龄、性别上，还是在通经水平上，都作了限制和制约。

三、严格检束僧道行为

在元代，僧道由于受到政府的保护，势力大增，教徒日众且日益腐朽，成为加剧社会矛盾的重要原因之一。朱元璋就曾说："近代以来，凡释、道者，不闻谈精进般若、虚无实相之论，每有欢妻抚子，暗地思欲，散居空世，污甚于民，反累宗门，不如俗者时刻精至也。"[②]又说："今时修行者，反是道而行之。何以见反是道而行之？方今为僧者，不务佛之本行，污市俗，居市廛，以堂堂之貌，七尺之躯，或逢人于道，或居庵而受人之谒。其所谒者，贤愚贵贱皆有之，必先屈节以礼之，然后可。然修者以此为忍辱之一端耳。"[③]僧道的这种行为，根本起不到朱元璋所冀望的教化世俗、"暗助王纲"的作用。而且，在朱元璋看来，僧人"或居山泽，或守常住，或游诸方，不干于民，不妄入市村，官民欲求僧听经，则善者慕之，诣所在焚香礼请，岂不高明者也？行之岁久，佛道大昌"[④]。就朱元璋的理解来看，僧人群体应该具有与世隔绝、超脱世外及清静无为、修道为善的社会形象。对于道士来说，亦是如此。他排斥道教的神仙迷信之说，却赞成道家的清心寡欲、无为而治。

为了检束僧道的行为，限制僧道的活动，树立其"达祖风，遵朕命"的道德形象，朱元璋在立国以后屡颁禁令对其加以控制和规范。洪武三年（1370 年），诏令"其僧道建斋设醮，不许章奏上表投拜青词，亦不许塑画天神地祇，及白莲社、明尊教、白云宗、巫觋扶鸾祷圣，书符咒水诸术，并加禁止。庶几左道不兴，民无惑志"[⑤]。洪武五年（1372 年），又诏天下曰："僧道之教，以清净无为为本，往往斋荐之际，男女溷杂，饮酒食肉自恣，已令有司严加禁约。"[⑥]据《万历野获编》卷二十七《释道》记载，朱元璋对不轨行为处置非常严厉。具体内容如下：

> 尼之作奸，余向曾记之。兹观《国初事迹》，而知太祖之处奸尼，尤直捷痛快也。上尝使人察在京将官家有奸者，时女僧诱引功臣华高、胡大海妾数

---

① 《明太祖实录》卷八六，洪武六年十二月戊戌条，第 1537 页。

② 张德信、毛佩琦主编：《洪武御制全书·御制文集补·释道论》，第 278 页。

③ 张德信、毛佩琦主编：《洪武御制全书·御制文集》卷十一《宦释论》，第 162－163 页。

④ （明）幻轮编：《释鉴稽古略续集》卷二《太祖高皇帝》，明崇祯十一年刻本。

⑤ 《明太祖实录》卷五三，洪武三年六月甲子条，第 1037 页。

⑥ 《明太祖实录》卷七三，洪武五年五月戊辰条，第 1353 页。

人，奉西僧行金天教法。上命将二家妇女，并西僧女僧俱投之于河。[1]

在《大诰初编》的“僧道不务祖风”条中，朱元璋进一步加强了对僧道不端行为的打击和处罚。规定：“僧尼、道士、女冠，敢有不务祖风，混同世俗，交结官吏，为人受寄生放，有乖释道训愚之理，若非本面家风，犯者弃市。”[2]可见，朱元璋对僧道不轨行为的处置近乎严酷。后来，朱元璋又把这一条例引入洪武二十六年(1393年)制定的《真犯死罪》及洪武三十年(1397年)制定的《工役终身》条例中[3]，以进一步加大对僧道不端行为的打击力度。

洪武十九年(1386年)，朱元璋因为“杜严、僧惠荣告诸山僧人不律事”专门颁布谕旨，榜示天下，以严格约束僧人行为。具体内容如下：

> 洪武十九年六月二十五日，为杜严、僧惠荣告诸山僧人不律事，钦奉圣旨：敕尔刑部，速承朕命，榜示诸司，申明两途，果洁身心以从佛，诸人毋得生事罗织，使善积而行坚。若果有人欲之重，身心恍惚，逡巡在教，进退两难者，许蓄发以为民。一则从心所欲，二则不累于佛门。申明之后，敢有不从命，乘于佛教者，弃于市，以禁将来。[4]

洪武二十四年(1391年)，朱元璋又命礼部清理释道二教，针对存在的不轨行为，再颁峻令。他说：

> 今之学佛者，曰禅，曰讲，曰瑜珈；学道者曰正一，曰全真，皆不循本俗，污教败行，为害甚大。自今天下僧道，凡各府州县寺观虽多，但存其宽大可容众者一所，并而居之，毋杂处于外与民相混，违者治以重罪，亲故相隐者流，愿还俗者听。其佛经番译已定者，不许增减词语。道士设斋亦不许拜奏青词，为孝子慈孙演诵经典，报祖父母者，各遵颁降科仪，毋妄立条章多索民财，及民有效瑜珈教称为善友，假张真人名私造符箓者，皆治以重罪。[5]

这些禁令的颁行，意在倡导和树立清静无为的僧道形象，严厉斥责僧道与世俗的混淆，禁止不良行为的存在。《大诰》中“僧道不务祖风”条例的颁行，无疑加大了对僧道行为的整饬力度，显示了朱元璋限制僧道的政策倾斜，体现了他“神道设教”的政治目的。

朱元璋的严格检束僧道的政策，被明初的历代皇帝所沿袭。如永乐十年(1412年)，明成祖朱棣谕令礼部曰：

> 天下僧道多不守戒律。民间修斋诵经，动辄较利厚薄，又无诚心。甚至

① (明)沈德符撰：《万历野获编》卷二七《释道》，第681页。

② 《御制大诰初编》第三十《僧道不务祖风》，第221页。

③ 参见(明)申时行等编修：《明会典》卷一七三《刑部十五·罪名一》，第882、883页。

④ 杨一凡、田涛主编：《中国珍稀法律典籍续编·明代法律文献(上)·洪武永乐榜文》，第509页。

⑤ 《明太祖实录》卷二〇九，洪武二十四年六月丁巳条，第3109页。

饮酒食肉，游荡荒淫，略无顾忌。又有无知愚民，妄称道人，一概蛊惑，男女杂处无别，败坏风化。洪武中僧道不务祖风，及俗人行瑜珈法称火居道士者，俱有严禁。即揭榜申明，违者杀不赦。①

正统六年(1441 年)，明英宗朱祁镇又诏令道：

僧道多有坏乱心术、不务祖风、混同世俗、伤坏风化。都察院即遵洪武旧例出榜禁约。违者罪之。②

除了上面讲的禁令外，朱元璋还对僧道日常生活中的礼仪服饰等方面进行了规定。洪武十五年(1382 年)，朱元璋定天下僧道服色，规定：

禅僧，茶褐常服，青条玉色袈裟。讲僧，玉色常服，深红条浅红袈裟。教僧，皂常服，黑条浅红袈裟。僧官，皆如之。惟僧录司官，袈裟缘纹及环皆饰以金。道士常服青，法服朝衣皆用赤色。道官，亦如之。惟道录司官，法服朝衣缘纹饰金。③

在僧道娶妻上，朱元璋也颁行了严格禁令。《大明律》的"僧道娶妻"条规定：

凡僧道娶妻妾者，杖八十，还俗。女家同罪，离异。寺观住持知情，与同罪；不知者，不坐。若僧道假托亲属或僮仆为名求娶，而僧道自佔者，以奸论。④

另外，僧道虽已"出世"化外，但也必须拜认父母及祖先，全其"亲亲、尊尊"之大义。《大明律》中的"僧道拜父母"条规定：

凡僧尼道士女冠，并令拜父母、祭祀祖先，丧服等第皆与常人同。违者，杖一百、还俗。若僧道衣服，止许用紬绢布疋，不得用纻丝绫罗。违者，笞五十，还俗，衣服入官。其袈裟道服，不在禁限。⑤

总的来说，朱元璋颁行这些条例的目的，不仅是将原本"出世"僧道的行为方式和思想观念牢牢印上世俗社会的烙迹，而且也是将僧道群体始终控制在儒家伦理政治的框架之内，从而发挥其"阴翊王度"的作用。所谓"阴翊"，朱元璋说："佛之道云阴者何？举以鬼神，云以宿世，以及将来，其应莫知，所以阴之谓也，虚之谓也。"⑥佛、道二教对于朱元璋来说，具有相对于儒家"阳教"的"阴教"功效。正如他所说："佛、道之初立也，穷居独处，特忘其乐之乐，去其忧之忧，无求富贵，无窥寒微。及其成也，至神至灵，游乎天外，察乎黄泉，利生脱苦，善便无穷。所

① (明)申时行等编修：《明会典》卷一〇四《礼部六十二・僧道》，第 569 页。
② (明)申时行等编修：《明会典》卷一〇四《礼部六十二・僧道》，第 569 页。
③ 《明太祖实录》卷一五〇，洪武十五年十二月乙酉条，第 2368 页。
④ 怀效锋点校：《大明律》卷六《户律三・婚姻・僧道娶妻》，第 64 页。
⑤ 怀效锋点校：《大明律》卷十二《礼律二・仪制・僧道拜父母》，第 95 页。
⑥ 张德信、毛佩琦主编：《洪武御制全书・御制文集》卷十一《宦释论》，第 162 页。

以当时之愚顽，耳闻目击而效之，今世之愚顽，慕而自化之。呜呼，不亦善乎！”[①]

可以说，朱元璋对僧道群体的控制、管理以及对其行为的检束，都是为了使僧道能够“达祖风，遵朕命”，起到“阴翊王度”“暗助王纲”的作用。对于佛道二教具有的调节、虚化社会矛盾以及缓冲碰撞的消弭作用，朱元璋显示出高度的重视。但是，朱元璋对其存在的“不务祖风”“交结官吏”以及匿藏逃囚、“受寄放生”等行为进行了严厉打击。

第三节　对商人的管理

明朝建立之初，社会经济凋敝，为了恢复和发展农业生产，朱元璋推行“重本抑末”政策，限制商人的各种活动。但是，对于常规的商业活动和商人合法的正当利益，则予以保护。

一、规定商人低下的社会等级

士、农、工、商是中国古代居民的等级序列，商人位居最低层。在四业之中，士、农、工各有“专务”，独商“不专”，“维时商出于农，贾于农隙之时”[②]。明初，全国户口分为民、军、匠、灶等籍，其时尚无“商籍”之说；明中叶以后，由于社会经济的发展，“商籍”才最终得以设定。[③] 这说明明初商人的社会地位是非常低下的，其在社会经济中的作用并不为统治者所关注。当然，这也与明初政府实行的“重本抑末”政策有关。为了恢复和发展社会生产，防止农民弃农从商，朱元璋在洪武十四年(1381 年)下令道：“农民之家，许穿绸纱绢布。商贾之家，止许穿绢布。如农民之家，但有一人为商贾者，亦不许穿绸纱。”[④]这种服制衣料上的区别划分，不仅体现了朱元璋“抑商”的政策，亦体现了其从礼制上困辱商人的等级观念。

二、严格控制商人的社会活动

商人多从事长途贩运业务，流动性很强，不易控制和管理。为了加强对商人的管理，朱元璋实行路引和店历制度。这些措施的实施与其加强社会管理、限制游民之害的基本政策是一体的。

---

① 张德信、毛佩琦主编：《洪武御制全书·御制文集》卷十一《宦释论》，第 162 页。

② 《御制大诰续编·序》，第 257 页。

③ 参见许敏：《明代商人户籍问题初探》，《中国史研究》1998 年第 3 期。

④ (明)申时行等编修：《明会典》卷六一《礼部十九·冠服·士庶巾服》，第 394 页。

(一)路引制度

明初，商人外出经商，必须向政府申请“路引”，“凡商贾欲赍货于四方者，必先赴所司起关券”[①]。“关券”，就是“路引”。商人只有在领到官府签发的路引之后，才可远行贸易。路引上必须注明商人的姓名、籍贯、年貌、经营范围、资产状况以及贩运地点等。在《大诰续编》中，朱元璋对此又规定道：“商，本有巨微，货有重轻。所趋远迩，水陆明于引间。归期难限其业，邻里务必周知。若或经年无信，二载不归，邻里当觉之，询故本户。若或托商在外非为，邻里勿干。”[②]这就不仅要求商人在填写路引时必须详细注明其资本数目、货物轻重以及所行是水路还是陆路等，而且要求邻里必须“互相知丁、互知务业”，以便监督商人，防止商人不端行为的出现。另外，在申请路引时，商人同样要向政府交纳一定的手续费，即“路引钱”。在取得路引之后，商人贩运商品到异地销售，沿途又要经历各个关卡的查验。商人贩运居停，都有专门牙行查验路引，对行商“住贯姓名，路引字号，物货数目”等进行登记，并每月将所登记簿册“赴官查照”。[③] 在对行商进行路引盘查时，其“虽有引，若钱不盈万文，钞不及十贯，俱送所在官司，迁发化外”[④]。可以说，行商资本达不到一定数额者，甚至会被当作游民对待而治以罪。另外，在《大诰续编》的“验商引物”条中，朱元璋对无物引(路引)而外出经商者，即使是老年人，也要“拿捉赴官，治以游食”。其规定道：

> 今后无物引老者，虽引未老，无物可鬻，终日支吾者，坊厢村店拿捉赴官，治以游食，重则杀身，轻则黥窜化外。设若见此不拿，为他人所获，所安之处，本家邻里罪如之。[⑤]

在《大诰续编》的“辨验丁引”条中，朱元璋又规定：

> 一切臣民，朝出暮入，务必从容验丁。市村人民，舍客之际，辨人生理，验人引目。生理是其本业，引目相符而无异。然犹恐托业为名，暗有他业，虽然业与引合，又识重轻、巨微、贵贱，倘有轻重不伦，所赍微细，必假此而他故也。良民察焉。[⑥]

以此可见，朱元璋对行商远行贸易是有严格限制的，其对行商的严格要求是与打击游民、控制游民之害桴鼓相应的。另外，针对军民中存在的“诈冒路引”的行

---

① (明)邱浚著，林冠群、周济夫校点：《大学衍义补》卷三十《征榷之课》，京华出版社 1999 年版，第 274 页。

② 《御制大诰续编》第三《互知丁业》，第 265 页。

③ 参见怀效锋点校：《大明律》卷十《户律七・私充牙行埠头》，第 84 页。

④ (明)申时行等编修：《明会典》卷十九《户口一・户口总数》，第 129 页。

⑤ 《御制大诰续编》第五《验商引物》，第 266 页。

⑥ 《御制大诰续编》第四《辨验丁引》，第 266 页。

为，明廷又制定了一系列禁令，以加重对违法官吏和军民的惩处。其中，对商贾行为的惩治自然是其题中之意。如《大明律》的“诈冒给路引”条规定道：

凡不应给路引之人而给引，及军诈为民，民诈为军，若冒名告给引及以所给引转与他人者，并杖八十。若于经过官司停止去处，倒给路引，及各官豪势要之人，嘱托军民衙门，擅给批贴，影射出入者，各杖一百。当该官吏听从及知情给与者，并同罪。若不从，及不知者，不坐。若巡检司越分给引者，罪亦如之。其不立文案，空押路引，私填与人者，杖一百，徒三年。受财者，计赃以枉法论；及有所规避者，各从重论。若军民出百里之外，不给引者，军以逃军论，民以私度关津论。①

(二)店历制度

洪武初，朱元璋为了掌握、控制行商的动态，规定凡旅店、客栈都必须备有官府署发的“店历”。“凡客店，每月置店历一扇，在内赴兵马司，在外赴有司署押讫，逐日附写到店客商姓名、人数、起程月日，月终各赴所司查照。”可见，在出行途中，客商住店的话，店主须登记其姓名、人数及起程日期。另外，朱元璋出于对在外病故商人财产安全的考虑，规定道：“如有客商病死，所遗财物别无家人亲属者，告官为见数，行移招父兄子弟或已故之人嫡妻识认给还。一年后，无识认者入官。”②就是说，客商在外病故，身边若无家人亲属的话，店主须报告官府，其所遗财物由官府通知客商子弟或嫡妻前来认领。总的来说，店历制度的实行不仅使官府全面掌握了客商的经营和流动情况，而且也反映了朱元璋对商人财产保护的周密制度设置。

总的来说，明初路引制度、店历制度的实施，与服饰规范相似，都是朱元璋在特定的历史条件下加强对包括商人在内的社会各个阶层的有效控制，以加强社会管理的重要举措。

三、维护商人合法的正当利益

朱元璋虽然在政治上困辱商人，贬抑商人的社会地位，限制商人远行，但是对于商人的合法正当利益则予以维护和保障。这种既“抑商”又“护商”的商业政策，在《大诰》三编中得到了一定体现。

(一)禁止和雇和买，保护商民利益

在明代，商人除了向国家缴纳高额商税外，还要承担各种无偿劳役等。如早在明朝建立初期，北京就“悉城内外居民，因其里巷多少，编为排甲，而以其所业

① 参见怀效锋点校：《大明律》卷十五《兵律三·关津·诈冒给路引》，第118页。

② (明)申时行等编修：《明会典》卷三五《课程四·商税》，第255页。

所货注之籍。遇各衙门有大典礼，则按籍给值役使，而互易之，其名曰行户。或一排之中，一行之物，总以一人答应，岁终践更，其名曰当行"[①]。官府根据自己的需求，以这种方式按而役之。在宋元时期，商人的"铺行之役"有"和雇""和买"的做法，即官府以冠冕堂皇的借口或以朝廷的名义向商贾征买物货，然后由官府酌给一定价钱。但是，在实际执行当中，官府多不与民价，从而严重损害了商民的利益，使其多受亏损。朱元璋鉴于此种情况，于洪武二年(1369 年)下令道："凡内外军民官司兵不得指以和雇和买扰害于民，如果官司缺用之物，照依时值，对物两平收买。或客商到来中买货物，并仰随即给价，如或减驳价值及不即给价者，以监察御史、按察司体察，或赴上司陈告。"[②]洪武十九年(1386 年)，朱元璋又针对官府中存在的以"庆节和买"或"造作买办"等为由科敛害民的行为，颁行峻令道：

天下府、州、县，今后毋得指以庆节为由，和买民物。……《诰》出，敢有如此者，许被扰之民，或千、或百、或十，将该吏拿赴京来，斩首以除民患。[③]

朝廷凡有诸色造作，文书明下有司，止许官钞买办，毋得指名要物，实不与价。果有违吾令者，许被科之民，或千、或百、或十，赍《大诰》拿该吏赴京，物照时估给钞，将该吏斩首，以快吾良民之心。[④]

这两条峻令的颁行，实际上是朱元璋以颁行诰文的形式加强对官吏"和买""和雇"行为的惩治。在惩治官吏犯罪的同时，借此保护商人的合法正当利益，也是其重要目的。洪武二十六年(1393 年)，朱元璋又规定"凡民间市肆买卖，一应货物价值须从州县亲民衙门按月从实申报合于上司，遇有买办军需等项以凭照价收买"[⑤]。从而进一步要求官府在购买急需物货之时，必须依据当时的市场价格公平买卖，不得拖欠货款，亏损商民。

(二)禁止滥征商税，加强税收管理

明初，为了恢复商品经济的发展，保证基本的物货流通，朱元璋对商人采取了较为宽松的政策。与宋元相比，明初的商税政策比较简约。商税的征收是三十而取其一，"其名物件析榜于官署，按而征之，惟农具、书籍及他不鬻于市者勿算，应征而藏匿者没其半，买卖田宅头匹必投税，契本别纳纸价"。对于超额"过取者以违令论"；对于税及"天下纤悉之物"，如军民嫁娶丧祭之物、舟车丝布之类

① (明)沈榜辑：《宛署杂记》卷十三《无字·铺行》，北京古籍出版社 1961 年版，第 92 页。
② (明)申时行等编修：《明会典》卷三七《课程六·时估》，第 270 页。
③ 《御制大诰续编》第七十六《庆节和买》，第 328 页。
④ 《御制大诰续编》第七十七《造作买办》，第 328 页。
⑤ (明)申时行等编修：《明会典》卷三七《课程六·时估》，第 270 页。

等，则免于取税。[①] 为了有效征解商税，朱元璋设立了一套完整的商税征收机构，规定“凡纳税地，置店历，书所止商氏名物数”，在京官店为宣课司，府州县官店为税课司局，府设司，县设局，其官长为大使，从九品，掌商税征收之事宜。[②] 为了防止官吏滥征商税，保护商民的正常交易，朱元璋严厉禁止税官无理刁难商人。洪武八年(1375 年)三月，南雄商人贩货入京，到长淮关后，“吏留而税之”，以致“阅月而货不售”，商人备受亏损。朱元璋得知后，对刑部官员说：“商人远涉江湖，将以求利，各有所向，执而留之，非人情矣。且纳课于官，彼此一耳，迟留月日而使其货不售，吏之罪也。”因此，“命杖其吏，追其俸以偿商人”。[③] 这一事例充分体现了朱元璋反对官吏刁难商旅，保护商人免受苛索的用意。在《大诰》三编中，很多情况下，朱元璋在惩治官吏犯罪的同时，亦含有保护商人合法利益的意思。如在“吉州科敛”条中，通过严惩吉州知州游尚志“重追引钱”的科敛商民事，以保护客商正常的中盐行为。[④] 在“牙行”条中，针对巡阑刁蹬客商的科敛行为，明令许客商将害民巡阑“拿赴京来”；此外，通过对河南、山东等地县官科征民间嫁娶时“下礼牲口”税钱行为的惩治，威慑那些不遵法令、乱征商税的行为。[⑤] 在“巡阑害民”条中，朱元璋则通过对歙县巡阑吴庆夫及其亲属乱征商税、科要门摊行为的惩治，保护小商小贩的正当利益。[⑥] 可以说，这些诰文的实施有力地维护了正常的市场秩序，保证了商品交换的顺利进行，加强了对税收的管理。

(三)禁止强买强卖，严惩欺行霸市

在市场交易中，买卖双方必须在两厢情愿的情况下完成，如有不法之徒强买强卖或与私牙勾结、操纵物价的话，将受到法律的制裁。《大明律》中规定：“凡买卖诸物，两不和同，而把持行市，专取其利，及贩鬻之徒，通同牙行，共为奸计，卖物以贱为贵，买物以贵为贱者，杖八十。若见人有所买卖，在旁高下比价，以相惑乱而取利者，笞四十。若已得利物，计赃中者，准窃盗论，免刺。”[⑦]另外，为了维护商品交易的顺利进行，朱元璋亦严厉打击官私牙行“高抬低估”物价以刁难客商的行为。[⑧] 关于牙行之害及对其进行的惩治在上文中已作详细论述，在此不

---

① 参见(清)张廷玉等撰：《明史》卷八一《食货志五》，第 1974—1975 页。

② 参见(清)张廷玉等撰：《明史》卷七五《职官志四》，第 1852 页。

③ 《明太祖实录》卷九八，洪武八年三月己巳条，第 1673 页。

④ 参见《御制大诰续编》第五十七《吉州科敛》，第 314 页。

⑤ 参见《御制大诰续编》第八十二《牙行》，第 331、332 页。

⑥ 参见《御制大诰三编》第二十《巡阑害民》，第 396—397 页。

⑦ 怀效锋点校：《大明律》卷十《户律七・市廛・把持行市》，第 85 页。

⑧ 参见《御制大诰三编》第二十六《私牙骗民》，第 401—402 页。

赘。总之，对牙行拦截客商、把持行市行为进行惩治，是为了通商便民，保障商民交易的顺利完成。

综上可见，在明朝建立之初，朱元璋出于恢复生产、稳定秩序的需要，强化了对商人的管理，虽在服饰穿着、出行自由等方面作了某种限制，但是对于常规的商业活动并未刻意抑制。在《大诰》三编中，朱元璋颁发的诸多惩治官吏、牙行的诰文，实际上起到了对商人合法利益加以保护的作用。不过，这种保护措施主要是针对与人民日常生活密切相关的商业活动。其中，尤以利于农业生产发展的商业活动为重中之重。但是，这种局部的措施并不能改变朱元璋"重农抑商"的政策倾向。在总体上，工商业发展是遭到抑制的。对于盐、茶等获利较大的商品，基本都由国家专营，并不让利于民。而商人除了交纳沉重的商税之外，额外的"买办"负担亦使其备受摧残。此外，朝廷对商人活动的严格限制、对小农自然经济的格外保护、对海外贸易的严厉禁止等举措，都极大地束缚了明初商品经济的发展。明史专家晁中辰先生在对《明实录》《国榷》《明史》以及《续文献通考》等关于明初商税数额的记载进行分析后，认为："明初商税年入大约折银 20 万两，大体相当于北宋时的 1%。"[①]而且认为："元朝前期，一年商税折银一般在 450 万两左右，亦甚可观。但是，明初的商税在国家财政中就无足轻重了。"[②]所以，笔者认为明初虽有保护商业的措施，但抑商的行为亦十分明显。这就使得明初商品经济的发展水平非常低，商税也不及宋元多。总的来说，明初朱元璋所采取的"重农抑商"政策是主要的，而它所带来的消极影响十分深远，以致明初及此后相当长一段时间内，商品经济的发展水平都十分低下。

第四节　对工匠的管理

工匠是官营手工业的主体，是工业生产技术的主要承担者。自秦汉开始，朝廷就建立了一套按户籍管理、征调工匠的管理制度，称为"匠籍制度"，元代又称"匠户制度"。明朝建立以后，朱元璋继承了元代遗留的"匠户"制度，不过略有调整和改革，建立了工匠"轮班"制度。这一制度的实施，使工匠在服役时间之外，可以"自由趁作"，在一定程度上减轻了他们的负担，提高了他们的生产积极性。但是，工匠备受奴役的现象仍然十分严重。为了逃避服役，他们纷纷以逃亡、隐冒以及"顶替"等形式进行抗争。为此，朱元璋制定了周密的法律细则来加强对

① 晁中辰：《明初封建制的再强化》，《辽宁师范大学学报》（社会科学版）1991 年第 2 期。

② 晁中辰：《明初政策的消极倾向》，《东岳论丛》2003 年第 4 期。

工匠的管理和控制。在《大诰三编》中，他又专门设立了"工役顶替"条目，以加强对工匠规避服役行为的惩治。

一、编定工匠户籍

明朝建立后，朱元璋沿袭了元代的"匠户"制度，将工匠编入专门户籍。洪武二年(1369 年)，令"凡军、民、医、匠、阴阳诸色户，许各以原报抄籍为定，不许妄行变乱，违者治罪，仍从原籍"。洪武三年(1370 年)，又令户部榜谕天下军民曰："凡有未占籍，而不应役者，许自首。军发卫所，民归有司，匠隶工部。"[①]洪武十四年(1381 年)，全国攒造黄册，规定："凡户三等：曰民，曰军，曰匠。……毕以其业著籍。人户以籍为断，禁数姓合户附籍。漏口、脱户，许自实。"[②]此外，在《大明律》中又强调道："凡军民、驿灶、医卜、工乐诸色人户，并以籍为定。"[③]这一系列政策和法规的实行，使编入匠籍的匠户都被束缚于匠籍，成为世代服务于统治阶级的手工业劳动者。他们隶属于官府，世代相袭，不得转业，不得"诈冒脱免"以逃避差役。

在明代，这些编入匠籍的工匠主要是从元代的匠户沿袭下来的。其中，元代工匠最主要的类型是"系官匠户"，即在官府所设包括营造、军器、织、染、金器、银器、铁器、皮毛等手工业局、院、场、洞进行劳作生产，由官府专设机构及其常设官员进行管理的工匠户。这些"系官匠户"是明代匠户组成的重要基础。除此之外，明初仍有不少的手工业者，甚至是非手工业者被划入匠籍。如洪武十三年(1380 年)，朱元璋曾起取"苏、浙等处上户四万五千余家，填实京师，壮丁发各局充匠"[④]。又如南京龙江船厂的工匠，皆是洪武、永乐年间"取江西、福建，湖广、浙江、南直隶边江府、县熟于造船者，挈家于提举司隶籍"[⑤]。不过，就整个明代而言，充入匠籍者，又有"招收"为匠、罪犯为匠以及籍充为匠者。[⑥] 这些工匠主要隶属于工部和内官监，此外又有隶属于户部的"灶户"。陈诗启先生认为："明代，在工部和内官监领导下的大小手工业工场，共拥有二十六七万人的庞大数额的工匠，这些工匠因其所属系统、服役时间、服役地点和待遇的不同，而分为轮班工匠和住坐工匠两大类。"[⑦]

---

① (明)申时行等编修:《明会典》卷十九《户部一·户口总数》，第 129 页。

② (清)张廷玉等撰:《明史》卷七七《食货志一》，第 1878 页。

③ 怀效锋点校:《大明律》卷四《户律一·户役·人户以籍为定》，第 46 页。

④ (清)顾炎武撰，黄坤等校点:《天下郡国利病书》第 2 册《江宁府·坊厢赋役》，第 889 页。

⑤ (明)李昭祥撰，王亮功点校:《龙江船厂志》卷四《建置志》，江苏古籍出版社 1999 年版，第 101 页。

⑥ 参见陈诗启:《明代的工匠制度》，《历史研究》1955 年第 6 期。

⑦ 陈诗启:《明代的工匠制度》，《历史研究》1955 年第 6 期。

明初匠籍制度的确立将工匠的管理纳入正常的轨道。它不仅为明代手工业的发展奠定了基础，而且为国家无偿地占有工匠劳役提供了制度保障。这种奠基于元代“匠户”制度基础上的“匠籍”管理制度，以一种新的面貌继续实施着对工匠的榨取和剥削。

二、建立轮班制度

明朝建立之初，百废待兴，工役繁多。为了营建宫殿、宗庙、阙门、王邸等，朱元璋于京城（南京）、凤阳等地大量役使工匠。如洪武元年（1368 年），为营建凤阳宫殿，他便征用了大量的工匠为之劳作。[①] 对于明初的工役之繁，朱元璋在《大诰三编》的“工役顶替”条如是说：“工作人匠，将及九万。往者为创造之初，百工技艺尽在京城，人人上不得奉养父母，下不得欢妻抚子，如此者二十六七年。”[②]可见，早在明朝立国之前，就已大量使用工匠，其时已有官用工匠的设置。而且，这些工匠的使用，仍沿袭了元朝遗留的束缚性极强的终生入局服役制度。不过，随着大兴土木时代的结束，工役日减，已无须再大量而长期地使用工匠了。洪武十九年（1386 年）以前，工部官员就曾建议：“籍诸工匠，验其丁力，定以三年为班，更番赴京输作，三月如期交代，名曰：轮班匠。”[③]对此，朱元璋亦认为：“迩年以来，工多成就，人匠应合省差。”只是因忙于各种事务，他“一时不能打点”，以致轮班办法虽已拟定，但“议而未行”。[④]

洪武十九年四月，工部侍郎秦逵复议举行“轮班”之法，至此“轮班”之制始定。规定：“量地远近以为班次，且置籍为勘合付之，至期赍至工部听拨，免其家他役，着为令。”[⑤]在《大诰三编》的“工役顶替”条，朱元璋对此又记载道：

> （秦逵）到任未久，识此（工部官吏设计科敛工匠）奸诡甚多，躬亲来奏。其辞曰：“创造已定，工技有劳甚久。虽有些须未完，所用工匠甚不须多。臣将应用数目，立定限期，编成班次，使轮流而相代之，其九万之人，一班诸色匠人不满五千，以此轮之，四年有余，方轮一交。”朕见其词善，可其奏，不月编成。[⑥]

根据轮班之法，全国各地划为匠籍的工匠被分为若干班，他们轮流到京服役，每次服役时间定为三个月。依据此法，每一工匠每隔两年才轮流赴京服役一

---

① 参见陈诗启：《明代的工匠制度》，《历史研究》1955 年第 6 期。

② 《御制大诰三编》第三十《工役顶替》，第 404 页。

③ 《明太祖实录》卷一七七，洪武十九年四月丙戌条，第 2684 页。

④ 《御制大诰三编》第三十《工役顶替》，第 404 页。

⑤ 《明太祖实录》卷一七七，洪武十九年四月丙戌条，第 2684 页。

⑥ 《御制大诰三编》第三十《工役顶替》，第 405 页。

次，而每一地方的班匠则由地方政府加以编组，每年轮班赴京操作。这就是所谓的“岁率输班至京受役”。轮班之法的实行使得工匠可以在服役时间之外“自由趁作”，从而有效提高了他们的生产积极性。总的来说，轮班工匠制度的实施，在一定程度上是对元代遗留的“匠户”制度的适当调整和改革。

但是，洪武十九年(1386 年)规定的轮班之法，其主要依据是匠户丁力之多寡和地理之远近，并没有考虑到工期的长短和工作量的大小，致使“诸色工匠岁率轮班至京受役，至有无工可役者，亦不敢失期不至”。许多工匠从各地赶来，却无所事事，徒费远涉，不免怨声载道。基于这一缺点，明太祖朱元璋于洪武二十六年(1393 年)对轮班之法进行了一次重要改革。规定：“先分各色匠所业，而验在京诸司役作之繁简，更定其班次，率三年或二年一轮。”[①]从而根据实际情况，分别定为五年一班、四年一班、三年一班、二年一班和一年一班五种班次。根据五种轮班制度编定的不同行业班次，列表如下：

表 8-1　洪武二十六年编定的不同行业轮班班次

班次	不同行业的轮班匠种类
五年一班	木匠、裁缝匠
四年一班	锯匠、瓦匠、油漆匠、竹匠、五墨匠、妆銮匠、雕銮匠、铁匠、双线匠
三年一班	土木匠、熟铜匠、穿甲匠、搭材匠、笔匠、织匠、络丝匠、挽花匠、染匠
二年一班	石匠、艌匠、船木匠、箬篷匠、橹匠、芦篷匠、戗金匠、绦匠、刊字匠、熟皮匠、扇匠、魫灯匠、毡匠、毯匠、捲胎匠、鼓匠、削藤匠、木桶匠、鞍匠、银匠、销匠、索匠、穿珠匠
一年一班	表背匠、黑窑匠、铸匠、繍匠、蒸笼匠、箭匠、银硃匠、刀匠、琉璃匠、剉磨匠、弩匠、黄丹匠、藤枕匠、刷印匠、弓匠、镟匠、缸窑匠、洗白匠、罗帛花匠

资料来源：(明)申时行等编修：《明会典》卷一八九《工部九・工匠二》，第 950－951 页。

这种新编定的轮班之制，较之洪武十九年的轮班办法，可谓更加合理，更加灵活。它不仅打破了原来三年一班的硬性规定，而且还制定了较为具体的细则。对此，《明会典》记载道：

凡天下各色人匠编成班次，轮流将赍原编勘合为照，上工以一季为满，

① 《明太祖实录》卷二三〇，洪武二十六年十月己亥条，第 3363 页。

完日随即查原勘合及工程明白，就便放回，周而复始。如是造作数多，轮班之数不敷，定夺奏闻，起取撮工。本户差役，定例与免二丁，余丁一体当差。设若单丁重役及一年一轮者，开除一名。年老残疾户无丁者，相视揭籍明白疏放。其在京各色人匠，例应一月上工十日，歇二十日。若工少人多，量加歇役。如是轮班各匠，无工可造，听令自行趁作。[①]

这些具体细则对工匠上工时遇到的各种情形作了较为详细的规定，对便利工匠、减轻工匠压力起到了一定作用。总的来说，新的轮班制度使得“赴工者各就其役而无费日，罢工者得安家居而无费业”[②]，显然较之前的轮班办法进步了许多。不过，在新的轮班制度下，“轮班诸将，正班虽止三月，然路程遥远者，往返动经三四余月，则是每应一班，须六七月方能宁家。其三年一班者常得二年休息，二年一班者亦得一年休息，惟一年一班者，奔走道路，盘费罄竭”[③]。由于远途奔忙，徒耗盘费，工匠深受其累，纷纷逃亡。而五种轮班之制，也在工匠的屡次抵抗之下，日渐动摇。到了景泰五年（1454 年），“轮班工作二年三年者，俱令四年一班，重编勘合给付”[④]。自此以后，一年和五年轮班之制也相继废除，全国工匠全部划为四年一班的轮班制度了。这种四年的轮班办法，终明一朝没有改变。不过，到了明代中后期，随着商品经济的发展和货币权力的增大，工匠的轮班服役制度日渐被“以银代役”制度所取代。此外，“住坐”制度创建于永乐时期，由明成祖朱棣所设立，故在此不再论述。

三、严禁工匠顶替

洪武十九年（1386 年）轮班制度建立之时，朱元璋给予很高的期望和评价。他认为：“除当该赴工者在京，余有八万五千尽皆宁家，各奉父母，保守妻子。呜呼甚矣哉！秦逵为诸色匠人造福有如此乎！此系良谋良政，公当无移。”而且认为：“朝廷既除多人徒劳泛滥工役，减省用人，其诸技艺人等必躬亲赴工者乃当。”但是，事实却并非如此，很多轮班工匠为逃避服役，并不亲身赴工，而是以老弱不堪、幼懦难用之人顶替。这些赴工之人技艺不精，使得国家所派之事多不能如期完成。朱元璋对此十分生气，故在洪武二十年（1387 年）颁行的《大诰三编》中专门颁布了“工匠顶替”条目以严惩此种行为。其文载：

（轮班之法）如此者将一年余，第四班人匠心生奸计，侮慢朝廷，自取祸

---

① （明）申时行等编修：《明会典》卷一八九《工部九·工匠二》，第 950 页。

② 《明太祖实录》卷二三〇，洪武二十六年十月己亥条，第 3363 页。

③ 《明英宗实录》卷一五三，正统十二年四月丙戌条，第 3003 页。

④ （明）申时行等编修：《明会典》卷一八九《工部九·工匠二》，第 951 页。

殃。朝廷既除多人徒劳泛滥工役，减省用人，其诸技艺人等必躬亲赴工者乃当。人匠减少，所来者技艺不精，工有所误，事多迟滞，责罚焉。人匠沈添二等二百七名，中有三名乃亲身赴役，余皆以老羸不堪、幼懦难用以代正身，致使工不能就。点出奸顽，将幼丁老者尽发广西充军，复于家下，务必要正身赴官。如此者自取不宁，又何恨哉！今后诸色匠人敢有不亲身赴工者，迁发云南。①

据此可见，朱元璋对轮班工匠规避顶替的行为处置是十分严厉的，他不仅将工匠正身捉拿赴役，还将为其顶替的老人、幼丁发往广西充军，使其一家都身受其累。此外，他又颁布严苛峻令以警告那些不亲身赴役的工匠。规定："今后诸色匠人敢有不亲身赴工者，迁发云南。"这一诰文条目的颁发，说明元代遗留的"匠户"制度虽在明初有所调整和改善，但其农奴化的色彩仍然十分浓厚，工匠受剥削的程度依旧十分严重。

除此之外，朱元璋还制定了一套严密的法律条令，以制裁工匠的各种怠工、失班、隐冒以及逃亡行为。在《大明律》中，涉及工匠管理的条文有 17 个，包括了各门类工匠生产的详细法则以及各级监督官员的具体职责。兹将相关条文列表如下：

表 8-2 《大明律》中所载工匠管理条目

序号	法律条文	具体内容
1	人户以籍为定	凡军民、驿灶、医卜、工乐诸色人户，并以籍为定。若诈冒脱免，避重就轻者，杖八十。其官司妄准脱免，及变乱板籍者，罪同。若诈称各卫军人，不当军民差役者，杖一百，发边远充军
2	丁夫差遣不平	凡应差丁夫杂匠，而差遣不均平者，一人笞二十，每五人加一等，罪止杖六十。若丁夫杂匠承差，而稽留不着役，及在役日满，而所司不放回者，一日笞一十，每三日加一等，罪止笞五十
3	逃避差役	若丁夫杂匠在役，及工乐杂户逃者，一日笞一十，每五日加一等，罪止笞五十。提调官吏故纵者，各与同罪。受财者，计赃以枉法从重论。不觉逃者，五人笞二十，每五人加一等，罪止笞四十。不及五名者，免罪
4	私役部民夫匠	凡有司官私役使部民，及监工官私役使夫匠出百里之外，及久占在家使唤者，一名笞四十，每五名加一等，罪止笞八十。每名计一日，追给雇工钱六十文。若有吉凶及在家借使杂役者，勿论。其所使人数不得过五十名，每名不得使过三日。违者，以私役论

① 《御制大诰三编》第三十《工役顶替》，第 405 页。

续表

序号	法律条文	具体内容
5	乘舆服御物	若御幸舟船,误不坚固者,工匠杖一百。若不整顿修饰,及在船篙棹之属缺少者,杖六十。并罪坐所由。监临提调官,各减工匠最二等。并临时奏闻区处
6	服舍违式	凡官民房舍车服器物之类,各有等第。若违式僭用,有官者,杖一百,罢职不叙。无官者,笞五十,罪坐家长。工匠并笞五十。若僭用违禁龙凤纹者,官民各杖一百,徒三年。工匠杖一百,连当房家小,起发赴京,藉充局匠。违禁之物并入官。首告者,官给赏银五十两,若工匠能自首者,免罪,一体给赏
7	内府工作人匠替役	凡诸色工匠行人,差拨赴内府及承运库工作,若不亲身关牌入内应役,雇人冒名私自代替,及替之人,各杖一百,雇工钱入官
8	宫殿造作罢不出	凡在宫殿内造作,所司具工匠姓名,报门官及守卫官,就于所入门首,逐一点视,放入工作。至申时分,仍须相视形貌,照数点出。其不出者,绞。监工及提调内使监官、门官、守卫官军点视。如名数短少,就便搜捉,随即奏闻。知而不举者,与犯人同罪;失觉察者,减三等。罪止杖一百
9	私铸铜钱	凡私铸铜钱者,绞。匠人罪同。为从及知情买使者,各减一等。告捕者,官给赏银五十两。里长知而不首者,杖一百;不知者,不坐。若将时用铜钱剪错薄小,取铜以求利者,杖一百。若伪造金银者,杖一百,徒三年。为从及知情买使者,各减一等
10	夫匠军士病给医药	凡军士在镇守之处,丁夫杂匠在工役之所,而有疾病,当该官司不为请给医药救疗者,笞四十;因而致死者,杖八十。若已行移所司,而不差拨良医,及不给对证药饵医治者,罪同
11	擅造作	凡军民官司,有所营造,应申上而不申上,应待报而不待报,而擅起差人工者,各计所役人雇工钱,坐赃论。若非法营造,及非时起差人工营造者,罪亦如之。其城垣坍倒,仓库公廨损坏,一时起差丁夫军人修理者,不在此限。若营造计料、申请财物及人工多少不实者,笞五十。若已损财物,或已费人工,各并计所损物价及所费雇工钱,重者,坐赃论

续表

序号	法律条文	具体内容
12	虚费工力采取不堪用	凡役使人工，採取木石材料，及烧造砖瓦之类，虚费工力而不堪用者，计所费雇工钱，坐赃论。若有所造作，及有所毁坏，备虑不谨而误杀人者，以过失杀人论。工匠、提调官，各以所由为罪
13	造作不如法	凡造作不如法者，笞四十。若成造军器不如法，及织造缎疋麤糙、纰薄者，各笞五十。若不堪用及应改造者，各并计所损财物及所费雇工钱，重者，坐赃论。其应供奉御用之物，加二等；工匠各以所由为罪，局匠减工匠一等。提调官吏，又减局匠一等，并均偿物价、工钱还官
14	冒破物料	凡造作局院头目、工匠，多破物料入己者，计赃，以监守自盗论，追物还官。局官兵覆实官吏，知情符同者，与同罪；失觉察者，减三等，罪止杖一百
15	带造缎疋	凡监临主守官吏，将自己物料，辄放官局带造缎疋者，杖六十，缎疋入官；工匠笞五十。局官知而不举者，与同罪；失觉察者，减三等
16	织造违禁龙凤纹缎疋	凡民间织造违禁龙凤纹纻丝、纱罗货卖者，杖一百，缎疋入官。机户及桃花、挽花工匠同罪。连当房家小，起发赴京，籍充局匠
17	造作过限	凡各处额造常课缎疋、军器，过限不纳齐足者，以十分为率，一分，工匠笞二十，每一分加一等，罪止笞五十；局官减工匠一等；提调官吏又减局官一等。若不依期计拨物料者，局官笞四十，提调官吏减一等

从表中可见，朱元璋对工匠的管理监控非常严密，其条文法款之细、之苛，读之令人惊骇。其中不仅有对工匠逃避差役、贻误工期、怠工粗造以及制作违式、私吞物料等行为的严格规定，而且还有对相关监管官吏的失职渎职以及贪赃枉法行为的重典惩治。这种严密的法律制裁体系和严格的官员监管制度，将工匠的服役行为完全置于官府的强力控制之下，使其不得出规越矩。

综上可见，虽然朱元璋在明初对元代的"匠户"制度作了某种调整和改革，并适当减轻了工匠的劳役负担，但是工匠的被奴役地位并未改变，他们仍然世代受到统治阶级的严格控制和沉重剥削。

第九章　明《大诰》的实施效果及评价

朱元璋凭借强大的君主权力，运用强制手段，大力推行《大诰》。在元末明初的特殊时代环境下，《大诰》对整顿官吏腐败、整饬社会秩序、稳固统治政权以及敦厚社会习俗等发挥了重要作用。但是，由于其自身所带有的重典性、专制性以及残酷性等因素，也不可避免地产生了很多严重问题，甚至带来了很多负面影响。总结其得失，吸取其教训，不仅有利于深入了解明代的社会管理政策，而且也可为当今加强与创新社会管理提供历史的资鉴。

第一节　明《大诰》的讲读与实施

朱元璋颁行的四编《大诰》，在明初社会中得到了一定程度的讲读和实施。在洪武、永乐年间其实施力度较大，之后则日益减弱，并逐渐成为人们罕见、民间鲜知的文书。

一、洪武时期的强力推行

《大诰》是朱元璋加强社会管理，进行思想教化的重要法宝。为了使其为人们所熟读，朱元璋在全国范围内开展了轰轰烈烈的《大诰》宣讲活动。在洪武后期，他凭借强大的中央威势，努力推行《大诰》。综观其实施手段，主要有如下几点：

（一）通过入法手段，强力推行实施

为了使《大诰》家喻户晓，朱元璋在颁行《大诰》的同时，即以“入法”的形式强力推行。在颁行《大诰初编》时，他即宣布：“朕出是《诰》，一切官民诸色人等，户户有此一本。若犯笞、杖、徒、流罪名，每减一等；无者每加一等。所在臣民，熟观

为戒。"[①]在颁行《大诰续编》时，他又进一步申明道："朕出斯令，一曰《大诰》，一曰《续编》。斯上下之本，臣民之至宝，发布天下，务必户户有之。敢有不敬而不收者，非吾治化之民，迁居化外，永不令归，的不虚示。"[②]在颁行《大诰三编》时，他又再三告诫道："此《诰》前后三编，凡朕臣民，务要家藏人诵，以为鉴戒。倘有不遵，迁于化外，的不虚示。"[③]在颁行《大诰武臣》时，他要求"各官家都与一本。……大的小的都要知道，贤的愚的都要省得。这书与管军的人造福，不是害他的文书。不听不信呵，家里有小孩儿，犯法到官，从头儿计较将来，将家下男儿都问过，你记得这文书几件？若还说不省得，那其间长幼都治以罪"[④]。朱元璋这种强制性的"入法"宣传方式，要求人们必须收藏《大诰》、讲读《大诰》，不然则会受到严厉的惩罚。

(二)列为学校课程，奖励能诵子弟

朱元璋把《大诰》三编列为全国各级学校的必修课程，要求天下府、州、县的学校以至于乡里社学都要进行讲读。洪武十九年(1386 年)正月，朱元璋将《大诰初编》"颁赐国子监生及天下府州县学生"[⑤]。洪武二十年，《大诰》三编颁行之后，朱元璋为了使"为官者知所监戒，百姓有所持循"，又令"天下府州县民，每里置塾，塾置师，聚生徒教诵《御制大诰》"，要求民间子弟于农隙之时讲读之。[⑥] 朱元璋认为，让民间子弟在"欲心未动，良心未丧"之时讲读《大诰》，有利于他们"避凶趋吉，日后皆成贤人君子"，并可以使之"免贻父母忧虑""不犯刑宪"和"永保身家"。[⑦] 洪武二十四年(1391 年)九月，朱元璋诏令礼部道："今后科举、岁贡于《大诰》内出题，或策论判语参试之。"[⑧]十月，又命礼部谕令"天下生员兼读诰律"[⑨]。十一月，又命礼部对来京能诵《大诰》的民间子弟进行次第赏赐。[⑩] 这些讲读《大诰》的民间子弟除了在赴京考试时受赏外，在平时也享有较高地位。如他们可以穿靴子，而一般的庶民、商贾、皂隶、军丁、医卜、阴阳人等则是不能享受这一待遇

---

① 《御制大诰初编》第七十四《颁行大诰》，第 252 页。

② 《御制大诰续编》第八十七《颁行续诰》，第 337 页。

③ 《御制大诰三编》第四十三《颁行三诰》，第 419 页。

④ 《大诰武臣·序》，第 427 页。

⑤ 《明太祖实录》卷一七七，洪武十九年正月庚辰条，第 2676 页。

⑥ 参见《明太祖实录》卷一八二，洪武二十年六月甲戌条，第 2753 页。

⑦ 参见(明)张卤辑：《皇明制书》卷九《教民榜文》第二十六则，续修四库全书本，第 788 册，史部政书类，第 357—358 页。

⑧ 《明太祖实录》卷二一二，洪武二十四年九月乙酉条，第 3141 页。

⑨ 《明太祖实录》卷二一四，洪武二十四年十一月癸巳条，第 3158 页。

⑩ 参见《明太祖实录》卷二一四，洪武二十四年十一月己亥条，第 3159 页。

的。[①] 洪武二十五年(1392 年),朱元璋规定:“各处官吏之家诵《大诰》三编。凡乡饮酒礼,一人讲说,众人尽听,使人皆知趋吉避凶,不犯刑宪。其秀才教训子弟,引赴京考试,有记一编、两编或全记者,俱受赏。仍具赏过名数,晓谕天下。”洪武二十六年,他又诏令天下曰:“凡民间,须要讲读《大诰》律令,敕谕老人手榜,及见丁著业牌面,沿街轮递,务要通晓法意,仍仰有司,时加提督。”[②]另外,朱元璋还规定把能读《大诰》作为挑选女官入宫的基本条件。据《西湖游览志余》载:“洪武间,诏选识字良家女及能读《大诰》者。杭州以江干蔡氏应诏如宫,署为女官。”[③]可以说,在朱元璋的奖诱政策下,全国上下掀起轰轰烈烈的《大诰》学习浪潮。洪武三十年(1397 年)五月,“天下讲读《大诰》师生来朝者,十九万三千四百余人,并赐钞遣还”[④]。这可以说是中国教育史上空前绝后的壮举。

(三)作为量刑依据,宣扬宽仁之道

为了促进《大诰》的宣读实施,朱元璋将民人是否收藏和遵守《大诰》作为判断是非及量刑奖惩的依据。如果民人犯罪,家有《大诰》的话,则减一等判刑,否则加一等。如:“天文生、妇女犯徒流,决杖一百,余罪收赎者,虽罪止杖六十,徒一年,亦决杖一百,律所谓应加杖者是也。皆先依本律议,其所犯徒流之罪,以《诰》减之。”[⑤]又如:“初制流罪三等,视地远近,边卫充军有定所。盖降死一等,唯流与充军为重。然《名例律》称二死三流各同为一减。如二死遇恩赦减一等,即流三千里,流三等以《大诰》减一等,皆徒五年。”[⑥]明人唐枢认为朱元璋之所以采取“有《大诰》减等”制度,也有减轻刑罚、宣扬宽仁之道的用意。他说:

> 古谓刑罚世轻世重,其要归于期无刑以治天下。高皇帝初宰朝野,令、律两发,而钟元末造民习不良,犯者益肆其奸,于是特典重裁,间以时出,如雷霆震惊。一番旋干,然神功歛敛,能改即止。凡大小犯悉令减一等科罪,盖其所轻重世也,而非我之所欲自为也。[⑦]

洪武二十八年(1395 年),朱元璋又诏令:“法司拟罪,许引《大诰》减等。若遇恩例,则通减二等。”[⑧]从而对“有《大诰》减等”制度进行了调整和修改。后来,朱元璋又命六部和都察院等编纂《律条直引》一书,于洪武三十年(1397 年)颁行天

---

① 参见《明太祖实录》卷二一九,洪武二十五年七月壬午条,第 3214 页。

② (明)申时行等编修:《明会典》卷二十《户口二·读法》,第 135 页。

③ (清)沈翼机等编修:《浙江通志》卷二八〇《杂记下》,文渊阁四库全书景印本,第 526 册,史部地理类,第 643 页。

④ 《明太祖实录》卷二五三,洪武三十年五月己卯条,第 3652 页。

⑤ (清)张廷玉等撰:《明史》卷九三《刑法志一》,第 2298 页。

⑥ (清)张廷玉等撰:《明史》卷九三《刑法志一》,第 2301 页。

⑦ (明)唐枢:《法缀》“大诰三编”条,见杨一凡编:《中国律学文献》第 1 辑第 4 册,第 668—669 页。

⑧ (明)唐枢:《法缀》“大明律”条,见杨一凡编:《中国律学文献》第 1 辑第 4 册,第 663 页。

下，对《大明律》条如何解读“有《大诰》减等”作了具体的阐述。可见朱元璋非常重视“有《大诰》减等”制度的实施；而且，这一制度在洪武末期的司法实践中也确实得到了一定程度的贯彻执行。如洪武末年何广所撰的《刑名启蒙例》就对如何遵循和贯彻“有《大诰》减等”作了详细阐述。[①]

除了实行“有《大诰》减等”的制度外，朱元璋对于遵守《大诰》规定，以之行事的行为大加奖赏。如常熟县民人陈寿六因手执《大诰》将害民之吏顾英擒拿赴京，而被朱元璋“赏钞二十锭”“免杂泛差役三年”。此外，朱元璋还将其事迹榜谕城市乡村进行宣讲学习，并诏令道：“陈寿六倘有过失，不许擅勾，以状来闻，然后京师差人宣至，朕亲问其由。”这种礼遇和优待是非同一般的，以至于朱元璋都说：“其陈寿六岂不伟欤！”[②]不过，对于不敬不收《大诰》和不遵《大诰》行事的行为，朱元璋也会毫不客气地予以重惩。如礼部郎中王锡因藏匿他人《大诰》，而招致杀身之祸[③]。又如镇江坊甲邻里人等，因违背《大诰》旨意，不将乡里民患捉拿赴京，而是坐视不管，竟被全部“责罚搬石砌城”，以致很多人因役而死。[④] 由上可见，朱元璋对收藏《大诰》、谨遵《大诰》行事的行为大力赞赏；对不敬不收、违诰的举动则动辄责究。这种赏罚分明的举措，在一定程度上促使《大诰》得到一定的贯彻和实行。

(四)不断引诰入例，推动诰文传播

洪武二十六年(1393 年)以后，朱元璋不断将《大诰》中的条目载入新颁的条例之中。这些条例，有洪武二十六年颁行的《真犯杂犯死罪》《充军》条例，洪武三十年颁行的《决不待时》《秋后处决》《工役终身》以及《律诰》条例。不断引诰入例，推动了《大诰》的传播。引诰入例的实施，是朱元璋根据客观需要对《大诰》的有关条目规定或量刑处置作出的适时调整，这一方面是朱元璋对《大诰》的反思，另一方面也有进一步严密法网的意思，对于《大诰》的传播亦具有一定的推动作用。当然，引诰入例使很多《大诰》条目的司法审判效力转为例的规定，其本身具有的刑罚峻令也日渐废止。不过，《大诰》的传播进一步增强，其所具有的威慑力依然存在。

总之，通过以上这些措施的实施，朱元璋不断推动《大诰》的传播，使《大诰》警醒奸顽、教训百姓的力度不断增强。在洪武后期的社会中，出现了人人知诰、学诰、藏诰的现象。有些人以诗歌的形式描述了当时学习《大诰》的场景。一首

---

① 参见刘海年、杨一凡主编：《中国珍稀法律典籍集成》乙编第 1 册，第 649—663 页。

② 《御制大诰续编》第十《如诰擒恶受赏》，第 272 页。

③ 参见《御制大诰三编》第二十九《王锡等奸弊》，第 403 页。

④ 参见《御制大诰三编》第六《违诰纵恶》，第 381 页。

《读大诰作巷歌》如是说："天语谆谆祸福灵，风飞雷厉鬼神听。挂书牛角田头读，且喜农夫也识丁。"[①]又有诗云："编氓租斛足万计，鸡犬不惊安老亲。短檠灯火读《大诰》，喜色夜夜灯花亲。"[②]另有诗云："千里长江万斛船，飞刍挽粟上青天。田家岁挽柴门闭，熟读天朝《大诰》编。"[③]从这些歌词、诗赋中可见，《大诰》在当时的传诵可谓盛极一时。人们以《大诰》为护身符、为通行证，从而使得《大诰》家喻户晓。仅从传播的效果来说，朱元璋的这些举措是非常成功的，但是就其实行效果来说却未必完全如愿。

二、洪武以后的日渐废止

洪武以后，《大诰》在明初及以后各朝中仍被一定程度地讲读和推行，但是其力度明显减弱，其中的案例、峻令等内容已很难被比附援引。不过，"有《大诰》减等"制度、"君臣同游"条目被广泛沿用和执行，只是多流于形式，甚至发生了流变。

(一)讲读制度的间有申明

朱元璋死后，讲读《大诰》的制度在明初各朝得以不同程度的继承和延续。如明成祖朱棣通过靖难之役取得帝位之后，为了收揽人心、巩固帝位，对建文更改之制率多恢复，其中申明《大诰》三编是一个重要举措。他诏谕礼部大臣曰："太祖高皇帝新制《大诰》三编，使人知趋吉避凶之道，颁行岁久，虑民间因循废弛，尔宜申明仍令天下诵读，遇乡饮则讲解如旧。"[④]永乐元年(1403 年)，他又下旨道："令各处教官，依前教读讲解，听候考试，其市井乡村秀才，一体用心教训，如不熟读，及闻知考试推托不赴者，治罪。"[⑤]永乐三年(1405 年)二月，巡按福建监察御史洪堪奏言十事。"其八曰：乡饮酒礼，乞申明，令有司以时奉行，选方正之士讲读《大诰》、律令，使民知趋善避恶。其九曰：治民之法必先教之，教之不从然后刑之，今朝廷法制禁令止行于有司，其间巷小民有自幼至老不及知者，故往往至于误犯，今后凡有条例榜文，宜令有司转行，里老于本处申明亭召集乡民逐一告谕，庶其知所循守。"对此，明成祖朱棣皆予采纳推行。[⑥] 永乐十七年(1419

---

① (元)谢应芳：《龟巢稿》卷十七，"读大诰作巷歌"，文渊阁四库全书景印本，第 1218 册，集部别集类，第 414 页。

② (元)谢应芳：《龟巢稿》卷十七，"赠陈棲云"，文渊阁四库全书景印本，第 1218 册，集部别集类，第 415 页。

③ (元)谢应芳：《龟巢稿》卷十七，"周可大新充粮长"，文渊阁四库全书景印本，第 1218 册，集部别集类，第 449 页。

④ 《明太宗实录》卷十下，洪武三十五年秋七月丁未条，第 172 页。

⑤ (明)申时行等编修：《明会典》卷二十《户部七・户口二・读法》，第 135 页。

⑥ 参见《明太宗实录》卷三九，永乐三年春二月丁丑条，第 654－655 页。

年）三月，他又诏命礼部道：“自今科举取士，准《大诰》例于内出题。”[①]从而把《大诰》的内容纳入科举考试的命题范围，进一步加大了对《大诰》的宣读推行。另外，永乐九年（1411 年），明成祖朱棣为了推进《大诰》的实施，又诏谕天下臣民曰：

> 自今务须遵守朝廷法度，赋役一体应当，以尽为民之分，如有司分外科徵，非理虐害，或豪势之家恃强凌弱，许赴所在官司自下而上陈告，若不准理，许赍《大诰》赴京陈诉。如乡里有顽恶无赖之人，扇诱作耗，其良善者能擒之解官，朝廷量加赏赐，岂不胜于胁从受祸。果能遵守朕训，永远安吉，违则有祸，悔将无及。[②]

相较于永乐朝对《大诰》三编的大力宣读和推行，之后的各朝力度弱得多，不过也不乏要求讲读的内容。如正统二年（1437 年）十二月，巡按直隶监察御史杨春奏言：“太祖高皇帝《大诰》三编，教民为善去恶，官民所宜遵守，今天下有司视为文具，乞令讲读。”对此建议，明英宗朱祁镇予以采纳。[③] 天顺元年（1457 年）五月，都察院右都御史耿九畴上书奏言：“今天下民庶，不本之务，惟敕之逐，或营充吏卒，或专事商贾，或去为僧道，致田野不辟，圩岸不修，故稍遇饥馑，即流殍满路，盗贼纵横，宜敕天下亲民官申明《大诰》‘互知丁业’之条，使出入相友，守望相助，有事即连坐以罪，如此庶游民少，而美化成。”对此，明英宗朱祁镇予以采纳。[④] 另外，在正统、天顺时期，《大诰》三编的内容亦被划入科举考试的命题范围。当时的一篇乡试策问如是出题：

> 问礼教导民于将然，刑罚禁民于已然者也。是以古昔帝王之治天下尚德缓刑，率有导民之典，以故教化兴行，世臻熙皞。在唐虞三代，其载于经有可考见者欤。肆惟我太祖高皇帝条成《大诰》三编，太宗文皇帝纂集为善阴隲孝顺事实，宣宗章皇帝采辑五伦书，列圣相承，前后一心，无非劝善警恶导民归于礼教而已，其亦有合于经欤？《三诰》、五伦其终始以何条？善孝二书，其终始以何人欤？五伦、君臣之道，则详其目？父道而下何为畧之欤？《三诰》、三书，其理亦有相通否欤？诸士子服膺圣训有年，其悉陈之，毋泛毋隐。[⑤]

从中可见当时《大诰》仍在科举考试的命题范围内，在生员子弟中还具有较大的影响。但是，对此我们也不宜夸大。因为，明中叶以后《大诰》日益为人们所鲜知

---

① 《明太宗实录》卷二一〇，永乐十七年三月丁巳条，第 2129 页。

② 《明太宗实录》卷一一二，永乐九年春正月甲子条，第 1429—1430 页。

③ 参见《明英宗实录》卷三七，正统二年十二月乙丑条，第 713 页。

④ 参见《明英宗实录》卷二七八，天顺元年五月己卯条，第 5955—5956 页。

⑤ （明）倪谦撰：《倪文僖集》卷二五，“策问”，文渊阁四库全书景印本，第 1245 册，集部别集类，第 493 页。

是不争的客观现实。身经正统、成化、弘治三朝的陆容写道:"国初惩元之弊,用重典以新天下,故令行禁止,若风草然。然有面从于一时,而心违于身后者数事。如洪武钱、大明宝钞、《大诰》、《洪武韵》是已。……《大诰》惟法司拟罪云有《大诰》减一等云尔。民间实未之见,况复有讲读者乎!"①

对于此情此景,明初的各朝皇帝都有一定的认识。一些力图救济时弊者,间有申明之举。如弘治元年(1488年)正月,监察御史汤鼐奏言:

> 我太祖高皇帝钦定《大诰》、《大明律令》、《稽古定制》、《教民榜》、《马政条例》等书,又敕礼部疏其节要,定为条例榜谕天下,而承平日久,法玩弊滋,风宪不能申明,有司不知遵守,以致政教废弛,风俗败坏,甚至皇上新布诏条亦未闻有举而行之者,请申明旧例,有仍前玩视者罪之。

对此,明孝宗朱祐樘予以采纳,并"令所司举行"。② 弘治五年(1492年)五月,他又诏准将《大诰》三编雕印颁行,以"俾学校用以教人,科举用以取士,朝廷用以资治"。③ 弘治八年(1495年)十月,又诏令修举乡村社学,要求"慎选教读之人,凡民子弟俱令入社学,读《孝经》、《小学》并《大诰》,俾知孝弟之道,与当代之法"④。弘治十五年(1502年),又颁行《大诰》于国子监。⑤

明中期的嘉靖、万历诸朝对《大诰》三编的讲读也间有申明。如嘉靖六年(1527年)十二月,詹事霍韬奏言:"洪武中令天下生员兼读《诰律》、《教民榜文》,又言民间子弟早令讲读《大诰》三编,今生儒不知《诰律》久矣,临民莅政惟皆以吏为师,宜申明之,令学校生员兼试以律,仍令礼部以《御制大诰》诸书刊行天下嘉惠臣民。"对此,明世宗朱厚熜"诏所司知之"。⑥ 万历时期,《大诰》依然是科举考试的重要内容,因为在万历十七年(1589年)三月举行礼部贡士策试时,仍提到了《大诰》的内容:

> 制曰:……我太祖高皇帝用夏变夷,敷政立教,尝谕侍臣曰:礼法明则人志定上下安,又曰:制礼立法非难,遵礼守法为难,乃集为礼制,著为定式,颁律令《大诰》于天下,洋洋圣谟布在方策,可得而杨历欤?……尔多士其悉抒所蕴,详著于篇,称朕意焉,毋有所讳。⑦

---

① (明)陆容撰:《菽园杂记》卷十,第122—123页。

② 《明孝宗实录》卷九,弘治元年正月甲寅条,第191页。

③ 参见《明孝宗实录》卷六三,弘治五年五月辛巳条,第1213—1215页。

④ 《明孝宗实录》卷一〇五,弘治八年十月庚午条,第1920—1921页。

⑤ 参见(清)梁国治等纂:《钦定国子监志》卷五一,"赐书附·明",文渊阁四库全书景印本,第600册,史部职官类,第565页。

⑥ 《明世宗实录》卷八三,嘉靖六年十二月戊申条,第1860页。

⑦ 《明神宗实录》卷二〇九,万历十七年三月壬戌条,第3919—3921页。

万历二十二年(1594 年),南京祭酒陆可教条奏:"一定课程。诸生须习经书正文,及《大诰》、《通鉴集要》、《大明律令》。"[①]对此建议,明神宗朱翊钧也予以采纳。此外,在隆庆、万历时期的民间社会中,《大诰》三编应该还有一定的传播。据隆万年间任惠安知县的叶春及在《惠安政书》中的记载可见:"凡民间须要讲读《大诰》、律令。敕谕老人手榜,及见丁著业牌面,沿门轮递,务要通晓法意,有司时加提督。"[②]

自万历以后,类似的记载已十分少见,但是《大诰》之影响并未彻底消亡。明末清初人陆世仪在其《治乡三约》中记载道:"按讲约从来止讲太祖圣谕六言,习久生玩。宜将《大诰》律令及孝顺事实与浅近格言等书,令社师逐次讲衍,庶耳目常易,乐于听闻,触处警心,回邪不作。"[③]可见,在乡约中实行教民的读法,主张在"圣谕六言"之外,还讲读《大诰》和律令。这也表明在明末社会中,《大诰》讲读的影响仍存在。

综上可见,在洪武以后的历代各朝,《大诰》三编的传播力度日渐减小,已没有了洪武时期"户户人有一本""家传人诵"的局面。不过,由于它仍然是科举考试的重要命题,因此,在士人子弟等群体中还具有一定的影响力。一些正直之官还常常把《大诰》三编作为圣谕训言,以时时自省。如历经嘉靖、隆庆、万历三朝的吕坤在《新吾吕先生实政录》一书中说:"道本先王,详训昭代,言言修政,事事为民,而《大诰》三编尤为警切"[④];"《大诰》'再明游食'一篇,极重游民之罪,甚者一月不务生理,送赴京来以除民患,贤有司有志于小民之依乎,当日诵'无逸'之篇,以察乃民,务皆各安生理,始为称职"[⑤];"读《大诰》、《宪纲》诸书,听嘱者可以愧矣"[⑥]。可以说,《大诰》三编从洪武朝的颁行到万历朝的诸生、官员的习读警醒,时间绵延长达 200 余年,这充分反映了它作为御制之言所潜在的持久影响力。另外,在民间社会中,《大诰》三编虽已日渐为人们所鲜知,但也偶有不时宣讲的现象,这也反映了它在基层社会中的影响力并未完全消除。

总之,《大诰》三编在整个明代社会中潜移默化地发挥着重要作用,它所具有的独特地位和重要作用,我们不应低估。

---

① 《明神宗实录》卷二七一,万历二十二年三月己丑条,第 5033 页。

② (明)叶春及撰:《惠安政书》卷九《乡约篇》,第 341 页。

③ (清)陆世仪:《陆桴亭先生遗书》第 18 册《治乡三约・教民读法饮射》,清光绪二十六年(1900 年)唐受祺刻本。

④ (明)吕坤撰:《新吾吕先生实政录・民务卷一・督抚之职》,《官箴书集成本》第 1 册,第 434 页。

⑤ (明)吕坤撰:《新吾吕先生实政录・民务卷二・小民生计》,《官箴书集成本》第 1 册,第 439—440 页。

⑥ (明)吕坤撰:《新吾吕先生实政录・民务卷三・有司杂禁》,《官箴书集成本》第 1 册,第 487 页。

(二)《大诰》减等制度的继承流变

洪武时期朱元璋制定的“有《大诰》减等”制度，在明代中后期仍得以不同程度的实施。不过，在司法审判时，往往不问有无《大诰》，对非犯死罪的犯人通减一等。可以说，“有《大诰》减等”制度已成为一种形式。但是，这种形式在明代中后期也引起了一定争议，并发生了流变。如《明宪宗实录》“成化十七年五月癸卯条”载，刑部等官奏疏道：

近例乃通行禁奸之常法，减等是一时钦恤之特恩。自前法司所问囚犯，凡遇恩例，其应赎罪工役者，各以大诰通减二等，若律应仍尽本法，及例该充军为民立功调卫，虽遇恩例，仍依律例发遣。

另外，刑部官员又针对社会中存在的“指京官名诓财”的情事奏言道：

其指名诓财之人，虽尝问拟，适无减等事例，且此等情犯颇重，如复减等，恐见发者辰转异词，觊图倖免，人相效尤，奸伪日滋，殊为不便。是宜通行两京法司，并在外刑官，凡指京官并三司以下官名，及以官府使用为词为诓财者，俱计赃，不分首从，悉连家属发边卫充军，原系边卫者发极边守哨。职官有犯，依律议拟奏请区处，仍依律例一体发遣。若所犯与律，应仍尽本法者，罪虽遇例减等，具计赃；犯该杖罪以下者，仍依常例拟断，则法令归一，人易遵守。

对此，明宪宗朱见深也是予以采纳准行，并定“挟诈得财罪例”。[①] 可见，在具体的司法审判中，并非统统按“有《大诰》减等”制度进行办理，有时会根据客观实际和打击严重犯罪的需要做适当的调适，甚至产生了很多新的“问刑条例”。当代学者吴艳红据此进一步认为：“常刑下的发落按《大诰》与恩例可以减等，充军本罪可以减等，充军本身则不能减等。”[②]又如弘治十三年(1500 年)，明孝宗朱祐樘诏准道：“凡在京法司问拟囚犯，有已徒而又犯徒，律该决讫所犯杖数，总徒四年，有大诰及遇蒙恩例通减二等者，俱照三流同为一减律例，减徒一年。”[③]另外，嘉靖十年(1531 年)明世宗朱厚熜批准刑部尚书许瓒的奏疏说：“凡遇每年热审、朝审一应杂犯死罪，准徒五年者，亦得减去一年。”这就改变了以前杂犯死罪准徒，但不得以《大诰》减等的规定，其实质上是《大诰》减等制度的流变。[④]

不过，综观有明一代的司法实践，不论有无《大诰》，统统按“减罪一等”治罪，确是一种普遍形式。有官员曾试图予以改变。如弘治十年(1497 年)四月，任吏

① 《明宪宗实录》卷二一五，成化十七年五月癸卯条，第 3744、3745 页。

② 吴艳红：《明代充军研究》，第 195 页。

③ (明)徐溥等撰，李东阳等重修：《明会典》卷一三三《问拟刑名二·五刑赎罪·已上纳粮》，文渊阁四库全书景印本，第 618 册，史部政书类，第 356 页。

④ 参见《明世宗实录》卷一二八，嘉靖十年七月辛巳条，第 3062－3063 页。

部主事的杨子器就上书奏言道:“今内外问刑衙门,宜追审犯人,果有无大诰,有者始许减等论罪,不可仍前概拟为有《大诰》虚减其等。”[①]但是,就整体的司法实践而言,很少追究犯人有无《大诰》的实际,而且也已无“加等治罪”的要求。以至于嘉靖时人郑晓说:“今但有减等,而无加等。”[②]万历时人佘自强亦说:“高皇帝颁行《大诰》,开人守法惧罪之门,使读而守之者除死罪外,俱得各减一等。今人虽无读《大诰》,然平常一概引律,则俱称《大诰》减等矣。”[③]“有《大诰》减等”制度在整个有明一代的司法实践中一直得以贯彻和实行,成为法司常用的《招议之式》之一。[④] 如崇祯六年(1633 年)巡按苏松等处监察御史祁彪佳审录豪绅陈一教及子陈于奉纵仆虐民导致民变一事,罪犯胡成、周满三、周阿荒、钱大、管望、杨肇基、陈谋、凌长子、陈大龙、李陆等俱问杖一百,流三千里,俱有《大诰》减等,各杖一百,徒三年。[⑤]

(三)“君臣同游”条目的一再奏言

朱元璋在颁行初编《大诰》时,即以首篇叙述了“君臣同游”条目。通过这一条目,他希望君臣之间构筑起一幅完美的政治图景,所谓:“臣得与君同游者,其竭忠成全其君,饮食梦寐,未尝忘其政。”[⑥]在明代的史籍记载中,关于《大诰》条目反映最多的就是“君臣同游”一篇。这一条目后来成为朝臣规谏帝王的重要法宝,成为缓和君臣关系的重要利器。这就使得颁行“君臣同游”条目着重训诫臣民的初衷,转换为臣民规谏帝王的援引依据。如弘治元年(1488 年)五月,南京刑科给事中周纮等借南京出现“雷电交作,大雪连朝”的恶劣天气之际,上书奏言道:

> 伏见南京今年闰正月,雷电交作,大雪连朝,谨按春秋传曰:正月雷未可以出,电未可以见,而大雷电,此阳失节也。……大雨雪,此阴气纵也。……伏闻我祖宗列圣,延见臣寮无间朝夕,或于《大诰》首著“君臣同游”之篇,或于燕饮命赋醉学士之歌,或召对便殿从容赐坐,或同游内苑相与赋诗,真有都俞吁咈气象,所以百二十年来天下治安,民享其福。伏望陛下万几之下,

---

① 《明孝宗实录》卷二二三,弘治十八年四月甲子条,第 4214 页。

② (明)郑晓撰,李致忠点校:《今言》卷一,中华书局 1984 年版,第 39 页。

③ (明)佘自强:《治谱》卷四《赃数定死军徒杖分别大略》,《官箴书集成本》第 2 册,第 117 页。

④ 明人雷梦麟作《读律琐言》,在文后所附“招议之式”中,录有一条云:“《大诰》末章云,一切军民人等,户户有此一本,若犯笞杖徒流罪每减一等,法家至今遵用,有《大诰》减等,惟死罪不减。其杂犯死罪准徒五年,及笞罪并枷号者,若遇恩例减年释放、放免,须云,某有《大诰》,又与某人某人某人俱遇蒙恩例,某减一年,某等通减二等,某徒四年,某杖一百,徒二年半,某杖八十,某系官吏、军民,某系妇人决杖一百,余罪收赎。”[(明)雷梦麟撰,怀效锋、李俊点校:《读律琐言》附录《招议之式》,第 586 页]

⑤ 参见(明)祁彪佳撰:《祁彪佳文稿·宜焚全稿》卷二,书目文献出版社 1991 年版,第 73 页。

⑥ 《御制大诰初编》第一《君臣同游》,第 204 页。

命内阁府部大臣及文学近侍等官，以时请对，更番上直。[①]

嘉靖年间，明世宗朱厚熜痴于修道，长期不理朝政，很多大臣纷纷上书奏言劝谏，其中就有不少人搬出朱元璋的“君臣同游”条目作为依据。如陈以勤上“陈谨始之道以降圣业疏”曰：

惟我祖宗之朝每每召见群臣，讲论治道，至于《大诰》首篇，特着“君臣同游”之训，其意远矣。伏愿陛下笃体之谊，于退朝之暇，即御便殿，召文武大臣入内，与之亲接，或访以抚夷夏和阴阳之道，或询以进贤退不肖之方，或于簿书之外命极言民隐，或给笔札俾疏陈时务。庶几君臣道合，血脉流通，政事举无不当，而世道可登诸理矣。此接下之规所当谨于始也。[②]

陆粲上“法祖宗复旧制以端治本疏”曰：

君臣同心为平治之本，故斯编之集，于圣祖成祖朝名臣礼遇之事应制之作无不载之，与贞山此论合也。臣伏睹太祖高皇帝《御制大诰》，以“君臣同游”为篇首，臣每诵之，未尝不窃叹圣虑之深远也。……古之善治者，每以通达下情为先务，君臣之间日相接见，非特三代盛德之主若此，而由汉唐以下皆然，未有隔越不通，如近世之甚者。今必先去此弊，时时延纳言论，举止间亦可以亲，观其于此，正是明察之事，非特宽仁大度也，然后天下事可从而理，不然虽兴利除害，惟日不足，亦暂得而终失，未见其有益也。……今日本原受病之地，正在上下之情不通，故臣之愚以为必先去此弊，然后天下事可从而理也。[③]

隆庆年间，亦有臣僚以此上书规谏明穆宗朱载垕。如：

掌詹事府事吏部左侍郎陈以勤上谨始十事。……其九曰：接下臣。历观古今未有君臣之情不相孚洽而可致治者。……惟我祖宗之朝每每召见群臣，讲论治道，至于《大诰》首篇又特著“君臣同游”之训，意盖以此。请陛下自今视朝之后，即御便殿，召文武大臣入内与之亲接，凡朝廷有大政事即令于上前拟议，恭候宸断而行之，或于簿书之外仍命极言民隐，或时给笔札俾疏陈时务，则上下血脉流通，而政事举无不当，且可以消人臣意见之私，去左右壅蔽之患。[④]

从中可见，《大诰》中的“君臣同游”条目成为很多朝臣规谏帝王的理论依据，并得以历朝延续。这也是朱元璋颁行的众多诰文中，唯此会被经常记起的原因。

---

① 《明孝宗实录》卷十四，弘治元年五月丁卯条，第329—331页。

② (明)陈子龙等选辑：《明经世文编》卷三一〇《陈文端公奏疏》，第3276页。

③ (明)陈子龙等选辑：《明经世文编》卷二八九《陆贞山集一》，第4045页。

④ 《明穆宗实录》卷二，隆庆元年正月癸亥条，第39页。

综上可见,洪武以后,《大诰》除了在永乐朝得以有效施行外,在其他各朝虽间有申明,但是力度明显减弱,更多的则是发挥科举入仕命题、"减等治罪"以及变相规谏帝王的作用。在具体的司法实践和社会管理中,其作用已不明显。但是,作为朱元璋的御制文书,其仍然在明代各朝发挥着潜移默化的作用。

第二节 《大诰》三编的实施效果及评价

朱元璋所推行的以《大诰》三编为中心的社会管理政策,对澄清吏治、整顿社会秩序以及敦厚民俗等发挥了重要作用,但是其"重典"政策所带来的负面影响却也异常深远,不仅加重了对人民的束缚和压迫,而且还阻碍了新的生产力与生产关系的形成,遏制了社会的向前发展。

一、积极效果

朱元璋的强力政策使元末明初的动荡局面得以有效扭转,社会秩序基本恢复,官吏及富豪危害得以有效控制,在短期内对缓和阶级矛盾,促进生产发展发挥了重要作用。

(一)整饬了官场腐败,使吏治有所澄清

明初,朱元璋采取的重典治吏政策在一定程度上起到了威慑官吏的作用。当时,官场上笼罩着一种恐怖的气氛,为京官者,"每旦入朝,必与妻子诀,及暮无事,则相庆以为又活一日"[①];为地方官者,即使是居于"穷山绝塞之地,去京师万余里外",也都是"悚心震胆,如神明临其庭,不敢少肆"[②]。这种刑威使当时的为官者在行为上多少有所收敛,在短期内对澄清吏治起到了良好作用。对此,后来的史家多给予了肯定。如成化时人陆容说:"国初惩元末之弊,用重典以新天下,故令行禁止,若风草然。"[③]嘉靖、万历时期的清官海瑞更是说:"我太祖视民如伤,执《周书》如保赤子之义,毫发侵渔者加惨刑。数十年民得安生乐业,千载一时之盛也。"[④]清人张廷玉等编撰的《明史》中对此也说道:"明太祖惩元季吏治废弛,民生凋敝,重绳贪吏,置之重典。……一时守令畏法,洁己爱民,以当上指,吏

① (清)赵翼著,王树民校证:《廿二史札记》卷二二,"明祖晚年去严刑",第744页。
② (明)方孝孺撰:《逊志斋集》卷十四《送祝彦芳致仕还家序》,商务印书馆1935年版,第422页。
③ (明)陆容撰:《菽园杂记》卷十,第122页。
④ (明)陈义钟编校:《海瑞集》下编《赠赵三山德政序》,第354页。

治涣然丕变矣。下逮仁宣，抚循休息，民人安乐，吏治澄清者百余年。”[①]这些评论虽不免有溢美之词，但亦可窥见重典政策的威慑力和打击力。

(二)削弱了富民豪强势力，调整了阶级结构

在《大诰》三编中，朱元璋对民人阶层中的富民地主及地方豪强的危害行为进行了严厉打击和惩戒，这在一定程度上起到了限制他们兼并土地、飞洒税粮和逃避差役等的作用。此外，明初实行的迁徙、籍没和屠杀等政策以及赋役黄册、鱼鳞图册、户帖等制度，更是有效地打击和削弱了地主豪强的势力。其中，对江南富民豪强势力的打击最为明显。据明初人的记载看，这种打击和限制在当时确实取得了一定成效。方孝孺《逊志斋集》载：“(太祖)疾兼并之俗，在位三十年，大家富民多以逾制失道亡其宗”，“浙东西巨室故家多以罪倾其家”。[②] 吴宽《匏翁家藏集》载：“皇明受命，政令一新，豪民巨族划消殆尽。”[③]这些记载虽有渲染成分，但富民豪强受到了沉重打击却是事实。张显清先生认为：

> 豪强势力的削弱和害民活动的受限，使明初的阶级、阶层结构发生了深刻变化，出现了土地比较分散、中小地主势力较强、自耕农数量较多的新局面，同时也使国家控制了包括地主阶级在内的赋役资源，均平了赋役，从而缓解了社会阶级矛盾，推进了社会经济的恢复和发展。[④]

可以说给予了比较高的评价。对富民豪强的削弱，确实在一定程度上有利于把他们隐占的土地和劳力搜查出来，从而扩大纳粮当差的范围，增加国家的财政收入。另外，这也有利于缓解农民的疾苦，减少富民豪强对他们的奴役和剥削。

(三)敦厚了民风习俗，整顿了社会风气

明朝建立之初，朱元璋就把礼治教化作为治理国家的首务，不仅申明了各项礼制，而且还推行了许多敦厚风俗的措施。在《大诰》三编中，他又通过“以礼入法”的强制措施，进一步推动礼治的宣扬，如专门设立了“居处僭分”“民擅官称”“婚姻”“婚娶”“乡饮酒礼”“僧道不务祖风”“申明五常”以及“明孝”等多个条目来整顿社会风气，并多次告诫耆宿、粮长、里长等要发挥教化训导之责。在这些措施的综合作用下，明初的社会风气有所改善，在一定程度上扭转了元末以来的不良之风。以社会风尚为例，明初形成了醇厚简朴、拘谨守成的风俗。“国初俗醇质茂，都人士所自好，后进遇长者逡巡退让，不敢以贤智自多。知耻少干渴，敬师而崇礼，不为刻薄之行。……民俗醇厚，宗族比间之间，由由于于，患难相维持，

① (清)张廷玉等撰：《明史》卷二八一《循吏传》，第7185页。

② (明)方孝孺撰：《逊志斋集》卷二二《故中顺大夫福建布政司左参议郑公墓表》，第675页。

③ (明)吴宽撰：《匏翁家藏集》卷五八《传七首·莫处士传》，四部丛刊本。

④ 张显清：《明太祖朱元璋社会理想、治国方略及治国实践论纲》，《明史研究》2007年第10辑。

缓急相依赖，居然古朴之风。”[①]“国朝治化隆盛，习俗醇厚，故为士大夫者读诗书，为农商者重耕货，三代之美复见于今日矣。”[②]“人间道不拾遗，有见遗钞于途，拾起一视，恐污践，更置阶圮高洁地，直不取也。”[③]这些记载虽有溢美之词，但明初民风的古朴敦厚由此可见一斑。另外，表现在民间服饰方面，则是形式单一、色彩素淡，人们少有违僭。如张瀚《松窗梦语》云：“明初士女服饰皆有定制，洪武时律令严明，人遵划一之法。”[④]万历《新昌县志・风俗志》云：“成化以前平民不论贫富皆遵国制，顶平定巾，衣青直身，穿皮靴鞋，极俭素。”[⑤]嘉靖《江阴县志・风俗记》云：“国初时……服布素，老者穿紫花布长衫，戴平头巾，少者出游于市，见一华衣市人，怪而哗之。”表现在饮食居住方面，就是拘礼近朴，不敢恃富犯分。如饮食时，“燕会八簋，四人合坐为一席，折简不盈幅”；居住时，“三间五架，制甚狭小”。[⑥] 以此可见，朱元璋所采取的申明礼制和宣扬教化的措施，在一定程度上使明初的各个社会阶层基本上都能够遵循礼制的规定。对于朱元璋的移风易俗和宣扬教化之举，后来的史家多给予肯定。如明初著名的文臣王炜称赞道：“自古帝王皆兼君师之任，三代而下为人主者，知为治不知为教。今陛下训谕之，不啻严师之教弟子，恩至厚也，诚所谓兼治教之道。”[⑦]甚至后来很多朝臣试图以此为慕，上书皇帝奏言效行。如弘治元年（1488 年）正月，监察御史汤鼐奏言：

> 我太祖高皇帝钦定《大诰》、《大明律令》、《稽古定制》、《教民榜》、《马政条例》等书，又敕礼部疏其节要，定为条例榜谕天下，而承平日久，法玩弊滋，风宪不能申明，有司不知遵守，以致政教废弛，风俗败坏，甚至皇上新布诏条亦未闻有举而行之者，请申明旧例，有仍前玩视者罪之。[⑧]

可见，《大诰》三编在整顿社会风俗、敦厚民风方面同样发挥了重要作用，而且这一影响贯穿有明一代。

（四）强化了社会管理，稳定了社会秩序

明朝立国以后，朱元璋逐渐建立起一套完整的社会管理制度，形成了一个复杂的有机体。在基层社会，这一体系以里甲制为中心，以老人制、粮长制为配套，

---

① 嘉靖《建阳县志》卷一《风俗》，见《天一阁藏明代方志选刊》。

② 弘治《偃师县志》卷一《风俗》，见《天一阁藏明代方志选刊》。

③ （明）邓士龙辑，许大龄、王天有点校：《国朝典故》卷三二《野记二》，第 522 页。

④ （明）张瀚：《松窗梦语》卷七《风俗纪》，中华书局 1985 年版，第 140 页。

⑤ 万历《新昌县志》卷四《风俗志》，见《天一阁藏明代方志选刊》。

⑥ 嘉靖《江阴县志》卷四《风俗记》，见《天一阁藏明代方志选刊》。

⑦ 张德信、毛佩琦主编：《洪武御制全书・明太祖宝训》卷二《崇教化》，第 468 页。

⑧ 《明孝宗实录》卷九，弘治元年正月甲寅条，第 191 页。

融合了社会的管理、教化、治安与社会保障等诸功能。为了使这一体系充分发挥其功能，朱元璋经常会颁发一些诏令或法律不断加以规范和完善。洪武十八年(1385年)至二十年(1387年)《大诰》三编的颁发，则有效规范和完善了这一体系制度，不仅借此逐渐扩大了粮长、耆宿的职责功能，而且还严厉惩治了其中存在的舞弊危害行为。《大诰》三编的颁行实施可谓有效加强了对粮长、耆宿及里甲的管理，从而进一步加强了对基层社会的教化与管理，使国家机构无暇顾及的乡村社会很好地置入国家的管控范围之内。借助于《大诰》三编的强力威势，这一基层社会管理体系制度得以更有力的推行和实施，更好地发挥了调解纠纷、教化民俗、征纳赋税及科派徭役等作用。加之与之相伴实行的重典治吏、惩创奸顽、打击富豪、治理游民以及加强盘查、辨验路引等措施，明初的社会秩序逐渐趋于稳定，人们归于田亩，出现了“四民各有定业，百姓安于农亩，无有他志，官府亦驱之就农，不加烦扰，故家给人足，乐于为农”[①]的境况，从而把一个“遗骸遍野”“人烟断绝”的残破社会改变成为一个“商旅行，农夫耕，老瓦盆中冽酒盈，呼嚣隳突不闻声”[②]的统一安定的社会。对于《大诰初编》及《大诰续编》颁行实施之后的社会效果，朱元璋如是说：“自是民之作非者鲜，从化者多。”[③]当然，这一成绩的取得是明初各种措施共同实施的结果，并不能归结为《大诰》三编这一点的功绩。另外，在对基层社会进行管理的过程中，也存在血腥暴力，这点是需要客观分析的。不过，总体来说，在朱元璋的社会管理措施下，明初的社会秩序逐渐趋于稳定，社会生产得以恢复和发展是不争的事实。对于《大诰》三编在其中发挥的作用，我们也不可低估。尤其是其中提出的“乡饮酒礼”“互知丁业”“著业牌”“再明游食”等思想，在明朝历代都发挥着潜移默化的作用，甚至成为基层官员治民时经常忆起的“昭代之训”。另外，《大诰》三编中集中体现的朱元璋“重典治吏”“严惩贪暴”以及“限制富豪”的思想和主张，也基本为明初各代帝王所继承和延续。如明成祖即位之后，于永乐十六年(1418年)，因“日久法弛”，“故复申饬之”，以“严犯赃官吏之禁”。[④] 宣宗则惩治贪官毫不留情，因时制宜，依律治罪，使得“风纪为之一清”。对王府、外戚、公侯抢夺百姓田土财物亦必置于法，并御制《外戚事鉴》《历代臣鉴》诸书颁赐群臣及外戚，以资警诫。[⑤] 对于奸豪为虐害民行为，

---

① (明)何良俊撰，李剑雄校点：《四友斋丛说》卷十三《史九》，上海古籍出版社1995年版，第111—112页。

② (清)朱彝尊编：《明诗综》卷一〇〇《南丰歌》，文渊阁四库全书景印本，第1460册，集部总集类，第928页。

③ 《明太祖实录》卷一七九，洪武十九年十二月癸巳条，第2715页。

④ (清)张廷玉等撰：《明史》卷九三《刑法志一》，第2288页。

⑤ 参见《明宣宗实录》卷一〇六，宣德元年四月戊寅条，第432页。

也是“悉治以罪”。[①] 这些措施的实施，虽有对朱元璋“成宪”的某些改变，但是严惩贪暴的精神并无二致，从而使明初朱元璋刚刚奠定的帝国基业得以继续向前推进和开拓，并对洪熙、宣德年间的“仁宣之治”的出现发挥了重要作用。

二、消极作用

朱元璋的社会管理政策带有很强的重典意味，虽颇具威慑力，但由于个人专制色彩太浓，随意性太大，带有很大的负面影响，从某种意义上说潜伏着使其走向反面的因素。从历史长河来看，朱元璋的专制独裁、君主集权和法外用刑，都给后世造成了恶劣影响。

(一)问题很多，成绩不宜夸大

朱元璋借助《大诰》三编所推行的社会管理政策，虽在恢复动乱的社会秩序、整饬官吏腐败及限制富民豪强等方面取得了一定成绩，但是还存在很多问题，并未达到他所冀望的“复我中国三代之治”的预期。

首先，就惩治官吏腐败而言，社会中的官吏贪赃问题仍然十分严重。在《大诰》初编颁行之初，朱元璋就说：“洪武十八年、十九年，一样奸谋，朝弃市数人，当日同谋死罪者又数人，此数人不鉴朝杀者，奸与己奸同。”[②]洪武二十三年(1390年)，他又在颁布的榜文中说：“方今诸司官吏不究古今之良法，计出千万，必欲上谩朝廷，下虐小民，将以为所谋者妙，所计者良，所积之赃数盈千万，将以为肥己荣家。”[③]在洪武二十八年(1395年)的榜文中，他又说：“迩来诸司官有等不谙道理，往往非法用刑，凌虐良善，贪图贿赂。”[④]在《南京刑部志》所录的69条洪武、永乐榜文中，直接针对官吏犯罪的有近一半之数，其中涉及官吏贪污受贿、增词陷良、淹禁狱囚、弃毁簿书、奸诈诽谤、卖放逃军等各个方面，这亦从一个方面反映了当时官场的腐败情形仍十分严重。[⑤] 明初那种所谓的吏治“清明”也仅是相较于元末和明代中后期那种极端腐败局面而言。而且，这种“清明”也是多种因素共同作用的结果(如朱元璋重视人才选拔和培养、健全官吏考核和监督等)，而不能简单归功于《大诰》的实施。

其次，就限制富民豪强而言，社会中的富豪危害还多有存在。朱元璋在《大诰续编》中针对粮长之害说：“朕乃竭气语，谕之再三，曰毋害吾良民。更兼前《大

---

① 参见《明宣宗实录》卷八，洪熙元年八月戊寅条，第207页。

② 《御制大诰续编》第四十二《相验囚尸不实》，第296页。

③ 杨一凡、田涛主编：《中国珍稀法律典籍续编·明代法律文献(上)·洪武永乐榜文》，第510页。

④ 杨一凡、田涛主编：《中国珍稀法律典籍续编·明代法律文献(上)·洪武永乐榜文》，第516页。

⑤ 参见杨一凡、田涛主编：《中国珍稀法律典籍续编·明代法律文献(上)·洪武永乐榜文》，第509—532页。

诰》内，戒敕分明。岂有所在粮长，不遵《大诰》，仍前非为，虐吾民者多矣。"[①]洪武二十七年(1394 年)，朱元璋又颁行榜文道："我朝自开国以来，法古安民，消除强暴，保安良善。奈何有等奸顽小人，恃其富豪，欺压良善，强捉平民为奴仆，虽尝累加惩戒，奸顽终化不省。"[②]宣德五年(1430 年)，刚任苏州知府的况钟针对当时社会中存在的富豪危害情形说道："有等倚法为奸，豪横粮里，及革役粮长、圩长、老人，以催征税粮、买办军需颜料等项为由，科敛小民财物，以一科十，无措者至准折子女；或作佣工，逼民逃窜。"[③]因此，我们在肯定明初诸皇帝打击和限制富民豪强取得的一定成绩的同时，似也不应给予过高的评价。

再次，就治理逸夫游民而言，社会中的许多无业游民仍多不"从教"，继续进行危害社会秩序的活动。对此，朱元璋说："无藉之徒，不务本等生理，往往犯奸做贼。若不律外处治，难以禁止。"[④]明初人况钟亦说："各处无藉顽民，专一游手好闲，不务生理。假以擎鹰为由，窥探人家贫富，日则交相赌博，夜则结集为盗，以为民害。"[⑤]

总之，朱元璋以《大诰》为主所实行的社会管理与控制政策，并没有实现他的治国目标，社会中的违礼不法行为还多有存在，危及社会秩序的活动还间有发生。对此，他也并不讳言。洪武十九年(1386 年)，他针对《大诰》初编的实行情况说：奸顽之徒，"不遵《大诰》，仍前为非，虐吾民者多矣"[⑥]。又说："朕朝治而暮犯，暮治而晨亦如之，尸未移而人为继踵，治愈重而犯愈多。"[⑦]在《大诰三编》中，他又针对社会中的不端行为哀叹道："迩来凶顽之人，不善之心，犹未向化"[⑧]；"奸顽之徒难治，扶此彼坏，扶彼此坏。观此奸顽，虽神明亦将何如！"[⑨]洪武二十三年(1390 年)，他在告诫刑部尚书杨靖时，又说："愚民犯法，如啖饮食，嗜之不知止。设法防止，犯者益众。"[⑩]另外，从洪武后期及永乐年间陆续颁行的榜文中亦可看到，朱元璋所希望的通过推行《大诰》以"趋民从教""化奸为贤"的目标远没有实现，对于其取得的成绩，我们不宜给予过高或夸大的评价。沈家本先生认

---

① 《御制大诰续编》第二十一《粮长金仲芳等科敛》，第 278 页。

② 杨一凡、田涛主编：《中国珍稀法律典籍续编·明代法律文献(上)·洪武永乐榜文》，第 516 页。

③ (明)况钟撰，吴奈夫、吴奈蛤点校：《况太守集》卷十二《通禁苏民积弊榜示》，江苏人民出版社 1983 年版，第 127 页。

④ 杨一凡、田涛主编：《中国珍稀法律典籍续编·明代法律文献(上)·洪武永乐榜文》，第 528 页。

⑤ (明)况钟撰，吴奈夫、吴奈蛤点校：《况太守集》卷十二《严禁诸弊榜示》，第 134 页。

⑥ 《御制大诰续编》第二十一《粮长金仲芳等科敛》，第 278 页。

⑦ 《御制大诰续编》第七十四《罪除滥设》，第 327 页。

⑧ 《御制大诰三编·序》，第 342 页。

⑨ 《御制大诰三编》第一《臣民倚法为奸》，第 347 页。

⑩ (清)夏燮撰，沈仲九标点：《明通鉴》卷十《纪十》，中华书局 1980 年版，第 482 页。

为:“不究其习之所由成而徒用其威,必终于威竭而不振也。……观于《大诰》,而用威之不足言治也可知矣。”[①]杨一凡先生认为:“就颁行《大诰》本身的社会效果而论,由于朱元璋倡导的是无视正常法制的、无区别的和无节制的大行诛戮,因而人心不服,收效有限,流弊很大,难以持久实行。也就是说,未能达到朱元璋的预期目的。”[②]

(二)以意立法,多因噎而废食

朱元璋在《大诰》三编中除了编载大量案例惩戒官民犯罪外,还设置了很多重刑峻令。这些峻令多是出于朱元璋的一己之意,带有很大的主观性和随意性,它们有的事理不通、皂白不分;有的罪情相同,而治以不同的刑罚,前后矛盾。对此,我们应给予客观和全面的分析。笔者主要择取几条与社会管理联系密切的相关峻令加以分析,以期窥探其政策的客观实行效果。

1.“禁止官吏下乡”

朱元璋为了革除官民勾结生事和官吏扰民等弊端,在《大诰》三编中明令禁止官吏下乡。规定:“有等贪婪之徒,往往不畏死罪,违旨下乡,动扰于民。今后敢有如此,许民间高年有德耆者,率精壮拿赴京来。”[③]另外,对违背此令者,不分皂白、不分曲直,一律处以死刑。显然,朱元璋对官吏扰民之源缺乏正确的分析,完全出于主观臆断而创设苛法峻令。对此,沈家本先生在《明大诰峻令考》一文中给予了猛烈抨击:

> 官吏之惰者,高坐衙斋,不出国门一步,求其下乡而不可得,其肯下乡者,皆勤于民事者也。召伯《甘棠》,歌兴郊野,古事可征。乃因扰民而概禁下乡,不问下乡之是非而一概处斩,毋乃皂白不分乎?况官不下乡则境内之阨塞形势无自周知,风土人情无自咨访,惰者乐于从事,勤者欲有所施设而不能,于吏治甚有关系。且事之扰民何必下乡,因噎废食,此之谓欤![④]

沈家本先生以周召公深入民间,听断民事,而为百姓爱戴和传诵的光辉事迹,来抨击朱元璋所颁行的“禁止官吏下乡”峻令完全是不得官吏扰民之源的“因噎废食”之举。这一峻令如果得以实施,不仅不能有效防止官吏扰民之害,反而为其懈怠职事大开方便之门。可以说,这一峻令的颁行不仅不利于地方有司对基层社情民意的了解与掌握,而且也不利于及时快捷地解决和疏通民间纠纷,而这是朱元璋所始料不及的。难怪杨一凡先生认为,“禁止官吏下乡”条例的设置,是一

---

① (清)沈家本撰,邓经元、骈宇骞点校:《寄簃文存》卷八《书名大诰后》,见《历代刑法考》第4册,第2281—2283页。

② 杨一凡:《明大诰研究》,第136页。

③ 《御制大诰续编》第十八《民拿下乡官吏》,第251页。

④ (清)沈家本撰,邓经元、骈宇骞点校:《明大诰峻令考·斩》,见《历代刑法考》第4册,第1917页。

个被后世"视为笑柄的峻令"[①]。

2."民拿害民官吏"

为了打击和防范官吏犯罪,朱元璋在《大诰》三编中建立了"民拿害民官吏"制度,赋予民人很大的权力。他冀望利用民人的监督,来警诫官吏行为,使其不敢妄自非为。这一制度在实行之初确实起到了一定作用。对此,朱元璋评论说:

> 洪武十八年冬十一月,首出《大诰》前编,以示臣民。其《诰》一出,良民君子欣然遵奉。恶人以为不然,仍蹈前非者叠叠,不旋踵而发觉。发觉速者为何?为良民君子,知前《诰》之精微,一心钦遵,有所怙恃,乃与奸恶辨。所以强凌人者,众暴人者,以计量致赚人者,设诸不正邪谋之徒,专以此为良善之害者,一施即为良善之所擒。[②]

但是,我们不应对民人对官吏的监督作用作过高的评价。之所以如此说,主要有如下几个方面的原因:

第一,这一制度在实行之时,难免受到官吏的掣肘。民人将害民官吏擒拿赴京之时,经常会受到地方官吏的拦截。如洪武十九年(1386年)三月二十九日,嘉定县郭玄二等"手执《大诰》赴京,首告本县首领弓兵杨凤春等害民",在经过淳化镇时,被巡检何添观和弓兵马德旺等刁蹬留难,并索要钞贯,说什么"差人送赴京来"。[③] 对此,沈家本评论道:"太祖作《大诰》,本欲民知惧而不敢犯,而孰知无藉之徒即假此以为挟诈之具乎!"[④]这可以说是出乎朱元璋的意料的。又如开州耆宿董思文等在赴京陈告本州害民同知郭惟一之时,被"邀截回州,收监在禁","一家四口"惨死。[⑤] 对此,沈家本又评论道:"此亦因《大诰》酿祸也。"[⑥]想必这样的例子在明初不在少数,以至于朱元璋不得不在《大诰续编》和《大诰三编》中专门颁行"阻当耆民赴京"及"臣民倚法为奸"等条目对此进行严厉警示和告诫。另外,民人的监督权力有时候反而成为官吏利用的工具。如"胶州官夏达可,长子县官赵才,新安县官宋玘,建昌县官徐颐等",由于贪赃害民,被朱元璋令法司差人提取。这些官吏为求活命,违背诰令,"公然会集耆民,逼令赴京妄行奏保。且与耆民捏词书记,教其熟读,用此面奏,肆为欺罔"。而这些耆民在被逼无奈之

---

① 杨一凡:《明大诰研究》,第77页。

② 《御制大诰三编·序》,第341页。

③ 《御制大诰续编》第六十七《阻当耆民赴京》,第320页。

④ (清)沈家本撰,邓经元、骈宇骞点校:《明大诰峻令考·枭令》,见《历代刑法考》第4册,第1910页。

⑤ 参见《御制大诰三编》第一《臣民倚法为奸》,第349页。

⑥ (清)沈家本撰,邓经元、骈宇骞点校:《明大诰峻令考·枭令》,见《历代刑法考》第4册,第1910页。

下，则是“不合听受教唆，即与同恶，赴京面奏”。[①] 像这样的例子还有很多，以至于朱元璋在《大诰三编》中也为此专门颁行“妄奏有司”及“有司逼民奏保”等条目予以告诫。官吏的掣肘和阻挠必然使民人的监督效力大受影响，其能发挥多大作用要打一个问号。

第二，这一制度在实行之时，缺乏一定的可行性。朱元璋规定，民人在赴京呈告或保奏之时，不可“三五人、十余人奏”，必须“或百人，或五六十人，或三五百人，或千余人，岁终议赴京师面奏”。[②] 这么多人，若是路途偏远，必然耗费巨大，给百姓造成很大的压力，使其难以承受。另外，对国家来说也是如此，因为朝廷必须对其所奏进行勘察核实，必然也面临很大的负担。唐克军先生通过对《明实录》的爬梳，得出如下结论：“从《明实录》记载的百姓诣阙情况看，两广、云贵、福建无之，说明路途遥远是民诣阙的障碍。因此，诣阙对离京师遥远之民来说，可望而不可及。”[③]因此，笔者认为，朱元璋在《大诰》中所实行的民人监督官吏和赴京呈告制度缺乏一定的可操作性，尤其是在当时交通不便的情况下，更是如此。

第三，这一制度在实行之时，存在妄奏绑缚的情形。如崇德县民李付一等被衙差多次牌勾，不仅“抗拒不答”，而且还诬诋绑缚承差之人。[④] 此外，《大诰》中记载了很多无藉民人以“豪户”“甲首”“帮虎”“豪民”等为由擅自绑缚以肆机吓诈的情事。这可以说是民人对《大诰》赋予的“民拿害民该吏”权力的变相利用。又如，明成祖朱棣继位之后，社会中仍然存在擅自绑缚官吏的行为，以至于他专门颁行禁令道：“如今军民中，有等不知道理的人，又行生事，妄将一应官员人等擅自帮缚，非理凌辱，甚至抢夺家财，因而希求升赏。似这等好生不便，有伤治体。今后敢有仍前不遵号令，妄自帮缚人来者，治以重罪。”[⑤]这种情况说明朱元璋所建立的民人监督官吏制度在实行中存在各种各样的问题，而这必然影响其监督的效果。对此，沈家本先生评论道：“盖自有许民帮缚赴京之《诰》，而民间纷纷生事矣。”[⑥]

总之，“民拿害民官吏”制度是朱元璋在明初特定的社会环境下所实施的特殊监督制度。它凌驾于现有司法制度之上，打破了正常的司法程序，是一种非常

---

① 《御制大诰三编》第三十三《有司逼民奏保》，第 407、408 页。

② 参见《御制大诰初编》第三十六《民陈有司贤否》，第 225－226 页；第四十五《耆民奏有司善恶》，第 230－231 页。

③ 唐克军：《不平衡的治理——明代政府运行研究》，武汉出版社 2004 年版，第 167 页。

④ 参见《御制大诰三编》第一《臣民倚法为奸》，第 352 页。

⑤ 杨一凡、田涛主编：《中国珍稀法律典籍续编 · 明代法律文献(上) · 洪武永乐榜文》，第 519 页。

⑥ (清)沈家本撰，邓经元、骈宇骞点校：《明大诰峻令考 · 枭令》，见《历代刑法考》第 4 册，第 1912 页。

之诉，虽起到了一定的监督官吏的作用，但也存在很多问题。叶英萍先生认为，“民拿害民官吏”制度存在很大的历史局限性。一是缺乏民主之基石。他认为民监督官是现代民主社会的产物，只有民众真正成为国家的主人，民众才能以主人的身份来监管国家之大事，来参政议政。而“民拿害民官吏”制度只是统治者的恤民政策体现，并不是百姓真正拥有这一监督权力。二是缺乏法制之保障。他认为古代民众的监督行为既没有相应的法律依据，也没有法律的保障，因此也就不能使之制度化、法律化。而且，这一制度对检举揭发违法官吏的百姓的人身权和财产权也缺乏必要的法律保护，从而使其监督效果带有很大的随意性和偶然性。三是缺乏政治之严肃。他认为“民拿害民官吏”制度明显缺乏科学性和严肃性。虽然这一制度使民众具有了较大的自救或控告的权力，但是也严重破坏了正常的司法程序，助长了一些刁民的不法行为。另外，他又认为，这一制度受到封建帝王感情的制约，只有出身布衣的朱元璋才能切身体会民众的疾苦，懂得民众的力量，所以朱元璋依靠群众来监督官吏的力度超过了历史上任何一代国君。①

除了以上这两条新设置的峻令或制度存在很大的主观臆断性和随意性外，在《大诰》三编中还有很多条目亦是如此。中国古代多重人治而轻法治，皇帝的话就是法律，就是秩序。朱元璋个人兴之所至的诏令、榜文、诰条，就成了万民必须遵守的法律，至于它们是否与当前已颁布的《大明律》存有矛盾和抵触则并不考虑。而且他所颁行的这些条例，有的莫衷一是，有的朝令夕改。类似这样的条例在《大诰》三编中不在少数，如在《大诰续编》中所设置的 7 个严禁滥设吏卒的条目就是如此。这些随意武断设置的条例，不仅使当官者无所适从，而且使为民者存有疑窦。洪武二十一年（1388 年），中书庶吉士解缙就对此上书说：“令数改则民疑，刑太繁则民玩。国初至今二十载，无几时不变之法，无一日无过之人。”②

（三）重典治国，负面影响甚多

朱元璋所采取的重典治国政策虽在短期内对澄清吏治、加强社会控制与管理等起到了一定的作用，但是却带来很大的负面影响。

第一，恐惧的气氛使得士不乐仕，“以溷迹无闻为福”。

朱元璋的重典用刑和滥杀官吏的政策，给封建官僚政治带来了很大的负面影响。明初士人畏法惧祸，多不愿出仕为官，为朝廷效命。明初人叶伯巨说：“古之为士者，以登仕为荣，以罢职为辱。今之为士者，以溷迹无闻为福，以受玷不录

① 参见叶英萍：《民拿害民官吏析》，《政法论坛》2013 年第 2 期。

② （清）夏燮撰，沈仲九标点：《明通鉴》卷九《纪九》，第 462 页。

为幸。以屯田工役为必获之罪，以鞭笞箠楚为寻常之辱。”之所以造成如此局面，是因为在当时的重典治国情形下，出仕为官是一个高危职业。在严刑峻法之下，官员动辄身首异处。以至于叶伯巨对此感叹道：“开国以来，选举秀才不为不多，所任名位不为不重，自今数之，在者有几？”[①]在这种形势下，人们以出仕为官为畏途，以“受玷不录”为大幸，甚至有的人以断指为誓，拒绝当官。

第二，严峻的刑法使得仕于朝者多推诿卸责，墨守成规，甚至在“朝不保夕”之下“遂弃廉耻，或事掊克”。

朱元璋以严刑峻法打击贪官污吏，其本意是“欲人之惧而不敢犯也”，然而却矫枉过正，使得很多为官者在重压之下，产生了变态心理。他们或为求避祸而明哲保身，墨守成规，或为求痛快而得过且过，继踵为非。造成这些问题的原因，很大一部分是朱元璋在用刑判案之时轻重不分、枉直不辨和喜怒无常。以至于明初人叶伯巨对此上书奏言道：“切见数年以来，诛杀亦可谓不细矣，而犯者日月相踵。岂下人不惧法哉？良由激浊扬清之不明，善恶贤愚之无别，议贤议能之法既废，以致人不自励，而为善者怠。”如此环境使得为官者认为“某廉若是，某智若是，朝廷不少贷之，吾属何所容其身乎！”他们看不到日后的希望，便在“未仕之时，则修身畏慎，动遵律法；一入于官，则以禁网严密，朝不谋夕，遂弃廉耻，或事掊克”。[②] 这种为官的失衡心态，也使他们认为为官“善未必蒙福，而恶未必蒙祸也”；“或朝赏而暮戮，或忽罪而忽赦，施不测之辱则有之矣”。[③] 当然，更多的官员则是在《大诰》峻令的恐怖气氛下，为求苟活，推诿卸责，墨守成规。如在外诸司官吏，“虽有所辖上司及巡按监察御史考察，然卒苟虚故事而已”[④]。明末清初人谈迁对此说道：“《大诰》之篇出矣，所以人人惴悚，吏畏民驯。其时征辟之士，有司督趣，如捕罪囚。仕于朝者，多诈死佯狂，求解职事。自非刚敏博达之士，温恭毖畏之臣，乌能胜其任而遇合乎。”[⑤]

第三，随意量刑，任意株连，造成了许多冤假错案，引起了很多不满与非议。

朱元璋在审判案件时，以个人好恶为标准，不分轻重，不问首从，置当时行用的《大明律》于不顾，法外用刑，肆意株连；加之他鼓励官吏们互相揭发，使得办案人揣摩上意，“务从深刻”，层层加码，造成许多冤假错案。而负责监察的巡按御史在办案时多“以刑名轻重为能事，以问囚多寡为勋劳”。对他们来说，“夫人自救过之不给，何暇劾人之过；人自以言为讳，何能有谏诤之言。……但闻上有赦

① (清)张廷玉等撰：《明史》卷一三九《叶伯巨传》，第 3991 页。

② (明)陈子龙等选辑：《明经世文编》卷八《叶居升奏疏》，第 54、55 页。

③ (明)陈子龙等选辑：《明经世文编》卷十一《解学士文集》，第 74 页。

④ (明)陈子龙等选辑：《明经世文编》卷十四《蹇忠定公疏》，第 99 页。

⑤ (明)谈迁著，张宗祥校点：《国榷》卷八，太祖洪武十八年条，第 658 页。

宥，则必故为执持，意谓如此则上恩愈重”。而且，他们又认为：“入人之罪或谓无私，而出人之罪必疑受贿。逢迎甚易而或蒙褒，营救甚难而多得祸，祸不止于一身，刑必延乎亲友。”[①]在这种左右权衡下，他们为了避祸保命，在审查判案时不敢“持法固争”，说出“某不当刑，某当刑”，从而失去了风宪官应有的“风纪法度”的作用。因此，在明初重典治国的政策下，很多官吏因小过辄遭重惩。如《明史·循吏传》中说：“太祖操重典绳群下，守令坐小过辄逮系。”[②]其中，很多“循吏”之官也难以幸免。据《大诰》三编所列“凌迟、枭示、种诛者，无虑千百，弃市以下万数”[③]。在这些被处置的官吏中，有的就是“以轻处重”“以不属于死罪而处以死罪”，具有明显的律外加刑以及滥刑的性质。这种重典政策在明初引起了官民的很多不满和非议。明初人练子宁在《廷对策》中说：

> 国初法至严明，故以为言，以小过而遽戮之，陛下求贤之急虽孜孜，而贤才不足以副陛下之望者，殆此也。且夫天下之才，生之为难，成之为尤难，陛下既知生之成之之难矣，又岂忍以区区之小故而即付于刀锯斧钺之地哉。[④]

明初人解缙在上书朱元璋的奏疏中亦说道：

> 国初至今将二十载，说亮如此，无几时无变之法，无一日无过之人。陛下尝教臣云：世不绝贤，岂亿兆之众果无一贤，如古之人，而尽皆不才者哉。陛下尝教臣云：民不畏死，柰何以死惧之，良繇陛下诚信之有间，而用刑之大繁也。宜其好善而善不显，恶恶而恶日滋者，善未必蒙福而恶未必蒙祸也。……尝闻陛下震怒锄根剪蔓，诛其奸逆矣；未闻诏书褒一大善，赏延于世，复及其乡，尊荣奉恩，始终如一者也；或朝赏而暮戮，或忽罪而忽赦，施不测之辱则有之矣。……今之为善者，妻子未必蒙荣；有过者，里胥必陷其罪。[⑤]

这两篇奏疏充分反映了当时臣民中普遍存在的不满情绪。对此，朱元璋不仅不以为意，反而又在颁行的《大诰》三编中专门列入了“诽谤之法”以杜绝和禁止人们的不敬言论。朱元璋的这种钳制用刑政策，虽可暂时堵住人们口中的不满言论，但却堵不住人们心中的愤怒与仇恨。

第四，“重典”思想影响深远，后世地方司法官员在司法实践中，不乏“法外用刑”之举。

---

① (明)陈子龙等选辑：《明经世文编》卷十一《解学士文集》，第75页。
② (清)张廷玉等撰：《明史》卷二八一《循吏传》，第7191页。
③ (清)张廷玉等撰：《明史》卷九四《刑法志二》，第2318页。
④ (明)陈子龙等选辑：《明经世文编》卷十《金川玉屑集》，第69页。
⑤ (明)陈子龙等选辑：《明经世文编》卷十一《解学士文集》，第73—74页。

朱元璋在统治末期已逐渐认识到重典政策并不能有效防治犯罪，而且一旦处理不当还会误伤善类，故而在《皇明祖训》中告诫子孙道：

朕自起兵至今四十余年，亲理天下庶务，人情善恶真伪，无不涉历。其中奸顽刁诈之徒，情犯深重，灼然无疑合，特令法外加刑，意在使人知所警惧，不敢轻易犯法。然此特权时处置，顿挫奸顽，非守成之君所用常法。以后子孙做皇帝时，止守《律》与《大诰》，并不许用黥刺、剕、劓、阉割之刑。①

但是，朱元璋所践行的这些“法外之刑”，俨然已证明一代立法在皇帝面前的无足轻重，皇权可以肆意践踏法律。另外，朱元璋的这种“重典”治国思想更是影响到了后世地方官员的司法实践，致使他们在处理地方盗贼案件时不乏“法外用刑”之举。其中最为典型的例子是明嘉靖二年（1523 年）方升任永嘉知县时，凡是民间犯盗之人，无不从重惩之。即使严寒之时，亦“褫其身衣，挚四肢于梯级，置诸城台北向，禁绝饮食，令其自殒”②。明清两代官员在审判过程中，大多采用一种与其“从轻”，毋宁“从重”的原则，其目的就是迎合时风，且借此规避官场风险。清代的司法实践大抵亦可说明这一现象。③ 在清太宗皇太极统治时期，他更是将《大诰》三编作为治理国家的指导思想。④ 可见，朱元璋的“重典”思想对有清一代亦有着深刻的影响。

（四）专制集权，遏制社会发展

明初，朱元璋采取的一系列严密社会控制与加强专制集权的措施，不仅禁锢了人们的思想，而且阻碍了社会的向前发展。

第一，就对人们的思想控制而言，朱元璋的专制集权严重禁锢了人们的思想。在《大诰三编》中，他为了严惩不为已用的知识分子，专门设置了“寰中士夫不为君用”之条，使之不得不出仕为官，可谓“取之尽锱铢”；又置“朋奸倚法”之条，以处置存有过犯的官员，可谓“用之如泥沙”。这种用士的态度，严重束缚了知识分子的思想，使其具有很强的“奴化”意识。

第二，洪武十七年（1384 年）至二十九年（1396 年）期间的大兴文字狱，则严重破坏了明初文化的发展。文字狱的实行，使一些“对统治不利”的人员深受摧残。如浙江府学教授林元亮为海门卫官作《谢增俸表》，“以表内‘作则垂宪’诛”；

---

① 杨一凡、田涛主编：《中国珍稀法律典籍集成续编·明代法律文献（上）·皇明祖训·祖训首章》，第 484 页。

② （明）姜准辑，蔡克骄点校：《岐海琐谈》卷三《方升以礼范俗》，上海社会科学院出版社 2002 年版，第 44 页。

③ 参见陈宝良：《人治：明清时期法律之表达及其实践》，《学术评论》2012 年第 2 期。

④ 参见谢国桢：《明末清初的学风》，第 77 页。

常州府训导蒋镇为知府作《正旦贺表》,“以‘睿性生知’诛”;怀庆府学训导吕睿为本府作《谢赐马表》,“以‘遥瞻帝扉’诛”;亳州训导林云为本府作《谢东宫赐宴笺》,“以‘式君父以班爵禄’诛”;尉氏县教谕许元为本府作《万寿贺表》,“以‘体乾法坤,藻饰太平’诛”;德安府学训导吴宪为本府作《贺太孙表》,“以‘永绍亿年,天下有道,望拜青门’诛”,等等。朱元璋把“则”音嫌于“贼”,“生”音嫌于“僧”,“法坤”音嫌于“髪髡”,“有道”音嫌于“有盗”,“藻饰太平”音嫌于“早失太平”。如此深重的疑忌之心,使这些本无特别意义的词汇被纷纷附会为对他曾经当过和尚、参加过红巾军的讽刺以及对其政权的不满。明初,因文字之祸被杀者不在少数。[①] 可以说,朱元璋如此严密的思想控制及不可预测的诛杀政策,阻碍了明初思想文化的发展。

第三,朱元璋严密的社会管理与控制政策,不仅表现在政治、经济、军事上的发号施令,而且具体到对臣民生活方式的厘定,如穿着服饰、饮食起居、婚姻习俗、言语称呼等各个方面。朱元璋如此不遗余力地向臣民灌输这些所谓的“善俗”,其目的是想让全国人民都做“顺民”,不做“顽民”。而这些习俗一旦形成,虽有民风淳朴的特征,但亦有阻碍社会发展的顽固惰性。而且,朱元璋的这些思想和措施都被立以“祖训”的形式,要求后世皇帝奉行不渝,因而其所带来的危害极大。

第四,14 世纪的西方世界,欧洲在经过中世纪教会近千年的黑暗统治后,日渐显露出人文主义的光辉。而此时的中国,正如朱元璋颁行《大诰》三编一样,还在日益加强对人们的思想及行为的社会控制,君主专制仍在不断强化。人们生活在“忠君孝亲”“知丁之法”“知报之道”“天尊地卑”“著业牌”等封建伦理观念的枷锁下,没有生机,只有安分守己。

第五,从长时段的历史来看,朱元璋的这些社会管理与控制政策造成了很大的消极影响,阻碍了社会的向前发展,其影响甚至波及整个清代。因为“清承明制”,很多政策只是稍作变通,而实质上是对明初那些政策的继承和延续。晁中辰先生认为:“中国在经历了几千年的辉煌之后,从近代开始落后。导致落伍的原因,却不应仅仅归咎于近代。事实表明,明初君主专制的加强,人民对皇帝人身依附的强化,从根本上限制了社会生产力的发展。”[②]

---

① 参见(清)赵翼著,王树民校证:《廿二史札记》卷三二,“明初文字之祸”条,第 740 页。

② 晁中辰:《明初封建制的再强化》,《辽宁师范大学学报》1991 年第 2 期。

第三节 《大诰武臣》的实施效果及评价

洪武二十年(1387年)十二月《大诰武臣》的颁发,是朱元璋惩治武官犯罪、加强武官管理的重要手段,在当时发挥了一定作用。虽然这种作用与朱元璋的既定目标有很大差距,但是对此我们不应忽视。《大诰武臣》颁布以后,朱元璋要求"各官家都与一本",做到全家老少都熟读朗诵,时刻铭记在心,并告诫他们不可"不听不信",否则将治以罪。在朱元璋的强力政策下,《大诰武臣》在当时的武官中得到了较为广泛的传播。如洪武二十一年(1388年)七月,朱元璋就颁赐天下武臣《大诰》,"令其子弟诵习"①。洪武二十四年(1391年),朱元璋又命国子监生解奎等43人将《大诰武臣》"于在京各卫讲说"②。但是,洪武以后,随着战事平息,社会承平日久,武官的管理不再像洪武时期那样受到格外关注,《大诰武臣》的传播与流行也日渐消亡。除此之外,由于《大诰武臣》以案例的教谕为主,其间几乎没有颁行任何法规条例,所以也没有任何诰文被载入洪武后期颁行的条例或《大明律诰》之中,其实施的期效自然不如《大诰》三编持久。不过,由于《大诰武臣》是朱元璋亲自编纂的御制文书,洪武以后,其在教谕武臣子弟方面还是发挥了一定作用。如正统六年(1441年),朝廷于京卫开设武学之时,就在其立定的学规之中把《大诰武臣》作为讲授的一部分,而在学生员不仅有武官子弟,还有现职武官。由此可见,《大诰武臣》在武学教授中多少发挥了些对武官等的教育作用。但是,这种作用并不大,《大诰武臣》日渐鲜为人知是不争的事实。弘治五年(1492年)五月十二日,丘濬就在上书明孝宗朱祐樘的《访求遗书疏》中如是说:

> 太祖高皇帝圣德神功,超出万古帝王之上,御极三十年,多有制作,皆出自宸衷御札,非若前代帝王假手词臣之比也。今颁行天下者惟《皇明祖训》、《大诰三编》、《大诰武臣》、《资世通训》、《御制诗文》,虽已编辑,刻板藏在内府,天下民臣得见者尚罕。③

总的来说,《大诰武臣》的惩戒作用主要体现在洪武时期。在洪武以后的永乐朝,其影响也还比较明显,因为明成祖朱棣很多做法都效法朱元璋。如他为了

---

① 《明太祖实录》卷一九二,洪武二十一年七月丙戌条,第2888页。

② 《明太祖实录》卷二〇八,洪武二十四年五月乙巳条,第3105页。

③ (明)陈子龙等选辑:《明经世文编》卷七六《丘文庄公奏疏》,第650页。

惩治武官犯罪，专门颁发了“为私役军人事”“为马匹事”“为比试事”“为恩宥事”[①]等针对武官及其子孙的榜文。台湾学者连启元亦认为：“永乐时期所颁行的武臣榜文，应是沿袭《大诰武臣》而来，除仍颁给武官领回诵读之外，还经由兵部颁行晓谕天下，于各地官府誊写刊印，藉以达到警惕告诫的作用。”[②]不过，在此之后，《大诰武臣》除了在教育武官子弟方面还有些许作用外，其影响和流传都日渐式微，并逐渐成为不为人们所知的文书。

① 参见杨一凡、田涛主编：《中国珍稀法律典籍续编·明代法律文献(上)·洪武永乐榜文》，第520、531、532页。

② 连启元：《明代的告示榜文——讯息传播与社会互动》，(台北)花木兰文化出版社2010年版，第60页。

结　语

本书主要以《大诰》为中心，对明代社会各个阶层的管理进行了分析。通过分析，笔者主要得到如下几点认识：

第一，在《大诰》中，除了对官吏的管理外，对其他社会阶层的管理亦是其重要组成部分。就涉及的阶层来说，包括了当时社会中的各个阶层，如文武官员、衙门吏役、普通民众、乡间耆宿、里甲粮长、富农豪强以及僧道、商人、文人、匠户等；就涉及的领域来说，则囊括了政治、经济、文化等社会的各个方面。不过，各编内容各有侧重，《大诰初编》主要是对官吏的管理，《大诰续编》和《大诰三编》则日益加大了对普通民众、富农豪强以及逸夫游民等的管理，而《大诰武臣》则主要是针对卫所武官的管理。总的来说，四编《大诰》之间，内容上相互补充，实施上相互促进，共同起到了对社会各个阶层、各个领域加强管理的作用。目前学术界关于《大诰》的研究主要是针对官吏阶层的研究，对于其他社会阶层的研究则很少。其中，即使是对官吏的研究，也多是从惩治的残酷手段入手，而很少对其具体的犯罪内容作深入的探讨。本书不仅对官吏的危害行为作了深入分析，而且对朱元璋多样的惩治和管理方式亦作了深入探讨。另外，对于《大诰》中涉及的其他社会阶层，本书也在对诰文进行深入分析的基础上对其社会管理方式作了探讨。通过这种全方位、多角度的深入分析，我们不仅对《大诰》的自身内容有了更全面的了解，而且对以《大诰》为中心的社会管理方式有了更深刻的认识。

第二，《大诰》除了具有"重典治吏"的特色外，"重典治民"的特征亦十分明显。目前学术界对于《大诰》重典治吏的特色可谓一致认同，但是对其重典治民的特征则多未明说。其实，在明初，朱元璋重典治民的特征亦十分明显。在《大诰》中，朱元璋对富民地主的逃避赋役、违法害民，粮长耆宿的倚恃弄权、科敛害民，普通民人的违礼不法、抗租抗役，逸夫游民的交结官府、夤缘害民，文人的"不为君用"，僧道的"不务祖风"，匠户的"赴工顶替"，医人的"货卖毒药"等行为，都进行了重典惩治。在这些处置中，很多都是法外用刑，动用了"五刑"之外的非常之典，如凌迟、枭令、诛杀、极刑以及弃市、连坐等，而这些都体现了朱元璋重典治民的特色。若据此而论，以重典治国来概括其社会管理政策亦不为过。当然，在具体的实施中，也存在因私徇情、法外施恩的情形。这正好反映了在传统的中国社会，法治是依附于皇权的，而皇权是游离于法律之外的，是不为任何法律所限制和制约的无上权力。

第三，惩治与教化是朱元璋管理官民的重要手段，体现了他礼法兼治、刑教并用以及君师兼任的治国特色。目前学术界关于《大诰》的研究偏重于法治方面，对于礼治的一面则认识不够。其实，礼法兼治是朱元璋治国理民的根本特征所在。离开了礼治，也就很难理解朱元璋的法治。而且，礼治与法治，教化与刑罚并不是对立的。从本质和作用上看，它们是一致的，都是为了加强社会管理、维护国家统治以及加强中央专制集权。它们的不同之处在于实施手段的差异，但是这种差异使其相辅相成、桴鼓相应，共同起到强化社会管理、规范社会秩序的作用。另外，朱元璋深受儒家传统文化的影响，在意识形态和观念上往往以古代圣君的形象自居，表现在政治行为上就是既尽治教之责，又兼君师之任。朱元璋正是利用这种特殊的角色定位来改造士风，规范社会行为的。对《大诰》内容的分析，不仅有助于深刻认识朱元璋的社会管理思想，而且还有助于了解他的独特个性。

第四，《大诰》作为洪武后期朱元璋实施社会管理的重要手段，其作用的发挥是与同时期或稍后不断颁发的榜文、诏令、训敕以及戒谕等共同实施的。其中，很多诰文条目的设置都可以追溯到朱元璋新近颁发的诏令、训敕；而诰文颁行之后，密集颁发的榜文、诏令、训敕以及戒谕等则在诰文实施的基础上作了更进一步的补充和加强，从而共同起到惩治不法危害、加强社会管理的作用。另外，洪武后期颁发的《充军》《真犯杂犯死罪》《应合抄扎》《决不待时》《秋后处决》《工役终身》等条例以及《大明律诰》和各种应时榜文等，则大量载入了《大诰》条目，这在一定程度上又推动了诰文的传播，从而进一步发挥了《大诰》的社会管理效应。不过，随着引诰入例和刑罚的适当"改重从轻"，部分《大诰》中的禁令基本条例化，原本诰文中的刑罚渐被废止，在司法审判中已不再适用。特别是在《大明律诰》颁行以后，《大诰》所载诸峻令便未尝轻用。总的来说，在洪武后期，朱元璋对社会的管理手段并不局限于《大诰》这一点，而是以《大诰》为中心，同时使用多种法律手段。它们之间相互作用，互为补充，共同加强了对社会的管理。

第五，以《大诰》为中心的社会管理政策虽在短期内对整顿官吏腐败、惩治富民豪强以及加强社会管理等方面起到了重要作用，但是其带来的负面效应及不良影响也十分严重。因此，从中汲取经验，总结教训，进行深刻的时代反思是十分必要的。简而论之，大致有如下几点：一是由古代的"人治"向现代的法治转换，做到依法治国，不可大搞法外用刑。二是坚决摒弃专制独裁，废除古代的君臣之间、上下级之间的主仆关系，做到以人为本。三是调节社会系统，完善社会管理，需要充分发挥社会组织及群体的作用。明初社会秩序的日渐稳定，与基层中的"老人""粮长"及"里甲"等制度发挥的作用分不开。要做到基层自治、乡里教化，这些历史经验很多也是可以借鉴和吸取的。四是国家在进行制度设置和制定整体发展规划时，一定要立足长远，从国家和人民的根本利益着手，促进社会的向前发展，且不可因循守旧，故步自封，更不可走封建君主专制集权的老路。明初朱元璋所采取的专制集权和重典用刑等措施带来的危害十分严重。它不仅禁锢了人们的思想，而且扼杀了社会的生机和活力，限制了生产力的进步，以至于阻碍了社会的向前发展，并使中国在封建制度的枷锁下日渐落后，这些历史的教训也是十分深刻的。五是制度设置、法令颁发以及礼治教化等，都是国家实施社会管理的重要手段。它们之间相互影响、相互促进，共同起到了加强社会管理的作用。但是，如何将它们有效融合，使它们的社会管理作用发挥到最大，是需要认真考虑的。无论礼治还是法治，都是一个循序渐进的过程，不可急于求成。六是任何一项政令的发布和实行都是各种因素综合作用的结果，若不能进行整体的把握和考量，仅从主观的愿望出发作出决策，难免会事与愿违，产生很多问题。在《大诰》中，朱元璋所实行的众多政策大都带有强烈的主观性甚至随意性，其所带来的历史教训也异常深刻。因此，对其历史教训进行总结，亦可为当今加强和创新社会管理提供一些历史的资鉴。

参考文献

一、古代文献

1.(元)施惠:《幽闺记》,武进涉园景印本。

2.(元)杨翮:《佩玉斋类藁》,文渊阁四库全书景印本,(台北)台湾商务印书馆1986年版。

3.(元)苏天爵:《滋溪文稿》,文渊阁四库全书景印本,(台北)台湾商务印书馆1986年版。

4.(元)程钜夫:《雪楼集》,文渊阁四库全书景印本,(台北)台湾商务印书馆1986年版。

5.(元)张养浩:《归田类稿》,文渊阁四库全书景印本,(台北)台湾商务印书馆1986年版。

6.(元)谢应芳:《龟巢稿》,文渊阁四库全书景印本,(台北)台湾商务印书馆1986年版。

7.(元)朱德润:《存复斋续集》,续修四库全书本,上海古籍出版社2002年版。

8.(明)方孝孺撰:《逊志斋集》,商务印书馆1935年版。

9.(明)宋濂撰:《宋学士文集》,商务印书馆1936年版。

10.(明)沈节甫辑:《纪录汇编》,商务印书馆1938年版。

11.(明)谈迁著,张宗祥校点:《国榷》,中华书局1958年版。

12.(明)沈德符撰:《万历野获编》,中华书局1959年版。

13.(明)叶子奇撰:《草木子》,中华书局1959年版。

14.(明)沈榜辑:《宛署杂记》,北京古籍出版社1961年版。

15.(明)陈义钟编校:《海瑞集》,中华书局1962年版。

16.《明实录》,(台北)"中央"研究院历史语言研究所1962年影印本。

17.(明)陈子龙等选辑:《明经世文编》,中华书局 1962 年版。

18.(明)宋濂等撰:《元史》,中华书局 1976 年版。

19.(明)陈邦瞻撰:《元史纪事本末》,中华书局 1979 年版。

20.(明)叶盛撰,魏中平点校:《水东日记》,中华书局 1980 年版。

21.(明)焦竑撰,顾思点校:《玉堂丛语》,中华书局 1981 年版。

22.(明)王士性著,吕景琳点校:《广志绎》,中华书局 1981 年版。

23.(明)况钟撰,吴奈夫、吴奈蛤点校:《况太守集》,江苏人民出版社 1983 年版。

24.(明)郑晓撰,李致忠点校:《今言》,中华书局 1984 年版。

25.(明)陆容撰:《菽园杂记》,中华书局 1985 年版。

26.(明)张瀚撰,盛冬铃点校:《松窗梦语》,中华书局 1985 年版。

27.(明)王世贞撰:《弇山堂别集》,中华书局 1985 年版。

28.(明)徐溥等撰,李东阳等重修:《明会典》,文渊阁四库全书景印本,(台北)台湾商务印书馆 1986 年版。

29.(明)马文升撰:《马端肃奏议》,文渊阁四库全书景印本,(台北)台湾商务印书馆 1986 年版。

30.(明)魏校撰:《庄渠遗书》,文渊阁四库全书景印本,(台北)台湾商务印书馆 1986 年版。

31.(明)周是修撰:《刍荛集》,文渊阁四库全书景印本,(台北)台湾商务印书馆 1986 年版。

32.(明)袁凯撰:《海叟集》,文渊阁四库全书景印本,(台北)台湾商务印书馆 1986 年版。

33.(明)解缙撰:《文毅集》,文渊阁四库全书景印本,(台北)台湾商务印书馆 1986 年版。

34.(明)倪谦撰:《倪文僖集》,文渊阁四库全书景印本,(台北)台湾商务印书馆 1986 年版。

35.(明)叶春及撰:《惠安政书》,福建人民出版社 1987 年版。

36.(明)顾起元撰,谭棣华、陈家禾点校:《客座赘语》,中华书局 1987 年版。

37.(明)申时行等编修:《明会典》,中华书局 1989 年版。

38.(明)祁彪佳撰:《祁彪佳文稿》,书目文献出版社 1991 年版。

39.(明)邓士龙辑,许大龄、王天有点校:《国朝典故》,北京大学出版社 1993 年版。

40.(明)何乔远编:《名山藏》,北京大学图书馆藏善本藏书影印,北京大学出版社 1993 年版。

41.(明)戴金编:《皇明条法事类纂》,科学出版社 1994 年版。

42.(明)何良俊撰,李剑雄校点:《四友斋丛说》,上海古籍出版社 1995 年版。

43.(明)汪天赐辑:《官箴集要》,黄山书社 1997 年版。

44.(明)吕坤撰:《新吾吕先生实政录》,黄山书社 1997 年版。

45.(明)佘自强:《治谱》,黄山书社 1997 年版。

46.怀效锋点校:《大明律》,法律出版社 1998 年版。

47.(明)柴小帆:《梵天庐丛录》,山西古籍出版社 1999 年版。

48.(明)黄瑜撰,魏连科点校:《双槐岁钞》,中华书局 1999 年版。

49.(明)雷梦麟撰,怀效锋、李俊点校:《读律琐言》,法律出版社 1999 年版。

50.(明)邱浚著,林冠群、周济夫校点:《大学衍义补》,京华出版社 1999 年版。

51.(明)许国撰,叶向高等辑:《许文穆公集》,四库禁毁书丛刊本,北京出版社 2000 年版。

52.(明)吕毖辑:《明朝小史》,四库禁毁丛刊本,北京出版社 2000 年版。

53.(明)谢肇淛撰:《五杂组》,上海书店出版社 2001 年版。

54.(明)何广撰:《律解辩疑》,黑龙江人民出版社 2002 年版。

55.(明)姜准辑,蔡克骄点校:《岐海琐谈》,上海社会科学院出版社 2002 年版。

56.(明)朱国祯辑:《皇明大训记》,续修四库全书本,上海古籍出版社 2002 年版。

57.(明)张卤:《皇明制书》,续修四库全书本,上海古籍出版社 2002 年版。

58.(明)陈建著,钱茂伟点校:《皇明通纪》,中华书局 2008 年版。

59.(明)陈建编辑,沈国元订:《皇明从信录》,明万历刻本。

60.(明)幻轮编:《释鉴稽古略续集》,明崇祯十一年刻本。

61.(明)吴宽撰:《匏翁家藏集》,四部丛刊本。

62.(清)张廷玉等撰:《明史》,中华书局 1974 年版。

63.(清)谷应泰撰:《明史纪事本末》,中华书局 1977 年版。

64.(清)顾炎武撰:《日知录》,中华书局 1978 年版。

65.(清)夏燮撰,沈仲九标点:《明通鉴》,中华书局 1980 年版。

66.(清)赵翼著,王树民校证:《廿二史札记》,中华书局 1984 年版。

67.(清)沈家本撰,邓经元、骈宇骞点校:《历代刑法考》,中华书局 1985 年版。

68.(清)顾炎武著,黄汝成集释:《日知录集释》,上海古籍出版社 1985 年版。

69.(清)姚之骃撰:《元明事类钞》,文渊阁四库全书景印本,(台北)台湾商务印书馆 1986 年版。

70.(清)沈翼机等编修:《浙江通志》,文渊阁四库全书景印本,(台北)台湾商务印书馆 1986 年版。

71.(清)梁国治等纂:《钦定国子监志》,文渊阁四库全书景印本,(台北)台湾商务印书馆 1986 年版。

72.(清)朱彝尊编:《明诗综》,文渊阁四库全书景印本,(台北)台湾商务印书馆 1986 年版。

73.(清)黄宗羲编:《明文海》,中华书局 1987 年版。

74.(清)汪康年:《汪穰卿笔记》,上海书店出版社 1997 年版。

75.(清)薛允升著,怀效锋、李鸣点校:《唐明律合编》,中国书店 2010 年版。

76.(清)顾炎武撰,黄坤等校点:《天下郡国利病书》,上海古籍出版社 2012 年版。

77.(民国)柯劭忞:《新元史》,开明书店 1935 年版。

二、今人著述

1. 吴晗、费孝通:《皇权与绅权》,观察社 1948 年版。

2. 韦庆远:《明代黄册制度》,中华书局 1961 年版。

3. 黄彰键:《明清史研究丛稿》,(台北)台湾商务印书馆 1977 年版。

4. 杨一凡:《明初重典考》,湖南人民出版社 1984 年版。

5. 杨一凡:《明大诰研究》,江苏人民出版社 1988 年版。

6. [荷]盖叶尔·佐文著,黎鸣等译:《社会控制论》,华夏出版社 1989 年版。

7. 杨一凡:《洪武法律典籍考证》,法律出版社 1992 年版。

8. 王天有:《明代国家机构研究》,北京大学出版社 1992 年版。

9. 刘俊文:《日本学者研究中国史论著选译》,中华书局 1993 年版。

10. 章士嵘编著:《心理学哲学》,社会科学文献出版社 1993 年版。

11. 陈宝良:《中国流氓史》,中国社会科学出版社 1993 年版。

12. 黄彰健:《明代律例汇编》,(台北)"中央"研究院历史语言研究所 1994 年景印本。

13. 钱穆:《国史大纲》,商务印书馆 1994 年版。

14. 赵世瑜:《吏与中国传统社会》,浙江人民出版社 1994 年版。

15. 刘海年、杨一凡主编:《中国珍稀法律典籍集成》,科学出版社 1994 年版。

16. 张德信、毛佩琦主编:《洪武御制全书》,黄山出版社 1995 年版。

17. 陈宝良:《中国的社与会》,浙江人民出版社 1996 年版。

18. 吕伯涛、孟向荣:《中国古代的告状与判案》,商务印书馆 1996 年版。

19. 赵秀玲:《中国乡里制度》,社会科学文献出版社 1998 年版。
20. 陈国平:《明代行政法严禁》,法律出版社 1998 年版。
21. 张晋藩:《中国法制通史》,法律出版社 1998 年版。
22. 费孝通:《乡土中国　生育制度》,北京大学出版社 1998 年版。
23. 罗东阳:《明太祖礼法之治研究》,高等教育出版社 1998 年版。
24. 王学泰:《游民文化与中国社会》,学苑出版社 1999 年版。
25. 王兴亚:《明代行政管理制度》,中州古籍出版社 1999 年版。
26. [日]滋贺秀三著,徐世虹、郑显文译:《明代的判牍》,巴蜀书社 1999 年版。
27. 吴宣德:《中国教育制度通史》,山东教育出版社 2000 年版。
28. 郑克晟:《明清史探实》,中国社会科学出版社 2001 年版。
29. 钱穆:《中国历代政治得失》,三联书店 2001 年版。
30. 杨一凡、田涛主编:《中国珍稀法律典籍集成续编》,黑龙江人民出版社 2002 年版。
31. 杨一凡主编:《中国法制史考证》,中国社会科学出版社 2003 年版。
32. 张显清、林金树:《明代政治史》,广西师范大学出版社 2003 年版。
33. 瞿同祖:《中国法律与中国社会》,中华书局 2003 年版。
34. 陈智勇:《中国古代社会治安管理史》,郑州大学出版社 2003 年版。
35. 王日根:《明清民间社会的秩序》,岳麓书社 2003 年版。
36. 柏桦:《明代州县官群体》,天津人民出版社 2003 年版。
37. 尹伊君:《社会变迁的法律解释》,商务印书馆 2003 年版。
38. 吴艳红:《明代充军研究》,社会科学文献出版社 2003 年版。
39. 杨一凡编:《中国律学文献》,黑龙江人民出版社 2004 年版。
40. 陈宝良:《明代社会生活史》,中国社会科学出版社 2004 年版。
41. 唐克军:《不平衡的治理——明代政府运行研究》,武汉出版社 2004 年版。
42. 张金龙:《魏晋南北朝禁卫武官制度研究》,中华书局 2004 年版。
43. 徐杰舜:《汉族民俗史》,学林出版社 2004 年版。
44. 那思陆:《明代中央司法审判制度》,北京大学出版社 2004 年版。
45. 杨一凡、徐立志:《历代判例判牍》,中国社会科学出版社 2005 年版。
46. 臧知非、沈华:《分职定位:历代职官制度》,长春出版社 2005 年版。
47. 谢国桢:《明末清初的学风》,上海书店出版社 2006 年版。
48. 费孝通:《中国绅士》,中国社会科学出版社 2006 年版。
49. 何朝晖:《明代县政研究》,北京大学出版社 2006 年版。

50. 顾慕晴、蔡良文:《明代胥吏》,(台北)"中国行政学会"秘书处,2006 年。

51. 沈大明:《〈大清律例〉与清代的社会控制》,上海人民出版社 2007 年版。

52. 丁玉翠:《明代监察官职务犯罪研究——以〈明实录〉为基本史料的考察》,中国法制出版社 2007 年版。

53. 郭成伟:《社会控制:以礼为主导的综合治理》,中国政法大学出版社 2008 年版。

54. 晁中辰:《明成祖传》,人民出版社 2008 年版。

55. 王伟凯:《明〈大诰〉三编研究》,香港国际学术文化资讯出版公司 2008 年版。

56. 梁方仲:《明代粮长制度》,中华书局 2008 年版。

57. 余英时:《宋明理学与政治文化》,吉林出版集团有限责任公司 2008 年版。

58. 李德甫:《明代人口与经济发展》,社会科学文献出版社 2008 年版。

59. 殷啸虎:《古代衙门:中国古代社会百态》,东方出版中心 2008 年版。

60. 王毓铨:《明代的军屯》,中华书局 2009 年版。

61. 杨国斌:《社会阶层论》,中国社会科学出版社 2009 年版。

62. 原瑞琴:《〈大明会典〉研究》,中国社会科学出版社 2009 年版。

63. 周宝明:《清代地方吏役制度研究》,上海书店出版社 2009 年版。

64. 韩大成:《明代城市研究》,中华书局 2009 年版。

65. 徐忠明:《情感、循吏与明清时期司法实践》,三联书店 2009 年版。

66. [日]中岛乐章著,郭万平、高飞译:《明代乡村纠纷与秩序:以徽州文书为中心》,江苏人民出版社 2010 年版。

67. 陈学霖:《明初的人物、史事与传说》,北京大学出版社 2010 年版。

68. [日]酒井忠夫著,刘岳兵、何英莺译:《中国善书研究》,江苏人民出版社 2010 年版。

69. 连启元:《明代的告示榜文——讯息传播与社会互动》,(台北)花木兰文化出版社 2010 年版。

70. 吴晗:《朱元璋传》,湘潭大学出版社 2011 年版。

71. 黄冕堂、刘锋:《朱元璋评传》,南京大学出版社 2011 年版。

72. 费孝通:《中国乡绅——城乡关系论集》,外语教学与研究出版社 2011 年版。

73. 瞿同祖:《清代地方政府》,法律出版社 2011 年版。

74. 丁易:《明代特务政治》,上海书店出版社 2011 年版。

75. [美]罗斯科·庞德著,沈宗灵译:《通过法律的社会控制》,商务印书馆

2012 年版。

76. 赵克生:《明代国家礼制与社会生活》,中华书局 2012 年版。

77. 晁中辰:《明代海外贸易研究》,故宫出版社 2012 年版。

78. 晁中辰:《中国谏议制度史》,中华书局 2015 年版。

三、学术论文

1. 邓嗣禹:《明大诰与明初之政治社会》,《燕京学报》1936 年第 20 期。

2. 王崇武:《论元末农民起义的社会背景》,《历史研究》1954 年第 1 期。

3. 吴晗:《明初社会生产力的发展》,《历史研究》1955 年第 3 期。

4. 冯尔康:《论朱元璋农民政权的"给民户由"》,《历史研究》1978 年第 10 期。

5. 孙达人:《明初户口升降考实》,《文史哲》1980 年第 2 期。

6. 杨善群:《评朱元璋反对贪官污吏的斗争》,《齐鲁学刊》1981 年第 5 期。

7. 杨一凡:《明"大诰"初探》,《北京政法学院学报》1981 年第 1 期。

8. 杨一凡:《明大诰与朱元璋的重典治吏思想》,《学习与探索》1981 年第 2 期。

9. 陈高华:《从"大诰"看明初的专制政治》,《中国史研究》1981 年第 1 期。

10. 唐文基:《明代鱼鳞图册始造于洪武元年》,《社会科学战线》1981 年第 3 期。

11. 杨一凡:《论明初的重典政策与让步政策》,《中州学刊》1982 年第 2 期。

12. 陈梧桐:《明〈大诰〉与朱元璋封建专制的强化》,《法律史论丛》1983 年第 3 辑。

13. 秦佩珩:《明代赋役制度考释》,《郑州大学学报》(哲学社会科学版)1983 年第 3 期。

14. 黄冕堂:《论明代农民的自由化倾向及其社会意义》,《文史哲》1983 年第 4 期。

15. 张显清:《从〈大明律〉和〈大诰〉看朱元璋的"锄强扶弱政策"》,《明史研究论丛》1983 年第 2 辑。

16. 怀效锋:《明初重惩官吏赃罪浅论》,《中国法学》1984 年第 2 期。

17. 洪沼:《明初的迁徙富户与粮长制》,《中国社会经济史研究》1984 年第 1 期。

18. 唐文基:《明初的杂役和均工夫》,《中国社会经济史研究》1985 年第 3 期。

19. 沈定平:《明代前期阶级斗争述论》,《明史研究论丛》1985 年第 3 辑。

20. 韩大成:《明代牙行浅论》,《社会科学战线》1986 年第 2 期。
21. 赵毅:《明代吏员和吏治》,《史学月刊》1987 年第 2 期。
22. 余兴安:《明代里老制度考述》,《社会科学辑刊》1988 年第 2 期。
23. 王跃生:《元末明初人口的迁移研究》,《人口学刊》1988 年第 5 期。
24. 李龙潜:《明初迁徙富户考释——兼论京师坊厢徭役制度》,《中国社会经济史研究》1988 年第 3 期。
25. 赵世瑜:《明代府县吏典社会危害初探》,《中国社会经济史研究》1988 年第 4 期。
26. 赵世瑜:《两种不同的政治心态与明清胥吏的社会地位》,《政治学研究》1989 年第 1 期。
27. 杨一凡:《明〈大诰〉的实施及其历史命运》,《中外法学》1989 年第 3 期。
28. 杨一凡:《明大诰与朱元璋的明刑弼教思想》,《烟台大学学报》(哲学社会科学版)1989 年第 1 期。
29. 杨一凡:《明〈大诰〉的颁行时间、条目和诰文渊源考释》,《中国法学》1989 年第 1 期。
30. 杨一凡:《〈大明律〉修订始末考》,《政法论坛》1990 年第 2 期。
31. 曲英杰:《明代〈问刑条例〉的修订》,《中外法学》1990 年第 4 期。
32. 晁中辰:《明初封建制的再强化》,《辽宁师范大学学报》1991 年第 2 期。
33. [日]三木聪:《明代老人制の再检讨》,《海南史学》1992 年第 30 号。
34. 宋国范:《两种洪武榜文文献初探》,《中外法学》1992 年第 5 期。
35. 王兴亚:《明代实施老人制度的利与弊》,《郑州大学学报》(哲学社会科学版)1993 年第 2 期。
36. 汪锡靖:《从明〈大诰〉看朱元璋的政治法律思想》,《渤海学刊》1993 年第 3 期。
37. 李洵:《论明代的吏》,《明史研究》1994 年第 4 辑。
38. 姜晓萍:《明代商税的征收与管理》,《西南师范大学学报》(哲学社会科学版)1994 年第 4 期。
39. 杜婉言:《明代诉讼制度》,《中国史研究》1996 年第 2 期。
40. 陈怀仁:《略论朱元璋的民本思想》,《明史研究》1997 年第 5 辑。
41. 张宪博:《从明〈大诰〉看朱元璋对人身依附关系的强化》,《明史研究》1997 年第 5 辑。
42. 栾成显:《明代黄册制度起源考》,《中国社会经济史研究》1997 年第 4 期。
43. 许敏:《明代商人户籍问题初探》,《中国史研究》1998 年第 3 期。

44. 栾成显:《明代黄册人口登载事项考略》,《历史研究》1998 年第 2 期。

45. 周齐:《试论明太祖的佛教政策》,《世界宗教研究》1998 年第 3 期。

46. 柏桦:《明代州县官的施政及障碍》,《东北师大学报》(哲学社会科学版)1998 年第 1 期。

47. 杨国宜:《从〈大诰〉看朱元璋的反腐败》,《安徽史学》1999 年第 2 期。

48. 吴艳红:《明代流刑考》,《历史研究》2000 年第 6 期。

49. 和洪勇:《明代吏员的选拔》,《云南社会科学》2001 年第 3 期。

50. 张明富:《抑商与通商:明太祖朱元璋的商业政策》,《东北师大学报》(哲学社会科学版)2001 年第 1 期。

51. 秦海滢:《明初乡村教化初探》,《东北师大学报》(哲学社会科学版)2001 年第 1 期。

52. 刘文瑞:《试论明代的州县吏治》,《西北大学学报》(哲学社会科学版)2001 年第 2 期。

53. 程志强:《明太祖的三教思想、政策及其影响》,《史林》2002 年第 1 期。

54. 徐林:《明吏为政心态与吏治腐败》,《东北师大学报》(哲学社会科学版)2002 年第 3 期。

55. 柏桦:《明代州县官吏设置与州县政治体制》,《史学集刊》2002 年第 3 期。

56. 李珂:《试论明初"郭桓案"背后的政治深意》,《历史档案》2003 年第 2 期。

57. 卞利:《明代户籍法的调整与农村社会的稳定》,《江海学刊》2003 年第 5 期。

58. 吴晓玲:《略论明代的律、令、诰、例》,《南昌大学学报》(人文社会科学版)2003 年第 6 期。

59. 晁中辰:《明初政策的消极倾向》,《东岳论丛》2003 年第 4 期。

60. 晁中辰:《论建文新政》,《史学集刊》2003 年第 2 期。

61. 晁中辰:《"仁宣之治"还是"永宣之治"》,《山东大学学报》(哲学社会科学版)2003 年第 2 期。

62. 林金树:《明太祖的法制思想:"止循〈律〉与〈大诰〉"》,《明史研究论丛》2004 年第 6 辑。

63. 李绍强:《略论明代官民匠及农民的身份和负担》,《中国经济史研究》2004 年第 1 期。

64. 童光政:《明律"私充牙行埠头"条的创立及其适用》,《法学研究》2004 年第 2 期。

65. 何朝晖:《明代县衙规制与日常政务处理程序初探》,《安徽大学学报》(哲学社会科学版)2005 年第 6 期。

66. 李治安:《元代及明前期社会变动初探》,《中国史研究》2005 年第 S1 期。

67. 陈宝良:《明代社会流动性初探》,《安徽史学》2005 年第 2 期。

68. 王伟凯:《试论明代的巡检司》,《史学月刊》2006 年第 3 期。

69. 罗东阳:《从明代淫祠之禁看儒臣、皇权与民间社会》,《求是学刊》2006 年第 1 期。

70. 张金奎:《明代卫所月粮制度浅论》,《明史研究论丛》2007 年第 7 辑。

71. 赵毅、刘晓东:《明代"社学"之社会属性辨析》,《东北师大学报》(哲学社会科学版)2007 年第 1 期。

72. 秦晖:《"业佃"关系与官民关系——传统社会与租佃制再认识之二》,《学术月刊》2007 年第 1 期。

73. 王军福:《述论明初"文人多不仕"现象》,《理论导刊》2007 年第 9 期。

74. 柏桦、高进:《明清"滥设官吏"罪》,《史学集刊》2007 年第 2 期。

75. 毛佩琦:《明教化　厚风俗——朱元璋推行教化的几个特点》,《学习与探索》2007 年第 5 期。

76. 丁玉翠:《监察吏治的实现障碍——以明代监察官职务犯罪为视角的考察》,《中外法史研究》2007 年第 3 期。

77. 高寿仙:《明代揽纳考论——以解京钱粮物料为中心》,《中国史研究》2007 年第 3 期。

78. 张显清:《明太祖朱元璋社会理想、治国方略及治国实践论纲》,《明史研究》2007 年第 10 辑。

79. 任晓兰:《论明代的僧人群体及其法律规制》,《西南大学学报》(社会科学版)2008 年第 3 期。

80. 赵轶峰:《明代僧道度牒制度的变迁》,《古代文明》2008 年第 2 期。

81. 杨一凡:《明代榜例考》,《上海师范大学学报》(哲学社会科学版)2008 年第 5 期。

82. 万明:《明代诏令文书研究——以洪武朝为中心的初步考察》,《明史研究论丛》2010 年第 8 辑。

83. 张佳:《彰善瘅恶,树之风声——明代前期基层教化系统中的申明亭和旌善亭》,《中华文史论丛》2010 年第 4 期。

84. 万明:《明帝国的特性:以诏令为中心》,《学术月刊》2010 年第 6 期。

85. 林金树:《论明太祖与农民的经济关系——以土地政策和税粮征收为议题》,《安徽师范大学学报》(人文社会科学版)2010 年第 4 期。

86. 晁中辰:《明代隆庆开放应为中国近代史的开端——兼与许苏民先生商榷》,《河北学刊》2010 年第 6 期。

87. 胡铁球:《粮长权力体系构建及其与地方官吏的权力冲突》,《宁夏大学学报》(人文社会科学版)2011 年第 1 期。

88. 赵克生:《从循道宣诵到乡约会讲:明代地方社会的圣谕宣讲》,《史学月刊》2012 年第 1 期。

89. 吴艳红:《明代法律领域中的游民》,《南京大学学报》(哲学·人文科学·社会科学版)2012 年第 2 期。

90. 陈宝良:《人治:明清时期法律之表达及其实践》,《学术评论》2012 年第 2 期。

91. 程彩萍:《明代带俸武官初探》,《江苏社会科学》2013 年第 2 期。

92. 叶英萍:《民拿害民官吏析》,《政法论坛》2013 年第 2 期。

93. 常文相:《明代商人的法权地位》,《古代文明》2013 年第 4 期。

94. 斯洪桥:《朱元璋的道教政策及其因由与影响》,《学术界》2013 年第 5 期。

95. 陈宝良:《明代的文武关系及其演变——基于制度、社会及思想史层面的考察》,《安徽史学》2014 年第 2 期。

96. 陈宝良:《明代中后期的官场生态与官场病的形成》,《社会科学辑刊》2015 年第 5 期。

后记

本书是在我博士学位论文的基础上修改而成的。自2010年开始，我以《大诰》为中心研究明代的法律与社会管理问题；2014年，以《明〈大诰〉与明代社会管理》为题顺利通过了博士论文答辩。校内外评阅专家对文章的选题和思路给予了充分肯定，并提出了进一步修改完善的中肯建议。现在呈现在眼前的这本书，除了根据各位专家的意见进行了修订外，还进一步拓宽了视野，加入了最近一段时期阅读史料的心得，补充了一些新的资料。

在博士论文的写作中，我的导师、山东大学历史文化学院晁中辰教授给予了我悉心的指导。对于恩师的教导和培育之情，我终生难忘，在此，谨表示诚挚的谢意。同时，我还要感谢山东大学的马新教授、胡新生教授、刘玉峰教授等老师对我论文的细心评阅和指导。此外，我还要感谢在山东大学读书期间关心和帮助过我的众多老师和同学，谢谢你们的关心和鼓励。

我走上学术研究之路，得益于我的硕士导师、西南大学陈宝良教授的指引。陈先生治学严谨，为人宽厚，淡泊名利。跟随先生学习三年，我深受先生严谨的治学精神和潜心的治学作风所影响。正是得之于先生的启蒙和指引，我走上了自己的学术道路。在此，我谨以此书的出版向其致以崇高的敬意。

最后，我要特别感谢我的家人，没有他们的默默付出和理解支持，我很难得以专心地进行研究和写作。山东大学出版社的王立强作为本书责任编辑，为本书的出版付出了大量心血，在此一并致谢。

刘 涛

2016年9月16日